海外中国
研究丛书

刘 东 主编

［加］卜正民 著

张 华 译

PRAYING FOR POWER

Buddhism and the Formation of
Gentry Society in Late-Ming China

为权力祈祷

佛教与晚明中国士绅社会的形成

江苏人民出版社

图书在版编目(CIP)数据

为权力祈祷:佛教与晚明中国士绅社会的形成/卜正民著;
张华译.—南京:江苏人民出版社,2005.11(2021.4 重印)
(海外中国研究丛书/刘东主编)
ISBN 978 - 7 - 214 - 04950 - 6

Ⅰ.① 为… Ⅱ.①卜… ② 张… Ⅲ.① 佛教-关系-社会
发展-中国-时代 Ⅳ.① B949.2

中国版本图书馆 CIP 数据核字(2005)第 062571 号

Praying for Power: Buddhism and the Formation of Gentry Society in Late-Ming China, by Timothy Brook, was first published by the Council on East Asian Studies, Harvard University, and the Harvard-Yenching Institute, Cambridge, Massachusetts, USA, in 1993. Copyright © 1993 by the President and Fellows of Harvard College. Translated and distributed by permission of the Harvard University Asia Center.
江苏省版权局著作权合同登记:图字 10 - 2005 - 226

书　　　名 为权力祈祷:佛教与晚明中国士绅社会的形成
著　　　者 [加]卜正民
译　　　者 张　华
责 任 编 辑 府建明　戴宁宁　金书羽
装 帧 设 计 陈　婕
责 任 监 制 王　娟
出 版 发 行 江苏人民出版社
地　　　址 南京市湖南路 1 号 A 楼,邮编:210009
网　　　址 http://www.jspph.com
照　　　排 江苏凤凰制版有限公司
印　　　刷 南京新洲印刷有限公司
开　　　本 652 毫米×960 毫米　1/16
印　　　张 26.25　插页 4
字　　　数 300 千字
版　　　次 2005 年 11 月第 1 版
印　　　次 2021 年 4 月第 5 次印刷
标 准 书 号 ISBN 978 - 7 - 214 - 04950 - 6
定　　　价 78.00 元

序"海外中国研究丛书"

中国曾经遗忘过世界,但世界却并未因此而遗忘中国。令人嗟讶的是,20 世纪 60 年代以后,就在中国越来越闭锁的同时,世界各国的中国研究却得到了越来越富于成果的发展。而到了中国门户重开的今天,这种发展就把国内学界逼到了如此的窘境:我们不仅必须放眼海外去认识世界,还必须放眼海外来重新认识中国;不仅必须向国内读者迻译海外的西学,还必须向他们系统地介绍海外的中学。

这个系列不可避免地会加深我们 150 年以来一直怀有的危机感和失落感,因为单是它的学术水准也足以提醒我们,中国文明在现时代所面对的绝不再是某个粗蛮不文的、很快就将被自己同化的、马背上的战胜者,而是一个高度发展了的、必将对自己的根本价值取向大大触动的文明。可正因为这样,借别人的眼光去获得自知之明,又正是摆在我们面前的紧迫历史使命,因为只要不跳出自家的文化圈子去透过强烈的反差反观自身,中华文明就找不到进入其现代形态的入口。

当然,既是本着这样的目的,我们就不能只从各家学说中筛选那些我们可以或者乐于接受的东西,否则我们的"筛子"本身就可能使读者失去选择、挑剔和批判的广阔天地。我们的译介毕竟还只是初步的尝试,而我们所努力去做的,毕竟也只是和读者一起去反复思索这些奉献给大家的东西。

刘　东

目　录

译者的话

　　本书被纳入凤凰文库再版,这是翻译者的荣幸,更是原作者的光荣。与其说这体现了本书原著的学术价值和潜在的社会影响正在升温并逐渐得到认可,毋宁说它给译者再次阅读和反思本书及检讨译事得失提供了一个更好的机会。

　　我和卜正民素未谋面,但神交已久。两个人的心灵碰撞交流和共鸣的故事是在北大燕园那样一个学术气氛浓厚、求知创新的热情高涨和满怀理想抱负的特定环境中发生的。当时我一边做着以中国佛教复兴为主题的博士论文,一边广泛涉猎和吸收外国知识学术前沿的成果。在北大图书馆丰富的英文藏书中,我一次偶然发现了 Timothy Brook 所著的 *Praying For Power*,立刻被它的主题深深地吸引了。通读全书后,它的主题内容和研究路径给我留下了很深的印象,而它对问题的精辟分析和深刻见解以及行文的独特风格,令我不禁心折。于是我产生了要把这本书翻译出来与国内读者分享的冲动,我的第一感受就是相信它会启发并促动国内学界研究中国佛教史学方法的革新，更主要的是它可以填补我们对唐以后佛教研究不足的空白，尤其是加深我们佛教在中国社会中运作的概念，对佛教与社会的互动以及佛教与经济、政治、文化诸关系有一个贯通的理解。当我把上述想法和盘托出告诉刘东教授时，他给了我充满希望的鼓励。后来他从海外的朋友中了解到，Timothy Brook 有一个中文名字叫卜正民。

然而，卜正民究竟是何方人氏，目前多大年龄，现在生活在何处，这于我至今还是个谜，当然也是我不得不向读者致歉的地方。在翻译过程中，虽然我与卜正民鸿雁往来不绝，但从来没有了解过这方面的情况。从北大毕业后我回了南方，因为工作任务重，事情比较多，一度与卜正民失去联系，直到本书 2004 年要出版时我请他写中文版序言。从中文版序言中，我对他的家庭背景和学术背景有了进一步的了解。他出身于一个新教家庭，耳濡目染基督教的文化熏陶，却对包括中国佛教在内的亚洲历史文化产生了不可遏止的兴趣。以前我只知道他为了满足自己的兴趣而在日本和中国台湾等地边留学研究边调查考察，现在我获知早在 20 世纪 70 年代初他就来到了中国内地留学，并且是在当时国内学者对宗教禁区不敢越雷池一步的那样一个年代来到北京大学研究宗教，这让我既感到亲切又增加了些许钦佩。

据我掌握的材料看，从上世纪 70 年代初他开始接触中国佛教起，到 1993 年本书英文版问世，花了将近 20 年的时间。20 年的学养积累和殚精竭虑凝结成了本书原著的厚重。在这 20 年中，也许从他确定以亚洲的历史和文化为研究主题并以之为他毕生的志业后，他的足迹踏遍了亚洲一些重要的国家和地区，他无数次地来往穿梭于太平洋的此岸与彼岸。看得出来，他接受过西方一流的正规学术训练，在中文版序言中，他自称把本书题献给三位对他有深刻影响的恩师，其中韦尔慈（Holmes Welch）和傅乐施（Joseph Fletcher）两位出现在本书的扉页上,我想还有一位应该就是指导他博士论文写作的哈佛大学孔飞力(Philip A. Kuhn)教授了。他们都鼎鼎大名,在西方学界享有盛誉。尤其值得一提的是韦尔慈,作为美国哈佛大学已故资深教授,他是国际上公认的中国宗教研究专家,尤为专精于中国近现代佛教之研究。哈佛大学出版社在 1967 年、1968 年和 1972 年陆续推出了韦尔慈研究中国佛教的系列著作《中国佛教的实践》、《中国佛教的复兴》及《毛泽东时代的佛教》,这三部书堪称为西方最负盛名的研究中国近现代佛教的"三部曲"。卜正民在中文版序言中深情回忆当年求学哈佛时,韦尔慈成为他的"良师益友和灵感源泉";在英文版序言中则认为本书是"受他的工作和人格典范的鼓舞所产生的成果"。

二

卜正民延续了韦尔慈研究中国佛教复兴的学脉而把复兴的历史视角从中国近代佛教拓展到了晚明佛教,确定晚明时代的佛教与中国士绅社会的形成为本书研究主题。这使他既没有重复韦尔慈,又与其他以著名佛教人物为中心单纯研究晚明佛教复兴的著作不同,他研究了一个比士绅出身的佛教人物更大的士绅社会集团与佛教之间互动及相生相长的关系,因而其研究的广阔性和复杂性非前者可比。更为独特的是,卜正民选择寺院的捐赠为研究切入点,精辟分析晚明士绅捐助寺院的机制和动机,揭示社会向宗教捐赠的普遍模式和捐助宗教所产生的社会后果,从而使我们对近世佛教在中国社会中生存和发展的奥秘几乎能洞察入微。显而易见,他的研究结论放在今天仍有充分的说服力。

在西方和日本学界,佛教的社会研究和士绅社会研究都有各自的渊源和学术传统,但从来没有人像卜正民这样把两者完美地结合在一起,对晚明佛教的复兴及士绅社会的形成作了令人信服的、精彩细致的社会学说明。卜正民在中文版序言中说明中国佛教的社会史没有像它作为宗教史那样引起 20 世纪中国学者的很大兴趣，其与西方和日本学术传统形成鲜明的对比，是导源于中国和西方现代性经验的不同。进一步说，西方研究中国宗教的兴趣和成果出现在后期殖民主义的社会背景和文化语境中，植根于亚洲和西方在政治经济上的不平等。西方并不真正对中国佛教的复兴感到兴趣，它更感兴趣的是这种复兴背后的错综复杂的社会动因，所以西方学者相对比中国学者更关注佛教的社会研究。而中国学者由于近代以来深受西方帝国主义经济和文化的强势刺激，他们在寻求富国强兵的同时也更重视维护中国文化的尊严和优良传统并孜孜于中国文明的伟大复兴，这种复兴的宏大叙事里自然也包括已经成为中国文化不可分割的一部分的佛教的复兴，这也许是 20 世纪中国佛教学者致力于理清中国佛教历史和思想文化方面的一个重要原因。只是在近二十年，宗教问题日益引起人们关注，宗教复兴日益成为我们生活中的现实，中国学者才越来越关注佛教的社会研究。

到了 20 世纪后半叶，西方学界的情形也发生了变化。这种变化可以溯自 20 世纪中叶以来，亚洲国家纷纷摆脱殖民主义枷锁，赢得民族独立和解放，西方一些学者开始反省和转变过去被帝国主义利用的传教路线和策略，他们渐渐地把中国宗教研究从过去传教士研究中国宗教的范式中分离出来。到七八十年代，伴随着亚洲一些国家和地区经济上的崛起，这种趋势造成了海外中国研究范式更大的转移，这就是从东方主义话语转变到"以中国为中心"。西方汉学研究重心的转变在中国士绅社会研究中也得到明显体现。卜正民指出，中国士绅作为一个重大研究课题出现在 20 世纪 50 年代，1975 年前士绅研究的关切点是挖掘中国社会中阻碍现代化革新的保守主义痼疾，考察中国社会的内在动力，以解释中国为何不能有效回应西方帝国主义的冲击。尽管这种解释仍然是西方流行的一种现代性范式——按照现代性范式，像中国这样的国家不能积极地回应西方的挑战，并不是因为帝国主义从外界的入侵干涉，而是因为僵化的本土社会结构阻碍了现代西方制度的引进——但它为士绅研究从本质主义的定义转向历史的具体分析准备了基础。卜正民正是这样从历史主义的基点出发来研究晚明佛教与士绅社会的关联，他认为晚明佛教的复兴是因士绅之支持而形成的产物，但佛教复兴不是仅仅反映了晚明士绅的发展而本身就是晚明士绅发展的一部分。确切地说，是作为社会精英的士绅在地方境域中回应具体历史情境，以其文化的和经济的优势来追求自治权力的一种建构。士绅选择捐助佛教寺院这个恰当不过的公共空间来表达自己的理念和追求，替以实现自己在国家体制内得不到的那种公共权力。

本书主体内容就基本上围绕上述论点而展开。第一部分关于佛教的文化，主要是探讨佛教与理学的关系，梳理它们"函盖相合，冰炭不同"之融通的脉络。卜正民选择张岱这个在士绅中比较有代表意义的人物来反映士绅文化中的佛教样态。第二部分关于寺院的捐赠，深入探讨士绅捐赠佛教寺院的机制和动机，鞭辟入里地分析士绅怎样捐赠寺院，为何捐赠寺院。卜正民选择了鼎湖山的捐赠者作为实例分析。第三部分捐赠的地方个案研究，卜正民选择了地理位置和经济状况迥异的三个县进行对比分析，以期进一步揭示捐赠的普遍模式，反映寺院捐赠和当地社会结构的紧密联系。在最后的结论部分，卜正民选择从宋到清这样一个更长的历史广角来揭示晚明寺院捐赠的历史意义，集中探讨了士绅借助于佛教在国家统治和地方自治追求中的两难抉择以及最终失落。

掩卷而思士绅社会历史之终结是非常有意义的。卜正民在本书最后写道："历史最终对中国士绅是不仁慈的，无论他们也许多么熟练地利用地方的条件抵抗国家的风浪。只要帝国苟延残喘，他们进行地方社会从国家的部分分离的努力可能就从来没有完成。他们为获得他们仍然依赖着的身份标志不得不周期性地回到政治制度的中心去。因此，他们的处境是两难的：如果没有他们所竭力反抗的国家的权威，他们就不可能坚持要求作为精英的合法性；然而只要他们依然依赖于国家，他们就不可能按他们自己的要求建立霸权。19世纪末公共领域的扩张使他们置身于推翻旧国家的革命的前沿。然而，伴随着革命而来的帝国形态的腐蚀却削弱了他们自己权力的社会政治基础……"结果可想而知，士绅的精英身份排除其他社会成分的加入和士绅的两难处境决定了他们除了自己的死亡没有别的出路。卜正民用讽刺的笔调说："与革命势力组织人民去竞争对国家的控制相比，旧秩序的精英们发现他们偷走的小小的权力是远远不够的。他们被推向一边，让位于新的社会。士绅社会的历史也就终结了。"

三

卜正民在中文版序言中对本书的一个预期能很好地说明其潜在的学术价值和社会影响。他坦言1993年本书初版英文本时，与他同时代的学者们都不能肯定他是想对明代的佛教史作贡献，还是打算对明代的社会史作研究。在他看来，如果不考虑佛教思想和实践的现实世界背景，晚明佛教的复兴就无法被理解。同样如此，佛教的论题如果被排除在士绅社会研究之外，那么明代历史变迁尤其是士绅社会世界也就不可能被完全认识。卜正民的这个研究思路已经被事实证明取得了成功，因为近年来研究晚期中华帝国的西方学者开始拆除了宗教研究和社会研究的隔墙，接受了他的研究方法。对中国读者而言，本书的重大意义还不只是两个研究领域的结合能产生更有创造性的成果，而是这个成果可以直接弥补我国学者在近世佛教研究领域的薄弱环节，有力推动我们在佛教史学研究方法上的革新，大大拓宽我们的佛教研究从陈述史或义理性走向学理性领域。当然,本书令人更有兴味的是,它可以帮助我们对佛教在社会中运作的状况和机制以及社会人群对佛教的兴趣和追求两者之间的互动有一个深入的了解。此外,本书的成功还表现在作者充分利用国内学者不常用的寺志和方志,它让我们认识到古籍中语源的隽永和丰富,这些平时淹没在尘封故纸堆里的资料在卜正民这样一个"老外"生动有趣的笔墨调遣下,居然还能组织成如此文采飞扬和引人入胜的篇章!

如果说本书有什么美中不足的话,那就是表现在似乎"形散"而其实"神不散"上。这也正是我提醒读者要耐心注意的地方。本书是卜正民在其哈佛大学博士论文的基础上修改而成的,据他自述修改花了相当长的时间,其中印刻了他在许多地方逗留过的痕迹。卜正民对本项目的研究,置身于跨学科的语境中,他声明自己不是研究佛教的心理意义而是研究佛教的社会意义;他拒绝了那种对士绅的抽象的本质定义,但他也没有满足于简单的历史分析。在本书导论阐述寺院捐赠与士绅之问题的那一章,读者也许会觉得过于冗长繁复,但其中含有相当多的西方流行的重大理论元素和概念如"公共领域"、"象征性资本"等,还包括他分析论证欧洲思想中阐述中国社会"停滞不前"特征的一些主要论点。这些概念和论点如果被轻轻滑过,那读者就很难理解本书的主旨所在,包括对他立论的出发点以及他选择的研究路径乃至对书名的理解都会一头雾水。这要求读者阅读本书时要具备必要的相关知识,当然其中也许还有一个文化语境的问题。值得一提的是,本书书名被翻译成"为权力祈祷"时,卜正民有些担心他这个书名包含着只有在西方文化语境中才能被充分认知的关键词,是否能得到中国读者的理解。的确,这个书名看来有些迷人,但也很有意味。中国知识人浸淫西方文化时日非短,我国改革开放也已经到了新的历史时期,因此我们有充分理由相信,中国读者不会对此浅尝辄止。

最后我要借本书再版的机会对在翻译过程中帮助过我的人和机

构再次表示诚挚谢意。首先要感谢本书责任编辑府建明和戴宁宁，本书能以现在这样精美的形式顺利问世，其中也凝含着他们的智慧和心血。这里要特别感谢北京大学图书馆古籍部和善本珍藏室的几位老师，他们的名字我已记不清楚，但我永远记得我在那里查阅资料时他们所提供的方便。细心的读者也许会发现本书注释中加了很多译注，这些译注不仅仅是我在北大图书馆"坐冷板凳"的见证，更主要的是记录了我查找不到原著作者所参考的古籍原文时使用的北大馆藏图书，以便于国内读者能按图索骥，保证有径可寻。还要特别感谢我的一位韩国师兄贾禹玹，为解决我翻译上遇到的难题，他不辞辛劳专门托请台湾的朋友带来吴智和写的《明代僧家文人对茶推广之贡献》，没有他的热心帮忙，有关寺院品茶的那两首诗可能就会给读者留下遗憾；我也永远不会忘记我们在北大蔚秀园雅集，一起品茶，他弹琴我听琴而结下的深厚友谊。

张 华

中文版序言

中国佛教的社会史没有像它作为宗教史那样引起 20 世纪中国史学家的很大兴趣。陈垣在民国年间对晚明佛教作了精湛研究,但他是个极大的例外。这种学术倾向与西方和日本的学术对比格外鲜明。海外学者——尤其在 20 世纪后半叶——把中国佛教的研究作为一个很重要的知识领域,不仅仅是为了佛教研究,还因为它有助于拓宽对数百年来中国社会和文化的沧桑巨变的理解。为什么两种学术传统对佛教研究如此异趣?这也许是引导中国读者进入关于明代士绅精英赞辅佛教寺院之研究的一条有益途径。

我觉得,中国和西方学者对研究中国佛教的学术价值的态度差异,导源于中国人和西方人现代性经验的不同。在欧洲,现代性的核心标识之一,是破除与中世纪宗教有关的迷信思想。欧洲人花了很多时间通过广泛的思想运动来协调中和这种对迷信的排斥:16、17 世纪经历了著名的宗教改革运动,17、18 世纪又开展反宗教改革运动。西方人最终并未抛弃宗教,而是以新教的方式重新阐释基督教,消除了宗教不可置疑的绝对立场。因此之故,从 19 世纪开始,宗教被自由地变成了学术研究的对象。

中国人的现代性经验没有走同样的路线。中国学者数世纪以来一直对宗教实践的理性表示怀疑，但是他们的怀疑和争论从来没有被放在一个能破除宗教在社会中的权威的更大的运动中。这样的排斥仅仅发生在新文化运动中，那时年轻的思想家们都挑战他们先辈的思想传统，认为中国宗教是他们现代化目标的绊脚石。这种思想爆发的突然性意味着中国现代派破除迷信达到了比欧洲更突然、更迫切的程度，就像一句英国谚语所说的"把孩子连同洗澡水一起抛弃"，许多人相信这样做是有必要的。如果不可能同迷信的过去休战，那么也就不可能宽容现在的佛教和道教。如果这些宗教不可能被宽容，那么宗教本身就不值得认真的学者去关注。结果是，有知识有文化的中国人对待佛教，无论是实践还是研究，即使不是彻底的敌视，至少也是漠不关心。

欧洲学者在新文化运动的前半个世纪间不仅对中国宗教有同样的敌视，并且起了推波助澜的作用。然而，外国人对宗教的立场不是漠不关心，因为其中多数人是基督教传教士。如果他们俯就中国人的宗教实践和宗教观念，那么这是基于一个很实际的理由。他们不得不否定中国宗教的价值以确立他们自己宗教的价值：他们决心用基督教的上帝来取代佛陀。在20世纪前半叶，这种态度随着西方的汉学能把自身与基督教传教事业区分开来而发生了转变。西方的学者对把中国人的差异转换成为西方人的认同不再感到兴趣。相反，他们宁愿保存和维持这种差异，宁愿把中国看成一个不是与西方趋同，而是一个经历了大不相同的历史过程并在未来能适切地期盼走自己道路的地方。中国宗教是吸引这些学者的研究领域之一，因为中国宗教的观念和实践似乎与欧洲的宗教观念和实践相当不同。与当今西方方兴未艾的几乎任何其他亚洲研究领域相比，研究宗教方面的差异的吸引力更为强烈。

西方对中国宗教的兴趣并非毫无政治意义。它依赖于对（西方以外的）其他世界的宗教/迷信实践进行调查考察和分目归类的权力。由此所做的调查和分类可能是为了证明其他世界的低劣——这一定程度上也是西方现代性的投射。杰出的德国社会学家马克斯·韦伯(Max We-ber)表明了这种态度,他在20世纪初写道:中国人生活在一个"神奇的国度";他观察到当时的佛教只不过是阻碍中国现代化道路的"僧团的神秘实践"。有关这种调查和分类的权力不完全是西方文化的特征。它导源于20世纪塑造学术知识形态的亚洲和欧洲在政治和经济上的不平等。

大多数研究中国宗教的欧洲学者都拒绝凌驾于亚洲的西方帝国主义主张。然而,他们的著作产生在后期殖民主义的语境中。很自然,中国学者没有兴趣参与这种东方学项目。佛教的遗存——它的塑像、经典、神秘实践——正是西方学者也许想研究和"收集"的东西。现代中国的知识分子置身于一个和他们的过去大不相同的关系中。这是一种克服和超越的关系,而不是恢复和保存在博物馆中的关系。只是到临近20世纪尾声,中国学者才有兴趣把包括宗教在内的中国过去的一切方面变成现代知识的一部分。

当我在20世纪70年代初开始研究中国文化时,佛教恰巧成为我走进学术殿堂的入门。我大学时代修的第一门中国课程就是中国佛教哲学。我由此出发是因为我当初的兴趣根本不在中国,而在佛教,这是那时多伦多大学能开出来的唯一的佛教课程。在这种兴趣后面鼓舞人心的是畅行不衰的日本佛教思想家铃木大拙(Daisetz Suzuki)的禅学著作。铃木以富有魅力的笔调阐述了一种迥异于我这个在新教家庭长大的孩子所学到的宗教世界观,激起了我好奇的兴趣并进而想学习更多。

1974年,我作为交换学生到中国留学时,我对佛教的新兴趣听起来令人沮丧。那时宗教无论在实践上还是在研究上都是一块严加防范的禁区。然而,北京大学一位年长的图书管理员借给我《高僧传》,并介绍我阅读汤用彤的著作,凭这些材料为基础我开始了研究中国佛教史的学术生涯。与此同时,我写了一封书函求教杰出的20世纪中国佛教史学家韦尔慈(Holmes Welch)先生。然后,当我在哈佛大学读书时,韦尔慈便成了我的良师益友和灵感源泉。这就是为何他的名字会出现在我把本书献给的三位恩师之中。

在北大留学和哈佛读研之间,我还在复旦大学学习了一年。在复旦李庆甲教授和善的指导下,我的兴趣从思想史转到思想和社会史。尽管在我最终决定论文选题之前还花费了好几年时间来阅读和思考,但当我回到哈佛着手研究生项目时,我已经倾向于从明代的社会和制度史来钻研佛教。本书所论述的地方士绅精英和佛教公共机构之间的社会、经济、文化和政治关系,就是这种研究的结果。

在1993年本书英文本初版时,同时代的学者们都不能肯定我是想对明代的佛教史作研究,还是打算对明代的社会史作研究。我本人喜欢把此看做两者皆是。如果不考虑佛教研究和实践的现实世界背景,它就无法被理解。同样如此,佛教的论题如果被排除在研究之外,明代尤其是士绅的社会世界也就不可能被完全认识。几年内,研究晚期中华帝国的西方学者开始拆除宗教研究和社会研究的樊篱,并接受了我的研究方法。中国的读者也许乐意"萧规曹随"吧。

最后,我非常感谢刘东先生把拙作纳入他主编的"海外中国研究"丛书,也要深深地感谢他的学生张华博士和我的学生孙竟昊为本书的精彩翻译所付出的辛勤劳作。

卜正民

序　言

　　鸡鸣寺庭院中摆放着两块大理石碑,碑身的半部各被长长的蓝白相间的塑料防水布覆盖着。雕刻匠坐在阴凉处,在一块石碑的表面上镌刻出算盘珠一般齐刷刷的文字。这些文字是人的姓名。石碑的上端已经刻出两排数十个名字,还有许多名字等着他刻呢！我没有必要问他刻这些名单干什么,因为在每一个姓名下面都刻着钱款。1989 年春我在南京逗留时,鸡鸣寺正在修复中,这些姓名就是捐助修复的功德主的名字。两块大理石碑一旦雕刻完毕,就要树立在鸡鸣寺院中,以表彰施主们的慷慨捐赠。捐赠者的姓名与石碑同在,流传千古。

　　雍和宫是北京的一座喇嘛寺,早在十年前就已经修复了。同年(1989)稍后我去参观时,发现刻有功德主姓名的石碑已经树立在大殿前的庭园之中。石碑上前面十排总共排列了 150 多个姓名。石碑的最上端镌刻着一条装饰华丽的龙,龙嘴里喷出四个字:"万古流芳",以示捐赠者芳名因其善举将流传万世。对那些错过这种扬名机会的人来说,还有可能在 1989 年秋天作一次捐赠,重塑内殿里的佛像。庭院另一边放着一张桌子,桌上摆着捐赠功德簿,供来寺院参观的捐赠者签名,工程完毕后他们的姓名将被正式镌刻在石碑上。

在中国,树立石碑公布施主的善名,这种古老的习惯近年来得到了复兴。20世纪80年代政治气候的变化酿就了新的捐赠风气,推动了树碑立传的小小浪潮。这种新生代的石碑属于大大变化了的环境的产物,捐赠的社会意义在16世纪晚期和20世纪晚期不可同日而语;然而石碑仍然充当着标准的宣传形式,纪念捐赠者的功德及其所赞助的项目。石碑并非简单的捐款记录。它所保存的不单是财富,还有社会地位和权力。一块石碑通过记录谁捐赠,就等于宣布了谁能捐赠,谁希望以捐赠来扬名,谁寻求以捐赠而使他在相关的社会群落中增加声望。因而,它证实了捐赠者和非捐赠者所属的社会结构。捐赠形式从一个世纪到另一个世纪依然保持不变,但是其隐含的内容随嵌含在碑文中的社会状况而变化,社会状况则随着时间迁移而转换。

本书涉猎经受了四个世纪历史风霜的石碑所描述的社会世界。它探讨晚明中国寺院捐赠的社会结构,着重考察地方士绅,他们是那个时代经济上捐赠寺院的主要力量。士绅是晚期帝制中国的精英。他们的正式地位来自在国家科举考试制度中的成绩和所取得的功名或头衔。在16世纪,士绅集团既指功名及第者,又包括他们由父系亲属、姻亲关系和社交网络而组成的更大的社会圈子,他们在主宰地方事务的范围和权力上大大扩张。为了表达这种权力,他们从事着各种类型的公共活动,向佛教寺院捐赠也许是他们显示权力的最有意义的一种类型。

乍一看,佛教似乎代表一个远离尘嚣的世界,一个基于民众虔诚信仰的王国,士绅则往往对其敬而远之。毕竟,正统的儒者鄙弃佛教,认为它是人民大众的迷信;官方则怀疑佛教是危及国家安全、产生秘密结社活动的一个渊薮。而20世纪的学者们宣称,明代佛教已经衰象丛生,枯叶凋零。可令人惊讶的是,我发现16世纪中叶到17世纪晚期之间(晚明),寺院石碑上一直镌刻着大量地方士绅捐赠者的名字,这使我注意到想像中已奄奄一息的宗教道场,在士绅精英的努力下却恢复出盎然生机,而精英的培养却是要对佛教采取敌视态度的。这既令我困惑不解,

3

同时也推动了本书的写做。

这项关于寺院捐赠的研究,起始于我在哈佛大学孔飞力(Philip A. Kuhn)教授指导下的博士论文。孔飞力教授在学术和分析方面的高标准要求,有时显得苛刻,但予人以激励。我一直努力不懈,争取获得高水平的研究成果。初期研究的大部分工作是在日本进行的,我得到哈佛大学塞尔顿基金、日本科学促进会和加拿大人文社会科学研究会的支持。在日本逗留的两年半时间,我被东京大学东洋文化研究所聘为副研究员。佐伯由一(Saeki Yūichi)和岸本(婚前姓中山)美绪(Kishimot[née Nakayama]Mio)的友谊及思想情趣上的相惜,给予我在那里的时光留下了珍贵的记忆。另外,东京大学的田中正俊(Tanaka Masatoshi)和京都大学的竺沙雅章(Chikusa Masaaski)给我的研究工作的方向提出了根本性的忠告和建议,使我获益良多。我还要衷心感谢东洋文化研究所图书馆全体职员及东洋文库、国家档案棺,以及尊经阁文库、静嘉堂文库和京都大学人文研究所的全体员工给予我的热心帮助。

在写初稿时,我得到加拿大人文社会科学研究会、瓦特基金会和哈佛大学社会研究学位委员会的鼎力支持。我特别感谢该学位委员会主席戴维·兰德斯(David Landes)先生,是他使我置身于一个跨学科的学术语境中,这对我如何观察历史产生了深久的影响。修订工作极其缓慢,其间印刻了我从阿尔伯塔(Alberta)大学到多伦多(Toronto)大学的足迹,两所大学均慷慨地提供研究基金,使这项工作得以顺利进行。

让·巴彻勒(Jean Baechler)、彼得·巴尔曼(Peter Bearman)、包筠雅(Cynthia Brokaw)、瓦勒利亚·汉森(Valerie Hansen)、史景迁(Jonathan Spence)和亚历山大·伍德萨伊德(Alexander Woodside)都相继阅读了我的手稿,对本项研究的成形方向提出了我所需要的极为中肯的批评性意见,并鼓励我设想我也许能使我的工作达到他们所希冀的水准。两项个案研究曾以不同的形式提交给两次学术会议,其一是 1987 年 8 月在伯内夫(Banff)召开的会议,我的题目是《中国地方士绅及其统治模

4

式》；其二是 1991 年 5 月在明尼苏达大学召开的会议，题目是《欧亚近代早期（正规学校）教育、法律及社会秩序的重建》。非常感谢大会的组织者周锡瑞（Joseph Esherick）、玛丽·兰金（Mary Rankin）和爱德华·法默（Edward Farmer），及其他与会者，他们对我的论文均提出建设性的批评意见。然而我最需要深挚感谢的人是我的同事和朋友——王国斌（Guobin Wong），他给本项目的研究和写做的全过程给予的批评和指教，在一定意义上使本研究达到它应有的深度。

如果说我这本书问世有什么遗憾的话，那就是霍姆斯·韦尔慈（Holmes Welch）不能活着看到这项受他的工作和人格典范的鼓舞所产生的成果；还有约瑟夫·傅乐施（Joseph Fletcher）不能再一次成为我最严厉的和最具热情的读者了。这本书的问世，是对我这两位良师益友的最诚挚的纪念。

导论　寺院捐赠和士绅:问题

　　宗教和其公共机构之间隔着一片宽阔地带,受到与日常生活过程关联的各种环境制约。举其大者说,其一,宗教团体和国家权力的主导性关系给宗教活动的组织施加政治方面的限制。其二,经济资源和劳动关系决定资助宗教事业的可行性。其三,社会结构形成宗教事业的支持者及其内在关系。再者,信教者和不信教者一样,文化上的感知决定哪些(宗教)公共机构的形成富有意义,哪些纯属荒唐。这样的环境影响着宗教教义和信仰的内容,尽管这种影响的方式十分间接。从个体感知的深层意义上说,对佛的信仰就是人的自我觉解,但这是一种着重心理影响的过于复杂的知识,本研究难以解决。然而,兴建一所佛寺则完全不是一回事。比如,要动工修建寺院就要知道花费多少胶泥,田地有多少收入可以注入工程,国家有什么规定必须通融或者去打圆场;还必须知道它蕴藏着多少宗教功能,以及邻居们会怎么想。换言之,修建寺院就要知道寺院是什么,它对人们的文化状况及其周遭环境意味着什么。

　　寺院(或任何宗教公共机构)的社会本质即取决于这个地带。一所寺院尊奉的宗教信仰系统也许左右着它围墙内所进行的活动。但是寺墙本身和它们所占的土地,以及把它们建立起来所耗费的劳动、所花费的资金都是社会性的事实。是社会事实而非宗教信仰具体地表明它们的存在,并决定它们对那个地区社会成员的意义。也正因为如此,宗教公共机构能提供历史学家打开那沉寂的寺墙的窗口,这堵墙使我们与往昔的社会生活分隔。

本书既非讨论宗教,也不是讨论宗教的内设机构,而是讨论宗教公共机构和社会之间互动的一种普遍模式。捐赠——世俗支持者为宗教的活动、人员和机构提供资金——是一种出现在所有宗教中的行为,尽管它的规模随职业宗教人员与生产性劳动分离的程度而有变化。中国传统社会中,精英人士大都鄙视体力劳动,佛教住持则以宫廷贵族而不是以农夫的方式来塑造自己的形象,他居住在皇家宫殿般富丽堂皇的厅堂里,而不是居住在农夫的茅草棚里。

对佛教场所的这种期待,早在公元5世纪就牢固地扎根于中国文化之中。那时洛阳是北魏王朝的首都,当时的作者杨衒之夸张性地描述了洛阳伽蓝(即佛寺)的豪华富美,"金刹与灵台比高,广殿共阿房等壮"。如此辉煌的寺院建筑必须有来自僧侣社区之外的资金来源作支撑。僧侣很少能掌控建立宏大的佛教道场所必需的经济资源,因而依赖着世俗社会的供养和支持。为了维持佛教徒的宗教生活所需的物质建筑,僧侣不得不向富裕的施主化缘,劝请他们慷慨地捐赠。因此,按照杨衒之的描述,洛阳"王侯贵臣弃象马如脱屣,庶士豪家舍资财若遗迹"。① 士绅精英愿与佛教共享财富与权威,他们在捐赠者名单上占绝大多数。直至20世纪,社会精英人士的捐赠,在中国的佛教寺院绵延的生命中仍扮演了举足轻重的角色。

假如社会精英人士的捐赠相对而言是中国佛教的一个持续不断的

---

① 杨衒之:《洛阳伽蓝记》,王易通(Yi-t'ung Wang)译,普林斯顿:普林斯顿大学出版社,第5页,1983。(参《洛阳伽蓝记校注》,范祥雍校注,上海:上海古典文学出版社,第1页,1958。——译注)

事实，那么捐赠寺院的人群会随时间的流迁而发生变化，因为精英结构的变化与更大的社会力量有关。本研究探讨中国历史上从 16 世纪中叶到 17 世纪中叶这样一个特定时期的地方士绅向佛教寺院捐赠的问题。我大体上把这个时期称为"晚明"。这是一个社会生活的结构发生广泛变化的时代，很大程度上可以说是经济的商业化培植了这种变化。16 世纪之初的商品流通已经从有限的范围发展到大规模的领域，16 世纪中叶之后白银进口所引发的通货膨胀的冲击加速了这一进程。① 整个 16 世纪，由于土地价格的上扬，货币流通大大增加，使那些控制土地和握有信贷资本的人有利可图。富裕的士绅、地主和商人组成的上流社会，在人数上和资源上都与日俱增。由于他们的大部分财富都采取白银的形式流通，这比储备谷物更容易积聚和经久保存，因而富人也更方便地用白银来劝募和投资。这种财富常常被投入修建他们所崇奉的寺院和物质建筑。②

我们不能把晚明描述成一个单单由富人施舍大量财富的时代，商业化同样有助于地位低微的家庭增进财富，改善其获得士绅地位的必要手段——文化和教育。随着越来越多的家庭能为其更有前途的年轻男性承担起儒士生涯的投资，在地方舞台上有功名头衔的士绅人数也越来越多。文化活动和经济活动一样使地方士绅日益分化。作诗、出书、建寺、赏画、造园、品茶，这些文化活动产生了一种独特的态度和乐趣，形成了晚明的文化世界。本书第一章对这个世界作了简短的描述。

晚明也是宗教公共机构复兴的一个时期：佛教寺院在传统经济濒临崩溃之际得以重建，穷困而训练不足的僧侣获得新生，居士佛教运动扎下根来并蓬勃发展。这种复兴的主要境遇，是地方士绅的形成和扩张。

---

① 参见阿特威尔（Atwell）：《关于白银、外贸和晚明经济的解释》（"Notes on Silver, Foreign Trade, and the Late Ming Economy"）、《约 1530—1550 年的国际硬通货流动与中国经济》（"International Bullion Flows and the Chinese Economy circa 1530 –1550"）。
② 16 世纪 90 年代，李贽住在湖广时，评论说"乡宦财主人家"正用他们的财富建筑重帘、画阁、斗拱诸结构；参见李贽《续焚书》，第 25 页。

正因为他们捐助寺院,供养僧侣,使佛教信仰呈现了数世纪以来未曾见到的规模。佛教复兴和士绅之间的关联十分密切而广泛,不可以将其视为一种纯粹工具性的现象。它是因士绅支持而形成的产物。就像著名的佛教施主陆光祖的传记作者在 1596 年强调指出的那样,寺院的兴隆是因为"明公巨儒"广泛的捐赠,推动了佛教的转型。[①] 佛教复兴是晚明士绅发展的一部分,而不是仅仅反映了晚明士绅的发展。这是本书的基本假设。

本书研究的士绅捐赠的对象是佛教的公共机构(institution),中国人称为"寺",习惯译作"monastery"。寺是佛教僧侣居住之所,尽管常住的数量可能从一人到几百人不等。寺在明朝中国到处都有。一个较小的县可能有 20 多所这样的寺院,而较大的县则有 100 多所。在明朝之前,这样的常住佛教场所是不登记的,但明朝则禁止私创新寺[②],这意味着在明朝创建的大多数佛教机构是以庵(这里译作"chapel")而非以寺知名。晚明作者冯梦龙在他撰写的一部县志(1637 年福建出版)中,解释这种区别首先含有官僚政治的意义:寺是受到官方授权而设立的公共机构,据此就有权期望地方官的庇护;而庵则是私人创建,因此其合法性模糊。[③] 实际上,这种区分也具有一种规模的意义。庵虽比寺后起,但规模较小,仅仅住一两个僧人。它们也往往坐落在一个县宗教地形图上主要结节点的外围,而占主导地位的古寺则往往享有悠久的历史,可上溯至唐朝或宋朝,香火旺盛。事实上,明代修建的许多庵是作为私家的纯宗教用途的。我的目的是考察士绅集体性支持那种规模较大的、更具公共性和更具名望的寺。

在晚明,士绅捐赠佛教大寺院不仅应当与他们捐助较小的、私人性

---

① 《清凉山志》(1661),卷 5 第 30 页下。(参北大图书馆善本藏书明万历二十四[1596]年刻本,亨部卷之五。——译注)

② 《明律集解附例》,卷 4 第 7 页上、下。例外是皇帝授权创建的寺。

③ 《寿宁待志》(1637 年刊本;1983 年重印),第 3 页。

质的庵相区分,还应当与村民和街坊邻里通常捐助他们附近的小庙和祠堂相区分。这两种捐助系统在某种程度上近似于他们用作各自社交圈的交往中心,然而每一种系统都建立在明代社会结构的不同构成上,各自有不同的目的。规模较小的庙宇和祠堂接受来自范围狭小地区的供养。募集这样的捐助的庙宇会社,目标是满足村社的需要,用作社区组织的场所;它们构成了一个地方领导阶层的区域,置于地方精英的社会和文化领域之下。另一方面,规模较大的寺院则常常吸引着来自全县这样一个更大地区的精英的支持。从文化上看,寺院被建构成精英的公共机构,也有义务满足全县士绅的需要,它们与其是一个社区的中心,倒不如说是一个阶层的中心。

一、士绅研究史学

晚明士绅与有关寺院的佛教文献,尤其是关于士绅参与佛寺方面的文献都保存完好。迄今为止很大程度上受到忽视的这种记载,可以使我们采取一个更具有历史意味的方法来研究晚明士绅,而非完全沿循上几代历史学家的工作。

中国士大夫作为一个重大的研究课题出现在 20 世纪 50 年代,特别在旅居海外的华裔学者中受到青睐。① 然而,1975 年前的中国士绅研究,倾向于把士绅作为一个一般的类别,而不是作为一个具体的历史的产物来考察。促动第一波学者以士绅为研究主题的关切点,是在中国社会中挖掘阻碍中国现代化革新的保守主义痼疾。考察中国社会的内在动力是这一阶段研究的希望所在,它将解释中国为何不能更有效地回应 19—20 世纪西方帝国主义的冲击。正是中国在这方面的失败点燃起激

---

① 张仲礼、费孝通、萧公权、曲直子和何柄棣是关于士绅研究的最著名的历史学家。惟独费孝通不是旅居海外的华裔学者,尽管他在 20 世纪 40 年代研究士绅的著作和海外学者具有共同的历史学立场。

进共产主义革命的熊熊烈火,并迫使其中许多学者陷入政治放逐的处境。

旅居海外的学者不像中国马克思主义历史学家那样一味指责西方给中国带来的困境,而是转向乡村精英的研究主题,探索本土背景上产生问题的根源所在。士绅研究恰好适合了现代化理论,因而在北美学术界流行。按照现代性范式,像中国这样的国家不能积极地回应西方的挑战,并不是因为帝国主义从外界的入侵干涉,而是因为僵化的本土社会结构阻碍了现代西方制度的引进。士绅逐渐被认做本地社会和政治保守主义的主要成分,是现代化的障碍。

由于这些关注,20世纪50年代和60年代初的士绅研究显示,对士绅的分析往往是本质性的定义,而不是历史主义的具体分析:他们确定描述士绅社会的关键特征,而不是考察士绅回应特殊历史条件从而产生士绅社会的过程。正如杨庆堃(C. K. Yang)在1964年指出的,这种本质性理论的方法,恰巧适合了韦伯社会学偏爱使用的分析中国社会的模式。① 像现代社会学的其他开创性人物一样,马克斯·韦伯着迷于理解欧洲资本主义的起源和特征。他确立的欧洲资本主义兴起和新教伦理的关系,形成了他社会学的中心假设,并指导他的研究方法。韦伯论证理性、创造性和加尔文新教的禁欲主义,都有利于他所谓的资本主义精神的发展,而这种精神反过来又导致资本主义的兴起。与卡尔·马克思相反,韦伯认为单单物质条件不足以解释资本主义发展的原因。他转向研究几大非欧洲的文明,以证实他的理论假设,他找到了中国作为他比较研究的最佳例证。

中国激起韦伯求知的兴趣。中国没有产生资本主义,然而发展出了与资本主义相关联的许多特征。他作出结论——和他对欧洲新教伦理的诠释相符——认为资本主义在中国没有得到发展,是因为缺乏一

---

① 杨庆堃给马克斯·韦伯的《中国的宗教》(*The Religion of China*)写的序言,第14页。

种导致资本主义的宗教精神。韦伯进行这种比较时，他的注意力放在中国鲜明的现代性的特征上，即官僚政治。在韦伯生活的时代，官僚政治在欧洲表现为资本主义国家的中心因素。资本主义竭力在宏大的规模上扩增劳动和资源，而官僚政治为它提供了一个适合的组织系统，使它富有成效地管理庞大的人群。既然中国有官僚组织的悠久历史，韦伯质问道，为何中国的官僚政治没有用来推动中国朝资本主义的方向发展呢？

　　按照韦伯的观点，一个重要的限制因素就是，中国乃是皇帝独裁下的幅员辽阔的大一统帝国。他论证说，"统一帝国的和平安定"，拒绝了官僚政治在中国现代社会发展中起积极作用，而这种稳定在欧洲则未能保持。[①] 韦伯写道，回到两千年前，中国和西方的官僚政治在帝国统一前先采取了服务于君主政治的形式。在中国，战国时代（公元前 475—前 221 年）诸侯争霸，进行了激烈的斗争，推动了加大人力动员和战略资源分配的需要，因而非人头化的税收（土地的）与人头税（通过徭役）被区分开。官僚政治采取了世袭分封的形式，以处理这些新的扩增的任务。[②] 然而一旦中国在公元前 221 年统一起来，自治国家的对抗便消失了，从而"对帝国中央政府的理性化"的压力也随之而去。[③] 因此，帝制中国渐渐地并非通过现代欧洲型的"理性"官僚系统实施统治，而是通过韦伯所称的"世袭"官僚系统来进行统治。

　　在一个世袭官僚政体的国家，个体可以在非个人化的官僚程序基础上进入官僚阶层，接受提拔或升迁，但是他们也"承担起——除了他们的适当行政事务外——效忠于君主个人和负起代表君主的责任"。[④] 随着"职能日益分化和合理化程度增加，尤其是文官任务扩大和官方

---

① ③ 韦伯：《中国的宗教》，第 61 页。

② 就像马克斯·韦伯一般性考察的世袭制国家，"在经济合理化的过程中，世袭制难以察觉地移向一个有系统税收的理性化的官僚政府"；《经济与社会》（*Economy and Society*），第 1014 页。

④ 同上书，第 1026 页。

事务必须通过的权威层次升级"①，世袭制发展到了官僚主义，但这种发展仍然是不充分的。结果，中国官僚政治是一种"极权主义和内耗束缚"的制度，在这种制度中，官员和他们的上司的关系是"十分靠不住的"。②

马克斯·韦伯由此得出结论，认为在公元前 221 年使战国时期结束的帝国的权力独裁，致使中国官僚政治不受理性的影响，而后者在欧洲现代化资本主义国家的演变过程中是一个中心因素。按照韦伯的看法，这种障碍就是缺乏竞争，"正如市场竞争驱动私人企业合理化一样，政治权力的竞争也驱动国家经济和经济政策合理化，无论是在西方还是在战国时代的中国"。但是这种健康有益的竞争在帝制的框架内是不可能的。"在各国当中，权力独裁使行政、金融和经济政策的理性管理趋向衰竭。在战国竞争时代存在的合理化的冲动不再包含在帝国的大一统世界中。"③韦伯把中国的停滞归因于它的官僚组织，无疑否定了卡尔·马克思的一般性论点：帝制时代中国的经济和政治发展水平之低下，是由于顽固地残存着原始的村社（共同体）和私有财产权向皇帝个人的集中。④

马克思和韦伯代表了欧洲思想中阐述中国社会"停滞不前"特征的两个主要论点。经济的论点（马克思），认为中国的停滞导源于土地私有财产的缺乏所招致的经济创造性的缺失。而政治的论点（韦伯），则集中在独裁政治的官僚体制的呆滞效果上，这种官僚体制是皇帝意志的附庸，同时又使官僚僭取妄为，而不是致力于有效的行政业绩。

经济的论点至少可上溯到 17 世纪弗兰科斯·伯尼尔（Francois Bernier）对莫卧儿人（Moghul）统治下的印度的评论，马克思和恩格斯都

---

① 韦伯：《经济与社会》，第 1028 页。
② 韦伯：《中国的宗教》，第 59 页。
③ 同上书，第 61—62 页。
④ 简短地概括马克斯·韦伯关于亚洲社会的理论，参卜正民（Brook）编《亚细亚生产方式在中国》（*The Asiatic Mode of Production in China*），序言，第 10 页。

同意引证他的观点，但却是在另外一个语境中。① 政治的论点后来才得到发展。它得先抵消18世纪流行的对中国官僚体制是一种行政组织的卓越成就的积极评估。这便是与伯尼尔同时代的耶稣会士如何描绘，又由像伏尔泰这样的喜欢中国文化的人士进一步丰富的观点。而马克思认为财产权的缺乏是"东方专制主义"的基础，伏尔泰则赞成他所理解的中国政府制度，并没有把官僚制度作为一个"独裁政府"，而恰恰是反对独裁政府的一个有力保证。渐渐地，欧洲终于拒绝伏尔泰的赞赏性评价。苏格兰的启蒙学者亚当姆·弗古森（Adam Ferguson）担心中国政府制度没有为"一颗伟大的或自由的心灵的发挥"留下任何空间。② 其他批评者一直引证政府的官僚结构，作为与西方比较之下中国"落后"的特殊原因。

　　然而，直到19世纪之初，中国"停滞"的政治论点才由黑格尔充分论述，尽管黑格尔承认中国政府"常常被作为一个理想而建立起来，它甚至可作为我们的典范"，但他受到下列观点的干扰：帝国行政并未自发地体现宪法的精神，在某种程度上，宪法"应当暗示个体和法人有独立权利，一方面尊重他们的特别的利益，另一方面尊重整个国家的利益"。但是中华帝国没有这样的宪法。相反，"这个政府由皇帝独裁发展下去，他把这政府置于官员品级或层级的运转之中"。这些官员在政治领域离开了皇帝都缺乏行动的基础（"在这个君权神授的帝国，世俗政治生活不可能得到发展"），因而很容易被利用来充当皇帝独裁专制的工具。黑格尔描述中国政府的特征是"由一个极权的个人来决断和安排"。③ 此论对19世纪的思想影响很大，尽管马克思更关注于分析经济因素，但他对"东方专制主义"的观察

---

① 在1853年6月他们之间的一封交流信中提到。此信在马克思和恩格斯的《论殖民主义》（*On Colonialism*）中重印，第313—314页。欧洲人关于中国社会的稳定性论点的历史叙述，参兰阁瑞（Blue）的博士论文《西方社会思想中的中国》，第5章。

② 弗古森（Ferguson）：《公民社会史论》（*Essay on the History of Civil Society*），第227页；马歇尔（Marshall）和威廉（Williams）的著作《人类的大地图》（*The Great Map of Mankind*）中引证过，见该书第150页。

③ 黑格尔：《历史哲学》（英文版），第113、124、125页。

反映出黑格尔对中国政治的印象。①

韦伯也许采用了更为温和的语言来表达他的信念，认为中国官僚政治的世袭制特性阻碍了理性的发展和公民社会的成长，但他只不过遵循了黑格尔开辟的路向而已。1898 年由康有为倡导发动的"百日维新"的失败仅仅证实了韦伯的意识：中国官僚政治的世袭制特性使其太容易为腐败所侵蚀，而不能进行自我更新。改良运动失败的命运从一开始就注定了，"因为广泛的物质利益（既得者）反对改革，因为没有任何独立于这些利益集团之外的公正无私的执行组织"。②

韦伯对这种似乎现代的组织制度的负面评价，反过来又在占据当代汉学统治地位的对中国官僚政治的一般性评述中作为基础而起作用。政治性论点占了上风。这种研究在此不考虑中国政治制度构成它回应变革的能力问题，而关注在解释中国历史中具有决定性意义的与官僚制度相应的趋向。20 世纪的中国问题研究已经着迷地把官僚政治作为帝制中国社会政治结构的显著特征。（白乐日［étienne Balazs］在其考察官僚政府对中国社会结构的影响的著作之序言中甚至援引了黑格尔的观点。）③我们开始认识到官僚政治是中国社会一切层次的决定性因素：在顶端既推

---

① 马克思把"东方专制主义"这个词不加区分地应用在任何亚洲国家，例如在《英国人在印度的统治》一文中（马克思和恩格斯《论殖民主义》第 14 页）。在其他情况下，除了在《前资本主义经济构成》（*Pre-Capitalist Economic Formations*）一书中以抽象的方式作过评论外，他很少对亚洲国家的政治形式作宽泛的评论。根据马克思的亚细亚生产方式的模型操作研究的学者仍然接受官僚主义和专制主义之间的一种有机联系，参见卜正民编《亚细亚生产方式在中国》中吴大昆和赵丽生的文章，尤见第 43、68 页。

② 韦伯：《中国的宗教》，第 60 页。

③ 例如，白乐日（Balazs）：《中国文明与官僚政治》（*Chinese Civilization and Bureaucracy*），第 15—19 页。白乐日很谨慎地避免在魏特夫（Karl Wittfogel）的《东方专制主义》一书中出现的那种对中国官僚政治最诅咒的叙述。魏特夫的过火评估是独特的——混乱的——把中国的停滞和专制主义两者都归于韦伯所论证的中国官僚政治的世袭制特征，又归于马克思主张的财产权未受充分保护的理论。中国停滞之归因于经济和政治的论点，也可在李约瑟（Joseph Needham）的著作里发现，他以同样的二元形式概括中国社会的特征是"官僚封建主义"。笔者的分析综合了马克思和韦伯对李约瑟的历史著作的影响，参见后者的《中国的科学和文明》第 7 卷，第 1 篇。

进又抑制皇帝的行动,同时在中层提供中国士大夫精英阶层职业生涯的核心和限制,在底层民众中则决定经济和社会生活的界限。

官僚政治确实是中国社会政治生活的一个特征。它疏导政府行政的公共运作,它提供掌权者一种关键性资源,操纵或控制它的机会和报酬。但是精英们如何被组织进政府队伍中,是理解帝制秩序乃至政治领域内部权力如何分配、如何流动的唯一因素。往往受忽视的因素是对官僚政治语境中权力操纵如何在社会基础上建立和如何在文化上构造起来的认知。正如本书研究将显示的,在精英阶层把持的朝廷政治下的社会和政治生活的日常过程,克服了官僚政治制度施加的障碍。

我认为,西方人对印度的历史研究是一种与此类似的评述。尼古拉·德克斯(Nicholas Dirks)最近挑战种姓作为印度社会的基础这一广泛认同的观念,将这一研究推向了新的高度。认为印度由于缺乏一种占统治地位的国家形式而依赖于种姓来凝聚社会,成为韦伯式社会学的一种基本信条。这种使印度国家形式消失的把戏,源于东方主义学者的话语,即乡愁式的怀恋精神和灵性,惯于用所谓非理性的、彼岸世界的标准来解释非欧洲的世界。韦伯对印度社会的解释停留在种姓制度上,而非进一步考察种姓所依赖的权力关系。德克斯主张,这种简化观点之出现,是因为印度以种姓为基础的社会结构有利于殖民主义的控制。殖民主义的涉入"消除了殖民地社会的政治。它不仅仅便于英国人从政治中分离种姓制度;为了通过各种间接手段来统治一个巨大的复杂的社会,也有必要这样做"。① 随着 19 世纪初英国人扩张他们对印度次大陆的全面控制,他们便把印度本土的国家权力送上了断头台。一旦他们摧毁了印度的政治制度,他们又把种姓提升为社会唯一的组织原则,并通过人口普查把它强加给印度。他们把印度缚系

---

① 德克斯(Dirks):《空王：一个印度王国的民族史》(*The Hollow Crown：Ethnohistory of an Indian Kindom*),第 8 页。感谢拉维得拉姆·瓦思斯帕拉(Ravindiram Vaitheespara)介绍我看德克斯的这部著作。

在一个过去的古老的宗教上，认为除了在欧洲人保护之下，受种姓制度深刻影响的印度不可能进入现代社会。印度古代经典将之置于种姓秩序的顶端的婆罗门种姓，同时成为这种秩序的仲裁者。因此，关于种姓的社会学恰好印证了对土著民族的"合作"性的殖民统治——土著人自己不能统治自己。

到19世纪末，种姓是欧洲人设法"解释"印度的一种思想上的盲目信条。韦伯是一个典型的例子。他研究印度的宗教，便把他的分析完全建立在种姓概念上。他宣称："没有种姓，便没有印度。"[1]他有关种姓的重要性的首要证据，明显地来自英国殖民政府于1901年至1911年进行的三次人口普查。韦伯确实注意到1901年的人口普查在印度人中引起极大的"骚动与不满"；他们争议的却是在普查的种姓类别中隐含着的身份地位，并"试图利用普查来稳定他们的地位"。[2] 韦伯于是在种姓受殖民秩序的政治影响这个事实上绊倒。这是由于他仅仅从被殖民者一方而不是从殖民者一方看到了这种操作。他没有意识到把印度社会原始化成种姓特性，恰恰为外国殖民政权提供了辩护词——因为土著人一般不能自己确立政权。宽泛地说，韦伯没有准备考察那种导源于把一个欧洲国家结构强加于一个非欧洲社会的过程中所产生的社会冲突。韦伯在探索过去殖民者普查的假设上的失败，意味着他从未质问过用种姓原则作为理解印度社会性质的关键因素的有效性。

印度作为一个在其领域内政治不能成为社会构成基础的形象，与中国作为一个由独裁皇帝驾驭的严密控制的中央集权的官僚组织的形象形成鲜明的对比。这种看法有对立的两面性：一方面，国家权力是完全看得见的；另一方面，它又障碍一切别的事物的视野。这个模型的简单性对19世纪寻找概括他们感到的在他们自身与非欧

---

[1] 韦伯：《印度的宗教》(*The Religion of India*)，第29页。此书第一部分，题目是"印度社会制度"（第3—133页）。这是一篇广泛讨论种姓的文章，是韦伯从社会学角度考察印度宗教的基础。

[2] 同上书，第47页。

洲社会之间的差别的欧洲人有极大的吸引力。黑格尔按照这种流行的方式，为人们构想了中国与印度的形象对比："一成不变的统一的中国"和"充满骚乱、动荡不宁的印度"。一个是按照"完善的文官机制"组织起来的，而另一个是"几种社会权力在相互关系中表现为分离和自由"，由此导致了"种姓的差别"。① 中国和印度的这些漫画具有一个共同的基础，因为从单一前提建构起来的社会学对中国和印度都起作用；这个单一的前提便是：非西方文化缺乏国家和社会的积极的互动，而这正是欧洲现代转型表现的独有的特性。如果中国被诊断为不同于印度，这很大程度上是因为中国没有被完全殖民化。西方社会学并未承担必须说明或证明那里的殖民事业，只是为它没有发生提供了一个似乎合理的解释。但那种把外国社会化看成一个简单的静态原则的动因——不管是一个完整的国家，还是非完整的国家——都是一回事。

就像种姓通常被方便地用来解释印度一样，笔者对把官僚政治作为我们了解中国的方法也持有疑问：这种权威而显著的特征预示和料想了一切其他的社会分析。就中国说来，官僚政治一如种姓之于印度限定和简化了中国社会的特征，从而使中国帝制的构成与欧洲过去的封建制度形成鲜明对照。如果笔者在此评论中把关于种姓和官僚政治的社会学联系在一起，那是因为人们出于同样的目的用它们来分析印度和中国社会：解释在缺乏欧洲社会起作用的那类机制诸如私人的效忠和法治状态下社会的控制力和凝聚力。因此，韦伯在他伟大的比较学著作《经济与社会》中能把"中国的官僚与印度的婆罗门"相提并论。② 婆罗门作为种姓秩序的最高等级，"只有在与种姓（制度）的联系中才能得到理解"。③ 韦伯把两者作为理解中国和印度文明之伦理与结构方面差异性的中心

12

---

① 黑格尔：《历史哲学》(英文版)，第113页。
② 韦伯：《经济与社会》(*Economy and Society*)，第431页。
③ 韦伯：《印度的宗教》，第29页。

概念：每个概念都提供了阻碍各自社会向资本主义转型的结构性解释。① 在西方政治理论家中，种姓和官僚的概念仍然作为比较分析印度和中国社会的决定性因素而起作用。②

　　20世纪50—60年代对中国士绅的研究基本上接受"官僚"社会学来解释中国社会中权力关系的性质。费孝通和萧公权及其他人都把他们的注意力转到士绅的地方社会环境及他们与中央政府的政治结构的关系方面，然而还没有建构起作为一种历史形成产物的士绅的起因论。士绅首先是用来定义和国家关系的一个范畴，而不是与社会或经济相关的一个范畴。它被视作是由持有国家功名、代表国家利益调解国家和社会关系的那一群人所构成的。因此，那个时代的士绅研究围绕着定义的问题而产生了巨大的争论。各位学者几乎无一例外地依赖于科举功名的标尺而构造士绅的一个有很小差别的品级模型。有些人主张国家的任何功名都有足够的资格说明士绅的身份和地位；另一些人则坚持认为只有最高和次高的科考功名即进士和举人，才提供充分的士绅地位；还有其他人按照功名层次试图区分泾渭分明的阶层。③像我们在第七至第九章个案研究中即将看到的那样，功名在一个县社会结构的形成中是地位和影响力的关键标志，但是离开了社会环境它们很大程度上是毫无意义的。因此，士绅研究更多地把中国作为一个

---

① 韦伯注意到"种姓秩序"，因为它"完全传统主义和反理性"，故从现代经济视角看，对经济有负面影响（《印度的宗教》第3页）。马旦（Madan）的《研究印度社会的西方社会学家》（*Western Sociologists on Indian Society*）第五章讨论了种姓对韦伯分析印度社会阻止工业发展的重要意义。马旦把这个观点与马克思的观点相对照，并不认为种姓是印度引进资本主义的严重障碍。

② 例如，让·巴彻勒（Jean Baechler）针对统治的问题，依赖种姓和官僚作为他分析欧洲与印度和中国改革相区别的中心元素。种姓在他的《印度的解答》（*La solution indienne*）一书中起了极其重要的作用。

③ 关于士绅的各种定义在闵斗基（Min）的《国家政治和地方权力》中有所讨论，参见第23、28—31页。闵斗基本人尽管确实把注意力转向较低阶层及其与地方社会的关系，但是他仍然在这种传统中把士绅定义为与"国家权力的兴趣"和"国家权威的渗透"相关（第31页）。

国家而不是作为一个社会,这使韦伯的官僚研究范式经久不衰。

这种关于士绅的本质主义和与历史无关的观点,以及事实上把中国
社会当作一个整体的看法,在 20 世纪 60 年代末期日本历史学家手中开
始转变,最著名的是重田德(Shigeta Atsushi)。根据取自马克思主义观
点的历史学研究,重田德超越了韦伯对官僚政治制度的强调,认识到需
要考察与士绅生活的经济和社会基础相关的士绅霸权。[①] 相对说来,西
方学者进行这种开创性的研究起步较晚。在 20 世纪 70 年代,大多数学
者都认为士绅的主题是新研究的一个死亡终点(比喻再不可能有所进
步),并以为前代的工作早已回答了所有有趣的和重要的问题,似乎进一
步地考察这个主题只能为他们的工作提供注脚。希拉里·贝蒂(Hilary
Beattie)在她 1981 年研究 16—17 世纪桐城县士绅的著作《中国的土地
与宗族》中证明了相反的情形。贝蒂通过研究一个县的士绅与土地所有
和宗族组织的模式相关,表明加入官僚系统仅仅是地方士绅创造和确保
精英地位的广阔的社会和经济战略的一个组成部分。

对士绅与社会及国家相关的境域的考察,产生了 20 世纪 80 年代末
期士绅研究的新方法。这种新思路把士绅作为地方化的精英来考察。
士绅主要在当地社会提供官僚之外的服务,而不是充当国家官僚的预备
军。马克斯·韦伯在古希腊历史的语境中提到这样的服务是以私人经
费为公共社区的利益提供服务,作为(神圣的)"公益事业"(liturgies)(在
韦伯的社会学中,这是一个很重要的概念,原义指"圣餐仪式",相当于汉
语的"祭祀",但本书多用来指与宗教有关的社会公益事业。——译注)。
在中国,国家经费不能充分资助基础设施需要,士绅可望投资公共事业
与社区服务,这被认做是社会再生产所必不可少的。士绅的地位就可理
解成承担这样的各类公益事业的责任,诸如从堤坝的修筑到赈灾粥厂的

---

① 重田德(Shigeta):《士绅统治的起源和结构》,尤参见第 337—350 页。只是最近中国学者才
　考虑到士绅是一个值得重视的课题。他们的研究往往差不多集中在经济问题上,例如,张显
　清的《明代缙绅地主简论》。

设置。玛丽·兰金(Mary Rankin)已经很好地阐释了在19世纪末太平军被平定之后的重建时期，士绅所承担的公益事业的广度。[①]

笔者本人1990年出版的关于宁波士绅的简要研究综合了贝蒂注重士绅宗族的策略和兰金对他们在公共事务活动中起作用的兴趣，以便分析在整个明清时期士绅如何成功地保持了家族的连续性。在那篇文章里，笔者把两者融合在具有更大统一性的士绅文化的概念里，构想了一种全景式的活动。士绅通过这种活动创造并维系个人互相联结的网络，又把他们和那些没有掌握精英生活微妙语言的人分开。[②] 士绅文化灌注了精英的价值，由特有的技巧和活动组织起来，表达和加强了士绅对地方社会的阶级组织和他们在地方社会统治地位的构想。士绅文化也提供给地方士绅以众多机会，尽管他们在政治上并不活跃，但通过文化能在一个紧密联系的网络里彼此交往，把那些不属于这个圈子的人排除在外。这种环境不利于社会流动性，因为它需要几代人不断向上流动，以掌握良好教养的文化符号；倘若无此，他们便不可能希望流向精英社会的上层，即使他们取得了功名。士绅的公益事业的文化包装，由德行超卓、深孚众望之人举行的慈善活动所表达，这意味着士绅公益事业投资是处于严密的文化审察之下，同样它也有助于巩固士绅在地方社会的统治地位。

正如克雷格·克鲁那斯(Craig Clunas)已经巧妙说明的，晚明时代的士绅投资于私人物品同样常受到严密审查和适当限价，这都是基于同样理由，即把真正有教养的和受人尊敬的人与那些有雄心壮志但地位低微的人区分开。对十分昂贵的文化商品的收集或鉴赏是上层精英的一件神秘之事，由此，他们能把纯粹的财富转换成象征性的资本，因此而证

---

① 玛丽·兰金(Rankin)：《中国的精英活动与政治转型》，第92—135页。在同一时期由城市精英进行种种相似的社会公益事业，像罗伊(Rowe)在《汉口：冲突和社群》(*Hankow: Conflict and Community*)中显示的那样，第135—137页；关于晚清商人的社会公益事业，参见苏姗·曼恩(Mann)《地方商人和中国官僚政治，1750—1950》。

② 卜正民：《家族传承和文化霸权》("Family Continuity and Cultural Hegemony")，第14页。

实或加强他们的身份和地位等级。在那种相对封闭的小圈子里的鉴赏家看来,文化商品的占有只是无用的卖弄风雅。然而正是拥有适当的物品如同拥有适当的地位一样,把真正的精英与他们圈子外的那些人区分开。克鲁那斯沿着这种脉络观察到"由物品表达的社会区分是划分精英不同成分的最显明的形式,其间尤为重要的是,需要强调分开那离他们最近、威胁他们社会地位的人"。[①] 换句话说,上层精英们最渴望把他们自己与那些社会地位上离他们较近的人(如较低地位的士绅)分开,而不在意那些明显不如他们的阶级(像店铺业主):因为从后者他们感受不到真正的威胁。

本书继续采用这种方法和思路,把士绅作为社会精英,他们通过动员地方境域中的文化和社会,以及经济和政治的资源来支撑其统治地位。本书比以前探索地方境域中指导士绅事业结构性逻辑的研究思路更开阔,但就其仅仅处理一种事业(即他们向佛教寺院捐赠)来说又较为狭窄。尽管在士绅公益事业的研究中还有许多事要做,但笔者单单集中研究寺院,是因为在所有士绅的地方追求中,向寺院捐赠赋予寺院一种独特的文化意义,表示了笔者所认为的晚明士绅社会趋向自治的特性定位。

二、佛教与士绅

乍一看,受儒家思想训练的士绅与佛教僧侣表面上生活在明显不同的领域,甚至互相隔绝,但对他们生活领域交叉部分的思考,引导笔者反思晚明社会四种截然不同但又互为关联的紧张关系。这确立了我分析士绅捐赠的框架:即儒教与佛教、政治权力与经济权力、国家与地方,以及公与私。

[①] 克鲁那斯(Clunas):《奢侈品:近代中国早期的物质文化和社会地位》(*Superfluous Things: Material Culture and Social Status in Early Modern China*),第160页。

根据教育、法律和信仰来说，士绅信奉儒家学说或儒教。儒教就是他们的意识形态、他们的礼仪大典和他们的世界观。另一方面，佛教则在三个方面提供了现实及社会交往的不同模型：相对而言，较少排外性，较少等级森严，也可能较少精英分子。只要尊重伦理和形而上学的劳动分工，那么儒教和佛教就能在平行的轨道上共存。但实际情况不是这样。这种劳动分工在宋朝儒家一方就开始折中调和。而随着北宋思想家如邵雍哲学探索的发轫，继而南宋思想家朱熹与陆九渊在思想探索方面取得很大进展，儒家学说逐渐变得复杂起来，它的思想触角也随之伸展到世俗伦理领域之外，从而为它的道德的思想学说建构了一个形而上学的基础。儒家吸纳佛教的一些思想议题，在以前是儒家哲学之外的领域向佛教权威挑战。现在所谓的理学的创造出现在对佛教的教条式的憎厌的语境中，这种创造进而又反哺了在宋之前仅微弱存在的对佛教的敌意。

16　　随着理学的兴起，儒家和佛教世界观的概念的对峙紧张局面越来越强烈。这种概念侵蚀了宋之前儒教和佛教之间劳动分工的和谐，并为其哲学上侵袭佛教在彼岸世界问题上的权威铺平了道路。随着宋代理学在元代和明初渐渐地要求排外性地拘囿于某些精英派系，它就破坏了儒家文人和佛教机构之间的关系。而且随着时间的推移，裂缝越来越大。理学和佛教之间的这种疏远使明代知识人士感到左右为难。他们对两种思想学说之间的紧张关系极为敏感，不惜笔墨试图减少这种紧张关系，这一点我们在第二章将会看到。尽管朱熹的权威对他们来说一直是一种障碍，但大多数明代哲学的趋向是避开反佛教的憎恨敌对情绪，这种情绪在明之前的理学中是潜伏着的暗流。16 世纪思想家中普遍关注的就是要重新捕获学派之间和谐共存的可能性，有时主张它们是互补的，有时则试图在学说的层次上调和它们的差别，而把两者置于更高的共同的根基上。晚明热衷于佛、道和儒的三教合一，是这种愿望的直接表达，即超越从宋代流传下来的冲突。

　　明代理学家试图在佛教和儒家世界观之间作出一种哲学的解决,这种努力在时间和内容上与明代后半叶日趋增长的吸引士绅对佛教机构的兴趣是相平行的。然而,它无法解释这一点:受过良好教育的士绅施主发现他们自己有时不得不提供儒家哲学的用语以证明他们参与佛教道场的正当性。他们需要这种正当性来抵挡所谓士绅听任地方儒家机构或儒家实践的日益衰败的批评——儒家狂热者有可能把这描绘成佛教在地方上繁荣兴旺而以牺牲儒教为代价的证据。然而,证明捐赠佛教寺院正当性的话语——实际上正如作为批评其不当的话语一样——在一个次要层次上起作用,在捐赠的事实之后起作用。这个捐赠事实是一个社会性事实,不是一个哲学的事实。哲学家的贡献不是要提升寺院捐赠,而是要创造一种诠译:在别人选择使他们的儒家职业对抗佛教副业时,捐赠者诉求的是什么。对大多数捐助寺院的士绅来说,佛教的世界观和儒家的世界观之间不存在什么冲突:不是因为他们被赋予一种方便的处方能把冲突消解掉,而是因为他们没有体验到这种冲突是他们日常生活的一种冲突。 *17*

　　晚明社会与寺院的捐赠主题有关的第二种紧张关系,是把儒教和佛教之间的区分投射到活动的领域。这是政治权力和经济权力之间的紧张。儒教是政治的一种修饰,士绅由于教育和职业的抱负而系身于此。儒教是他们的意识形态,他们立志从事的事业和他们所受的教育,目的就是为帝国朝廷效命。然而,士绅与政治行为的关系不是由他们自己选择的。国家规定了朝廷为官的条件,对政治权力的一切抱负都得通过官僚考试制度来实现。在明朝,家庭出身或财富都不足以获得政治制度中的法定权力。通过县试的人,即获得了士绅地位的最低标志,但尚未获得正式的政治权力。获得权力的关键是确保在官僚政治中的一个职位。只有穿上官服,一个士绅成员才有法定的权力,纵然他仅仅是占据派给他的这个职位。在正规意义上讲,要是候补官员的数量远远超出了职位,那么大多数士绅就是无权的。这种安排的结果(从一个欧洲人的视角看来是很奇怪的),造成大量士绅精英在晚明中国的政治舞台上都未被授权。

甚至少数确实担任国家官职的人被给予政治权力,也只是在一个暂时的基础上,根本不享有来自国家赋予的自主权。政治上的发言权完全取决于他在公共权威的结构内的位置,就像魏斐德(Frederic Wakeman)所指出的,享有权力的个人可以"在一个严格限定与权威共享的价值范围内,声称享有一种持续的独立判断权利,但是他不可能省除掉传统的国家之类的东西"。法定的政治行为只可能发生在国家的境域中,而且只可以发生在一个非宗党组织的个体的基础上。道德的官员有"评估异议的自我设定的权利。然而这仅仅只是一种个体的自主,常常付出死亡的代价才可获得"。①

地方舞台上的这种情境不同于官僚政治系统中的情境。正如魏斐德指出的,地方士绅缺乏制度上的自治,而这对抵抗国家权威、发表政治上独立的声明是必要的。除了在地方行政官的监督之下参与地方工程建设外,士绅不可能行使有关地方事务的政治控制。在地方层级上的唯一权威和仲裁者是知县,而这种县级官僚总是一个外来者。地方士绅确实享有一种一般大众所不具有的优势,即呼吁地方行政官关心他们本地事务的特权。这种特权为士绅行使对关系到地方利害的决定施加非正规的影响力打通了道路,然而在晚明时代这种特权没有导向确认地方士绅对地方事务统治权力的制度性革新。这样的发展在随后三个世纪里也没有产生。

士绅生活的现实,尤其自 16 世纪中叶以来,不是政治的,而是经济的。每一位应试的候选者都雄心勃勃要进入政治系统,但是每一位候选者心中也明白:人数供过于求,投身官宦生涯难乎其难。大约从 16 世纪

---

① 魏斐德:《自治的代价》("The Price of Autonomy"),载于《代达罗斯》(*Daedalus*)卷 101 第 2 期,1972 年春,第 37 页。

最初的十年间开始,求取功名的候选者的人数开始极大地膨胀。严格的人数统计——尤其是有志仕途的人数——难以得到,但是在 15—17 世纪,生员的人数(生员是登上仕途的第一级主要阶梯)可能已经增长了两倍之多。[①] 这种增长与官僚内部机会的扩张并不同步,官僚人员的需求几乎仍旧是不变的。低等功名的名额在 16 世纪 30 年代有所增加,以应对愈益增长的有志进入仕途的人[②],但是这个增长的数量还以更高的比率继续发展。官僚体制吸纳这些人的能力毫无变化。雇佣官僚程序也没有更加理性化。随着官僚职位的竞争加强,有志仕途的人便设法改进他们得到的少得可怜的政治机会,他们和能提供好的职位的官僚建立代价高昂的宗党同盟。对个人来说,颇具讽刺意味的是,尽管负担得起教育经费,但爬上科举考试的金字塔后的功成名就却变得越来越难以实现。[③]

　　这些变化并没有减弱功名和公职的威望,人们对它们依然孜孜以求。然而,让人足以清醒的事实是——要是在文官生涯中成功的机会很少,那就没有家庭敢把它的一切资源都投资于培养年轻的男性去参加科举考试。将经济资源转变成正式的政治权力,这条道路成功的可能性实现得太漫长了。明智的道路就是把一部分家庭资源变成专项储备金以培养有希望获得功名的人,而把其余的资源投资于旨在增加财富的项目上。政治目标需要一个坚固的经济基础。如果没有闲暇、书籍和辅导——这只有财富才使之成为可能——那任何年轻人都不可能登上科举考试的阶梯。然而,大多数晚明士绅家族的经济策略并不是绝对定向于这种关怀。相反,它很大程度上认同政治目标之难以企及,一个家族若以牺牲经济目标来追求政治目标差不多肯定会遭到覆灭之灾。即使

19

---

① 阿特威尔:《从教育到政治》("From Education to Politics"),收在狄百瑞编《理学的展开》(1975 年),第 338 页。

② 何柄棣:《传统中国的进身之阶》(*The Ladder of Success*),第 175 页。

③ 16 世纪后半叶个人在科举阶梯中经历的种种困难,参包筠雅(Brokaw)《功过格》(*Ledgers of Merit and Demerit*)第 75—77 页关于袁黄的描绘。

一个家族的子孙成功地踏入危险倾向的官僚政治,这个家族也知道它不得不持续地节约经济资源以使本家族免遭因竞争功名而被淘汰。在整个明清时期的六个半世纪中,许多家族能维持精英地位而不衰的现象并非罕见,但如果不考虑到他们的经济基础,那是无法解释的。

明清时期士绅家族的连续性,并非绝对是家族资本直接投资于产生收入的资产和市场机会的结果。未经装饰的经济投资不足以创造一个精英所需的使人们拥戴的合法性。它还必须求助于皮埃尔·布尔迪厄(Pierre Bourdieu)所称的"象征性资本",即通过投资于像慈善活动和财富炫示这样花费很大的地方性事业,来积累好的名声。正如布尔迪厄直率指出的:"大家族从未错过给予象征性资本的展现以生机的机会。"①他们这样做是因为象征性资本有助于把他们的统治客观化成在地方观众看来是精英力量的权利;象征性资本也限定地方精英成员资格,从而使某个家族的名望像它的分解不开的成员那样万世流芳。明清士绅通过他们的广泛的公益事业工程在象征性资本上有很多投资,这些工程都是把纯粹的经济手段转变成更抽象的权力形式的方法:建设学校,修筑堤坝,疏浚湖泊,竖立牌楼(以纪念地方的要人或富豪——当然是有名的,但只是少数)。在晚明,他们还建造和修复佛教寺院。然而,正如我将通过本书所论证的,寺院代表了一种特别的投资对象,因为(从王权的观点看)寺院坐落在国家认为有必要实施控制的机构的框架之外,而(从地方的观点看)寺院并不公开地行使对当地社会的再生产必不可少的服务。

在经济手段和政治权力之间隐含着第三种紧张——这种紧张在晚明变得较为明显——这就是国家和地方之间的紧张。国家从上面垄断了政治权力,但日常生活的社会经济现实是在地方。如果晚明的历史在一定程度上是经济权力坚持自己的权益以抗衡政治权力的历史,那么它也是地方

---

① 布尔迪厄:《实践论大纲》(*An Outline of a Theory of Practice*),尤见第171—173页。

维护自己的利益以对抗国家的历史。地方政治权力的出现是帝国政府竭力加以阻止的事,国家还相应地建构了官僚参与政治的规则。回避规则禁止官员在他们的家乡地区担任官职,非官员禁止插手官方事务。这些严格规定意味着个人在国家和地方的官宦经历是刻意地被分隔开的(这与欧洲的地方任命或职位把它们凝聚在一起相反)。在任职中,他代表国家;而在他的家乡社会,他不代表其他任何人,只代表他本人或他的亲属。然而,他的功名和公职生涯的履历,赋予他个人以(与官方相对立的)权威,这种个人权威能转换成对地方事务的非正式权力。

晚明地方士绅的成长促使他们的兴趣差不多自然而然从掌握国家级权力转移到支配地方级权力。因为获得功名的人认识到把他们的任职资格转换成正式的政治任命的可能性不大,于是他们选择在地方舞台上施展他们要求的权威。确实,笔者要论证的,是从 16 世纪 40 年代以降,大多数参加科举考试的候选者都知道,假使他们赢得了任何国家功名,这些功名也不会提供他们进入国家政治领域的入场券。切实地说,他们追求功名只是因为凭借功名能从地方上获得威望。除了那些得到最高功名——进士的人以外,大多数士绅都认可县邑社会可能是他们有用武之地的唯一一场所。17 世纪的顾炎武观察到,大多数有生员身份的候选者——在理论上讲生员是上升到进士地位的起点——并不在乎学问成就,他们求取功名只不过是"为保身家而已"。顾炎武所提到的正是士绅活动的这种地方性特征。顾炎武可能认为这种地方化"与设科之初意悖而非国家之益"。① 但是晚明的社会事实比科举制的原始意图更重要。

16 世纪晚明的文献中出现的一套新的术语标志着一个地方化的士绅精英集团的萌芽。在更早的文献资料中,士绅这个词没有词尾变化,或者没有前缀以表明地方化的身份。然而,自万历时代(1573—1620)

---

① 顾炎武:《亭林文集》,卷 1,引自闵斗基的《国家政治和地方权力》,第 44 页。

起，士绅被视为与地方有关而非与国家有关，于是在这时出现了"郡绅"、"邑绅"和"乡绅"等术语以描绘这种新的精英。[①] 在 16 世纪 80 年代，一个明显形成的乡绅阶层开始受到万历朝廷的注意：《明实录》1588 年的记载里第一次出现了"乡绅"这个词。[②]

国家和地方开始分离。在这种紧张背景中，寺院的捐赠几乎完全是局限于县级范围内中上层士绅的一种地方性的实践。都市士绅对著名寺院的事务发生兴趣，但大多数寺院的捐赠一开始是并且一直是乡绅的事情。因而，这强化了而非消解了国家和地方之间的紧张关系。

晚明社会所经历的第四个也是最后一个紧张关系比前述三种对峙更进一步，使我们更加接近本研究的核心：即公与私之间的冲突。"公"和"私"这两个词在中国人的语境中，意蕴丰富，因为其上附着了儒家的伦理道德评估。公和私之间的标准对照来自孟子的观点，他认为着眼于所有人共同利益的公开、公共精神的关怀与一种狭隘的自私自利势不两立，后者以牺牲他人为代价来利己。任何想要为私辩护的人都没有站在儒家立场上。然而，在帝制时代初期，所有人共同利益的"公"被重新诠释为国家利益的"公"。公共领域和国家被界定表示的是同一个地域，帝制国家坚持认为"公"即为国家所专有，将自己标为公共权威的领域：它把自己描绘成代表一切人的利益，而认同皇帝就是这种全天下福祉的最

---

① 郡绅(regional gentry)：《长庆寺志》(1800)，卷 2 第 7 页上；《招隐山志》(1925)，卷 2 第 3 页上。

邑绅和邑乡绅(county gentry)：《冶父山志》(1936)，卷 2 第 1 页下—2 页上，卷 3 第 13 页下—14 页上。

邑中绅士(gentry of the county)：《诸城县志》(1764)，卷 15 第 23 页上。

乡绅和乡缙绅(local gentry)：《安丘县志》(1662)，卷 6 第 10 页上；《武林梵志》(1780)，卷 6 第 33 页下；《青原志略》(1669)，卷 7 第 6 页上；《嘉善县志》(1677)，卷 10 第 62 页下；《鼓山志》(1761)，卷 4 第 29 页上；《天童寺志》(1811)，卷 2 第 25 页下，卷 9 第 28 页上、下；《鼎湖山志》(1771)，卷 2 第 7 页下；《光孝寺志》(1935)，卷 1 第 2 页下—3 页上。

乡宦：《净慈寺志》(1888)，卷 7 第 7 页下；李贽《续梵书》，第 25 页。

乡士：《荆门州志》(1754)，卷 21 第 1 页上。

县绅和城乡缙绅：《先觉寺志略》(1705)，第 1 页下。

乡之贤士大夫(wise local gentry)：《西湖山志》(1924)，第 1 页下。

② 酒井忠夫：《中国善书之研究》，第 79 页。

高的(也是唯一的)代表。然而,皇帝用在道德上积极肯定的"公"的自我
认同,在一个政治系统中是决不可能获得安全保障的;按照孟子的观点, 22
这个政治系统认可天能定夺一个王朝取代另一个王朝。每一种表述
"公"的主张都是潜在地可以被争议的。

在晚明,阳明学的左翼泰州学派的一些思想家开始探问"公"和国家
分开的概念,向全盘否定"私"的内涵的思想挑战。李贽对这个问题的观
察最为直言不讳,笔者将在本书中多次引用这位(在当时正统儒家看来)
"名声不好"的评论家的观点。李贽在一封写于1587年而三年后才公诸
于世的信中,声言反对通过指责对方之私来谴责其看法的辩论伎俩。他
坚持认为,不管是追求私欲,还是为大公无私而努力,毕竟是私人利益促
动人们作出一切决定。"夫私者,人之心也。人必有私,而后其心乃见。
若无私,则无心矣。"①对李贽来说,既然一切行为都有私的动机,那么真
正的道德问题不是在于一个行为是否应由私的动机来促动;而在于私是
否能被遏制住以达到满足一切人的最大的利益。只有真正承诺有私人
目的的人才能成就公共的利益。李贽对私之善的价值勇敢重估,同时设
定了公并非简单地是国家利益的领域,相反是人民的普遍的领域。17世
纪著名的思想家们都谴责李贽的这种激进的表达方式,但是他们又都无
一例外地拾起他的思绪,加以发扬,认为国家不能垄断或独占公的领域,
公共领域要比国家来得大。正如黄宗羲说到清代开国皇帝时所指出的,
任何独占权力牟取他本人利益的统治者,"变天下为私产",这不是为公
共利益服务,只是满足他自己的私欲。顾炎武更进一步指出,县邑地方
社会就是公的真正场所。在帝制内的公共利益的满足,相对于其他措
施,最好的方式是通过减少中央政府对地方行政事务干涉的权力,并允
许士绅从他们自己行列中选择地方行政官员。②

---

① 李贽:《藏书》,第544页;也参见他的《焚书》,第198—199页。
② 闵斗基:《国家政治和地方权力》,第94—96页。

哲学家们的这种讨论并不纯粹是思想领域的阿拉伯图饰。更具体地说，它的出现是由于晚明之际地方士绅的权力扩张的结果。那些没有在国家体制内担任官职的地方士绅被置于公共领域之外，这个公共领域是由等式"公＝官方"或"公＝国家"来定义的。然而，士绅作为一个群体正出现在地方舞台，积极主动地参与地方事务、关心地方利益。他们经常地但不必然地认同国家利益。他们修桥铺路，建立公共设施，捐赠土地埋葬贫穷的死者，监督兴修水利和灌溉系统，捐助公共娱乐活动和灾荒年月施赈放粮于灾民，由此观之，是选择参与了一些可能的"公益事业"（在韦伯的意义上）工程。国家认为这些工程是和国家的利益一致的，是国家公共权威的领导权向地方领域的延伸。然而，笔者要论证的是，士绅慷慨捐赠的主要观众是地方社会，不是国家，因为他们的善举积聚着象征性的信用（或象征性资本）；地方士绅只能在地方上使用这种象征性信用，而不是在国家政治体制内使用。既然在一个地方的公共环境中出现了私人的象征性资本的投资（在它们必然产生一些信用的时候），这种投资积累的不断迭进的后果就是把地位上升中的"私人"活动领域重新定义为"公共"领域。

三、士绅社会和公共领域

总的说来，前述晚明四点紧张关系反映了在这个时期，地方上出现了一个特征鲜明的士绅社会。这个社会，笔者将简单地定义为"士绅社会"，它是晚明历史时期的独特产物。士绅社会在空间上显现为一个特定的领域，我一直在描绘这个空间处在地方行政官所代表的公共事务的领域（具有儒家的、政治的、国家取向的和公共的特征）和个人与家族的私人领域（与佛教的、经济的、地方的和私人关怀有密切关系）之间。简短地说，士绅社会是一个由获得功名的精英主宰的社会，这个精英集团后面也许在较小县邑有几十个家族，在较大县邑则有几百个家族支撑。

这个精英集团享有未获取功名的精英得不到的特权,尽管存在着文化的机制可以有选择地使那些形式上没有资格的人进入士绅社会。① 士绅主宰着地方发生的经济和社会变迁过程,他们这样做很大程度上不依赖于地方行政官的监督。他们拥有了一种公共的表现和声音。

从历史上看,这样定义的士绅社会是晚明所特有的。在南宋时代的江南(扬子江下游地区),当实力雄厚却没有功名的地主能够把土地的财富与国家机制结合起来统治地方社会时,也许曾形成过一种与此类似的社会。尽管南宋的这种"地主领导权"缺乏晚些时候的科举制度可能使地方精英得到的那种政治资源,但某种程度上它是晚明"士绅领导权"的先驱。② 晚宋和晚明之间或许存在的不同之处,就是地方精英作为一个集体出现在当地社会所享有的知名度达到何种程度,以及在地方(县级)层次上的共同行动达到何种程度;在此过程中,地方精英的成员站在新兴的中间立场上代表地方公共利益,变成半合法的发言人。在晚明,这种地方公共利益的领域以尊重国家通过科举制度委派的身份地位的方式,从文化上构建而成(功名仍然是精英身份地位的基本标准),因而,它反过来把非士绅排除在外。与此同时,这个领域也非地方行政官的法权所固有,它变成一个相对自治的环境。在这个环境里士绅能够、也确实发起过不依赖于地方行政官的地方事业。

笔者明确表述晚明士绅社会这个概念,正是受到哈贝马斯(Jürgen Habermas)关于现代欧洲早期出现公共领域的理论的影响和启发。在哈贝马斯看来,公共领域——这是一种表达和协调私人利益的政治上沟通的公共领域——出现在早期资本主义商业经济基础上以取代封建君主的统治。这种公共领域的最初形式,他称之为"公共权威的领域"或者

---

① 参见,例如,卜正民:《家族传承和文化霸权》,第42页。对于一个商人来讲,他的文化风格的修养可使他进入士绅社会。
② 这个争论在佐藤明(Satō)的著作《前近代中国地域社会之构图》中有所阐述,尤其参见第174—175页。

"国家统治的公共领域",它是新出现的取代土地分封的领主旧制度的民族国家中央集权化的领地政府。随着君主制权威变得越来越非人格化和官僚化,以及市场活动的经济领域的日益增大,这种绝对排外性公共权威领域受到削弱。在君主权威下面出现了一种更有包容性的公共领域,这是由中产阶级渴求表达市场经济利益以对抗来自集权主义者政府的干涉所创造出来的公共领域。哈贝马斯提到这种公共领域的第二种形式便是"批评的公共领域"或"中产阶级的公共领域"。它表述的是与国家公共领域无关,但是承担对公共关怀事务的发言和表决的权利的私人的集合。最终这种中产阶级的公共领域进入了政治领域。随着中产阶级公共领域进入政治领域,"国家统治公共领域被利用理性的私人公共领域占用,并被确立为一种公共权威的批评领域"。[1] 19世纪中产阶级在宪法国家规定的合法权利下取得成功统治的时候,中产阶级的公共领域最终取代君主和宫廷的公共领域。

哈贝马斯的公共领域的概念有力地推进了紧随1989年之后的关于中国问题的历史学家的意识。当时的事件试图——用哈贝马斯的语言说——"迫使公共权威在公共舆论面前合法化"。[2] 戴维·施特兰德(David Strand)所称的在1989年"社会的突然扩大"[3],该事件的结局和影响,迫使中国与海外的知识分子沉思大众挑战和集权主义者回应的根源。哈贝马斯关于公共领域的著作的英译本在1988年的及时出版,提供了一个富有历史意义地探讨这些问题的引人注目的分析框架。

威廉·罗伊(William Rowe)在1989年后第一个沉思哈贝马斯的分析应用到中国历史。他认为孔飞力的著作是学术上较早对地方士绅超

---

① 哈贝马斯:《公共领域的结构转型》(英文版),第51页。
② 同上书,第81页。转引自罗伊的《现代中国公共领域》("The Public Sphere in Modern China"),载于《现代中国》(*Modern China*),卷16第3期(1990年7月),第312页。
③ 施特兰德(Strand):《北京的抗议:中国市民社会和公共领域》,第18页。

越官僚政治领域的公共活动之增长发生兴趣的一个例子。[①] 孔飞力于1970年研究太平军造反期间地方的军事化，揭示了地方士绅通过这个军事化过程正式(而不是过去的非正式)地开始参与督导地方行政。士绅权力的提升原先起源于军事服务，但扩展到地方管理的许多其他领域。其结果是他们开始与地方行政官分享公共权威，并且"在某些方面这种公共权威的分享要延续到共和(即民国)时期"[②]。研究中国问题的其他学者如著名的萧邦齐(Keith Schoppa)和玛丽·兰金(前文已提到)，沿循孔飞力开辟的思路，把讨论焦点从军事化转移到地方士绅在太平军造反之后用新被授予的权力僭取政治和经济功能的全幅领域——兰金称之为"地方管理的公共领域"。[③]

对19世纪末士绅公共管理工作的研究鼓舞了其他人赞成使用哈贝马斯的概念，以各种各样修改的形式，作为考察中国的国家和社会的关系的一个工具参与学术讨论。这些修改的最重要形式涉及在公共领域中国家的存在及其对地方社会行政管理过程的监督关系。[④] 例如，兰金 定义中国的公共领域是"国家和社会互动的一个中间的领域，在这个中

26

---

① 罗伊(Rowe)：《现代中国的公共领域》，载于《现代中国》(*Modern China*)，卷16第3期，第320页。

② 孔飞力(Kuhn)：《中华帝国晚期的叛乱及其敌人》(英文版)，第211页。

③ 兰金：《中国公共领域的起源》，第19页。在《中国精英与政治变革》第186页中，萧邦齐(Schoppa)考察了浙江省出现新兴的由政府批准或发起、由地方精英创立和控制的专业化公共机构。"先前在私人责任领域的问题逐渐转移到正在扩大的公共机构领域；新创立的机构开始被视为重要的监察、仲裁调解以及地方事务的利益组织。"兰金在《中国的精英活动和政治转型》中也集中考察浙江，拓宽她的研究领域到一个更加宽广的公共管理活动的领域。

④ 兰金在《中国公共领域的起源》第155页提出三个主要差别，她观察到晚期中华帝国"受地方领域束缚着，被管理的习俗和惯例限定，而不是受舆论表达的限定，其方向更趋于集体的利益而不是趋向个人财产权利"。施特兰德在《北京的抗议：中国市民社会和公共领域》第5页尤其强调中国社会的法人组织作为阻碍中国融入欧洲的特征，他指出"从个人利益到群体公共声音的西方进展，在中国的情况下能很容易地加以重新组织，先从群体开始，然后进展到代表自我、集团，或更大事业的个人行动"。这种主张尽管诱人，但也许反映了杜克海姆式(Durkheimian)的历史偏见：把一再争论的非欧洲社会的法人特征与早期现代而不是封建的欧洲相比。

间领域两方会聚，没有哪一方能宣称完全是它自己"。对她来说，这和欧洲有历史的差别，中国的公共领域之出现是"通过地方公共管理而不是通过公共舆论和与国家的政治竞争来表达私人的利益和权利"。① 这种对地方资源管理及与国家合作的机构的重视，而非对公共争论和政治批评的关注，在当代对晚期中华帝国士绅社会的研究中占主导地位。这种重视有一定坚固的基点，但是它也可以在某种程度上是我们的资料和历史研究的结果。（毕竟，与国家相协调的地方管理在欧洲社会也有其历史。）②中国研究的趋向集中于精英在与国家的合作中正在做些什么的关注，有与哈贝马斯的初衷背道而驰的危险。正如罗伊指出的，哈贝马斯关怀的是一种新的批评意识的出现，通过这种批评意识，中产阶级构想的公共领域是"公共权威的抽象的对立面"，而不是它的庞大繁复的官僚政治的延伸。罗伊推想哈贝马斯很可能认为把这个概念应用到地方公共管理或私有财产权的关切上，"不仅仅是与本题无关，而且损害了公共领域的适当发展，减弱和抢夺了它正常批评的力量"。③

这一点值得注意。大多数哈贝马斯式模型的应用都是以其早期的国家统治的形式，而不是以其后期的中产阶级的批评形式来构想公共领域。在描述的意义上说，这也许是一种令人满意的方式，可把晚期中华帝国社会精英参与公益事业治理的概念系统化。然而，在分析的意义上说，应当记住士绅参与公益事业治理的活动是一个长久之计的行政方案，这是国家预算不允许其投资的晚期帝制国家督导的行政方案。然而，这种活动并不是发生在民族国家出现时的一个阶段，就像它在欧洲

---

① 兰金：《中国公共领域的起源》，第15页。
② 例如，格利克（Glick）：《灌溉和中古巴伦西亚社会》第68页及随后两页，表明地方组织的公共工作如何能成为组织这种工作的社会和凌驾其上的官方之间的竞争点。
③ 罗伊：《现代中国的公共领域》，载于《现代中国》(*Modern China*)，卷16第3期，第324页。兰金：《中国公共领域的起源》，第55页。她试图维护针对这种批评的程式化表述，坚持认为精英的行动代表地方社会而不是国家政府；但这不过是她的视角之选择罢了。无论精英们代表谁在工作，都意识到地方社会利益必须与国家利益保持一致，即使在国家放弃管理地方事务方面的更多权力时，也要保持一致。

那样。在中国,国家统治的公共领域与欧洲截然不同。假设一下,若没有一个国家建构的过程,那么中国的国家统治的公共领域只有极其有限的可能产生在欧洲出现的那种批评的公共领域。某种程度上说,公共领域在任何一种文化中都存在,它们在不同的历史境遇中从事着不同的事情。如果有某种理由接受欧洲模型中少许目的论的成分,那么这是因为在中国 20 世纪头十年的地方自治运动中确实出现了一种批评的社会意识。

因为上述这些理由,笔者宁愿用"士绅社会"而不用"公共领域"来说明晚明士绅生活的环境。士绅社会这个概念的意指既包括士绅的公益事业(国家统治的公共领域),又包括他们在国家监督之外所追求的社会文化活动。此外,这个概念还意指要考虑晚明士绅活动的排他性特征。原则上说,欧洲的批评性公共领域,宣称它向所有人开放,而士绅社会既排除非精英,又排除参与竞争的非士绅精英。

晚明士绅社会与欧洲的批评性公共领域在历史上具有共同的意义——因此,有理由在此援引一些哈贝马斯的概念——这指它们皆依赖于商业的发展和私有市场的出现。商业化的程度和市场与国家之间的关系在两个(欧洲与晚明)环境里是不相同的,并由此产生了不同的结果,但是商品交换和社会劳动在两种情况下都得到蓬勃发展。因此,经济(和总体上的地方社会生活)与政治权威发生一定程度的冲突。作为结果,国家的行为必须公开讨论,尽管这种讨论的公开性是不同程度的。晚明中国的地方上的讨论并不挑战"在基本上私有但又在公共利益上相互关联的商品交换与社会劳动的领域中统治诸关系的一般规则"。[①] 正如哈贝马斯所描绘的欧洲的情形,私有经济对国家权力干预的抵御,最终形成资本主义思想。17 世纪末的中国作者,尤其那些来自商人家庭背景的人,如汪道昆和张翰,提出由国家调节经济的问题,但是"一般的规

---

① 哈贝马斯:《公共领域的结构转型》(英文版),第 27 页。

则"仍然没有论及。①

28　　尽管存在这些差别，但我还是主张公共领域的核心动力——私人与为一名公共彼此相关——在士绅社会中是存在的。地方士绅由于没有担任公职，故而是私人的身份，但是士绅社会是公共的。归纳上述论点共有四个方面：

第一，士绅社会是由在国家的科举制度领域中因其成功业绩而获得名望的个人及其家族组成。他们的身份有国家和地方的公共记录可查。

第二，士绅社会由这些有功名、有声望的个人及其家族的社会互动所构成。士绅社会利用大量手段为这种互动提供条件。就此而言，可以利用的东西很多。一个人所穿的衣着可以向他人展示自己；通过收藏古董和名画，可和同行分享优雅的鉴赏经验；赠送礼物，互相确立或巩固地位。② 同样，也可利用公共的机构创造互动条件。藉修建学校或山边的凉亭，他选择建筑的式样，向那些受过训练能欣赏它的人标示着良好的品味；通过在花园茶舍或寺院，为宴会或诗人雅集布置环境，他设计一个向他的同等社会地位的人表示某种关系的空间。当然，所有这些社会的互动都需要钱，但是单有钱而无活动力是远远不够的。若没有物品与场所使互动成为可能，那么对它们的投资就不可能转换成公共意义上的地位。隐藏的物品或者闲人禁止入内的花园，对晚明士绅社会重视的地位竞争没有任何价值可言。他们的消费必须是引人瞩目的，这种显著性总是透露出每一种社会的互动都具有公共意义。作为公共社会中的精英，士绅是公开彼此相关的。

---

① 关于张瀚对国家经济政策的看法，参见卜正民《16 世纪中国的商人网络》（"The Merchant Network in Sixteen Century China"），载于《东方经济和社会史杂志》（*Journal of the Economic and Social History of the Orient*）卷 24 第 2 期，1981 年 5 月，第 204—208 页。
② 克鲁那斯在《奢侈品：近代中国早期的物质文化和社会地位》中指出社会互动的重要性，第 8 页及其本书各处。

第三，士绅社会的公共性质，是在它的公益事业为士绅提供机会"宣扬"他们作为一个集体性的地方精英的价值和荣誉这个意义上说的。人们看到地方士绅用私人财富提供公共物品和服务，这使得他们表述自己是代表地方公共利益的名义而行动的。因为这些行动都是公开进行的，所以它们有助于识别谁属于社会精英。这种公共名声推重科举功名，功名在当时仍然无可避免地作为士绅地位的正式标准，但它实际上只具形式上的意义。这种公共名声也有助于重新定义精英的界际，以包括一些其业绩也许与他们的财富及名声不相等的人。最后，通过这样的社会实践和互动，士绅社会变成士绅讨论地方利害问题的公共的场所。"公共舆论"尽管表现为犹豫的和不完全的方式，但正在涌现。

晚明的地方士绅正在推动进入一个仍在建构之下、还未充分发展的公共领域。这个公共的领域——士绅社会——为一个正在出现的来自公共权威的自治意义提供根据。在本书的结论中我们还会讨论这个问题。

四、佛教寺院的变动着的社会环境

像士绅一样，佛教寺院也有公与私之间的一种复杂关系。一方面，由国家定义的公共领域把它们排除在外；但另一方面，它们在地方社会上又构成了一个开放的公共空间。它们是公共的社会机构，在一定程度上，它们易受国家法定权威的支配和影响；然而，在财政上，它们又被认为是私人户家。它们不以任何官方的资格代表国家，没有任何皇帝授命他的地方官或他的臣属建造寺院；寺院也不像其他公共机构一样既起到国家功能的作用又充当经济基础结构。因而，明代行政思想的范畴并没有适合寺院的特定位置。这种尴尬的情形在地方志编修者的经验中有所反映，他们在编志分目中难以给寺院那一部分寻找到一个合适的归属。它们是古代遗迹吗？是礼仪活动的场所吗？是公共的建筑吗？是

29

祥异之物吗?① 如果把寺院放在地方行政的语境中,那对于寺院究竟是什么就无法达成共识。

在国家的语境中,国家政权认为佛教是一个一元的有专门机构的宗教,可是甚至这种看法也是一种向壁虚构。明代佛教存在于大量随意散布乡村的小寺庵之中,除了国家所供应的僧录司以外,没有等级之分,没有内在的组织或者任何固定的机构。除了姊妹寺院之间的有限联系和佛教圣地的联结外,佛教道场没有参与任何层次的更大的机构组织。明代佛教不像欧洲的基督教机构那样,它没有被编织进世俗政权的网络。它被习俗和法律排除在外,不被允许投资政治资源。正如中国没有成立与国家政权相平行的教会一样,朝廷和国家的精英也不能充当持续支持寺院的支柱。皇帝、太监和高官都有可能慷慨地捐赠礼物给少数天下闻名的寺院,就像我们即将在第七章到第九章的个案研究中所看到的那样。然而,这样的大寺院并未构成特殊类别的机构,能自主地要求那些位居权力巅峰的人的关注。相反,当著名的官员确实进行寺院捐赠时,他们是以个人或他们本地士绅成员的身份而不是以他们在朝廷的职位来这样做的。

事情并不总是如此。正如前文已经指出的,在中国历史上曾有一段时间王室和国家精英构成支持佛教的主要支柱,他们资助受到欢迎的京都道场和闻名天下的宗教圣地。当北魏王朝的拓跋氏统治者在公元495

---

① 寺志编纂者可能极少设置一个独立的部分专门讨论"宗教问题"(方外),并把寺院放在这一部分。更通常的做法是把寺院孤立在一些其他部分之外,它们可能被当作文化对象来处理,与其他历史名胜古迹列在一起,尽管这部分通常保留下来是因为古迹而不是为发挥它的机构的作用。它们可能被放在官家庙堂"祠祀"部分,可是这部分适合用来作国家祭祀的机构。它们也可能被包括在其他公共的"建置"中,尽管许多人不同意把寺院和官方机构混为一体。一部1552年的福建方志的编纂者,把寺院放在建置一栏里,其根据是它们是"僧、道居所",并由此认为它们有一种官方的功能;参《安溪县志》(1552),卷2第1页上。另一位府志编纂者决定给他1506年编修的府志的这部分冠以"公寓"的标题。他理解,寺院不属于"公"(在官方意义上的"公"),而可列于礼仪机构之下;参《大名府志》(1506),卷4第22页下—25页上。许多编纂者干脆把寺院归入最后的"杂志"部分,与"祥异"放在一起。有几部地方志甚至根本就不列出它们。

年迁都洛阳时,他们和依附他们的士大夫都捐赠大笔的钱财建造佛寺。用杨衒之的话说:"庶士豪家舍资财若遗迹"。国家和社会的最高阶层如此捐赠寺院,导致了在6世纪初京都地区佛教道场前所未有的增长,"于是昭(一作招)提栉比,宝塔骈罗"。① 士大夫(精英)捐赠佛教寺院的行为,由于内战而停止,但是至6世纪末,在新的隋朝统治天下之际又得以复兴,一直持续到唐代为止。在8世纪,帝室和大姓富族捐赠大片的土地给佛教寺院,尽管在该世纪20年代严令禁止这样的土地赠礼。② 伴随着唐代佛教的士绅捐赠,渐渐出现了对佛教僧侣及其机构的不满,因其与儒教的秩序发生了冲突。由于佛教僧侣对于出世的关怀,超越了儒家智慧的藩篱,所以他们被认为应当受到世俗的经济支持。在晚唐,功德院遍布各处,达官贵族在墓地附近修建维护墓穴和进行祭祀的佛教寺庵,这显示了儒佛关系的缓和。③

在宋代的11—12世纪,中国进入急剧的社会和经济变革时期,这时的儒家与佛教世界之间的关系又改变了。商业化及其他因素推动儒教和佛教朝着不同的方向发展,正因为商业化的作用,帝室和国家最上层精英捐赠佛教寺院显著地少于他们在过去的捐赠。与唐代比较,宋代的佛教道场落入停顿和衰颓状态,再也没有复原。④ 然而,这种比较会引人误入歧途。它招致的危险是按照基本上不同类型的标准来解读一种类型的社会。唐宋之际,中国在政治组织、经济、社会关系和哲学视野方面都经历了巨大的变革。唐代的贵族社会环境让位于一个赞成吸纳宽广的精英的社会和政治秩序,这样的精英必须依靠出身和国家的强制政策

31

① 杨衒之:《洛阳伽蓝记》,王易通译,普林斯顿:普林斯顿大学出版社,第5、42页,1983。(参《洛阳伽蓝记校注》,范祥雍校注,上海:古典文学出版社,第1页,1958。——译注)

② 陈观胜(Ch'en, Kenneth):《中国佛教:一种历史的考察》,第268页。

③ 同上书,第272页。

④ 例如,《中国佛教:一种历史的考察》,第389页及其随后两页。在作出这些考察时,笔者要感谢托马斯·玻考特(Bookout),他的大学本科学位论文"The Adaptation and Revitalization of Buddhism during the Sung Dynasty"(《宋代佛教的适应和中兴》),为我概括关于宋代佛教机构的二手文献提供了很大帮助。

以外的事物来确保他们的地位和权力。

由于精英家族吸纳了新儒家(理学)学者所致力的新理念,他们在官僚政治中赢得了权力,同时在他们的家乡地区扩展宗法统治,他们开始认为僧侣的生涯是一种二流的事业。他们把僧侣的生涯化约成一种"技术",一种为那些不能成为儒士的人所从事的职业。[1] 从政治的角度来说,一个佛教徒的生涯被认为是没有出路的。世人越来越依靠征募政府官员的儒家科举考试,再加上禁止出家的佛教徒参加考试[2],从而有效地排除了佛教僧侣对权力的觊觎。聪俊颖慧之士都把他们的精力和资源投到别的地方。正因如此,宋代的佛教僧侣没有很好的装备,无法在职业上或哲学上与儒家竞争。被割断了印度的精神资源,僧伽(指佛教僧团)不得不汲取本土的资源,而这些本土资源又都在缩小。

从政治舞台上隐退是不可避免的结果。僧伽在朝廷的出现以公元845 年会昌废佛、京都寺院遭受重创而闭幕。尽管这起法难事件仅仅是僧侣从政治舞台撤退的一个次要原因,但最适宜被作为唐朝以来僧侣在朝廷权力逐渐衰退的一个结果。随着朝廷政治官僚化,僧伽也变得官僚化:政府推行一种度牒制度,先是基于考试才能发给牒文,后来替以支付现金(鬻牒)。[3] 除了宋初皇帝偶尔表示的慷慨捐赠的姿态仍然使人沉浸在唐代佛教朝廷风格的怀念之中外,帝国对佛教道场的支持在缩减。唐代的统治下佛教道场享有免征赋税的好处在淡褪。加入僧伽的一个经济上的诱因——免除人头税——在宋朝则渐渐缩减,最后只是免除徭役(即强迫的劳役)。然而,即便这种有所缩减的免役,对非僧职人员也有吸引力,他们争相购买度牒。僧伽作为一个虔信的宗教修持团体,由于人们争相购买度牒这种免税证书而被掺杂了水分。这种兴旺的度牒买

32

---

① 袁采,引自伊霈霞(Ebrey)著《宋代中国的家族和财产》(*Family and Property in Sung China*),第 267 页。(参文渊阁《四库全书》子部四,儒家类,《袁氏世范》中,"处己"。——译注)

② 贾志扬(Chaffee):《宋代中国学术的荆棘之门》(*The Thorny Gates of Learning in China*),剑桥大学出版社,第 39 页,1985。

③ 度牒的出售是为了募集政府资金,这在 1067 年是官方政策。

卖的结果使僧侣的地位大大贬低。事实上,可以认为这种普遍的出卖度牒确实比唐代之后的国家有意识地限制佛教的权力更加削弱了僧伽的权势。

在宋代,如果不是众所周知的商业的增长,决不可能通过出售度牒来收取任何数量的税金。商业活动使得这种国库凭证在一种明显增大的规模上的买和卖成为可能。正在扩张的货币经济以这样那样的方式削弱了佛教僧侣以过去的模式维持道场的能力。宋代僧侣发现自己不得不随着时代而转换,改变他们的道场以适应新的经济环境,寻找新的机会。佛教僧侣就像社会中任何其他团体一样尽可能多地参与宋代商业扩张。他们出售有关宗教的商品,经营在他们的庙宇附近出现的新兴的市场,办理非常受欢迎的现金彩票。他们也进入商业经营的领域,通过从事典当业、贷款和抵押,改变唐代的佛教机构"无尽藏"以适应宋代商业经济的需要。① 宋代佛教寺院享有的繁荣昌盛,在很大程度上依赖于它们能够充分利用商业经济以补充它们从传统的地租得来的有限收入。(随着土地商品化,这种传统的资源对佛教寺院来说是难以维持的。)

13 世纪后半叶,佛教徒能在元代蒙古人统治的朝廷获取某种程度的政治上的成功②,但是他们不能复兴以前的朝代宫廷和士大夫的普遍捐赠。在表达来世超俗关怀方面,蒙古人鼓励的调和折中的宗教环境进一步损害了佛教僧侣曾经享有的地位。佛教寺院发现它们的政治和经济资源在下降,同时有官场抱负的家族发现,捐赠寺院在争取进入更高的精英地位方面不能赢得任何优势。宋元两代这种政治性捐赠的下降,被惯常描绘成是对佛教的一种打击,同时为佛教与明清时期国家的独特关

---

① 斯波义信 (Shiba Yoshinobu):《商业与社会》(*Commerce and Society*),第 158—159 页;斯波义信与山根幸夫(Yamane):《中国市场》(*Market in China*),第 77 页;参见黄敏枝《宋代佛教社会经济史论集》,台北:学生书局,1989。
② 陈观胜:《中国佛教:一种历史的考察》,第 421—425 页。

系铺平了道路。不像北魏佛寺，更不像中世纪欧洲的基督教教会，这种影响最大的宗教不是一种政治霸权的统治机构。明清时期的佛教机构既不是国家的附属物，也不是有其自身权利的国家组织。相反，它是一种社会机构，不受任何特别的政治权力结盟的约束；在某种意义上说，它不依赖于已经确立的权力体制。晚明士绅的佛寺捐赠之所以蔚然成风，看中的正是这种独立性。

　　然而，明代之前，向寺院捐赠很少与地方权力有关。它是一种个体而非社会的倾向，这种倾向在明代的前半叶也一直持续着。迟至 16 世纪中叶，著名的儒家学者归有光可能回顾了北魏之前和唐代之后佛教在乱世年间的发展，由此他认为佛教在社会动荡冲突的时代吸引力最大。这种结论使他颇为自得地观看他自己所处的这个世纪，"今天下承平，而民间佛事乃益衰"。① 然而正是在归有光写这段话的这个时代，与此相反的趋向正在进行。他似乎没有意识到，不然就是有意识地忽视，寺院正开始接受来自地方士绅的大量支持，士绅正承担起一切方式的佛教实践。这些发展也不纯粹是个体的，而是涉及整个士绅。随着虔诚信仰的社会环境发生变化，个体的虔诚逐渐被汇入一个更大的社会趋势之中。

　　晚明士绅和寺院之间新汇合的具体原因是本书着力探讨的主题，在没有考察它们之前我们不会作出概括性结论。但是在这个关节点上仅仅指出以下一点大约是有益的：笔者研究佛教机构在士绅社会里的角色，受到以下认识的指导，即寺院某种程度上被认做是士绅力求扩大的私人领域（私/我），而不是把他们排除出去的公共领域（公/官）。这个基本认知是晚期帝制中国对佛教的新的文化理解的一部分。倘若没有这种新的文化理解，士绅捐赠的浪潮可能从来不会出现。这种对佛教的文化吸纳进入士绅关怀的视野，与前代迥然有别。最早可溯及 12 世纪，朱

34

---

① 归有光：《震川先生集》，上海古籍出版社，第 110 页，1981。

熹悲叹佛教徒的出世关怀与自私的修养(私)有关，从而把佛教描绘成对社会公共事务(公)的不负责任。① 以后几个世纪，理学家们继续重复这种观点。然而到了 16 世纪晚叶，李贽批评佛教徒在贪求个人觉悟方面的自私，接着他笔锋一转，说"人谓佛氏戒贪，我谓佛乃真大贪者。唯所贪者大，故能一刀两断，不贪恋人世之乐也"。② 对李贽来说，佛教是私人的领域，但却扩大到比纯粹从事世俗事务更带有伟大的目的。私胜过了公。

正如李贽隐居在寺院而"一刀两断"，许多晚明士绅理解这种努力为自己建立一种自主的身份而践行的象征性的与世隔绝和寺院隐居的价值。士绅运用了他们的财富捐赠给寺院，就如他们用它来资助孤儿院和乡学。然而佛教及其道场在晚明享有一种特别的文化评价，能把它的捐赠者——并使寺院的捐赠在性质上——与士绅在国家统治的公共领域内负责承担的公益事业的责任区分开来。抽象地说，当士绅消极抵制国家公共权威的统治时，寺院提供了士绅能表达他们精英领导权身份的一个场所。正因为如此，佛教寺院变成晚明士绅社会一个整合的元素，使这个时期不同于晚期中华帝国历史上其他阶段。这就是本书致力探讨的命题。

---

① 朱熹和吕祖谦：《近思录》，陈荣捷英译本，第 282 页。
② 李贽：《焚书》，北京：中华书局，1975 年重印，第 132 页。

第 一 篇

佛 教 的 文 化

第一章 张岱的激情生涯

1629 年 10 月 1 日夜晚,满月挂在当空,中秋节来临。次日日落时分,张岱和他的侍从到达扬子江南岸。张岱这是要从他的家乡浙江省到北方山东省会去,他的父亲在鲁献王府供职,鲁王的封地就在山东省。在南京下游(镇江北固)过江时,他雇佣了一只船运他们一行渡江到大运河口。船出发进入江流。行驶中,张岱转眼凝视离岸不远的金山寺所在的著名岛屿。这是一个凉爽清新的"避暑"胜地,张岱前些年在这里度过几夏。此时他心血来潮,决定作一次快速访问,尽管那晚二更天已过。船改变航程,他们一行飞抵金山岛。张岱领着侍从穿越金山寺的场地,经过主宰长江的龙王堂,进入大雄宝殿。

一刻钟内,和尚们都跌跌冲冲从他们的寮房跑出来,擦揉他们迷离惺忪的眼睛,朝非宗教乐器发出的悦耳声音的方向走去,看到一位年轻男性正在唱着"韩蕲王金山"和"长江大战"的戏剧。大殿灯火辉煌。张岱庄重地坐在大殿前厅,正在欣赏着他的侍从们的表演。目瞪口呆的和尚三三两两地填满了大殿的后堂,观看着这意想不到的场面。没有人敢查问张岱和他的侍从们为什么于夜深人静之际在佛教的大殿里上演戏剧。最后,演出闭幕时,天将破晓,灯火熄灭,乐器道具包装起来,这一小群人又回到了他们的船上。当他们解缆过江,挂起风帆离开金山岛时,张岱回首眺望,和尚们都默默地伫立在岸边。他放声大笑。几十年后,他写下这一段妙趣横生的插曲时,仍然津津乐道他的船掉头驶向扬子江北岸时那些僧侣们脸上还流露着的莫名其妙的神情。[①]

张岱这段戏剧插曲以其独特的风格和极端的形式说明了晚明士绅渗透佛教寺院的世界。在中国历史上的其他任何时期,半夜三更在寺院上演这样一个戏剧性场面,几乎是不可想像的。甚至在 16、17 世纪之交的非正统的时代,在寺院上演私人戏剧也是极个别的奇思异想。不过,这种情况既非不可想像,也并不特别令人吃惊。张岱的情形也是如此。尽管张岱渴望有作家那样神气活现的绚丽才能,但他并不是他那一代人中杰出的思想家或才华横溢的艺术家。正因如此,他对研究中国精英的社会历史学家是有价值的。他体现和实践了他那个时代的主要趋向。

在这简短的一章中,笔者希望考察张岱这样的人的精神概貌。他们究竟是什么类别的人? 他们采取什么样的态度与佛教寺院的世界发生多重互动?

正如本章所表明的,这方面的证据是广泛而无可非议的,张岱和他的父亲、叔伯,乃至祖辈所属的几代人,都对佛教及其道场深感兴趣。这是一种产生明显社会效果的兴趣,其中包括捐赠大笔钱财给名声较大的寺院,以及倡议筹集更大的资金建造新的寺院(比较少见)。这种兴趣也可视为宗教效果的事物,它支撑着晚明士绅的居士佛教运动,鼓励着知识人士诠释和吸收佛教观念到理学思想的主流中去。然而,这种兴趣起于何处? 难

---

① 本章材料主要取自于张岱的下列文集:《琅嬛文集》、《陶庵梦忆》、《西湖梦寻》和《石匮书后集》。也参阅他的历史性百科全书《夜航船》。张岱的简短(生平)传记在恒慕义(Arthur Hummel)编《清代名人录》(*Eminent Chinese of the Ch'ing Period*, Washington: Government Printing Office,1943)第 53—54 页可以找到,张元忭的短传见诸富路德(Carrington Goodrich)和房兆楹(Fang, Chaoying)编《明代传记词典》(*Dictionary of Ming Biography*, New York: Columbia University Press,1976)第 110—111 页。进一步的传记资料,以及对张岱文学声誉的观察,可见黄桂兰:《张岱生平及其文学》。笔者接受了刘耀林在给《夜航船》写的序所给出的张岱的死亡时间 1689 年。

道晚明是一个突然产生佛教虔诚信仰的时代吗？是那些对晚明在世纪末
过度世俗化绝望的士人纷纷渴望到洞察人性状况和充满超越希望的佛教
里寻求精神慰藉吗？在这一点上，晚明的佛教大师提供的宗教信仰和劝化
能充分解释张岱及其他人对佛教的热诚激情吗？或者还必须用晚明佛教
"复兴"①的外在因素来充分认识所发生的事情？以上是探索晚明士绅的
一个成员的主体性值得注意的一些问题。

　　1597 年 10 月 5 日，张岱出生在浙江省北部绍兴城区山阴县一个富
裕士绅的家庭。张氏家族世代经商，到 16 世纪之初，已经积累起了巨大
的财富，转而追求士绅的地位。这个家族第一次获得进士功名在张岱前
四代，他的高祖张天福改变了商人生涯。张天福的父亲原以为步其祖先
后尘，但他却成功地通过了科举考试。张天福 1547 年登进士第，在受到
有关他在云南省一次军事方面的挫败检举之前，他在地方上担任过数个
高级职位。他的儿子张元忭在 1571 年获得进士，在北京朝廷担任重要
职位。张元忭是这个家族中最著名的成员，既作为一个官员，又作为地
方精英中一个富有声望的人。② 他身后留下大量的文集：几部日记，博
学多识的历史和地理方面的研究著作，有关哲学问题的专题著作，还有
风俗类的散文和诗歌。他在思想上拥护理学中的新风格，那是在明中叶
伟大的哲学家和政治家王阳明的影响之下发展起来的。这种批评性的
有创造力的风格后来被称为"泰州学派"，到 16 世纪末叶时在浙北变得
十分流行。

　　张元忭的两个儿子汝霖和汝谋分别在 1595 年和 1613 年获得进士
功名，延续了这个家族在获取精英士绅地位的标志方面不断的成功。张
岱是张汝霖的孙子。张岱的父亲名叫张耀芳，在科举考试中只不过获得
县生员(秀才)，再没有取得比这更高的功名。然而他从 1627—1631 年

---

① 这个词组来自君芳(Chün-fang Yü)，参见她的《中国佛教的复兴》(*The Renewal of Buddhism in China*)，第 3 页。
② 张岱：《三不朽图赞》，1918 年重印本，第 7 页下。

在鲁王府担任过一个职位,据说是由于他提供给鲁王一件古玩珍品,即一件辽东出土的古物木龙。张耀芳在南京一家古玩市场花了大价钱购
40 买这件珍品,尽管正是这件珍品的高度的文化价值,而非商业价值成为耀芳的进身资阶(张岱在父亲死后重新获得这件珍品)。与其说张耀芳在追求一种官宦生涯,毋宁说他沉迷于士绅富裕的乐趣之中:修建奢华的房舍住宅,布置花园(他在杭州拥有一座花园),装配一家宏大的私人图书馆,收集精美的艺术和古玩,捐助戏班。所有这一切都是最高级的文人雅士特有的习惯和癖好。

在一个富足安全的士绅家族的温暖舒适的环境中,张岱以他父亲为榜样,过着奢侈享乐的生活,喜好职业官僚繁重生活之余爱好乐趣的浮华世界。因此在 1665 年 68 岁时,他用有点儿沮丧的幽默为自己作墓志铭,预期他在 77 岁死亡,"少为纨绔子弟,极爱繁华:好精舍,好美婢,好娈童,好鲜衣,好美食,好骏马,好华灯,好烟火,好梨园,好鼓吹,好古董,好花鸟;兼以茶淫桔虐,书蠹诗魔……劳碌半生,皆成梦幻"。① 张岱慨叹时光流逝,也许是试图减轻他的过失,他作了这篇墓志铭以自谑,但是这幅自画像可能没有击中目标,无关痛痒。公允地说,他确实遗漏的一件事是:他努力学习以培养他的写做才能,成为他那一代最优秀的散文家之一。张岱尽管在散文上取得这种成就,但他没有运用他的才华去攀登科举考试的阶梯。到他这一代,张家已非常富裕,感到可以不再需要这种以功名获取地位的传统策略。张岱是他的宗族中最主要一支的长子,有某种责任监督他办理宗族的事务。他在公开出版的墓志铭中列出张氏宗族的系谱,同时却把经营家族生意的实际事务交给他的堂兄弟,让他的晚辈照管家族共同的利益,其中包括修建家族的祠堂和扩建宗族公墓。这种安排符合张岱的性情倾向,因为他喜欢把他的大半生时光留在杭州这块文化发达的圣地。

---

① 张岱:《琅嬛文集》,第 129 页。

张岱的家族和宗族能够依赖他们积聚起来的名声和财富,一直
到明朝衰落为止。1644 年之后,他们的家产或耗费散尽,或被没收
充公。杭州社会的快乐也烟消云散。张岱在新的满清王朝的统治
下,在他的家乡绍兴山中过着贫困落魄和与世隔绝的生活。紧随着
这种急转直下之后,他觉察到了什么是他生活的黑暗面。张岱编写
纪念明朝的历史,题目叫做《石匮藏书》(藏在石穴中的一本书),共有
283 卷。石匮是汉代官方历史记载的储藏之所,中国传统史学之父
司马迁正是在这里思考写做《史记》的。这个暗喻强调了张岱所处时
代的真相,他的史书本应被保存在官方的国家档案馆,但由于满洲人
的压制,却只能在像他本人一样的明遗民的私人写做中保存。题目
中的第二个暗喻是《藏书》(即一本隐藏起来的书),这是李贽曾经使
用的一个有争议的历史笔记集子的名称。张岱重提李贽的这部著
作——在李贽被捕和 1602 年自杀后不久即成为禁书,旨在仿效李贽
向历史解释的主导传统挑战,并发出表明他本人愿意超越那些他曾
经献身的传统以记录可能为征服者所不能接受的真相的信号。这也
把他和导源于王阳明的泰州学派联系起来,延续他曾祖确立的这个
家族的思想传统。①

　　张岱尽管既无功名又无公职,可在绍兴士绅中因为拥有他们社交圈
子里典型的技艺和兴趣而建立了名声。他是一位著名的散文家和诗人
(在用散文来纪念公共工程、用诗歌咏唱公共活动的文化中,这是一种有
用的天赋),他是一个熟练的业余弹琴人,一个内行品尝茶道艺术的人,
一个著名的艺术赞助人。他的成就和热情完全属于明代后半叶士绅社
会文化领域的组成部分。我们对张岱的兴趣尤其集中在他对佛教的热
情方面。他不是一个虔奉宗教的人,但是他和他那个时代任何人一样热

---

① 张岱并未排除他支持泰州学派的思想家,但在其文集中也发现很多话语称赞声明强烈反
　 对泰州派激进主义的东林学派,参见《石匮书后集》,第 396 页。

衷于参观宗教圣地和与宗教人士交往。

张岱是一个不知疲倦的朝拜宗教圣地、参观佛教寺院的人。他在晚年的一首诗中写道,"少时乐访名山"。他陆续提到其中一些十分有名的山,如山东泰山,那是国家祭祀的山岳;浙江的补陀(普陀)山——佛教岛屿,在他的家乡绍兴;杭州城外天竺山上三寺;安徽道教圣地齐云山。在另一篇文章中,他评论武当山上主要道教塑像的小型尺寸,这表明他的足迹远至湖北西部。除了这些地方外,江南(扬子江以南地区)最著名的佛山与佛寺的名称也遍布在他的文章中。他的曾祖对这样的地方有一种类似的热情,因为在张元忭的文集中有一篇地名词典,详细记载了云门山(山阴县的一个名胜地)的历史和地形图。云门山并不是一座以佛教为主的山,但是许多僧侣寄居在山上的寺庙中。张元忭把它们的历史收编进他的专集中。张岱和他的家族一样对佛教礼仪有特别的兴趣。晚年张岱回忆,在通常的佛教节日,他陪伴家里的老人去当地寺院参习佛教礼仪。又与家人一道参观该地区像杭州灵隐寺这样著名的风景寺院,当时灵芝寺的僧人在寺中培植了数千株大芍药供游人参观。张家人也一向在经济上捐助佛教道场。张岱的祖父曾发起修建和赞助一座称为表胜庵的私家庵的工程;他的外公在1604年建造了一个放生池,据说他积极地促进此类形式的善举,以致成千上万的动物被从渔民手中买回放生。此风在万历时代的士绅中流行一时。[1] 张岱的这位外公还留下一块碑刻立在南普陀寺(即普陀岛上南端的寺院)外。碑文没有留传下来,但是我们知道碑刻的存在,因为张岱曾参访普陀寻找过这块石碑。张的亲属很可能也以其他形式参与捐赠佛教道场,可是有关他们的慷慨施舍的记录已不再存在。至于虔诚的宗教信仰,张岱在他的文集中所提到的这个家族唯一笃信佛教的人

---

[1] 张岱:《陶庵梦忆》,第 66 页。放生是宗教实践的一种形式,于君芳在《中国佛教的复兴》中对此作过讨论,参见第 67—87 页。

是他的母亲,她对张岱有强烈的影响。张岱 81 岁时还清楚地记得母亲念诵《观音经》,母亲许愿在她有生之年要反复诵颂三万六千卷以感谢观音菩萨的大慈大悲。①

　　尽管对母亲的虔诚有强烈的记忆,但张岱的参与佛教似乎不像他的母亲那么热烈。他可能把自己当成一个佛教徒,但没有把自己放在一个真正笃信者的行列。在前文已引述的他自己写的墓志铭中,张岱解释说,他“学书不成,学剑不成,学节义不成,学文章不成,学仙学佛不成,学农学圃俱不成”。② 晚明的文人学士都试图像精通书法一样来通晓佛教:这些东西是他成为士绅阶层成员的标准。佛教在这里似乎只是士绅多方面成就的一种,这对一个有张岱这样的社会地位与教养的人来讲已是司空见惯。尽管在这篇《自为墓志铭》中张岱有意识地自我批评(他对清初许多同时代人如顾炎武的指责——明朝的灭亡是由于浅薄“文人”的空疏理想所导致的——相当敏感)③,但该文还是显示,张岱远不只是粗略地熟知佛道教。然而他没成为完全的佛道教笃信者。他保持着这种感兴趣的旁观者的角色,表明他既没有以俗人身份立誓信佛,也从未考虑在他有生之年成为僧侣。张岱可能有时说到自己是一个进香的香客或朝圣者,就像他在 17 世纪 20 年代末去泰山参拜那样,但是他仍然是以世俗旅行者的身份而非宗教笃信者的身份去参山拜佛的。

　　张岱对佛教事物的热情是他那个时代士绅的典型。尽管我们也许想起了他在金山心血来潮即兴安排的那场夜戏,但他的叙述显示出他对所参访寺院的宗教人物的尊重。年轻时,张岱遇到了著名的僧侣云栖袾宏,像他的外祖父一样,他也分享着这位伟大的佛教领袖对放生池的热情——但是他并不是袾宏的虔诚的俗家弟子。17 世纪 20 年代

43

---

① 张岱:《琅嬛文集》,第 159 页。《观音经》实际上是《法华经》第 25 章,主要经文是观音崇拜。(参长沙岳麓出版社 1985 年出版的《琅嬛文集》之《白衣观音赞并序》,第 245 页。——译注)

② 张岱:《琅嬛文集》,第 129 页。

③ 魏斐德:《洪业》(*The Great Enterprise*),第 1044 页,注 169。

他和夫人一道参访杭州的高丽寺，他记述他燃香拜佛，诚心诚意地捐赠了三百铜币，并吩咐藏经阁里的典座推动庞大的旋转书架，以使佛的话语运转起来，从而启动因果之轮。1638 年当他参访宁波阿育王寺时，他好奇地去看佛舍利，按照传统的说法，如果不能看到内中存放的舍利，他很快就会死去。（张岱这一次参访宁波阿育王寺的旅伴是他的舅父，舅父什么也没看到——结果年内他就去世了，张岱后来将这个巧合当作是佛舍利神奇力量的证明。）①1638 年，张岱去有名的天宁寺时，他在住持的方丈室里递上名片，住持披上礼仪的袈裟，给予了十分礼貌周全的接待。他们谈话的严肃话题，可能是有关佛教教义的内容。住持不时由于身边的侍僧很轻微地扰乱他们的谈话而大发雷霆。他曾起身击打了一个侍僧，只是为了再次坐下来和张岱讨论问题，继续他们的谈话。张岱后来在一篇短文中详细叙述这次参访，他强调说他不懂佛法，认为自己只是一个恭敬的参访者，而不是一个世俗的信徒。

正如我们所见到的，这种恭敬无法使他不以其他方式欣赏寺院的环境。他在年轻时曾与住在金山附近的叔父度过一段时间。为填补他空虚无聊的日子，他就去金、焦二山上的寺院观光。焦山是扬子江中（离金山不远）的另一个岛寺。张岱尤其喜欢焦山，像他指出的那样，这是一座"人未作践"之山。另一些时候，在初夏，他去观看从金山出发的横渡长江的龙舟竞赛。礼仪和节日也吸引着张岱成为寺庙的观光客：22 岁时他在南京灵谷寺不无厌恶地观看到杀牛献祭的国家仪典；在枫桥杨神庙，他观看到欢闹的人群和游行队伍"迎台阁"；在 1623 年他和朋友们一道去观看司徒庙的戏剧；又登上天台山五圣祠观看上演的大型戏剧；他每年春天都参加杭州照庆寺兴隆的庙会，直到 1640 年一场大火和 1642 年持续的饥荒致使庙会终结。张岱的散文集中还有许多他参访其他宗

---

① 张岱的母舅秦彝生，在年龄上是他的同时代人，张在《陶庵梦忆》第 29、61、78 页提到他。

教道场的轶事。这些文字说到了在庙里一轮轮无休止举行的大大小小的私人聚会和文学雅集。

就他个人的宗教实践或者信仰来说,张岱没有提供什么洞见。明代士人很少在文章中探讨信仰这个主题。信仰也许完全根植于士绅的文化经验之中,而这种文化经验是值得评论的。张岱在他的不少游记中写到,他拜佛、敬香、捐赠,以及与同道友人讨论像《金刚经》之类的佛教经典——但是没有地方显示出他在宗教信仰上有一种异常的深度。这在某种程度上是旅游文学风格的一种结果。就像吴培仪在研究张岱访问泰山的散文中所指出的那样:"旅游文学并不提供我们很多信息说明中国人朝圣有明显的宗教内容。如果有文学才华的旅行者注意到普通的香客,他们通常就被用三言两语打发掉。即使在少数情形下作者去宗教圣地是专门为了朝圣,他也不可避免地极少提到这个事实。"① ⁴⁵

在张岱的其他文集中同样也弥漫着对宗教问题的内在思想缺乏深刻的了解。在他的百科全书式的历史著作《夜航船》中关于佛教的那一部分,证明他对有关的术语、文献和历史相当博学多识,其中有些知识根据亲身经历得来。"舍利塔"那个词条描述了他在阿育王寺所看到的情景。然而不论在何处他都没有展示对佛教的深度了解,就像任何高明的学者可能被料想的那样,不但拥有渊博知识,而且具有深刻思想。在这本书中,对佛教以外的其他问题他也一样没有使他的博学多识发出智慧的光芒。他向前来他家私人寺庵住持的僧侣拟写了正式的请柬,他曾这样解释此庵的好处:它是一个优雅安静的适于修道的场所,它附有丰足的租地,可提供一种充裕无忧的生活。但是他负责拟写请柬是因为他在家族内的崇高地位和他所具有的文学才能,并不是因为他个人对佛教的

---

① 吴培仪:《茫然的香客》("An Ambivalent Pilgrim"),收在韩书瑞和于君芳编《中国的香客和圣地》(*Pilgrims and Sacred Sites in China*),伯克利:加利福尼亚大学出版社,第 68 页,1992。

虔诚。

张岱对宗教的看法在他写的两篇长长的记述宗教圣地的文章中得到了间接的表述。《岱志》说到 1627—1629 年间他曾有一段时间参访泰山,《海志》则描述了他 1638 年参访普陀岛上寺院的经历。[①] 这些著作都是私人旅游日记而非宗教文献记录,此中,张岱没有透露我们可能被认为是十分宗教性的动机或态度的内容。他的文学角色是奇风异俗的作为精英分子的观察者,而非热诚的宗教的朝圣者。

张岱说,泰山是中国唯一最受世俗和宗教的旅行者同样欢迎的朝山圣地,每天大约有 8 000—9 000 名参访者。它实现了张岱所认为的一座山值得人们去参观朝拜应当具有的意义:泰山被尊崇为一个神圣的胜地,它不仅有许多有趣的和引人入胜的景观,而且还有与之有关的大量的文学作品。对张岱来说,文学和景观是他所重视的。他并未展示自己特别的虔诚信仰,可他蔑视那些与他一起群趋而至、"作践""泰山清净土"的普通人(如乞丐和进香者)。他在《岱志》里提到他从轿子(上铸"阿弥陀佛"的字样)里下来参拜的东岳庙,但他的注意力更多地流连在山上美丽的景致、著名人士写的碑文(他惊奇地发现这些碑文有许多蹩脚的文字),以及山脚下喧哗热闹、熙熙攘攘的气氛。在那里,东岳庙的庭院中有众多的叫卖者、耍把戏的和说书的人,成千上万的游客们错杂其间,转来转去。显然,宗教的思想——寻求虔诚信仰的感应——没有侵入这种世俗朝圣的叙述中。

普陀岛上的寺院群落在宁波近海(见图 1.1 和 1.2),供奉着救苦救难的女神观世音菩萨。观音信仰在 16 世纪中叶平息海盗掠夺的纷争和 17 世纪中叶满洲人与郑成功海战期间十分流行。1638 年张岱参访普陀岛寺的描写采用了与他游访泰山的经历不相同的笔调。例如,他提到在动身前往普陀岛之前,为净化自身,他坚持素食将近一个月。然而他的

---

① 张岱:《琅嬛文集》,第 36—53 页。张岱记叙他曾参访泰山,吴培仪的文章《茫然的香客》对此作了分析,参《中国的香客和圣地》,第 73—82 页。张岱参访普陀,在于君芳的《普陀山:朝圣和中国观音道场的创立》一文里提到,参同书第 227—229 页。

序言,尽管用宗教的措辞表达,但还是根本不能被视为是一篇表达虔诚信仰的散文。事实上,他开头试图把这个岛的引人入胜的自然美景与它的传统的佛教特征分开,"虽然,以佛来者,见佛而去,三步一揖,五步一拜,合掌据地,高叫佛号而已。至补陀(普陀)能说补陀者,百不得一焉……余至海上,身无长物足以供佛,犹能称说山水,是以山水作佛事也。余曰:自今以往,山人文士,欲供佛而力不能办钱米者,皆得以笔墨从事,盖自张子岱始"①。

图 1.1　20 世纪 30 年代的普陀岛前寺

48

张岱把自己置于"山人文士"之列,不是那些三步一拜的朝山香客。他的游记记叙了在大寺庙观音塑像前行礼,在住持的方丈室里饮茶,可他更感兴趣的是寻回他外公的碑文。他在山中一座精舍与一位僧侣啜茗,但没有记录他们的谈话内容,却讲述在他们下方的海面上看到残暴的海盗攻击三只渔船。他完成叙述,不无遗憾地说除了岛上的建筑和几处与观音相关的神迹之外,那个岛上没有多少值得记录的东西。令他失 47

---

① 张岱:《琅嬛文集》,第 44 页。

53

图 1.2　20 世纪 30 年代的普陀岛后寺

望的是——这位文学鉴赏家现在说——"山中无古碑，无名人手迹，无文人题咏"。就士绅而言，这样一些东西就是使一个地方值得参观的素材。他写道，除他本人的记录外，其他关于普陀的记载，只有屠隆的数篇碑记（屠隆是万历时代宁波著名的散文家和佛教的热情支持者）。他接着又抱怨道，只是这些碑记"志在宣扬佛法，了不及山水"，即使是多产的屠隆的作品也不能确切地符合他的标准。其他士绅同意把美景置于真理之前。同一年的晚些时候，张岱在南京参访了著名的栖霞寺，该寺位于南京城东北部的栖霞山中。在沿着通往寺上方的山路步行上山之后，看到石岩上的刻字，悲叹在这里和杭州的寺院一样，户外雕像都饱经风霜折磨。张岱登上山顶观看栖霞山上的云雾——"痴对晚霞"，在晚霞中栖息——这是栖霞寺得名的由来。在那里他碰上了一位老朋友。他们在一个小小的精舍坐下，一位僧人给他们端上香茶，他们交换着他们不同的旅行故事。当友人问到他参访普陀的情况时，张岱拿出他刚刚写完、随身带在他的小背篓里的《海志》的手稿。他的朋友很高兴地看到这份手稿，为它写了一篇短序。谈话的时候，黄昏来临，他们不得不用火把照着,拾路下山。到达他们在寺院挂单的房间后,他们又继续长谈至深夜。张岱决定推迟一天行程,以便和朋友在栖霞再度一宿。[1]对他们两人来说,栖霞拥有一个适合他们相聚的雅致的环境,一个适合他们重续友谊的环境。它是一个士绅聚会的场所、一个写做和谈话的主题。正是在这样的意义上说,晚明寺院的形象完全和士绅之友谊、文化和思想探索的理想紧密联系在一起。

这些理想和整体上的士绅文化在 1644 年明朝灭亡后仍存活下来,但张岱个人的特权荡然无存。1646 年夏天,由于明遗民支持鲁王朱彝海(张岱的父亲曾在山东其王府供过职的鲁王的儿子和继位者),清王朝实施高压的经济政策,这使得他的财源几近枯竭。张岱从清军的先遣部队兵锋下逃脱,避难于绍兴城外山中寺庙。

当清朝统治巩固后,张岱便剃光他的头,隐居在新政治秩序之外与世隔绝的寺院中。许多士绅都选择这条道路以回避承认新朝政权。张岱在后来的文章中,称赞那些从宦场退隐而回到家乡、在佛教徒的名义掩护下变成政治上的隐士的人:"托方外之弃迹"[2]。1653 年秋初,在去江西省东部的一个短短的行程中,他注意到那里的少数士绅在清军的进攻下幸存下来,就像他一样逃到山中,拒绝出仕于新的主子,并有几个变成了僧侣。这在当时并不是一种异常的反应。张岱本人从未正式出家,可是他的一个堂弟却当了和尚(取法号寿具),这位堂弟后来在 17 世纪 50 年代末负责成功地复兴杭州的灵隐寺。其家族与士绅施主的关系也许帮助了他使这项复兴工程成为可能。张岱尊重寿具的成就,当他 1657 年参观灵隐寺时对此

---

[1] 黄桂兰:《张岱生平及其文学》,第 8 页,以此及其他材料为基础,论证张岱曾编过普陀寺志。既然在张岱参访普陀之前最近版的《普陀志》出版于 1611 年(见卜正民《明清地理史籍汇考》第 201 页),那么似乎有理由必须寻找一个最新的版本。然而同样没有道理的是,一个有张岱这样的财富和声望的人编了一本这样的书却没有出版它。《普陀志》的续本根本未曾提及任何这样的著作。

[2] 张岱:《石匮书后集》,第 153 页。(参卷二十三《乡绅死义列传总论》,中华书局上海编辑所编辑,1959 年 4 月第 1 版。——译注)

大加赞扬,但他没有效仿寿具的榜样出家。

张岱作为穿着佛教袈裟的失败的明遗民、一个削发的儒士、一个寄居在寺院的学者而继续生活了43年。他在文章中一再提到他对明朝的坚定不移的忠诚,并且他和作出同样选择的其他士绅成员保持着联系。他毫不后悔选择隐士之路。正如他指出的,一个人必须效命奄奄一息的王朝就如同他必须给生命垂危的父母服药一样,这完全是品德的体现而不是治疗的药效的问题。

1644年之后,张岱不再掌管着明朝灭亡前太平时代他曾享有的巨大的家族财富。然而,他不可能完全山穷水尽,因为1657年他试图买杭州的一小块地,希望在这里修建一座庙以纪念大宋文学家苏轼——苏轼在这个地区任知府时曾是佛教道场的强烈支持者。(因为这块地的主人拒绝出卖,修建寺庙的计划落空。)他拥有的财富在他继续活着超过那个时代的一般寿命时,可能已经很少了。然而,他的知性和热爱旅游并没有

51 消退。1686年90多岁时,他描绘自己踏上最后一次到杭州的旅程,"仅麻褛在背,干粮一瓶,残书数帙"①。

在这些年里,张岱离开了过去士绅的社会环境,转到给他带来名声的写做和学术工作方面。但是佛教在他的人生中仍然发挥着某种作用。例如,杭州僧道隐在他给张岱1671年作的《西湖梦寻》所写的序言中提及他们两个讨论过《华严经》。在晚年,张岱在绍兴山中建成一座小茅庵。他安置在那里的僧侣有两种责任:为他向佛祈祷和祭奠他死后的灵魂。他死于何年我们不得而知——大约1689年,但无人记录他的逝去。他被葬在20年前他就建好的墓中,他在墓碑上刻写了他的不满:他在掌握适合他那个时代的士绅的任何文化成就方面,从未能取得很大的进展,其中包括佛教。

掌握不充分是明代文人的共同的态势,甚至在那些更加公开地表达

---

① 张岱:《陶庵梦忆》,第8页。

其虔诚佛教信仰的晚明士绅中亦复如是。佛教信徒徐如翰是张岱父亲那个时代绍兴士绅的一个成员,他在 1614 年代表邻近的宁波阿育王寺作的一篇文章中愿意描述自己对佛教不够精通:"若余凤性愚痴,少不信佛,每见人谈佛,辄横口与辩——不胜不休。年来颇觉皈依,然尚未能深究其旨,而笃信其教也。"①徐如翰谦卑地说自己没有真正理解佛教,这和张岱对他自己理解佛教的评估是相符合的。这样的评估如果不完全不实的话,那也是不坦率的,但有一个目的:他们通过投射到佛教上一种洞察真如性质的崇高而深刻的觉悟,认为其他任何教义无法与之比肩。这样,士绅中佛教的热情支持者就可能把他们自己定位在这同一刻度的崇高上——可以承认,比唐代的大禅师逊色,但无疑是在同一的刻度上。佛教给他们一个机会,除了成为经济上和法律上的精英外,也显现为思想上和精神上的精英。

　　然而,张岱晚年生活不断的怀疑思想不允许他像徐如翰走得那么远,并且作出一种对佛教的信仰的明确陈述。他与佛教的关系就像晚明士绅中大多数有这方面兴趣的人一样:是一个不断去参访佛教圣地的人,浸润佛教文化,能轻易地引证佛经,去世之后喜欢用佛教礼仪而不用儒家礼仪祭祀。他关心僧伽制度的健全,积极地捐助和支持佛教的道场;这在一定程度上因为佛教道场是士绅精英生活的文化环境。但他的母亲所拥有的那类虔诚、无休止地念诵一部佛经,似乎没有激发张岱的兴趣。他多方面参与佛教的世界并不需要信仰佛教作他的一种宗教世界观。

　　这一章的叙述倾向走偏了吗?它表达的是后基督教改革时代西方的话语吗?宗教改革后的西方严格区分心智与心灵、怀疑论和信仰论,好似这种派对的一方必然排斥另一方。在这样一种世界观内的宗教经

52

---

① 《阿育王山志》(1619),卷 4 第 33 页上、下。(参《四库全书存目丛书》史部第 230 册,万历年间刻本。——译注)

验,与其他时间和地点的宗教经验相比,是被可怕地提炼并不全面地简约了。我们能提供事实来证明一个其表述方式似乎熟悉但容易使人误解的晚明士绅之真实的宗教主体性吗?

让我们考察一下另一个时代的西方观察者。当 19 世纪 40 年代法国传教士古伯察(Evariste-Regis Huc)访问中国时,他观察到那些来像普陀岛这样的佛教圣地的香客,"在某些节令日,对这些有名的佛教圣地的记忆吸引着香客们和很多参观者;但正是好奇心而非宗教感使他们来到这里"①。古伯察作了张岱所理解的那种区分,但却用截然相反的方式来解释它。他们两个都同意普通香客感觉不到佛教圣地的伟大性和神圣性。对古伯察来说,普通香客只是好奇,不是出于宗教的热诚。对张岱而言,情况恰恰相反,宗教圣地的伟大性只可能被诸如士绅那样的人所欣赏、所理解:他们高高地凌驾于普通香客的粗俗的宗教信仰之上,体味到它的优美风景鼓舞人心的特征,以及欣赏到它的建筑、它的文学和艺术的联系,以及与一个受人崇敬的过去的联系。然而他们两个人都屈尊俯就,带着优越感表示关心宗教,而这样做的时候便显示了他们对宗教的态度的某些信息。

53　　张岱在他写的去普陀参访的文章中展现了他的这种居高临下的关怀。他确切地表达了他和那些与他一起摆渡的"村中夫妇"的不同所在。他观察到,他的同船乘客盲目地信仰崇拜普陀岛供奉的观音菩萨。他对他们的单纯的信仰感到惊奇:"村中夫妇说朝海,便菩萨与俱,偶失足一蹶,谓是菩萨推之;蹶而仆,又谓菩萨掖之也。"②正像古伯察想确立他自己的能划清基督教与他在中国发现"信仰的败坏和缺乏"的界线之宗教虔诚的标准一样,张岱在他写的关于佛教圣地的文章中也援引士绅观山的文学惯例,以使自己和那些群趋而至的普通香客有所区分——后者旅

---

① 古伯察(Huc):《中华帝国之旅》(*A Journey through the Chinese Empire*),卷 2 第 202 页。
② 张岱:《琅嬛文集》,第 52 页。

游像泰山和普陀岛这样的地方的理由正好与他本人的相反 。这不是张岱的世界观,无论他也许多么能很好地理解这种世界观。在他的世界观里没有这样单纯的信仰的立足之地。

　　精英人士强烈要求超越宗教圣地虔诚的香客群众之上,那么16—17世纪当他们进行参与佛教道场时,张岱这个阶级的人究竟在做些什么?他们为什么要把这么多财富捐赠给寺院? 这种冲动之下隐藏着什么忧虑吗? 他们渴望得到什么呢? 以下几章中我们将寻求答案,我们先探讨晚明士绅的思想文化领域,然后考察他们的社会世界。

第二章 函盖相合，冰炭不容：融通佛教

晚明士绅无论所从事的职业还是业余爱好，一般都不出儒家的领域。他们由于所受的教育而享有特别的地位，因此他们认识到，他们在国家服务中的角色和他们所拥有的高级地位是建立在忠诚和符合儒家世界观的基础上的。从童蒙时代起，他们就被教以阅读儒家传统经典，这些经典是宋代理学家确立并作了占支配地位的注释的，于是他们在公共生活中都习惯于用儒家传统的思想观念和语言来指导和处理他们的行为。无论是写给上司的递呈文书还是纪念地方活动的著作文本，他们都深刻体会到坚持用儒家思想观念的语言和逻辑是较为适当的。他们认识到自身在正常情况下是儒家体制内的成员，并接受以儒教为其纲领中心的概念和价值来表达他们的信念的社会期待。佛教并不是他们公共生活路线的一部分。

然而正是在晚明，那些有创造性的知识分子开始发现理学与佛教并不截然分开，或者互相对立，相反，它们具有共同的基础。荒木见悟(Araki Kengo)描绘了这个"晚明思想界的最卓越发展的"时代精英人士对佛教兴趣的复苏。① 他指出，由宋代朱熹所发展的哲学系统在理学与

---

① 荒木见悟(Araki Kengo)：《晚明的儒教与佛教》(*Confucianism and Buddhism in the Late Ming*)，第 39 页。

佛教之间构筑了一个"高高的堤防","二者被认为在永不相交的平行道
路上发展"。① 而明朝后半叶复兴佛教的兴趣冲破了这个堤防,激发了新
的思想潮流的产生。由于佛教与占主流地位的儒家传统的互动,它们之
间平行道路的差距缩小了。到 16 世纪初,王阳明这位明代的关键性思
想家,成功地转换了儒家哲学的中心,摆脱了与朱熹有关的僵固的原则
(理),倡导更加注重人心和良知、良能。王阳明重新思考了理学的传统,
很大程度上应归因于中国生活中佛教的存在,同时也激发了佛教被吸纳
进(儒家)思想的世界。

对佛教的新诠释出现在社会的构造和社会角色的定义正发生变革
的时期。许多人在愈益膨胀的士绅队伍中发现传统进身之路——仕途
为竞争者所淤塞,于是也越来越对儒家的路线显得不那么热心。财富让
他们产生一种不依赖于由国家确定的仕途道路的相对独立的感觉。由
于不可能进入公共职务领域,他们也许感觉不到强大的驱力使其在私人
生活中体现理学的世界观。他们能思考其喜欢思考的——他们喜欢思
考佛教。也许,佛教吸引着他们,是因为佛教超越了儒家的思想藩篱。
佛教谈论超越人类尺度之外的问题,将修养的核心从儒家所崇尚的社会
角色转向了个体自我。佛教与儒教之间的这种互动产生了一种关于实
在的性质和明代特有的人类生活秩序的复杂的观念和假设。它渐渐地
设定了晚明的思想,事实上,也改变了后来中国哲学的特征。

据王元翰记载,17 世纪之初的都市精英对佛教产生了热情。王元翰
在 1609 年未经正式批准就挂冠辞职,以抗议万历皇帝的漠不关心致使
统治失序,这触发了官僚系统内部一股类似的行动浪潮。王元翰是许多
著名僧侣的朋友,也是嗜读佛典的人。他对佛教的兴趣在 1598 年进士
考试落第之后得以增强。几十年后,他于 1620 年在写给一位僧人的书
信里,回忆了在北京做学生的时代对佛教之道的热情:"其时京师学道人

---

① 荒木见悟:《晚明的儒教与佛教》,第 43—44 页。

56 如林。大善知识(高僧)有：达观(真可)、朗目、憨山(德清)、月川、雪浪、隐庵(如今)、清虚和愚庵诸公。宰官(士绅)则有：黄慎轩、李贽、袁宏道和袁宗道、王性海、段幻然、陶望龄、蔡五岳、陶珽和蔡承植诸君,声气相求,函盖相合"。这些都是著名的人物,他们中许多人正如我们在本章中所注意到的,以佛教追求对万历时代的哲学趋向发挥了实质影响。王元翰在写给所认识的另一位禅师的信中,又提到了在北京的那些日子,"京师僧海也,名蓝精刹甲宇内,三民居而一之。香火之盛,赡养之腴,又十边储而三之。故十方缁流,咸辐辏于是,势使然耳"。①

王元翰在接下来的 1601 年的进士考试中取得成功。这之后的几十年里,佛教徒在北京出现的程度、都市精英的活动基地趋向萎缩。1601年上层圈子里已经有一些反对佛教的呼声,尽管大多数士人都抵制这种反对声浪。然而,进入 17 世纪后,中国的思想改变了方向,关于离开佛教的思想启示而使儒家哲学回到宋之前更加理性主义的轨道的希望,在很大程度上形成清代的思想动力。事实上,到清代末,像梁启超这样的知识分子都轻视宋以来的理学,认为理学完全是对佛教思想的一种遮盖。宋代和明代的不少思想家都极力通过反佛教的争论来掩盖佛教思想。②

本章通过追溯佛儒融合进展的四个阶段来考察佛教与儒教的互动。我们开始先讨论理学内部方向的转换,这种转换在 16 世纪初王阳明广泛地汲取佛教思想中达到高峰。随后,在第二阶段,由致力于融合来自儒佛两种传统思想的王学弟子推动的这种对佛教的新的开放性,在 16

① 王元翰的这两段文字引自陈垣《明季滇黔佛教考》第 129—130 页。贺凯(Charles Hucker)在《明代传记词典》(*Dictionary of Ming Biography*)中讨论了王元翰的辞职,参见第 329 页。这份名单中我们随后没有遇到的人有：陶珽,云南人,李贽在云南任职时,他受到李贽之影响。蔡承植,湖广攸县人,佛教居士;他通过守护不杀生的戒条来表达他的信仰。大约 1610 年,蔡氏在北浙江嘉兴府任太守时,曾颁令禁止嘉兴居民杀牲祀神。参见彭际清《居士传》卷 42,第 4 页上。
② 梁启超:《清代思想趋向》(*Intellectual Trends in the Ch'ing Period*),余伊曼(Immanuel Hsü)译,第 27—28 页。

世纪晚叶达到它的逻辑的极致。第三阶段，在 17 世纪之初，当某些儒士试图将佛教的影响隔离在精英圈子之内时，他们对佛教与理学关系的重新建构，激起一种保守的反应。最终结果，尽管到 17 世纪中叶确立了愿意承认佛教的思想路线，但并不想把佛教吸纳到理学哲学中来。

一、佛教与理学的关系

理学与佛教都是同样有完整体系的思想学说。两者都有一套贯通的概念与信仰，都反映了一种独特的世界观，并且两者都受到一套制度和社会实践系统的支持。不管它们如何汲取彼此的思想成分，它们在以上这三个方面都是不同的；也不论何时两者在晚明士人的世界里受到怎样的欢迎，它们的紧张关系总是存在的。这种紧张在很大程度上产生了那个时代知识分子生活的独特结构。

佛教无论在情感上还是理智上都对宋代理学开创者的影响巨大，正因为影响如此之大，所以要准确地确定理学思想的来源常常是很困难的。[①] 佛教花了大约 600 多年的时间才产生出禅宗这种完全本土化的中国宗派，又经过了几个世纪，这种完全中国化的宗派才获得知识精英的普遍认同。[②] 当中国佛教最后达到成熟时，宋代学者却对佛教采取批评来回应佛教的挑战，最终理学在精英的世界观中占据统治地位，从而大大限制了佛教所拥有的空间。有些士人如大文豪苏轼，声称认识江南百分之九十的僧侣，公开热烈地支持佛教。另一些人如初始不引人注目而最终富有影响的周敦颐，试图把佛教和道教的觉识融进儒学之中。对周敦颐来说，这意味着在显然非儒学的思想资源之基础上为儒学建构一种新的宇宙观。

---

① 狄百瑞（de Bary）：《理学正统和心学》（*Neo-Confucian Oxthodoxy*），第 126—131 页，探讨了宋代佛教和理学之间的复杂关系。
② 参见葛兆光《禅宗与中国文化》，第 43—44 页，有关宋代佛教的"士风"。

程颐和朱熹是宋代哲学家，他们的著作奠定了理学的基础，他们继承了周敦颐吸纳非儒家的宇宙观和形而上学的思想路线，因此创造了一种新的体系完整的世界观。这种世界观的中心一方面是自我的精神修养，另一方面是道德责任的完善。正如许多学者已经指出的，他们把"心"的概念放在他们的认识论之中心，深刻地影响了其后宋代理学家哲学的发展路线。在他们的时代之前，儒学还没有把觉知的主题作为真理的容器，也没有接受对心的控制作为理解实在性的一个必要的前提。通过禅定的方法调心进入平静状态，这简直就是这个阶段的理学最明显的对佛教的借用。程颐可能愿意争辩说佛教的"定"和儒教的"止"之间的相似性掩饰或遮蔽了它们之间根本的差别①，可是对一位没有卷入争论的观察者来说，程颐的这种观点夸大其词了。佛儒之间的相似性超过了它们的差别性。

程颐和朱熹两人都曾花了一些精力研究禅宗。程颐提出，这种研究承担着风险，这也许是根据他个人的经验和体会，因为他说到"释氏之说，若欲穷其说而去取之，则其说未能穷，固已化而为佛矣"②。程和朱都竭力主张驱除这种诱使，不断地强调佛教与儒教所具有的显著的相似性是表面上的，因为这两种思想学说建立在不同的基础之上。③ 当然，在哲学意义上说，他们是对的。深刻的本体论和道德伦理的鸿沟把佛教和理学截然分开。举例说，两者都认为感知的现象不能构成终极的实相，但是，佛教却正是在这虚幻不实的现象中发现真谛，而理学则改向追求摆脱纯粹现象的真理，不管这种现象是真实的还是虚幻的——他们追求的是现象中体现的原则(理)。这些原则，然后和规定宇宙秩序并指导人类道德实践的原则(天理)相融合。由于佛教与理学在其思想学说的某些

① 朱熹和吕祖谦：《近思录》，第147页。(参《张子全书》卷3《正蒙》，第22页。——译注)
② 狄百瑞：《中国传统资料集》卷1，第477—478页。
③ 程颐的观点见之于《近思录》第285—286页；朱熹的观点见之于《近思录》第282页；陈荣捷：《中国哲学资料》(英译本)，第651页。

方面可能彼此误解,朱熹一而再、再而三地与佛教打笔墨官司。他认为,尤其禅宗是儒家道德修养的一大劲敌,因为他感到禅宗的思想学说否定了道德责任和阶级差别的实在性。[①]

朱熹同时代的思想上的竞争对手陆九渊进一步推动理学对心的重视。陆九渊认为人心与宇宙之理是一回事。不过,像程颐和朱熹一样,陆九渊也是佛教的批评者,他主要批评佛教寻求生死轮回的解脱。他主张,如此的一种志向和怀抱造成佛教徒拒绝承担起确立世界秩序的道德责任。在陆九渊看来,儒家思想学说建立在公德心和正义感的基础上,而佛教则导源于自私自利和对个人优势的关怀。[②]

宋代理学家希望重新确定他们与佛教歧异的思想路线,即使这种路线有时与佛教的思想轨迹是平行的,但宋代中国的精英大多不接受。朱熹在他的文集《近思录》中引用北宋的理学先驱者张载的悲叹:"自其说(佛教学说)炽传中国,儒未容窥圣学门墙,已为引取。沦胥其间,指为大道。"[③]张载对北宋思想状况的观察同样适用于南宋,因为朱熹在别处也遗憾地说"最近几代……学说衰退,思想(他意味是佛教的)颓废"[④]。宋代知识精英常常是禅宗的爱好者,哲学家的关怀触动他们,但影响很小。按照12世纪著名的地方官袁采的看法,宋代精英人士甚至乐意把僧侣职业作为不能以儒业谋生的子孙们的一种合理选择。这样的人可能成为佛教僧侣,因为这可以"养生"而"不至于辱先"。[⑤] 精英人士对佛教作为一种职业的包容态度随后逐渐消退。大多数明清士绅无论他们涉入佛教多么深,都不能接受这样一种选择。因而,在18世纪《四库全书》的

59

---

① 陈荣捷在《中国哲学资料》第646—653页收集了朱熹与佛教之间的一些辩论材料。加伦·萨尔让(Galen Sargent)在《朱熹的排佛》(*Tchou Hi contre le Bouddhisme*)中认为,朱熹根据本人的主张排斥佛教,其批判是不令人满意的;他说,朱只是宣称佛教的观点错了,而没有适当探索佛教的哲学体系或它的逻辑方法。

② 陈荣捷:《中国哲学资料》,第575—576页。

③ 朱熹和吕祖谦:《近思录》,第287页。

④ 陈荣捷:《中国哲学资料》,第653页。

⑤ 伊霈霞:《宋代中国的家族和财产》,第230、267页。

编修者准备再版袁采的著作时就完全删略了提及僧侣的部分，而代之以"医卜星相"作为可以接受的生涯选择。① 清代学者对这一点非常强调，以至于认为宗谱的修定通常保证出家为僧的家族成员要从宗谱中除名。到这时，职业的佛教生涯对士绅成员来说已不再可能，这很大程度上是因为宋代理学家勃兴以来，一再坚持佛教与理学所倡导的社会纲常背道而驰。

元代钦定朱熹对儒家思想的注释作为科举考试的官方诠解。然而在宗教事务方面，元朝和明朝初年的统治者都是折中主义者，并不觉察到有什么大的必要维修朱熹在儒佛之间设立的高高的堤防。佛教徒像儒家一样喜欢朝廷官职。明朝开国皇帝朱元璋利用佛教僧侣在内管理国家事务，又代表他的政权出使海外。在这种普遍宽松的气氛中，元末明初的知识分子如宋濂及其门徒姚广孝，都在儒教和佛教之间游刃有余，认为两家的思想学说是相互补充而非水火不容。这种宗教思想宽容的氛围又使得姚广孝——入朝为官前曾是一位佛教和尚——曾对永乐皇帝谈到他的观察结果时说："今之为释老文字者（尤其指江南学者），往往剿取释老之说，甚至模仿其体，以为儒者不克卓立。"②

在朝的儒家人士都认为帝国有必要支持儒教而排除佛教，因为这有助于增强他们控制进入政治生活通道的群体性的能力，这种普遍的态度在永乐年间（1403—1424）开始侵蚀他们的子孙。明统治后出生的一代学者又一次盛行起对佛教日益高涨的批评态度，又回头倾听程颐和朱熹反佛的呼声。由此，我们发现1376年出生的曹端和他自己的父亲争论，认为佛教的实践不适用于儒家。他为父亲写了一篇题目叫《夜行烛》的短文，指出对通俗的佛教礼仪应当反对的诸多方面。明初大儒吴与弼（1392年生）在他的著作中并没有对佛教表示这样那样的特别强烈的态

---

① 伊霈霞指出这种修订，见《宋代中国的家族和财产》，第267页注60，第325页。
② 余继登：《典故纪闻》，第134—135页。（参北京：中华书局1981年7月版《典故纪闻》。——译注）

度,但是他的门徒胡居仁(1434 年生)想象自己是朱熹的严格追随者,和佛教不发生任何关系。

吴与弼,还有其他追求一条不同的路线的门徒,他们选择承续洪武时代普遍的开放气氛,其中包括承认佛教的影响。最值得注意的人物是陈献章和娄谅,他们二人用禅定法门贯摄理学的真理。对佛教智慧的修养方法之同情态度不仅把他们和胡居仁分开,而且使他们与 15 世纪正统儒教的主流分道扬镳。然而经久不衰的正是他们的影响,而不是他们的反对者的影响。16 世纪的理学家广为运用他们的禅定实践,这与他们的宋代先驱者某些潜在的趋向不谋而合,也埋下了晚明理学家主要人物争论不休的种子:他们争论把握真理的更合适的方式是研读儒家经典,还是进行自我修养。因而,明初对佛教的开放气氛,提供了理学在其后 *61* 整个明朝所遵循的路线,至少以反响的方式在晚期中华帝国的其他历史阶段绵延。①

按照 17 世纪程朱保守派艾南英(1583—1646)的说法,士人们在大约 16 世纪之初就开始更经常地阅读佛教(和道家)的著作。对艾南英来说,这是他本人出生的这个时代长期滑进"狂禅"的开端。② 但还有其他方式可以观察到那个时代着迷于佛教的展开状况。15 世纪末叶,一位克尽厥职的儒士如江西官员邹袭抗议说,他不想被佛教吸引过去,但他愿承认佛教僧侣和儒家学者如道谦和苏轼之间的长期和合法的交往历史。邹袭不难觉察佛教和儒家都有一种共同的对真理的追求;事实上,两者都不能单独地完全揭示真理。正如 1498 年邹袭表达他对这个问题的看法,"虽有儒释之异,而良心真切"。③ 他的用语意味深长。邹袭决定用孟

---

① 清代评论者希望纯化借用佛教的理学传统,这样做势必竭力否定佛教对明初思想家如陈献章影响的证据。例如,全祖望:《鲒埼亭集》,第 295 页。这种否定只是表明以这样一种模糊化的方式叙述佛教影响有持续的压力。

② 艾南英:《历试卷自叙二》,收在《艾千子先生全稿》。

③ 邹袭:《重修淳义寺记》(1498),收在《平原县志》(1748),卷 10 第 50 页上。(参见台湾影印中国方志丛书,山东省《平原县志》,清乾隆十四年[1749]刻本。——译注)

子的"良心"概念(即不用外界力量推动而天生能辨别善恶)来描述佛教和儒教所探求的共同对象的特征。良心后面的概念是一种天赋的道德辨别能力,孟子也用"良知"来表达。这是邹袭之后 20 余年王阳明用来为理学概念转换奠定基础的术语。

正是王阳明在 16 世纪最初十年对"良知"的研究决定性地打开了理学受佛教的明显影响之门。王阳明使自己处于陆九渊的传统之中,汲取佛教的资源,找到出路以摆脱僵化的正统思想的控制,他感到是这个正统窒息了程朱理学的传统。王阳明的思想决不是根本背离儒学正统,这种思想在明中叶许多士人的文章中都初有显露。王阳明成为这个时期的关键哲学家,是因为他具体代表了并且有组织地表达了 16 世纪初的思想家们普遍的一种知性上不满足的感受。通过抛弃程朱传统的某些命题,他打开了理学接受包括佛教在内的外部影响之门。①

王阳明青年时期曾求助于佛教和道教的修养方法来寻求知识开悟。然而,他放弃了格物求知这条道路,却以一种几乎是佛教的方式提升心的重要性,继续进行他的哲学生涯。心对普遍性的理有天生的知识,因此心本身在本体上和伦理上先于理而存在。王阳明曾困扰于正统的程朱哲学中的理之恒常不变性,发现理的这种不变性对自我觉醒有一种令人麻木的影响。于是他提升孟子良知的概念至超越的地位,为儒家传统的僵化结构寻找解决方案,其思想的灵感则来自佛教。他私下欠佛教的情分在他的哲学文集里有所规避,但在他的诗歌里却透射出来。他在诗里简洁地将闻见之知削减为遮迷真面的幻影。让我们看一下他的《咏良知》:

> 个个人心有仲尼,
>
> 自将闻见苦遮迷。

---

① Ch'ien, Edward：《焦竑和儒家正统的重构》(*Chiao Hung and the Restructuring of Confucian Orthodoxy*),第 28—29 页。

> 而今指与真头面,
>
> 只是良知更莫疑。①

诗的语言使人想起开创南禅的六祖惠能,王阳明显示此心是一种儒家的佛心,此心人人俱足。开首一句诗说"个个人心有仲尼",成为王阳明的门徒竭力倡导的口号。② 王阳明受禅宗的恩惠还显示在他的《良知答问》中:

> 良知即是独知时,
>
> 此知之外更无知。
>
> 谁人不有良知在,
>
> 知得良知却是谁?③

王阳明利用禅宗机语所描述的某行为发生时却不见行为者(如骑牛找牛)的经典形式,引导他的交谈者达到一种醒悟良知的境界。这是一种简单而有效的文学方式,王阳明很慎重地借用了这种方式。他的意旨是从老师之心到弟子之心的直接的口头传递这种禅宗习惯使用的教学法,也应当用来服务于儒家的智慧——事实上,只有通过这种突然的领悟(顿悟),才能达到理学的真正觉悟境界。

　　王阳明把他对理学的重新阐述看做是十分不同于佛教的东西,尽管他的同时代人和下一代人抱怨王学追随者读禅籍比读儒典更感到兴趣。透过王阳明的全集,可以发现他对佛教有不少批评性的评论和他所认为的佛教对理学社会视野的负面影响。④ 无论王阳明怎样和佛教传统发生互动,他总是不打算把佛教置于自己的儒学之上。不过,他探讨心的至

63

---

① 王阳明:《王阳明全书》(日文版),卷 6,第 482 页。(参上海古籍出版社 1992 年版。——译注)

② 冯由,陕西大儒冯从吾的父亲,他一直坚持写做;参冯从吾《关学编》之编者序言,第 1 页。

③ 王阳明:《王阳明全书》(日文版),卷 6 第 485 页。

④ 例如,反对佛教的顿悟说(王阳明《传习录》,第 91 页);他指责佛教的僧侣主义与宗法伦理相冲突(《袁宏道集笺校》,第 1217 页);他认为佛教对儒家教育产生有害的影响。参约翰·梅斯基尔《中国明代的书院》,第 74 页。

高无上性的问题等于向佛教开放了门户,他的第一代和第二代弟子大多数通过这扇门户轻而易举地越过了佛儒之间设立的门槛。

二、理学家的吸纳

16世纪王阳明心学的优势支配地位鼓舞了后起理学思想家继续吸收佛教的思想成分到他们的哲学中去,以至于几乎泯灭了儒佛两家思想学说的界限。这种态势持续到在16和世纪之交突然爆发的大改变又把佛教逐回到一个孤立的领域为止。融摄佛教的过程开始于王畿（龙溪）,他是16世纪中叶王阳明的第一代弟子。王畿依照佛教的空的概念发展了乃师的良知说,这是由于他以佛教的形式提出善和恶并不以自然秩序的理而只是以心的辨别力而存在。

一当王畿确立了心的第一性,儒佛之间共同的基础就完全打开了朱熹设在它们之间的堤防。正如16世纪的有关作者记载的,从禅道佛法中吸收思想成分进入儒学主流的热情在士绅文化的中心江南是很强劲的。① 但是即使在江南文化影响之外的乡村地区也能感觉到这种趋向。16世纪50年代,北直隶南宫的方志编纂者写到,"今制列之官属,俾自治其徒为例,得书佛老,虽专尚其业,犹知尊孔氏。近世逢掖之儒,往往托慕于二氏,且援其空寂以自高"。并非人人都如此热衷。记载这种观察的编纂者以一种悲哀的腔调结束这段话:"可慨也夫!"②这位编纂者道出的苦恼与16世纪其他编志者的评论是相符合的,他们一般都坚定地拘囿在程朱的模式里。但即使如此,也是迟早会变化的。

---

① 例如,张瀚:《松窗梦语》,卷7第13页上。(张瀚在该卷《风俗纪》中引秦少游语曰:"杭俗工巧,羞质朴而尚靡丽,人颇事佛。"然后评论:"今去少游世数百年……若事佛之谨,则斋供僧徒,装塑佛像,虽贫者不吝捐金,而富室祈祷忏悔,诵经说法,即千百金可以立致,不之计也。"——译注)

②《南宫县志》(1559),卷2第8页上。(参南宫邢氏求己斋1933年影印本,卷之二,建置第二,寺观。——译注)

18 世纪《四库全书》的编修者在谈到学者们通过公共的讲学开始广为传播禅宗的思想学说时,追溯支持禅宗的决定性的变化发生在隆庆时代(1567—1572)。[①] 在紧跟其后的万历时代(1573—1620)的前半叶,这种趋向几乎是普遍性的。这时在佛儒之间弥补裂痕的人中最富雄辩的倡导者有三位,如果计死亡日期而不计出生日期的话,他们属于同一代人:他们是李贽(卒于 1602)、屠隆(卒于 1605)和袁宏道(卒于 1610)。本章和第六章都广泛地引用了这几位人物的作品。

这三位人物当中,朝廷的编修最明显地把李贽和佛教思想的散播联系起来,他是在泰州学派(后来黄宗羲提到阳明弟子中这个在思想上最有抱负的学派)中属于第二代王学门徒。李贽在 16 世纪 70 年代末在云南边疆地区担任知府之时就开始研究佛教。他在佛教中发现,人心的力量会穿透现象世界的不实在,这使他进一步发现他对儒家传统中严重的陈陈相因、因循守旧真理不满意的焦点所在。在 16 世纪 80 年代,他用佛教思想挑战儒家传统,结果在思想上否弃朱熹理学中反佛主义的桎梏。[②] 在他的个人生活中,这种否弃采取大胆的形式——他削光了头发,穿上了袈裟,并且从 1588 年开始寄居在一所佛寺。

尽管有这些显而易见的变化,但李贽终究没有出家成为和尚。他自我放逐到佛门,本意是想以之作为对儒家正统的一种公开挑战,而非放弃儒学。这种佛教的外表给予他更大的自由去探索儒家思想传统的局限。正如他在自己一本书的序言中所说的,"夫卓吾子之落发也有故,故虽落发为僧,而实儒也"。[③] 李贽融摄了佛学的许多成分,以折中的方式

[①]《四库全书总目》,卷 132 第 10 页上。(参台湾影印文渊阁《四库全书》总目三,子部,杂家类,《续说郛》曰:"正、嘉以上,淳朴未漓,犹颇存宋元说部遗意。隆、万以后,运趋末造,风气日偷。道学侈称卓老,务讲禅宗;山人竞述眉公,矫言幽尚……"——译注)

[②] 参见李贽对朱熹指责异端的评价,收在他的《焚书》卷一《复邓石阳》书信中,曰:"弟异端者流也,本无足道者也。自朱夫子以至今日,以老佛为异端,相袭而排摈之者,不知其几百年矣。弟非不知,而敢以直犯众怒者,不得已也……"(第 12 页)。

[③] 李贽:《初谭集》,作者之序言,第 1 页。

65　　探索"万古一道"，从而进入他革新的儒学。[1] 在这种探索中，他感到儒佛都各自贡献了一些有益的东西。在李贽看来，佛教比儒教更可以专心获取对存在的理解。对他而言，这是一切哲学的伟大目标。事实上，佛教超越世俗世界的探索方式促使李贽对同时代人持批评态度：他们只是在佛教中闲荡，因而未能认识到转向佛教的全部关键在于"学道"。[2]

　　万历年间，泰州学派思想家中较为温和、也许更好地代表了试图把禅宗和理学家的视野联系在一起的泰州学派的人物是袁氏三兄弟，即袁宗道、宏道和中道。他们出身于湖广东北部一个从军旅生涯中崛起的家族。三个兄弟都进士及第，在朝廷任职，并且是闻名天下的诗人。16世纪末，他们的学术研究把他们引导到佛教的方向，他们的文章到处提及僧侣，充满了对佛教教义的评论。他们都成为佛教大师云栖祩宏的俗家弟子，后来宏道和中道还写过关于禅和净土思想的研究文章。

　　在他们的思想中，佛教和理学无疑糅合在一起，因为他们认为一方能够用另一方（但以不同的方式）来阐明对真理的表达。袁宏道把这种思想风格的特征称为"儒而禅者"，他不仅和他的弟兄，而且还与他的大多数同代人共享这种思想风格。在出现这种措辞的1604年的一篇文章中，袁宏道主张儒佛两家思想在终极意义上都指向同样伟大的事业，确切地说，它们都想获得对生死的领悟。因而，他能赞美一个僧侣朋友是"儒心而缁服"，同时又称赞他熟识的一个儒家学生是"禅心而儒服"。[3] 袁宏道在这篇文章中没有批评那些陷溺佛教过深的儒家人士，反而是痛骂他那个时代保守的儒家，因为尽管王阳明和其他一些人都努力重新揭示儒家洞见的本质，但他们仍然"溺于文人习气"，而不是孔子之道的真正追求者。袁认为学习佛教的可取思想是阻止这种儒家传统冲淡的一

---

[1] 李贽：《续焚书》，第66页（原作166页，疑误，今正之）。
[2] 参李贽《焚书》，第166页，"学道之人"。
[3]《袁宏道集笺校》(1981)，第1225—1226页。

种方法,因为佛教的传统更为纯净,能充当通向真理的更直接的管道。 *66*
他感到仔细研究它们不同的概念之内容大凡能显示儒教和佛教(还有道
教)是用不同的语言表达了同样的概念。这种概念上的同一性为后来的
诠释所遮蔽,这些诠释使它们的意义变得狭隘和彼此疏远。[1]

　　万历时代还有一位像袁氏兄弟一样不断地跨越理学与佛教壁垒的
著名学者兼诗人屠隆。屠隆是鄞县(参第八章个案研究)人,他是一个
佛教思想的热情支持者,还积极参与宣传佛教道场的需要。屠隆出身
于一个不太显赫的门第,他一开始就进入公认为可能有辉煌未来的政
治生涯,只是后来京都的政治斗争的阴谋绊倒了他的前程,那时他刚
刚 40 岁出头。屠隆显然是妒忌的竞争者的无辜牺牲品,他离开官场,
在旅行、访友和写做中度过余生。屠隆凭着他的文学才能,靠微薄写
做收入维持生计。结果他写做了大量的文章纪念人或事,还有数量可
观的致友人和资助者的信件和诗歌。在这些作品中,屠隆将自己表现
为一个深深涉足各种各样的宗教活动和宗教环境的佛教居士。[2] 例
如,他提到在一所寺院逗留过一周,在苏州澄照禅院和宁波著名诗人
沈明臣登上藏经阁观看日落,在北京报国寺和朋友促膝夜话;他还提
到和僧侣讨论佛教教义,和精英人士中其他佛教信徒保持着密切联
系,和途经宁波的去普陀岛参礼的知名香客交谈。屠隆写诗献给著名
的僧侣,捐助至少一部寺志的出版和一本宣传信仰的居士手册,还写
了后来编入第一次出版的《阿育王寺志》的一些材料。他是著名的佛
教大师云栖袾宏和憨山德清的热忱崇拜者[3],并成为王贞泰(1558—

---

① 《袁宏道集笺校》(1981),第 1290 页。
② 屠隆:《娑罗观清言》,第 11 页。房兆楹写的屠隆传记收在《明人传记辞典》,第 1324—
　 1326 页。该传强调屠隆参与道教,牺牲了他作为像李贽那样把佛教和士绅生活结合的发
　 言人更大的名声,同时代人常常把他的名字和李贽联系在一起。
③ 屠隆:《白榆集》,卷 1 第 14 页上,卷 5 第 77 页下、第 15 页上,卷 6 第 7 页下,卷 8 第 15 页
　 上,卷 19 第 18 页下;屠隆:《娑罗观清言》,第 4 页;《阿育王山志》(1619),卷 7 第 1 页上。
　 有一篇参访澄照禅院的缩写的文章,收在《娄县志》(1788),卷 10 第 20 页上、下。

1580)的弟子。王贞焘在苏州上层社会信众中,被视作是一位具有超凡能力的女性宗教人物,曾在 16 世纪 70 年代末鼓舞了屠隆的六七位最亲密的朋友的精神信仰。①

屠隆的文集充满了士绅悠游耽乐于参禅,以及一切其他方面的快乐姿态,这在下列对仗警句式的"清言"中有所表现:

> 净几明窗
>
> 好香苦茗
>
> 有时与高衲谈禅
>
> 豆棚菜圃
>
> 暖日和风
>
> 无事听闲人说鬼②

谈禅和说鬼的故事之间文字对仗工整,似乎可把屠隆放到张岱确定的高级文化鉴赏家的行列,他们追逐任何形式的能抓住闲适慵懒的东西,而这也正是李贽觉得讨厌的那类性情。然而,屠隆不止是一个闲适的艺术鉴赏家,在绅士的姿态后面他还深深地思考着哲学问题,并培养对佛教哲学的严肃信仰作为哲学考察的手段。这种严肃信仰贯穿在他的其他一些清言作品中,特别是在第一次清言文集问世成功后的续集的文字中。例如:

> 六道轮转,如江帆日夜乘潮,乘潮未有栖泊。一证菩提,若海艘须臾登岸,岸岂复漂流?

① 关于王贞焘的崇拜,参瓦特纳(Waltner)《昙阳子和王世贞》("T'an-yang-tzu and Wang Shih-chen"),尤参见第 107 页;吕景琳:《李贽与明末三教合一思潮》,第 235—236 页。屠隆让一个儿子与汪贞焘的另一个门徒沈懋学的女儿结亲。(注意此间所引页码乃文章所载的出版刊物的页码。又据吕景琳,万历初年,江苏太仓大官僚王锡爵之女王贞焘诡称得道,号"昙阳大师",自谓"观音教主"。当时达官名流如王世贞、王世懋、管志道、瞿汝稷、沈懋学、张安定等都皈依受教,其父礼部侍郎王锡爵亦奉道称弟子。——译注)

② 屠隆:《娑罗馆清言》,第 1 页。(参《丛书集成新编》第 90 卷。——译注)

度尽众生,乃如来之本愿。众生难尽,则世界之业因。慈父不
以顽子之难教而忘教子之念,如来不以众生之难度而懈度众生
之心。

众生本来是佛,因迷自作众生。①

屠隆的佛教信仰就像李贽和袁氏兄弟的信仰一样有某种深度,虽然他
们都主张不因青睐佛教而放弃儒教,但事实远非如此。② 他们为对儒
家传统不可摇撼的忠诚辩护,就像他们真诚信仰佛教也能很好地提供
超越的智慧一样。这两种信念同时表现在这些晚明知识分子的心中。
正是对阳明哲学如此重要的心的创造力,使得这两种信念共同存在。 *68*
于是,在晚明,毫不奇怪,这种经验导致一些万历时代的思想家们趋向
创造性地——即使最终达不到——把佛教和理学融为一体的哲学思
想的目标。

　佛教和理学能融合为一种共同的哲学系统的思想在"三教合一"这
个词语中得到表达。③ 这个词语陈述了佛道儒三教能被合为一体的主
张。这种表述出现在元代,那时中国人发现自己不得不向他们的从大草
原上来的蒙古统治者解释:在他们的文化中存在着三种竞争性的知识和
宗教的传统。元代合一概念的核心是这样一种思想:三教为同一实在提
供了三种不同的术语,它们都试图接近这个实在。这种解释恰好符合 14
世纪流行的普遍的宽容气氛,尽管在明初之后的两个多世纪很少听到这
种合一的概念。

　然而,到 16 世纪 60 年代,一些儒士就复兴了这个术语,并且用它来
设想三教之中规模更大的整合。因此在这个时代,著名的学者何良俊,

---

① 屠隆:《续娑罗观清言》,第 18、20、21 页。
② 例如,《袁宏道集笺校》(1981),第 694 页。
③ "三教合一"的概念在卜正民的《融合论再思考》("Rethinking Syncretism")中作了更加彻底
　的考察。

对佛教在中国人生活中的地位进行了适当的辩护，抱怨"儒者尝欲合而轧之"。[①] 尽管何良俊有抱怨，但饶有兴趣的是，如何把它们融合在一起的困惑并没有产生我们所称的"宗教调和主义"（syncretism），即不同宗教的成分融合成一体化的世界观。[②] 相反，它们的合一与三教被判断追求共同目的有关。儒佛之间的关系的一个典型意象，就是意识到各自都有力量，却不试图取消它们的差别，这表现于 1570 年出版的一部《吴中人物志》的集子中。该集子的作者写道，儒与佛"如舟车均于致远，而有川陆之节。若谓其致既均，其法可换者，车可涉川，舟可行陆乎？昔人谓孔、老、释迦，其人或同；观方设教，其道必异，信矣"。[③] 万历时代的大学士于慎行用"体用两分"表达了同样的观念。他说："二氏之教与吾道源流本不相远，特各立门户，作用不同耳。"[④]这种相对保守的概念——三教在理论上相近，但实践上有重大不同——在儒家思想中大为流行，他们乐意认识到儒佛没有在不能克服的冲突中互相隔离，但是他们并不愿意接受对它们的共同性的更加激进的看法。

更具创造性的泰州学派思想家热衷于建立更深程度的融合理论。无人论证三教同一，但许多人都坚持认为三教教义的基本内容至少要比之车与舟更具有相似性。例如，屠隆把三教看成是"殊途同域"；焦竑用了众川归大海这样的形象比喻。洪应明是万历中期一位不甚重要的折中主义学者，他把佛教和儒教的教义称为并排平行的"渡海津梁"，这使人联想到佛教的人生意象是必须超度而到达觉悟的"彼岸"的苦海。[⑤] 所有这些比喻都承认其教义有不同的组织，但是它们所做的事基本上是同

---

① 何良俊：《四友斋丛说》，第 193 页。（何认为，对于"天下之善人少，不善人常多"的现实，有"王者之刑赏以治其外，佛者之祸福以治其内，则于世教岂小补哉？而儒者尝欲合而轧之，是真何理哉！"——译注）

② 参卜正民《融合论再思考》。

③ 张景春：《吴中人物志》，卷 12 第 15 页上。（原作 25 页上，误，今校正。参《四库全书存目丛书》史部第 97 册传记类。——译注）

④ 于慎行：《谷山笔尘》，第 201 页。

⑤ 屠隆：《白榆集》，卷 8 第 18 页；焦竑：《支谈》卷中，第 6 页上；洪应明：《菜根谭》，第 45 页。

一的，它们做事的方式在风格上的差别多于实质的差别。这种信念引导许多泰州学派思想家把佛教和儒家的概念配对，以表明它们基本的相似性，显示了一种回到佛教初传时代适应中国的取向。例如，洪应明把取自战国哲学家荀况的词语"抠耳"（只是重复听来的东西）——王阳明在《传习录》中用这个词语批评浅薄的儒士——用来和佛教所称的"顽空"的概念相比配。或者，洪又用非常大胆的比对，把佛教的"随缘"观念等同于儒家的"守位"，向儒教的等级制度提出一个深刻的挑战。①

王阳明曾经告诉一位询问者："子无求其异同于儒释，求其是者而学焉可矣。"②然而他的门徒仍然喜欢前一种研究（寻找异同）。王阳明对非儒家传统的有容乃大的态度为佛教能融于儒教的观念形式开辟了道路，许多人都试图概述融合这样的概念。王畿认为其师王阳明的创新在于开创融合三教的风气。王畿转用良知来融合三教，讲道"良知之学，乃三教之灵枢"③。在晚年（1570 年），他写道：三教在本体上是统一的，不可分割的；三教创始人死后逐渐形成的传统之差别表现了对三教原始意义的武断偏离。他甚至指出那些严厉批评佛教和道教是异端的保守的儒士自己就是异端。他说，这些人不能觉察三教根本统一的根源在于他们的狭隘的认识。一旦他们突破他们从自身圈子获得的思想传统，他们就会发现三教中每一家都同样能够揭示人的内在心性。④ 李贽将王畿冠之以"三教宗师"。⑤

———————————

① 洪应明：《菜根谭》第 43、45 页。取自荀况的这个词语在《荀子文选》（英译本）中有翻译，第 20 页。

② 引自吕景琳《李贽与明末三教合一思潮》（载于《中国文化集刊》第 1 辑，第 230 页）。薛大春是具有诗人济慈式（Keatsian）风格的泰州学派人物，他表达了同样的观念。他的传记作者焦竑称赞他说："世之黜二氏者，未知二氏也，且又不知孔孟。学贵发明自性，何论异同哉？"参见彭际清《居士传》，卷 38 第 4 页下。

③ 引自吕景琳《李贽与明末三教合一思潮》，见于《中国文化集刊》第 1 辑，第 232 页。陶望龄是后期泰州学派的支持者，他也观察到当时这些学佛的人，这样做是因为他们为这"良知"二字所吸引。葛兆光在《禅宗与中国文化》第 17 页中有引证。

④ 王畿：《三教堂记》，见于《龙溪先生全集》，卷 17，第 8 页上、下。

⑤ 李贽：《龙溪先生文录钞序》，见于《焚书》，第 18 页。

对许多支持佛教和儒教统一的人来说，绊脚石就在于儒家对佛教"出世"的指责，这正好和儒家思想的"经世"的责任感或"入世"相反。按照佛教的观点，进入僧侣阶层就意味着"出家"。但正如赞辅佛教的护法者乐于争辩的那样，专心佛教教义并不必然意味着背离他们生活的这个世界。事实上大乘佛教鼓励这种（入世的）怀抱，不只是为个人的开悟，而是为普度芸芸众生，这是一种自唐代以前就已经产生的对公共服务和善良行为的关怀。然而，士人们浸润在儒家经世的传统中，认为佛教鼓励士大夫逃避义不容辞的社会责任，因此道德上应受谴责。为回应这种

71 指责——这种对士绅普遍参与佛教，尤其是三教合一的概念的指责，泰州学派思想家如屠隆坚持认为儒家在经世和出世之间设立的冲突是人为的。简单地说，儒佛两家获取觉悟的方法虽然不同但可以互补。屠隆主张儒家本不应该将它们视为冲突的，因为"三家之旨将无不同，在世出世各阐道扬"。屠隆提出儒释道的专长化分工：

> 儒者之于（佛、老）二氏日寻干戈，此殆非祖师初意。三家之旨将无不同，在世出世各阐道扬。教人伦实际则儒者是宗，超脱清虚则二氏为妙。要之，皆不出一心。儒者将心体事以就其实，事尽而累遣，何实非虚？二氏屏事证心以还其虚，慧生而境见，何虚非实？①

通过禅家的言语，屠隆表述出经世和出世是走向大道的相辅相成的方法。屠隆在另一篇文章中再次论证说，经世和出世之间的冲突是虚假的冲突。在那篇文章里他又进一步论证两者的统一，指责"俗儒"不仅仅看不见佛教和他们自己的儒教的相同性，而且不能认识到佛教的弘扬实际有助于儒教处理世间事务的活动。他指出，儒教若没有佛教很可能被大大削弱。"夫儒可废释，则生人以来所经，明圣豪杰，非一手一足矣"。②

林兆恩论证三教完美的互补性，在逻辑上走到极致。林是一个受人

---

① 屠隆：《白榆集》，卷8第18页上、下。
② 同上书，卷5第25页下—27页下。

欢迎的教育家,他寻求融合三教成一体以作为人生的指导。在他的论证和指导方法中,佛教都被置于崇高的地位。然而林兆恩接受的是儒家的训练,他在地方的捐助和教育工程中,证明对士绅的公共服务之理想的坚持。林兆恩超越了那种认为三教传授同样真理的简单融合的观念,然而他又主张如果不损害传道的使命,那么一方可以代替另一方。他坚持说,三教"盖欲将以斯世斯人,而悉归于道化之中,儒而孔子之,道而老子之,释而释迦之。而又不名儒,而又不名道,而又不名释,合而一之,浑浑然以复还太古之初者。此余之教,余之心也。"①佛教只不过是获取觉悟的许多道路中的一种,实际上与其他教门没有两样,其差别仅仅与指导的语境相关。因为当时所有的这类哲学思潮都来源于王阳明,所以林兆恩以王阳明的超越之心的概念为基础建构他的论点。为了领会"孔老释迦之道之本一也"②,并取得完全的融合,心提供了超越不同的宗教或哲学传统的现象学根据。在这点上,万历时代的士人当中,林兆恩最为接近于真正的融合论。

包括林兆恩在内的大多数士绅尽管热情支持佛教和儒教融为一体,但他们也都承认晚明时代的三教合一必须建立在对儒教坚固的效忠之上。李贽表示赞成这个方向,他在 16 世纪 90 年代支持"三教归儒说"③。然而无论他多么喜欢在他的著作中采用佛教概念,他仍然认为纯正的原始儒学是最接近真理的最佳路径。即使对已经穿上佛教袈裟的人来说,其他两教(佛、道)的主要作用也是要帮助克服围绕儒家真理观滋生的误

---

① 林兆恩:《三教无遮大会》,第 1 页下 。(这段文字在朱迪思·伯林[Judith Berling]《林兆恩的三一教》[*The Syncretic Religion of Lin Chao-en*]中作了不同翻译,第 218 页。)"无遮大会"是梵语 Pancavarsikaparisad 的汉译,这是每五年一次的佛教斋戒布施大会的名称,是阿育王为表示忏罪而创立的制度。林兆恩的文章开头,一位弟子询问这个佛教术语的意义,林回答说,他不知道,他唯一关心的事是清除三教的界限或隔阂。

② 林兆恩:《真我昌言》,第 1 页上。("昌"字原作"常",误,今校正。——译注)

③ 李贽的一篇文章用这个词语作为它的题目(即《三教归儒说》),《续焚书》第 75—76 页;也参见第 13 页。对这篇文章作简短的评论,参见狄百瑞编《明代思想中的自我和社会》,第 210—211 页。

解。杰出的泰州派学者焦竑表示了同样的终极信念,他宣称"释氏诸经即孔孟之义疏也"①。

林兆恩甚至在他的《三教合一大旨》中也显示出一种儒家信念,他说他使用三教合一的概念是要"以群道释者流而儒之,以广儒门之教而大之也";或者又如他进一步所说的,"引道归于儒也,释归于儒也"②。这些把儒教放在第一位的表白可能是一种文饰的手段,意在争取受过儒家教育的读者的支持,尽管这有可能把太多的狡黠移植于那种基本上是讲学笔记的文集中。由此更有理由断定,在晚明确认三教共同统治的努力主要是理学家的一项探险事业。

一些晚明士人纳释入儒的希望与努力是 16 世纪最后十几年中国思想体系中的一个独有的特征。王阳明在 16 世纪早期就宣称"知行合一",在哲学上开始解决儒佛分歧的计划。不过,由王阳明发始、他的泰州派弟子们继承的儒佛合一的探索,不止是一种哲学上的难题。它取决于晚明士绅此刻所处的二元的社会政治情境:即参与和退出公共事务这种入世和出世的两难。儒家理论坚持,受教育的人的责任是只要有可能就从事公共事务,但同时也认可臣子可能会拒绝效忠一个无道的君主。在另外一端,佛教也主张不参与世俗事务。在明代后半叶,政治气氛使那些有原则的人越来越感到公共服务没有吸引力,甚至不安全。1380年,宰相制度的废除有效地剥夺了明王朝一个运转得当的政治体制,之后的皇帝为此付出了高昂的代价,因为没有一个代表权威和解决政治冲突的预测机制,皇帝不得不事必躬亲处理每一个呈交朝廷的问题。从 15世纪中叶起,缺乏协调不同利益集团的机制意味着政治冲突既可导致个

①焦竑:《支谈》卷上,第 4 页上。焦竑正在响应宋代哲学家陆九渊所用的一个词语的转用,他大胆地宣称"六经注我"(参陈荣捷《中国哲学资料》第 580 页)。王阳明以一种相似的程式表述,说六经对一个理解了万物之理的人来说"只是一个阶梯",这无论如何"备于我心"。《王阳明全书》(日文版)卷一,第 474 页。

②林兆恩:《三教合一大旨》,第 6 页下,第 7 页下。朱迪思·伯林在她研究林的著作中提出了类似的主张,认为林的基本倾向是儒教的。参见她著的《林兆恩的三一教》,第 143、238 页。

人的灾难,又可引发党争。皇帝不得不努力控御其臣僚,甚至到了阻碍了有效的行政管理的程度;朝廷的政治能量很大程度上站在皇帝一边以维护皇室的权威,或者站在官员一边变成操纵或者抵制皇室的法令。①在 1506 年正德统治开始时,这个政权逐渐变得独断专制,而且毫无章法,政治决策不是转移到宦官,就是转移到一群大学士手里,宦官与大学士的竞争加剧了整个官僚系统的结党营私。16 世纪和 17 世纪从事公共服务的人,即使不招致灭顶之灾,也要面对严重的压抑。

士绅文化对晚明这种社会政治情境的回应,反映在他们是为公共权威服务还是从国家的公共生活中退隐下来的争论之中。渐渐地,好像只有极端化才行得通:要么尽心"经世"以致自我毁灭,要么以佛教隐士僧的方式完全"出世"。这种极端的倾向不允许士绅选择儒与佛的融合。似乎不存在中间的立场。与这种情境并联的思想问题,以及这个时期清醒的思想家必须全力对付的问题,即是如何重新连接起这两端。这成为晚明知识分子的当务之急②,尽管试图论证入世与出世的互补(如屠隆所说)仅仅是这种紧张所表现的许多形式之一。更广泛地说,它表现在晚明思想重建统一的许多探索中——无论是知行合一(如王阳明的探索)还是心物合一(仍是王阳明的探索)。它也激励了泰州学派的思想家把儒佛融合成一体的理想。③ 然而,在思想层次上,这种融合的目标仍然是难以如愿的。三教合一似乎只是以各种新的尝试打破分离。

三、理学家的回应

儒家和佛教的普遍融和气氛在 17 世纪头几十年很快就松散下来。

---

① 牟复礼(Frederick Mote)在《剑桥中国明代史》(CHOC)中提供了一个极好的关于明政权宪制上致命的弱点的解释,第358—370 页。
② 葛兆光:《禅宗与中国文化》,第 28 页。
③ 入世与出世之间的紧张贯穿在激活袁黄道德分别的思想之中,这受到泰州学派的欢迎,参包筠雅英译《功过格》,第112—113 页。

尤其在 17 世纪中叶满洲人毁灭他们所效忠的王朝时,作为亡明遗民的一部分士人完全选择了隐退的佛家生活。然而,大多数士人选择了大约保守的态度来回应晚明的忧虑:他们拒绝放弃公共服务道义上的正当性及其相连的哲学意义,主张"回归"到拒绝王阳明的创新,甚至不适时机地开始怀疑朱熹信条的前明儒学。

　　士绅文化内部对佛教影响的保守反应甚至在呼吁三教融合的起步之时就形成了。早在 1587 年春,李贽落发披缁前一年,万历皇帝收到分别来自礼部和南京刑部的两位官员的奏折。这两份奏折的内容包含了官员的担心,士子们虽花多年心血在理学教育上,但是在他们的考卷中却用了佛经道藏作参考。礼部的奏章指出考生藐视儒学,应禁止他们使用非儒家术语。"弊至此极,今揭晓之。后即将中试朱卷尽解参阅,有犯前项禁约,即指名查处。"第二份奏章用同样不满的口气抱怨"浅学之士多为时刻所惑"。①

　　16、17 世纪之交,士绅知识分子对佛教影响的保守反应达到大规模批判的程度。在政治领域,礼科都给事中张问达对李贽的疏劾,以及紧接着后者 1602 年在北京狱中的自杀,都鲜明地标志了这一点。② 张问达指控违背儒家传统的道德堕落和异端思想冲击着人们的心灵。批评李贽的人认为,他的自杀就是承认了犯罪。之后十年,在东林书院的旗帜下形成了万历朝廷腐败世界中的政治反对派,礼科都给事中张问达即是其中一个著名的成员,泰州派折中思想的权威因之滑落。像焦竑这样的

――――――――――――

① 《神宗实录》卷 183 第 6 页下(万历十五年二月,戊辰),卷 187 第 9 页上(万历十五年六月,庚午)。这些记载引自吴因明《晚明江南佛学风气与文人画》第 58 页,尽管后一记载不准确地引用卷 186。酒井忠夫的文章"Confucianism and Popular Educational Works"(《儒学与大众教育工作》,收入狄百瑞编《明代思想中的自我与社会》第 338—339 页)中翻译了前一记载的另一部分,可是酒井把日期弄错到 1588 年。

② 张问达之疏劾在《神宗实录》中有提要,卷 369 第 11 页上—12 页上(万历三十年,闰二月,乙卯)。这份疏劾打动了下一代的心弦,因为这篇文献是 17 世纪学者的文章中流行最为广泛的关于晚明记载的钞本。(原作 14 页下,今参台湾"中央研究院"语言研究所影印本,《明实录》第 59 册。——译注)

泰州派学者仍然推行他们的主张,只是相当微弱地坚持"学者与其拒之,莫若其兼存之,节取所长,而不蹈其弊"①。

焦竑作为 17 世纪头 20 年南京学术界富有影响的人物,仍然在那里将佛教作为思想议程。② 然而,在北京,反佛教的潮流与反清谈的潮流一起席卷而来,而且批评家们将之和他们这一代政治上的无能联系起来。当袁宏道于 1606—1609 年在北京为官时,他受到自 16 世纪 90 年代他青少年时代以来已经变化很多的气氛的冲击。当时袁的同乡僧人度门,是一位著名的布道法师。袁文记述道:"今再入京都,(讲僧的)法筵灰冷,求如度门者与语,遂不可能……瑞云寺亦度门说法之所,余过而询之,颓落已甚。追思少年横放,而今亦与之俱衰,为之感叹。"③这表明许多人在他们的判断里趋于默认:泰州派学者倡导的所谓"狂禅"要为他们生活的这个时代的衰落负责。在接下来的 30 年中,保守派儒家拥集在东林书院和复社的改革旗帜之下,痛诋佛教并严厉批评前代,认为他们在道德上未能恪守儒家信念的最高理想,以及拒绝佛教的影响。④ ‹76›

王嗣奭是表示拒绝佛儒共同统治的人之一。他并不是明代思想界的主要人物,但我选择他作为例子,正是因为他的习俗观念捕捉了那个时代一个共同的因素。王嗣奭是屠隆的家乡宁波一个中等士绅家族的成员。他因文学才华和广泛的学术成就而较早取得名声,尽管他在 1600 年才中得举人。他曾经在好几个地方担任过知县职务,并于 1633 年在四川东南部某地升任到知府。

王嗣奭是在一次镇压叛乱中得到他的这个职位的。他激励地方防御的第一项法令之一是调集地方领袖到关帝庙里向这位战神歃血盟誓,誓死保卫这个城市。通过不间断的操练和军事演习这些戏剧性的姿态,

---

① 焦竑:《国史经籍志》,在《明代思想史》中引用,第 268 页。(参齐鲁书社《四库全书存目丛书》史部第 277 册,第 294 页。——译注)

② 焦竑在南京学术界的地位,黄宗羲的著作《明儒学案》中提到,第 197 页。

③《袁宏道集笺校》(1981),第 1561 页。

④《四库全书总目》卷 132,第 10 页下。

王嗣奭吓住了叛军,使他的辖区秋毫无犯。① 此后不久,王嗣奭的仕宦生涯被宫廷宦官派系斗争所破坏。他的痛苦经验表现在他讨论他的时代的衰败的许多文章中。王嗣奭没有让宦官单独为这些衰败负责任。他也批评国家和地方各级与乱政为伍的士绅官僚,"今之仕者,宁得罪于朝廷,无得罪于官长;宁得罪于小民,无得罪于巨室"②。王嗣奭本身不是来自"巨室",他乐意指责最上层精英用他们的权力腐蚀和败坏"世风"。

王嗣奭被贬还乡后,专心于诗歌创作。在 1644—1645 年困难的冬季他进行的主要项目——那时宁波人严阵以待征服中国的满清军队的入侵——详细注释唐代诗人杜甫的著作,他感到和杜甫有着心有灵犀的密切关系。王嗣奭曾经梦见他和杜甫并肩散步,许多年后,他来四川为官时,参访了杜甫的故居,很兴奋地发现他梦中的那张脸和挂在杜甫故居厅堂里的杜甫肖像一模一样。杜甫坚定的儒家道德观在一定程度上激发了王嗣奭对诗歌的浓厚兴趣。他在给他的书作的自序中说,读杜甫是一种藉此获得对道的理解的手段。

王嗣奭本人关心道德选择和道德责任的声音,在他死后编辑出版的文集中回荡,尤其表现在一篇题名"异端"的冗长的部分。该部分由 52 段文字组成,王嗣奭在此中对晚明的佛教观念以及对士林接纳佛教都提出了深刻的批判。正是这部分中,彻底和不让步的批评使得不同于或者偏离于古代儒学的任何事物都不可接受,这在精英当中尤其如此。在开头的一节,王嗣奭利用"执中明道统"中的"中"这个字,确定儒学是中国文化的思想中心。老子和他称为"天竺代理"的释迦教义,则是偏离儒家中道的极端之说,因而不可能通向真理。王嗣奭令其文章颇富生气所用的许多具体意象之一,是把教义的选择比做步入一艘负荷超载的船,以

① 关于王嗣奭的资料来自《宁波府志》(1846),卷26第24页下;序言参见他的《管天笔记外编》,传记见他的《读易增校》首卷,第2页。
② 王嗣奭:《管天笔记外编》,卷2第26页上。

说明维持儒家中心的必要性："大概三家之学皆缺不得，但二氏之教过盛则于纲常之道未免有伤，如乘舟偏重则移身以正之始可行，道亦犹是也"。①

王嗣奭承认道家之学有某种思想的活力，这是由于老子与孔子生活在一个共同的时代，因此对时代有一个共同的理解。儒家和道家不同之处存在于他们所提供表达这种理解的能力。老子放弃这种努力，断言道不可道，而孔子则成功地发展了关于道的高度启发性的话语。道家不能参与儒家的讨论，他们把自己交付给了思想的边缘。另一方面，佛教根本不喜欢与孔子的这种微弱的联系，王嗣奭并没有迎合那种因为佛教是一个外域人表述的就毫无价值可言的再三重复的争论，但是他确实指出中国佛教的很多内容实际上只是儒教的一种苍白反映——佛教在到达中土之后从儒家传统中借来了术语和观念。他提出释迦牟尼和比丘的汉字音译用了孔子的名字中的字（丘是他的名，尼则是他的字仲尼的第二个字），因为如果不利用这些语言方面的借词，佛陀教义的内容就过于微弱而没有多少吸引力。

佛教和道教，或者是儒教的歧枝，或者是其不完整的复制。但是王嗣奭又指出儒教本身容易发生内在的偏离，导致儒家传统的严重败坏。到朱熹的时代，尧、舜的"皇儒"和孔子的"帝儒"已变成纯粹的"王儒"。朱熹是名副其实的最后的儒家。王阳明的理学（心学）沦为"霸儒"，在泰州学派中它蜕化成"盗儒"。② 他写道，明代理学家出了差错，因为他们隐遁到那"伪儒之窟穴"的佛教中。③

王嗣奭拒绝接受旨在证实儒佛互补的任何形式的表述。他坚持，"二氏有无之学，不足为世轻重，安敢与儒角哉！"任何融合三教的企图都只能给儒家传统的保存带来灾难。事实上，"三教"这个词是一种错误的

_____

① 王嗣奭：《管天笔记外编》，卷2第55页上。
② 同上书，卷2第64页上。
③ 同上书，卷2第49页下。

表述,因为它假定三教都主张同样的精神境界。对儒教的宇宙(天)来说,佛教和道教只是雷和风,或者就如灯火之于太阳:它们不可能相提并论。"故称三教非也,有为三教合一之说,非之非也"——他得出如此结论。① 王嗣奭在别的地方用两张脸的比喻描绘融合儒佛的不可能性。两张面孔都有同样特色的成分——眼、耳、口、鼻——但是"岂得合两人为一貌哉"? 因此,儒佛之辨的任务,"不难于异中观同,难在同中观异"②,其间相似性是类别的和表面的,而差异则是本质的。

在这些融和儒佛的努力中,士绅被当成罪魁祸首。王嗣奭详细叙述了他自己如何开始知识生涯的:他对佛教采取一种同情态度,喜读禅宗六祖惠能之《坛经》。然而很早,王嗣奭的父亲就劝阻他不要涉足佛教太深,父亲指出惠能论点中的矛盾。王嗣奭又为惠能禅学在满足社会生活的伦理需要方面上的含意所困扰。惠能抛开寡母去追求他的精神事业,有违孝道之责任,因而有"乱道"之危险。王嗣奭为他的同代人中很少能穿透佛教经典中的神秘和奇迹而发现其根本上反儒学的真相感到气馁。他抱怨说,大多数士绅"捐自有之家宝,希教外之别传",没有注意到他们在赞成一个最终否定道德实在的世界观,这种道德实在便是他们儒教教化的原料:仁义。"佛之为异端,谁不知之? 而士大夫往往染指焉,非真欲出世也。"③对儒教和佛教维持一种二元的忠诚,就像一个人有人的身体和牛的头那样极不协调——正因为此,这种二元的忠诚是不可能的。

像王嗣奭这样的知识分子为什么转而反对佛教? 尽管 17 世纪实行经世的理想有一定的难度,但为什么儒家呼吁参与公共事务的经世思想会如此决定性地战胜出世的隐退? 以王嗣奭为例,对禅宗的狂热纠缠于时代的矛盾困境中,他对此并非完全模糊不清。更具体地说,

---

① 王嗣奭:《管天笔记外编》,卷 2 第 71 页上。
② 同上书,卷 2 第 63 页下。
③ 同上书,卷 2 第 53 页下、63 页下—64 页上。

佛教可能直接地和朝廷宦官派系斗争所给他的生涯带来的障碍相关联。内廷严重地卷入了佛教的信仰。宦官因其慷慨地捐赠北京周边的寺院而声名狼藉;万历皇帝的母亲是全国著名寺院和著名僧侣的热情捐赠者(我们将在第七章记述)。皇帝本人被迫以她的名义赐赠大量的银两、紫衣和大藏经给佛教大师。尽管万历皇帝到王嗣奭的时代早就驾崩了,但遗留下更深层的问题。张居正曾任万历初年的内阁首辅,他和宦官联合而有效地工作着,实行了一系列强硬的和不受欢迎的行政改革。张居正的目标本想使国家的航船恢复稳定,但是他的行事没有符合儒家的标准——他为了确保他的改革计划继续进行下去,而拒绝遵守儒家(丁忧)守制之俗。结果证实,张居正也是佛教的一个施主。当他主持的政府之进取风格在他去世后受到激烈批评时,佛教对朝廷的影响也被当作问题的一部分。按照新的保守派观点,只有使中国回到一个完全消除佛教污染的更纯粹形式的儒教世界,公共道德才可能适当地恢复元气,以作为对抗围绕着君权的腐败势力的一个堡垒。

然而,王嗣奭对地方士绅中社会实践的腐败的攻击就像对中央政府 *80* 圈子里的政治道德的腐败的攻击一样多。要改革士绅的日常生活更加困难。刘宗周是黄宗羲的老师和黄所称的"阳明禅"的批评者。他觉察到佛教侵蚀晚明的士绅文化,使之成为日益增长的异端的一部分。如果理学家要继续生存下去的话,就必须抑制佛教在地方精英圈子中的力量。刘宗周提升理学家行为的一种手段就是出版了一本有关道德品行的书(《人谱》),供有文化的非精英即较低地位的士绅阅读。他在书里警告读者,要提防异端宗教的实践,尤其是:

> 近方士,
>
> 祷赛,
>
> 主创庵院,
>
> 拜僧尼,

假道学。①

正如下章即将展现的,这类非儒家的实践在晚明士绅中流传甚广。事实上,连刘宗周也不能完全遵行他给下层士绅立下的规则。据给刘宗周写传记的黄宗羲提到,他在 1644 年的一次刺杀活动中幸免于难,那时,他就住在南京城东的一所佛教寺院中。②

尽管某些晚明哲学家彻底谴责沉溺于佛教的行为,但在不太保守的思想家中佛教风尚并没有消失,正如推动 16 世纪的思想家转向佛教的那种社会政治的紧张在 17 世纪并没有消失一样。王夫之在17 世纪后半叶称赞顾宪成这位东林领袖人物,因为顾是晚明第一个从普通之众中站出来抵制佛道熏染的重要思想家。③ 而"普通之众"在这个问题上至今执迷不悟,尽管他们的思想先进者早就告诉过他们。17 世纪后半叶的杰出士人追随东林党人的脚步,其中不仅包括王夫之,还包括黄宗羲、顾炎武和颜元④,他们在思想上都厌憎佛教对主流儒学的影响。

黄宗羲也许是佛教批评家中最为有趣的,因为他自我承认是王阳明的一个追随者(两人都来自浙江北部的绍兴府),并甚至在潮流转变为反81 对王阳明思想的时候,继续赞成其哲学的很大部分内容。⑤ 在黄宗羲写

___

① 刘宗周：《人谱》,卷 1 第 11 页上,引自包筠雅英译《功过格》第 134 页。(参台湾新文丰出版公司出版《丛书集成新编》第 22 册,《人谱续编三》第 17 页上。——译注)刘宗周接受那种不太明显是佛教的修持;例如,像许多他的同时代人一样,他赞成"静坐"就可以理解儒家经典的真理;参见《明代思想史》第 331 页。
② 黄宗羲：《明儒学案》,第 260 页。(此为秦家懿[Julia Ching]所译黄宗羲《明儒学案》的页码。——译注)
③ 引自伊恩·美克慕兰(Ian McMorran)：《王夫之与理学传统》,第 428 页。顾宪成并没有因他对泰州学派内部佛教影响的批判曲解他对王阳明修正儒家传统的推崇,注意到这一点也许是有益的;可参见顾宪成的《四书讲义》第 12 页上、下,14 页下。
④ 关于颜元的态度,参见他的《存人编》,卷 2 第 1 页下—8 页上。在艾尔曼(Elman)《从理学到朴学》第 51 页提及颜氏对佛教的批判。
⑤ 施特鲁韦(Struve)的著作《清初黄宗羲的思想遗产》,很有技巧地分析了黄宗羲与王阳明思想的关系,第 86 页及随后两页。

的阳明派理学的历史即《明儒学案》中,他单挑出王畿及其泰州学派作为把王阳明思想引入歧途的罪魁祸首。他设法用后东林党的路数和术语挽救他的导师(王阳明),而极尽可能地阐明反佛教的争论发生在王阳明的门徒之中。① 黄宗羲在他的《明儒学案》序言中强调他的看法说,即使和宋代理学家相比,明代思想家们的基本方向是反佛多于对佛的普遍信仰,"二氏之学,程朱辟之,未必廓然,而明儒身入其中,轩豁呈露"②。如果我们看到了明代学者深深浸染佛教思想的大量的证据,那便可知道这里黄宗羲的抗议是被迫的。他强调对佛教和理学之间差异的争论,而非强调赞成它们共同性的更大的争论,其目的是向清初他的同代人证明王阳明和他的追随者没有屈从于佛教的影响;这种影响在黄宗羲本人的时代已经式微。

假如黄宗羲参加了儒生反对士绅佛教迷信的行动,所定的调子是反对仍然不加区别地同等看待佛儒之说的那种"陋儒"的话,那么,他本人就不应当被视为反佛教论者。正如他在《明儒学案》中一再评论所显示的,他的关怀是要表明佛教和理学是不同的,而王阳明的学说展示的只是一种和佛教的表面相似。③ 黄宗羲在给一位密友的书所写的序言中说道,"儒而不醇者固多出入于佛,而学佛者亦未必醇乎于佛",由此他表明他本人尊重佛教作为一种独立的学说。④ 后来,在同一位朋友的传记的开头,他试图解释佛教影响的问题:

> 儒释之学,如冰炭之不同。然释之初兴(中土),由儒以附益之,浸淫而至于毫厘之际,亦惟儒者能究其底蕴。故自来佛法之盛,必由儒者开其沟浍,如李习之于药山,白乐天之于鸟窠,张无尽之于妙 *82*

---

① 例如,在他关于邓元锡的个案研究中;参见《明儒学案》下卷,第44—47页。
② 狄百瑞:《明代思想中的自我和社会》,第4页;参秦家懿(Julia Ching)所译黄宗羲《明儒学案》同一段文字的译文,《明儒学案》第46页。
③ 例如,黄宗羲《明儒学案》,第158—159页。黄通过谴责王的门徒王畿和王艮使"王阳明的思想打上了禅宗的烙印",以此来努力挽救王阳明被指责对理学与佛教的混淆,第165页。
④ 黄宗羲:《张仁庵古本大学说序》,见于《南雷杂著稿真迹》第261页。

喜……明初以来，宗风寥落。万历间，儒者讲席遍天下，释氏亦遂有紫柏、憨山因缘而起。至于密云、湛然，则周海门（汝登）、陶石篑（望龄）为之推波助澜。而儒者几如肉受串，处处同其义味矣。昔人言学佛知儒，余以为不然，学儒乃能知佛耳。然知佛之后，分为两界：有知之而允蹈之者，则无垢、慈湖、龙溪、南皋是也；有知之而返求之六经者，则濂洛、考亭、阳明、念庵、塘南是也。[①]

黄宗羲没有抨击，而是描画了佛教作为一种次等的思想学说，其内容完全被六经的儒家真理所包容。他感到，努力融合儒佛的明代思想家们完全弄糊涂了。做得最好的，如像王阳明这样的人，用儒家传统所给的更高明的启示重新诠释了他们在佛教中的发现。另一些人，像王阳明的弟子王畿变得与佛家难以区别。在黄宗羲的分析中，为了使王阳明不受指责，他很有倾向性地过分诅咒王畿，而对王阳明的涉足佛教则轻描淡写。

许多 17 世纪的批评者由于想使中国的思想领域为儒家所独占，他们回溯到反对接受佛教教义的唐代官僚韩愈那里。[②] 韩愈在公元 819 年呈递一份奏折给皇帝（《谏迎佛骨表》），批评在宫殿内崇拜佛骨，他因此被贬谪流放。他驳斥佛教的内容在思想上是站不住脚的，因为他攻击的主要目标是佛教的外来根源。然而，这个主张的基础是历史性多于排外性，因为这个主张本身将先前的、本土的儒教及其对圣王之道的终极关怀，与后来进入的、在中国社会并无根基的佛教信仰对立起来。韩愈奏折的力量不在于它的论证或内容，而在于它在后世从未被超越过的大胆陈词。韩愈在另一篇著名的文章《原道》中表现了他反对佛教意见的更

[①] 黄宗羲：《张仁庵先生墓志铭》，见于《南雷文定后记》第 53 页。黄尤其批评真可和德清未能整合他们佛教内部的思想谱系。参见他 1665 年写的文章《苏州三峰汉月法藏塔铭》，见于《南雷杂著稿真迹》第 227—228 页。

[②] 北直隶的方志提到韩愈，包括《怀柔县志》(1604)，卷 1 第 43 页；《清远县志》(1677)，卷 12 第 13 页上，引自万历刊本；《宁津县志》(1679)，卷 2 第 19 页上；《滦州志》(1810)，卷 98 第 1 页上。

完整些的陈述:佛教将玄思的概念高置于固定的价值和原则之上,它把 83
社会责任和秩序的关怀放到一边,它并不提供人类情感的现实主义的满
足,它使中国过去的圣人已经洞悉的基本真理隐没不彰。他哀叹道:"古
之教者处其一,今之教者处其三。"①

有些晚明士绅对中国传统内部反佛教争论的权威很敏感,他们设
法向韩愈的攻击挑战。姚汝循是南京士绅中的一员,他在 1592 年为南
京城里天界寺刚得到的一颗佛牙舍利(作为一件圣物)作了一篇碑记。
姚汝循提到韩愈贬斥佛是"夷族之人",但他通过引证不是别人而正是
孔子本人说的"西方之人有圣者焉"②之辞来挑战韩愈,即用孔子的权
威反驳韩愈。差不多一个世纪后,在 1683 年,《重刻弥勒传序》的作者
(周纶)争辩说,韩愈对佛教的态度是狭隘的,对变通缺乏理解;他认为
理学家的经世学说并没有触及广阔的精神领域,而这由佛教教义作了
更好的宣扬。③ 由此可见,1683 年在理学家的框架内认识佛教的价值
的战斗仍在进行着。东林式的正统儒家反对这种认知,但是在都市圈
外的许多知识分子仍然不乐见朱熹在儒佛之间设置的高堤防的概念又
被重新确立。

四、融通

最终融通占了上风。17 世纪佛教思想很少像适合儒家之盒的盖,但
大多数人都愿意使冰和炭和平共存,尤其在士绅的生活中是这样的。反
佛教行动的成功,实际上在很大程度上局限于儒家话语的领域。18 世纪

---

① 在狄百瑞编的《中国传统资料集》及其他地方翻译了韩愈的上疏(《谏迎佛骨表》)和《原
  道》,第 372—379 页。(参《传世藏书》集库,别集 2,《昌黎先生文集》,卷 11 第 174
  页。——译注)
②《金陵梵刹志》(1607),卷 16 第 10 页下。
③《岳林寺志》(1687),卷 4 第 4 页上—6 页上。(作者周纶认为"韩之言亦不审天地之大、古
  今气运之变"。——译注)

著名的历史学家赵翼能够自信地将佛教贬之为异端邪说,认为佛教要对引导人们进入歧途负主要责任。[①] 但是在地方上受过教育的人士中,对佛教的谴责尚不太过分。

如果东林式保守性的对佛教的攻击在一切方面获得成功,那么这就是使人相信问题已被解决。从此,这个伟大的传统不再求助于佛教,也不再编造精致的论证,打开或关闭穿越儒佛这两种哲学思想体系之间的障碍的通道。问题在都市人的话语层次上得到解决和搁置。但是恰恰是这种解决给佛教带来了使它因其自身而受人激赏、使它从儒学中分离出自己的领域而受人尊重的自由——这是黄宗羲应该赞成的一种看法。儒家士人也自由地汲取他们所选择的东西的灵感,只要他们不企图融合或等同两种不同传统的思想观念。18 世纪儒家学术世界的专业化紧随着这种消除佛教影响的倾向而来。[②] 这种学术关怀的划分结果使得儒家士人承认佛教有一个独立的哲学传统,可以对它进行研究,也可以毫无挂怀地将它搁置一边。

有一位名叫傅梅的低层官员写了一篇短文,说明保守的儒家何以能在这种思想潮流发生转折之初就有这种新的融通的看法。这篇文章现保存在他于 1612 年编纂的一部嵩山志(即《嵩书》)中。嵩山即少林寺所在地,以少林武术著称于世。傅梅是当地的知县,在他任职登封县期间,有一次发现自己正经过嵩山,便停在少林寺憩息——例如,袁宏道在 1609 年也像他一样参访嵩山。傅梅解释他尽管有儒家的背景,却如何产生了对佛教的知识的好奇心:

> 予少不肯读佛书,然亦不至如种名逸(指一些地方名流——译注),裂经作幛。自领县嵩下,岁以趋府,或候客,常十余过少林。兀坐松阴,辄命僧取大藏二三函,置几上。览竟乃取,不竟则于奥中卒

---

① 来自顾炎武《日知录》附的一个注释,卷 30 第 27 页上。赵的评论提到把基督教作为第二个异端。

② 参艾尔曼《从理学到朴学》,第 48—49 页提及这种观念。

业以为常。今既五载,觉有少入。①

傅知县没有说到这种遭遇正迫使他重新安排他的思想次序。他只是表述了一个阅读和在思想上反思他所读过的佛经的过程。他的态度是一种无困扰地接受佛教的态度,正如他所指出的那样,是一种前代反佛人士没有发现的态度——前代反佛人士都认为佛教是对儒家传统的主流统治地位的一种威胁。

因此,17世纪在赞成和反对佛教的文人之间,在这个问题上出现一种中间派的立场。按这种融通的观点,佛教和儒教是不同的教义系统,但作为孔子和朱熹的忠实信徒,对佛教发生兴趣并不能划分出好的儒家和坏的儒家,也没有破坏他的公共职业。提出这种观点的人是王弘撰,他在陕西士绅中颇有影响力,但像早他两代的王嗣奭一样,他在思想界没有特别的名声。

王弘撰是陕西东南部华阴县一个有影响力的士绅家族的成员。尽管他有不少亲属在1644年前后获得了功名,但他的科考生涯由于明朝灭亡而夭折。他的养父(实际上是他叔父)是1625年的进士,他的生父(他则称为"伯父")和一个年龄较大的兄长是明代举人,两个侄子分别是1659年和1682年的进士,两个儿子在康熙年间得到贡生的头衔。另外,他的家族还夸耀,他父亲一辈还出了一个贡生,他这一辈有两个贡生,下一辈里出了六个贡生。他们中没有一个人有很久的官宦生涯。王弘撰因为他的教育生涯、他的文学才能和他坚定不移的忠诚明朝的思想,而在地方上取得了比他的那些在学术上更为成功的亲属还大的名声。清代历史学家熟悉王弘撰是因为他招待了顾炎武,那时这位伟大的学者在1663年第一次去华阴县。(顾炎武把王弘撰作为例外,而对其他陕西学者作了较低的评价。)当顾炎武于1677年最终定居华阴县时,他就住在

---

① 《嵩书》(1612),卷9,第34页下—35页上。(参《四库全书存目丛书》第231册史部地理类。——译注)关于袁的参访,见《袁宏道集笺校》(1981),第1477、1481页。

王弘撰的宅地上的一座小房子里,直到 1682 年去世。在顾炎武写的关于华阴县的文章中,他留下一条宗族祠堂的记录,那是王弘撰修建并在那里讲学的场所。还有王弘撰编纂的一部《山志》,那是他死后一个世纪于 1788 年出版的一个短文集。①

　　王弘撰不赞成佛教的多方面的习俗形式,尽管他的批评集中在明代滥用国家管理佛教事务上面。例如,他反对 15 世纪无限制地发放度牒。他像顾炎武一样赞同性地引证责难李贽的奏本。② 然而,在其他方面,王弘撰对佛教的态度并不是坚决反对的。据王弘撰记录,一次他家人去佛教寺院,当作为儒生的二儿子经过佛像时拒绝跪拜,他便严厉教训了这个孩子。他指出,佛陀尽管不是一个神,但仍然是有伟大智慧的人,值得尊敬。王弘撰甚至引证朱熹作为他鼓励人们对佛持崇敬态度的权威,他宣称朱熹在他的个人生活中有选择地区分佛陀这个人和佛陀的教义,佛陀本人因其智慧而应受尊重,但他的教义必须受到批评。这个傲慢的儿子因父亲的训斥而感到羞愧,于是改正他的态度,从此以后对佛像保持着适当的尊重。③ 在别的地方,王弘撰解释他融通的观点:"二氏之教与吾儒异,然老聃见礼于孔子;而佛亦西域有道之人,国俗各殊。吾自不尊其教,然不可慢之。见像而拜,事之以先贤之礼可也。"④王弘撰在这里的态度是十分儒家式的,因为这种态度并不完全起源于一种文化相对主义的接受态度,但反映了他谋取一切可能的资源鼓励道德教育的实际需要的意识。尽管如他所说,他个人不尊重作为一种宗教教义的佛教,但他乐于承认佛教的崇高性以鼓励人们对圣人境界的追求:"人有真能学佛

---

① 王弘撰的生平材料,见《华阳县志》(1788),卷 10 第 39 页下—40 页上,卷 14 第 53 页下—55 下。顾炎武写的关于王氏宗祠的文章收在《顾亭林诗文集》第 108—110 页。顾与王的友谊在彼得森(Peterson)的《顾炎武的一生》中提及,见第二部分,第 216 页。
② 顾炎武在其《原抄本日知录》中引用此奏本,第 540 页。
③ 王弘撰:《山志》,卷 1 第 29 页上。
④ 同上书,卷 4 第 12 页上。(参北京中华书局 1999 年 9 月版,第 93 页。——译注)卡滕马克(Kaltenmark)的《老子与道教》第 8—9 页中讨论了假想的老子和孔子之间的会面。

者,吾亦重之。盖为佛之徒,服佛之服,行佛之行,言佛之言,是出世之异人也"。①

　　像 17 世纪初叶经常参访少林寺的地方官傅梅一样,王弘撰不同意那些想要禁止佛教经典的人。他在我前面刚引述的文献中写道:他本人不时地阅读佛经,以之为道德自我修养的一种帮助。当王弘撰对佛教采取批评姿态时,这与其是批评作为一种哲学的佛教,倒不如是反对士绅埋首佛教经典之中并宣称要成为佛教信徒,却实际上过着世俗的生活的现实。那些愿意全心献身作为一种宗教信仰的佛教的人,只有通过出家成为僧侣才能做到这一点;那些承认士绅义不容辞的儒家责任的人必须践行这种责任,而不可用虚妄的信仰欺骗世人。这种必要的分离儒佛两个世界的意识是他批评李贽的核心思想,因为李贽不能分辨他作为一个儒者本该有的适当责任和对一个僧侣来说本该具有的对佛教的坚定信念。② 对王弘撰来说,李贽是晚明时期道德混淆的典型代表。

　　因此,王弘撰对佛教的融通建基于一种平等的意识,但与适合于士绅的儒家职业又相分离。士绅或可研究佛教的教义并对佛教的道场表示适当的尊重,但是他们不应当放弃他们作为理学家社会秩序的守护者的角色。严肃的理学家担心佛教正在与他们竞争士绅的忠诚,这种观点在 16 世纪末重新出现,在 17 世纪末则被一种更具有适应性的融通的观点所取代,甚至在地方上有坚定信念的理学家中亦复如此。对佛教产生兴趣并不构成任何威胁,只要这种兴趣不剥夺士绅期望实现他们的社会

①　王弘撰:《山志》,卷 4 第 15 页上。(参北京中华书局 1999 年 9 月版,第 95 页。在此指出王弘撰心目中对于士大夫学佛的好、坏代表,有助于对本文的理解。在王看来,沈莲池[即袾宏]是他所敬重的学佛者,"虽有谬悠之谈,其志坚行修,是难能也"。而如李贽、屠隆等正是他所批评的那种人:"盖非佛之徒,不服佛之服,不行佛之行,而独言佛之言。假空诸所有之义,眇视一切,以骋其纵恣荒诞之说,是欺世之妖人也。"——译注)

②　当你读到李贽本人告诫士绅不要成为僧侣,除非他们全心全意已经完成了他们的社会地位应承担的一切责任时,你会觉得,像 17 世纪对李贽的许多指控一样,这个指控是不公正的。参见他的《焚书》第 52 页,又参伊霈霞译《中国的文明与社会》第 172 页和《续焚书》第 76 页。

伦理责任的儒家领地。

　　这种融通态度不仅在 17 世纪地方士绅中广为流行，而且一些大声叫嚷要批评佛教的人甚至也分享了这种态度。尽管东林党领袖人物高攀龙可能严厉指责迷信佛教的士绅是"陋儒"，但他在给一位爱好佛教的朋友的生日贺词中，还是愿意承认佛教宣说的道终究不同于儒家的道。这就是佛教以一种迂回的形式使人觉悟到道。换言之，只要一个人的主要忠诚对象是儒教，佛教就不会有多大损害。[①] 相似地，黄宗羲和知名的佛教僧侣维持着友谊，在其中一位僧侣的传记中黄宗羲称赞他为纯化佛教思想所作的努力。[②] 士绅和僧侣——或更确切地说，也许是士绅和住持——享有一个共同的社会境域，无论他们在如何阐释世界方面也许持有多么不同的观点。

　　有些住持竭力缩小他们的观点和儒家观点分离所造成的差异，是为了吸取儒家观点到佛教思想之中，但是他们如果不是更加清醒地认识到，至少也像严格保守的儒家一样地意识到了维持儒佛之间一些分离领域的价值。云南僧人山晖行浣法师本身受过良好的儒家教育，倾向于用非佛教著作的材料来说明他的观点，但他轻蔑士绅中流行的"以《道德》《南华》百氏杂谈入为妙语，取《法华》'治世语言，皆顺正法'以实之"的风尚。[③] 他也感到应当尊重两种思想体系之间的差别。

　　从士绅知识阶层的日常生活角度来看融通的态度意味着什么，也即下一章讨论的主题，就是他们合理地和受过更好教育的僧侣保持良好关系，他们愿意尊重佛教徒的虔诚信仰，也在某种程度上了解佛教教义及其和理学思想系统的关系。他们熟悉佛教，至于这种熟悉到了何种程度从而促进了士绅向佛教寺院的捐赠，是一个没有结论性答案的问题。当然，要是舆论气氛对佛教思想十分不利的话，士绅支持佛教机构有可能

---

① 高攀龙：《高子遗书》，卷 1 第 6 页上，卷 2 第 11 页下。
② 例如，《苏州三峰汉月法藏塔铭》，见于《南雷杂著稿真迹》第 227—231 页。
③ 陈垣：《明季滇黔佛教考》，第 108 页。(行浣，原文音译读作"行沅"，今校正。——译注)

被阻止。在明代儒家正统之排斥中形成的这种融通的立场,兴许最低限度上帮助减少了对佛教公共机构的抵制。

另一方面,公共机构的捐赠是社会习惯的一种形式,这种社会习惯只是间接地和思潮相联系。如果在此追溯一种因果联系的话,那就可能走到另外的方向:思想上对佛教的开放依赖于社会之接受。或许还可从思想史的有利与否的角度来评估,"就佛教的流行来说,王阳明学派是不可或缺的"①。然而我们不应当忽视佛教在地方士绅中已经享有的支持的强实基础所起的作用,以及在最上层的思想风尚表面之下的立场中所扮演的角色。在万历年间的士人使佛教的"盖"适合他们的"盒"之前,地方士绅已经在其他层次上与佛教发生互动,下一章将阐述这一点。泰州派思想家与佛教进行新的订交所做的事情,在佛教参与的思想形态中带来了一种新的转型,这种转型改变了士绅参与佛教机构的基本解释,同时也许还在一定程度上减轻了儒家统治的更苛求的支持者对双重忠诚所怀的忧虑。

---

① 荒木见悟:《明代儒教与佛教》,第 54 页。

第三章　一杯新茗听经时：士绅文化中的佛教

　　1602 年，李贽在监狱中自杀。礼科都给事中张问达指控他甘愿用佛家的思想观念污染儒家传统，惑乱人心。这不仅仅是思想观念的问题。正如张问达在他的疏劾中所陈述的那样："迩来，缙绅士大夫亦有捧咒念佛，奉僧膜拜。手持数珠以为戒律，室悬妙像以为皈依。不知遵孔子家法，而溺意于禅教沙门。"[①]值得称赞的是，张问达认识到了李贽的"问题"远比李反对既定的儒家哲学传统的思想挑战要宽广得多。本章讨论的问题不单是士绅思想，而是士绅文化，尽管这个术语并不对张问达有任何意义——就此而言，也不对李贽有什么意义。他们不可能想到要把士绅观念客观化以构成一个显明的"思想"主体；他们也不会设想，16、17 世纪之交士绅社会流行的复杂态度和行为标示着超出了个体业已接受的公共态度和私人实践的某些内容。但是，当张问达严词谴责地方士绅中近来流行的"捧咒、念佛、奉僧、膜拜"时，他心里很清楚有某些十分不同的事情——在他看来，这是更危险的——比哲学家在思想上接纳佛教观念更为可怕。张问达用道德的措辞来表达他的担忧。背离公认的儒家

---

① 参本书第二章，第 82 页注②。（原作注 60，今校正。参《神宗实录》卷 369 第 11 页上—12 页上。——译注）

特有的行为规范就是冒犯了国家期望士绅——理学的信众——维持的行为规范。笔者用文化的术语将之表述为：这样的行为构成了对国家正常设定的士绅生活的象征性抵制。

士绅文化变成引人注目的一个问题，同样是因为它大约也是在同一个时间点上刺激了理学内部思想异端的产生。两者都根源于 16 世纪突然遭遇的经济和社会的变动。商业化正在喂养着一个扩大了的精英阶层，他们的财富使他们开辟一条稍许独立于仕途流动的通道，同时还继续在仕途模式内流动。士绅对机会和限制的主观知觉随这些条件而变化，他们开始重新评论社会角色和主宰着他们的儒家统治。一些敏锐的士人如李贽发现他们自身不得不重新思考学术传统，并且在这样反思的过程中，产生了一种导源于王阳明的创新而发展起来的独特的晚明思想。其他人则完全依着他们发现的生活条件而生活——政治上依赖于，但是经济上独立于国家体制——在这样生活的过程中创造了一种风韵独标的晚明文化。

这个也许可称为晚明士绅文化形成的过程，于社会角色变化不定和传统的范畴如士、商界线开始模糊之际，给士绅进行定义是有意义的。我们必须获得从一种文化向另一种文化转移显得不太突兀的定义。因此，晚明士绅的新文化在惯常表示霸权的形式上似乎是与明初的精英文化一脉相承的。正像可以利用先前即存在的文化模式，王阳明和其他与理学家传统的流行话语相关的人系统阐述了新的哲学观念。然而，同时，在中国精英人士的文化和思想的成分中也增加了新的态度和行为。这些新的态度和行为扩大了表达精英地位的可接受的手段的范域，这与 91 王阳明在哲学探索中扩大了可接受的思想的界限如出一辙。对王阳明来讲，这种扩大对他希望系统阐述他努力表达的观念是很有必要的。因此，同样道理，士绅依赖于晚明文化的扩展来确定他们出现在中央官僚制度和地方经济制度之间的独特空间中的身份。晚明士绅文化就是这种连续性和创新性互相作用、不断转型的结果。

佛教是士绅文化形成过程中的一个元素，在某个层面上说，这种文化的形成是和过去的文化相连续的。由于佛教进入了中国的高级文化层，所以它在精英人士的宗教和文化生活中早就占有某种地位。[①] 倘若说16世纪的中国在这方面也许和较早时代的中国有所区别，那么这就是普遍存在的士绅对佛教的忠诚及其文化的操纵和控制。佛教的态度不是小都市的精英所专有的，而是整个地方士绅广泛遵循的。对他们来说，佛教承载了一种文化的意义——明显不同于以前的时代而又像我们即将表明的那样，它和晚明士绅社会的自我认同过程有着密切联系。

一、评估佛教在士绅社会中的出现

笔者从明代的原始资料中累积起来的印象，是佛教在士绅生活中的存在，在整个明王朝未曾间断，尤其是在16世纪最为流行。在时间的历程中追溯这种文化特征的发展是难以精确做到的，然而我将通过简略地考察以下三个标志来着手这项关于士绅对佛教进行文化评价的研究：对佛教的批评、鉴赏寺院环境的诗作，以及士绅社会与佛教僧侣的互动。总体上，它们有助于描绘本研究所考察的现象的时代剪影。

16世纪之前佛教在明代士绅文化中的出现受到一些批评，尽管这种批评通常是在悲叹佛教为异端的语境中，而不是挑选出士绅来作批评。在15世纪50年代，当云南省的一个驿政官上疏景泰帝谈到其辖区的糟糕状况时，他以佛教的流行作为证据。"今年以来，释教盛行"，他疏言，"满于京，络于道路，横于郡县，遍于乡村。聋瞽士民，诱煽男女，廉耻道丧，风俗扫地"。[②] 在这份陈词里他并没有意识到士绅的著名人士热情支持佛教是问题的症结。这位官员没有把矛头指向士绅。相反，他指出的

[①] 对汤显祖来说，在寺院环境中进行的种种活动的例子，相似于本章讨论的明代的那些活动。参道端良秀（Michibata）《中国佛教与社会的交涉》，第220—225页。

[②] 余继登：《典故纪闻》，第226页。

问题是佛教遍布城乡社会。然而，在 16 世纪，吹毛求疵的儒家开始感到佛教以自己的方式出现在士绅中是个问题。在 1529 年，福建省一部县志的纂修者批评士绅"入山林，捐嗜欲，绝念虑，坚忍定静，然后于所谓性者有见而其教可明也"①。士绅的佛教姿态给县志编纂者发出了比仅仅"痴愚至极"还要令人警惕的信号：他意识到文化态度的某种转变。

到 16 世纪末，保守儒家的抱怨变得更有指向性。1592 年浙江的一位寺志编纂者悲叹士绅佞佛对他们作为地方儒家秩序的监护者的影响，因为"而儒而冠者逞逞惑之，辄为黎庶倡首遗祸，世教安有砥哉！"②1604年靠近北京的一个县的知县写道，地方士绅的佛教态度正导致他们对儒家责任感的忽视，"内不敬父母而外敬神佛，一惑也；明不思宪典而幽恐违佛法，二惑也；近不修眼前而远思修来世，三惑也；较刀锥于父子兄弟而施十百于衲子缁流，四惑也"③。

到 1679 年为止，抵制佛教实践引诱的那些人被描绘为微不足道的少数。这年出版的一部中国北方的县志编纂者宣称：上至贵族缙绅，下至愚夫愚妇，人人受染，尊而扩之。仅有一二明智之士与此无关而持批评态度，终莫能转。何其怪哉！彼等熟知僧侣而留居寺院者，此其因也。④

探索佛教在明代士绅文化中有增无减地存在的第二种方式，是在士绅的爱好向写做关于寺院的诗歌的转变中。明代最大的关于佛教寺院的文献专集是《金陵梵刹志》，这是一部历史的著作而非文学的作品。这部对南京地区的寺院综合性的考察著作是在 1607 年由南京的礼部出版的，它收录了著名作者的诗作，这些诗作都以寺院作为它们的主题或灵感。按照寺院编排的这些诗作，代表明代（及以前）曾经到过南京的几乎

①《惠安县志》(1803)，卷 1 第 77 页上、下，引用 1530 年版的作者之说。（参《中国地方志集成》福建府县志辑，嘉庆刊本《惠安县志》，卷 11，上海：上海书店，2000 年 10 月版。——译注）
②《宁海县志》(1632)，卷 12 第 7 页上、下，引用 1592 年版。
③《怀柔县志》(1604)，卷 1 第 43 页上。（参北平图书馆善本胶片。——译注）
④《宁津县志》(1679)，卷 2 第 19 页上。

每一位主要的文人学士。考察可以确定年代的明代文人写的 86 首诗作，可以发现写寺诗的倾向在明朝初年是不太多的，到 15 世纪开始则逐渐消失，但是临近 15 世纪尾声时复又重现，然后在 16 世纪前半叶急剧高涨。1579 年问世的南京牛首山的一部寺志证实了这种印象，因为它报告说，来访的著名士绅在 1525—1575 年间明显增加。① 张岱写的关于杭州西湖地区寺院的较小诗集——收在他的《西湖梦寻》第二卷中——提出一个相似的模式：在明初几十年对寺院环境保持着的适度的兴趣逐渐消淡，但在 16 世纪初又恢复。这种趋向在 16 世纪末几十年达到高水平的稳定状态，并持续保持强劲势头，直到明亡。这两部诗集都反映了佛教世界向晚明的士绅文化积极融合。

　　明代士绅和僧侣之间互动的记录讲述了许多同样的故事。可以发现，在明代初年，像徐一夔和宋濂这样具有领袖影响力的士大夫和僧侣有着十分密切的私人关系。② 然而，明代的开国皇帝朱元璋试图防止这两个集团之间的可能的联合。在 1394 年颁诏："今后，秀才并诸色人等，无故入寺院，坐食僧人粥饭者，以罪罪之。"③这种禁令昭示的目的是要保护僧人免遭外界的侵扰，但其主要意图是让僧侣在社会上和政治上与精英关系分隔。这种国家强制的僧俗世界的分离，也许帮助了在 15 世纪的士绅和僧侣之间设置障碍。尽管有些地方士绅和僧侣联系密切④，但是大多数人还是使他们自己不与僧人来往——他们这样做在一定程度上受到称赞。例如，蕴空祖能禅师的传记作者选择他来作传，就是因为他"不与缙绅贵游者交"，驻锡于北京以东 75 公里的风景秀丽的盘

94　山中。⑤

　　在 16 世纪初的几十年中，伴随着嘉靖年间的士绅对佛教的哲学和

---

① 《牛首山志》(1579)，卷 2 第 1 页上。
② 徐一夔：《始丰稿》，卷 2 第 23 页上；《金陵梵刹志》(1607)，卷 16 第 27 页上、28 页下。
③ 《金陵梵刹志》(1607)，卷 2 第 26 页下。
④ 例如，《宁德县志》(1591)，卷 6 第 48 页上。
⑤ 《盘山志》(1696)，卷 2 第 25 页下。

宗教兴趣之增长，这种社会的分隔便解除了。至少，这是憨山德清禅师在他写的西林永宁的传记中表达的观点。西林永宁从 1531 年起担任南京报恩寺的住持，后来在政府的僧录司做了僧官。德清注意到，在 1541 年西林任职僧录司之前，"先是江南佛法未大行，翁虽居官秩，切以法门为忧。每见僧徒见轻于士林，叹曰：'为僧不学，故取辱名教，玷污法门耳。'……先是，僧多习俗，不能对士君子一语"。[1] 西林永宁设法沟通僧侣和士绅的隔阂，他鼓励报恩寺的僧侣学习儒家经典。德清指出，永宁的计划获得一些成功。其任住持期间使南京僧侣的地位总体上升到了与士绅大致相等的地位。

随着僧侣地位的升高，他们开始和士绅更多地接触。从 16 世纪 50 年代以降，出现了僧侣和士绅平等交往、关系密切的更为频繁的记载。在这个时代，僧门中许多著名成员云集南京这个政治、文化中心，在这里担任僧录司的享有声望的职位。16 世纪的南京最早重现士绅与僧侣互动的有关情景。（几十年后，在袾宏大师的时代，杭州对著名僧侣获得了同样的吸引力。）1549 年，法会和尚从浙江来到南京，我们获知，他在这里引起"文士"的关注。那年"诸缙绅先生"陪同法会参访城外的栖霞寺（张岱曾与一位朋友在栖霞寺度过一宿）时，他主张修复这个正在消歇衰败的道场，倡议在经济上给予支持以使复兴工作很快展开。[2]

在 16 世纪中叶，南京地区僧俗接触的突然扩张在通俗小说中有所反映，小说中僧俗之间的交往接触成为轰动性新闻故事的饶有兴致的素材。万历年间像《僧尼孽海》这样的文集采用过去反对佛教僧人淫乱的主题，充分利用了僧人与士绅世界的更大接触的背景。文集的编撰者把许多故事明显地放在他自己的时代，而不是像通常习惯规定的那样，把

95

---

① 《金陵大报恩寺塔志》(1937)，第 39 页。（参《憨山老人梦游集》卷 30 之《西宁和尚传》，莆田广化寺印，第 1547—1548 页。——译注）

② 《栖霞小志》(1884)，第 17 页上、下。（参《丛书集成续编》第 220 册《嵩山禅师善公碑铭》说，当时浙僧法会习禅持戒，"一时文士多与之游"，嵩山亦追随往来，后受法会之荐，在士绅支持下住持栖霞寺。——译注）

它们投射到南宋的时代背景中，大概是为增加这些故事的丑闻气氛。他明显注意到了当代的发展，因为在他叙述好色僧侣的一个故事的末尾所附加的一篇编者评论中写道："予欲知今日士君子何以佞佛如此之甚？"①

在 16 世纪 50 年代开始，士绅和僧侣的互动也反映在他们之间增多的通信中。在多次重印的 1599 年日用类书《万用正宗》中，关于宗教道场那一部分，意在指导这样的通信的格式信占了很大的篇幅。② 尽管袾宏鼓励在士绅中开展居士佛教运动，但他认为僧侣和士绅之间私人通信的激增是僧人正变得像士绅的一种危险的信号。"末法僧有习书，习诗，习尺牍语"，袾宏抱怨道，"而是三者，皆士大夫所有事"，而不是僧侣的事业。③ 他感到僧侣应当遵守公元 9 世纪百丈禅师所制定的清规。

其他佛教大师并未认为写信给士绅有什么不妥，而是承认其为职业僧人生活责任的一部分。山晖行浣本身受过儒家教育，他给僧人们的作文提出如下的诫示：

> 至于应对柬札，宜一依名人程式，不可草从。昔百丈见丛林之难，乃立有学识者掌文翰，应答士大夫，方丈提其大纲，应酬佛法而已……凡有字与人，必酌之再三。一字未恰，必易之，此古人"临发又开封"之意也。④

到明亡时，杭州一所寺院的住持在他于 1637 年制定的寺规中插入了下列的指示，即"士大夫及诸方书至，收好，送上方丈。将回书交付来人，明

---

① 《僧尼孽海》，明万历刻本，第 77 页上。

② 余象斗：《万用正宗》，卷 39 第 4 页上—7 页上。此章的题目是"僧道门"，包括许多贺信，祝贺僧道成为侍僧、受戒、取法号、出任住持或僧官，祝贺创建寺院和获得寺院的独立财税身份——仅提上述几项。还有一些邀请朋友一道去佛寺寻求宗教开示和到圣山去旅游的书信格式。日用类书包括地位较低的士绅读者感兴趣的其他与佛教有关的材料、佛教大法师传法的短史以及简短描述基本概念和修持实践、强调自悟的禅定指导，以及适于佛教家庭礼仪念诵的短经文。

③ 云栖袾宏：《竹窗随笔》，见《云栖法汇》，卷 24 第 29 页下。

④ 陈垣：《明季滇黔佛教考》，第 107 页。

白失误者罚"①。

于是，到 1637 年，住持和士绅都认识到他们拥有一个共同的文化领域。书信文章的兴起、寺院诗作的流行和儒家保守派的指责，都证实士绅和僧侣拥有这种共同领域，并说明 16 世纪，尤其是 16 世纪中叶的几十年是这种互动的起点。在士绅参与寺院佛教的其他境域中，我们将会再考察这种时代剪影。

二、佛教的修持和礼仪

士绅选择在佛教寺院举行的许多活动当中，我们尤其应当注意的是宗教修持的仪式。张问达在他弹劾李贽的奏本中列举诵经、念佛、膜拜和奉僧这四种活动作为士绅参与佛教的实践。他认为这些活动不是真正虔诚的迹象而是士绅为他们自身的娱乐而采用的自我欺骗的姿态——是文化的而不是宗教的姿态。也许他是正确的，但为了认识这些是一个虔诚佛教徒预期做出的宗教姿态，没有必要评估士绅的主观性。张问达的忧虑中隐含的是对士绅正自愿从事这些宗教修持的认识——他们决定从事宗教修持不是因为社会秩序要求他们这样做，而是出于个人的选择。对张问达来说，他们愿意赞成佛教修持是对抗儒家实践的一种选择，在这一点上他是对的。当士绅遵守佛教的虔信习惯时，他们正在作出一种选择。例如，在泰国，年轻人预期在进入家庭和工作的世界之前，要过一段时期僧侣的生活。与泰国佛教文化不一样，在晚明人们不必非去寺院不可。无论去参观寺院还是在寺院逗留，他都是出于自愿而不是出于责任。晚明士绅在寺院环境里举行的活动，构成了一种创造的而非既定的文化氛围。

下面的叙述仅仅是晚明士绅宗教活动的最简短的描述。在此我只

---

① 《理安寺志》(1762)，卷 6 第 11 页下。(参台湾新文丰出版公司印行《丛书集成续编》第 48 册宗教类，武林掌故刊本。——译注)

97　是蜻蜓点水一掠而过,只不过为了提供士绅正在做的事情的一种说明,不是为了穷尽这个时期佛教的所有形式的宗教实践。

　　佛教笃信的最简单的姿态是进入一所寺院,燃一炷香插在佛像前的香炉里,双手合十,然后恭身下拜默默祈求。这称为"进香"。人们可能祈求一般的福祉,也可求神保佑某些具体的事情,如降生一子,或者路途平安,甚至科考高中。进香包括用小笔现金捐助寺院,至少足以付出香的成本。晚明士绅乐于赞助他们总是常年去供奉、祈祷的某些著名寺院,如杭州西湖畔山间的上天竺寺这样的地方。①

　　除了祈求好运以外,士绅像其他任何人一样,去寺院是为了占卜运气,而某些寺院和僧侣在士绅中建立名声就是因为他们有预测的能力。②徐弘祖在1636—1639年他的艰难的云南之旅的日记中提到,他有好几次去寺院占卜运气。寺院大殿的一张案几上摆放着求签板,他来此求签占卜,付出一笔小小的费用,从一个小箱子里抽出一支签,把签文和签板上的判断相对照。早在1637年徐弘祖在江西省时,他就去一所寺院占卜他未来的前程。他所抽取的第七支签告诉他,要"好向此中求善果,莫将心境别谋求"。幸运的是,对那些喜欢读他的游记的人来说,徐弘祖并不重视这求签上的忠告。一年后在广西,他又在一所寺院寻求忠告,询问他是应当随身带走僧人静闻的骨灰去云南——静闻是他已故的旅伴,还是就把静闻埋在他故去的地方以减轻旅途负担。令他失望的是,签文指示他按照死者静闻本人的遗愿带上这骨灰。③

　　儒家之批评士绅涉足佛教,大抵是挑战他们的这些佛教活动,将其作为粗俗的迷信行为,或者是知识界没有价值的活动。即使那些对佛教持同情态度的人如苏州学者尤侗,也在他们自身和普通大众

---

① 显承如海:《参学知津》,卷2第18页下。
② 叶梦珠:《阅世编》,第228页,提到松江府的一个被人称为"麻衣和尚"的僧侣,他预测未来的技能使他一度成为松江士绅最欢迎的人物。
③ 徐弘祖:《徐霞客游记》,第167、531页。(此间两处资料分别参褚绍唐、吴应寿整理《徐霞客游记》卷2上《江右游日记》和卷4上《粤西游日记》。——译注)

之间划了一条界线，正如尤侗在 1661 年向顺治皇帝上奏时所宣称：
"夫佞佛以祈福，愚夫愚妇之事也；学佛以了生死，士大夫之见也。"① 98
尤侗的代表士绅利益的主张很难与实际的习俗相符合。差不多每个
人都去进香，都去寺院卜知命运前程。祈求佛祖也正是大多数士绅
所做的事情。

批评人士对晚明士绅实行佛教礼仪的程度甚至更加不安。明清时
期县志的编纂者的评论表示了这种担忧。1534 年一位县志编纂者坚持
说，官方的礼典代表了列代先皇所定的制度，他解释他为何拒绝把与佛
道二教有关的所有事物都收入在当地祭祀制度这一部分。1679 年另一
位编纂者宣称：切实言之，寺观庵院与官方的礼典关系甚微。1732 年第
三位编纂者争辩说："至于祠庙，其载在祀典者则宜。葺其宇，洁其处，庶
可栖神而启敬，其余则岂可妄为创建？"②通行的礼仪习俗可不管这些抗
辩。孙嘉淦是 18 世纪前半叶朱熹学派的热诚追随者，无论他也许多么
严厉批评佛教除了无益的苦行和愚昧的仪规之外什么也不是③，但他还
是相信佛教礼仪的力量可以调节人类世界和人类之外力量之间的互动，
而这超出了理学家制订的礼典的名声。

佛教的礼仪统治着晚期帝制中国的礼仪生活，确切地说，甚至在庆
祝的活动不是佛教活动的时候也采用佛教礼仪。每年循环的节日——
这些节日先于佛教徒的宗教日历而存在——给人们参访寺院或参加僧
侣举办的礼仪提供了机会。在新年，到寺院去郊游很受人们欢迎。例

---

① 《华阴山志》(1865)，卷 17 第 2 页下。
② 《高城县志》(1698)，卷 2 第 10 页上。《新河县志》(1679)，卷 2 第 21 上。《完县志》(1732)，卷
2 第 27 页上。这三部县志碰巧都是北直隶乡村之志，那里保守势力很强大。
③ 张潮：《虞初新志》，第 175 页。(参文学古籍刊行社 1954 年 12 月版同页，查无此文。而卷 17
孙嘉淦之《南游记》曰："呜呼，佛法入中国千余年矣。愚民绝其父子之天性、饮食男女之大欲
而为僧，自宜求成佛，而佛又必不可成。不成佛而徒自苦，奚取于为僧？且此堂上堂下说法
听法诸众，非不自知照本讽诵、随人跪起之不可以成佛，然而必为此者，盖有所不得已也。贫
无所养，不能力作，因削发而为僧。而天下之愚夫愚妇，非为殿宇庄严、戒律威仪以耸动之，
不能发其信而得其布施。"——译注)

如，焦竑小时候，外公在新年到来的那天总是带着他和表兄弟们去附近的寺院献祭供佛。[1] 渐渐地在每年周而复始的节日中又加了两个佛教的节日，一是佛诞节，每年农历四月初八庆祝佛的诞生，在公共礼仪中称"浴佛节"；另一个是"盂兰盆节"或"饿鬼节"，七月十五日举行，和传统的中元节重合。设盂兰盆节是为了从地狱中释放那些没有适当安葬的灵魂或者死后未接受适当献祭的鬼魂。据 1545 年福建一部县志的记载，士绅不仅在他们家中像普通百姓一样遵行这个节日，而且在寺院为他们死去的亲属举办另外的祭祀。[2] 这种观察表明，习俗的礼仪作为吸引士绅比普通百姓更经常地进入寺院的重要因素而起作用。

尽管士绅有这么多机会从事佛教实践，但还是佛教为死者举办（超度亡魂的）礼仪和法事的支配性角色最能维持士绅和佛教之间的联系，同时也最招致正统儒家的愤怒攻击。就像 1749 年福建一部县志的编纂者观察的那样，当人们在生病需要药物时，他们就去找巫觋；他们要办葬礼时，就请来佛教僧侣。[3] 他的哀伤腔调不足为奇。宗法关系是中国社会结构的主要原则，家族的凝聚围绕宗族的祖先崇拜而组织起来。由于死亡是宗族关系永久固定的一刻，所以把（男性）亲属之亡故神圣化的礼仪是社会结构再生的关键活动。祖先崇拜长久以来为儒教的礼仪组成部分所吸收，但葬礼则是佛教的事情。事实上，晚期帝国的葬礼委婉语即是"佛事"。再多儒者的抱怨都不能减少佛教对这种关键礼仪的控制。就像顾炎武无可奈何地记述的："又习仪多于寺观……而祈祷必以僧道，厉祭必以僧道，何以禁民之作道场佛事哉？"[4]在顾炎武的时代之前一个世纪，儒家保守派强烈主张士绅应当放弃佛教葬礼，而赞成使用朱熹在其广泛流布的《家礼》中所制定的礼仪，但这根本没有什么效果。只有少

---

[1]《金陵梵刹志》(1607)，卷 27 第 6 页下。

[2]《罗川志》(1545)，卷 2 第 43 页上。

[3]《永福县志》(1749)，卷 1 第 19 页上。

[4] 顾炎武：《日知录之余》，第 77 页。(参清宣统二年[1910]邹福保刻本，卷 3 第 28 页上。——译注)

数的人试图遵从官方认可的礼仪。①

　　佛教僧侣负责葬礼的一切安排。他们安置死后的尸体，为死者超度亡魂，在默哀仪式结束时将死者装殓入棺，送棺材葬入墓地。葬礼一完，佛教寺院就要主持一系列法事，期限长至死后百天，接着每年举行周年祭奠，持续三年。一个家庭捐助佛教葬礼整个过程所需的各种物品，取决于它的经济资源和它诉求的公共名声。公共舆论评估每一家的葬礼，正如它评估晚期帝制中国公共生活的每个方面一样，所以当士绅要求举办葬礼时，他们容易感受到这种使经济资源在很大程度上转变成象征性资本的压力。正如 17 世纪宁波的一位学者提出的，许多人都经历过这个难题，"学者平日皆知敦尚行实"，换言之，他们主张避免奢侈的佛教葬礼，"惟恐得罪于乡评"。② 因而，很少人能承受放弃全部的佛教礼仪，不管他个人是否喜欢甚或他个人的经济资源是否承受得起这样做。北京的一位知县在 16 世纪 90 年代初记述，富裕人家一场佛教葬礼的花费能达到白银数千两。③ 从这些礼仪中得来的收入促进了知名寺院拥有庞大的职业僧侣(俗称"应赴僧")去提供这样的法事服务。

　　除了进行葬礼外，佛教僧侣还提供丧葬的服务，这个传统至少可追溯到公元 5 世纪。到晚明时期，处理死者已被认做是僧侣的责任。④ 寺院开办火葬场——著名的如普同塔——处理僧侣和信众的遗骸，尽管火葬场不被国家和大多数中国人重视，但他们重视尸体的完整保存。寺院

_____

① 参卜正民《葬礼和宗族建设》("Funerary Ritual and the Building of Lineages")，讨论理学家反对佛教葬礼及其无效性。

② 程端礼：《读书分年日程》，收在陈宏谋《五种遗规》之《养正遗规》，卷 3 第 9 页下。(程端礼原作"程端"，错，今校正。引文见《养正遗规补编》第 17 页下，参上海古籍出版社《续修四库全书》第 951 册子部。——译注)

③ 沈榜：《宛署杂记》，第 94 页。(参见北京古籍出版社 1961 年重印本。——译注)

④ 通行的态度都坚持这种责任。王夫之的父亲就是反对士绅和佛教僧侣搅在一起的人。1644他征募了一些志愿者埋葬那些在政府军和湖南南部张献忠农民起义军之间发生战斗之后留下的尸体。参见王之春《船山公年谱》，卷 1 第 20 页下。1673 年，当湖北省巡抚上任时，他发现 1644 年留下的尸体仍能在武昌地区被发现，就拨给资金修缮武昌的云烟寺，他觉得那里的僧侣会完成掩埋这些尸体的工作。参万言《管邨文集》，卷 2 第 52 页上。

也办了陈尸所，当死者的亲属等待吉利的埋葬日或寻找一个吉祥的墓地期间，捐助一笔费用把尸体存放在寺院。[1] 尸体存放在寺院常常最终拖欠费用是不足为奇的。如果一名客死在北京的官员的亲属去那里寻找尸体，他就会查看城内寺院的回廊。[2]

有些士绅信徒选择死在寺院，可是大多数宁愿埋葬在宗族的坟冢或墓地里。[3] 比寺院埋葬更常见的是埋葬在寺院附近地区。通常，佛教寺院不操办公共墓地，但是富裕的佛教居士可能弄到寺院住址附近的一块地用作私家墓地。他们之所以在寺院附近寻找墓地，是因为他们相信这样做能汲取寺院的精神力量，而这种力量据认为可以帮助那一入土的人在整个死后生活中一切顺利。[4] 某些寺院坐落在山中，因其风水好的墓地而获得名声。在南京，宝林寺是埋葬死者的一个著名的地方。[5] 生活在苏州的士绅喜欢圣恩寺，该寺院坐落在苏州城外。[6] 而兴福寺附近的墓地被普遍认为不吉利，是由于它坐落的山（虞山）风水不太好。然而，

101

---

[1] 德·格罗特（de Groot）考察 11—12 世纪之交的文章，发现富人在决定一个下葬吉期之前，一般都把待葬的尸体寄存在寺院，每天燃烧烛和香，这种服务的费用很高。参见德·格罗特《中国的宗教制度》，上卷第 128 页。

[2] 例如，《鄞县志》(1788)，卷 16 第 17 页下。

[3] 例如，漳州的一个士绅陆万，官至吏部尚书，于 1526 年在开元寺去世，《龙溪县志》(1762)，卷 21 第 12 页下。1533 年，苏州诗人王冲选择在去世前一个月移住白雀寺；翁方刚《王雅宜年谱》，第 5 页。17 世纪初，有一进士名孙长乙死在福州的怀庆寺，早在几年前他就在那里隐居度日，《乌石山志》(1843)，卷 7 第 8 页上。

[4] 在中世纪欧洲，一所拥有圣者之墓的修道院附设墓地同样受欢迎。埋葬在圣徒旁边被认为有利于升入天堂。这种信念使得拥有圣徒墓葬的修道院大大获益，可使它们提高埋葬权的费用；越靠近圣徒，收费越高。在中国，葬在圣徒旁边的概念，只在喇嘛教中发现。喇嘛教僧人和俗士都受到鼓励，葬在山西五台山的山丘上，这里有中国境内最大的喇嘛寺群落。虔信的蒙古人会花一年时间在朝圣上面，以使其父母尸骨在那里埋葬，他们坚信埋葬在这个地点会使死者的灵魂得救。19 世纪，五台山的墓地据说几乎与黄金等价。参见米勒（Miller）《寺院与文化变迁》，第 83 页。尽管在中国佛教中这个概念并未明确表现，但钱谦益的说法表明，士绅确实认识到佛教地点是合适的埋葬之所。在中国的语境中，假如有一个机构和葬在圣徒之旁相配，那就是宋代的"坟寺"（参第六章）。这种安排与欧洲正好相反：不在寺院附近埋葬尸体，而在墓地附近建造寺院。

[5] 宝林寺在太平军毁坏之后重建，仍然被用来作为等待一个吉祥的埋葬日停放灵柩之所；《石城山志》(1918)，第 10 页上。

[6] 《邓尉圣恩寺志》(1644)，沈润卿之序言，第 1 页下。

包括学者官僚钱谦益在内的一些士绅还是感到兴福寺的宗教威力可以弥补这座山所谓的风水上的缺陷。①

渐渐地，从 16 世纪中叶起，士绅转向佛教寺院不仅仅是为了表示传统习俗意义上的尊重或者安排要进行的礼仪，而是为了寻求佛教的智慧。这种更加积极的佛教信仰在万历年间迅速崛起，并且在 17 世纪越来越强劲。例如，人们可以发现这时有关佛教话题的公共讲学，尤其是禅宗的讲席越来越多。如这个时期的文集所证实的，参加这样的讲学很快变成 17 世纪末地方士绅文化的一部分。1541 年进士及第的陆树声是一位佛教居士，他在一封写给他熟悉的僧侣的信中说：今有善知识开放大殿讲经，听讲者群趋而至。陆树声和他的同伴士人也在听讲者之列。②

最出色的讲学者小心地用士绅觉得一致或相似的术语构造他们的观念和吸引力，尽管没有完全成功。正如一位评论者在 17 世纪 80 年代相当酸溜溜地记述的：我曾去过讲肆听法师详细解经，但是我实在不理解他在说什么。他继续挖苦地说：我看到妇孺拜佛好像他们理解佛的智慧一样，但是她们也肯定不知它是什么意思。③ 不过，佛教的讲经比儒家讲学有更大的吸引力；儒家书院讲习在 16 世纪末模仿佛教讲经模式中得到发展。大约在 1600 年，两位苏州儒生讨论了这种对比。一位儒生说："惠山有僧讲经，邑人趋之如市；东林讲学，至者寥寥，何也？"他的有共同感受的朋友回答说："吾门不求福，不怵祸，人何慕焉！"④

公开的讲经法会不仅是教育地方士绅有关佛教真谛的一次机会，而且也募集了数额不大的善款。17 世纪的寺院，可以期望藉士绅来听经获得收入，从而付给来讲经的名僧一些费用，而不是单单依靠当地的讲演者。如见月读体提到 1632 年他组织的一个讲经会，寺院和士绅从中获

① 《破山兴福志》(1642)，钱之序言，第 1 页下。
② 陆树声：《陆文定公集》，卷 25 第 18 页下。
③ 张潮：《虞初新志》，第 111 页。
④ 引自吴智和《明代僧家文人对茶推广之贡献》中黄皎起的一段妙语，第 20 页。

利,"利生可报,法门增益"①。

愿意进一步研究佛教的士绅,可以从佛教导师寻求个人的或团体的指导。晚明士绅作者一再提到这样的开示,尤其是和他们享有大致相当的社会地位的住持的开示。袁宏道在1597年写的一首告别诗中提及他受到无念少有的深刻指导,后者是李贽的一个弟子,在李贽居住过的芝佛院担任住持。袁在这首诗中提到,尽管随无念参加定期的禅定会(俗称"打禅七"),但他自己屡遭失败,不能在教义研究中更进一步。"百遍听师语","终不破盖缠"。② 袁贬低自己作为认真参禅的学生的形象,诗结尾时用讽刺的笔调说"十月江风多,留毛盖脑寒"。但是袁理解佛教真谛比他愿意承认的要多,因为到1597年佛教已成为他生命中不可分割的一部分。

袁宏道更为认真地研究佛教的时期是在杭州与云栖寺的僧侣们一起接受袾宏大师的指导。云栖袾宏在17世纪之初浙北的士绅中带头发动了一场居士佛教的运动。袾宏指导他的士绅信徒进行简易的念佛修行,以净化自身,往生净土。袁宏道给他的女儿取名禅那(来自梵文,意即沉思、禅定),他是这种(禅净双修的)念佛方法的热烈支持者。

袁宏道在他侄子袁登等待死亡的病榻边的体验,加强了他对佛教的信仰。③ 袁登还只有12岁(原文说"年甫十三"——译注)时就得了绝症。他躺在病床上在他的家人面前等死,自知不救。他转而向他的叔父求助,流着泪恳求他告诉自己有何法可救。袁宏道告诉他只要念佛,就会使他往生佛国极乐世界。他指示袁登合掌念佛,全家人围绕,亦高声赞扬佛号。过了一会儿,袁登微笑着对他的叔父说,看见一莲花,如土色而微红。说罢又开始念佛,不久告诉他叔父,那莲花非常鲜明,世间花色无

103

---

① 见月读体:《一梦漫言》,第10页。在随后十年中,读体在江南受很多信众追随,成为主持法会和俗人皈依仪式的大法师;参见第52页。

②《袁宏道集笺校》(1981),第527—528页。夏夫(Chaves)译: *Pilgrim of the Clouds*,第42页。

③《袁宏道集笺校》,第476—477页。(下面引文"汝但念余之一字可也",彭际清的《居士传》卷46在关于袁宏道的传记中说到此项细节时校改"余"字为"佛",读者当注意。——译注)

可与比，且比前较大。随着念佛继续，他宣布佛已经到达，佛的光明洒满了他睡躺的整个房间。突然这种景象消失了，花佛皆没。袁登抱怨说有一个不洁的人在房间里。他的父亲叫在房间另一边的洗衣婢女离开，然后让家人继续念佛。袁登在听但自己不念了。这时他的呼吸突然变得困难，父亲袁宗道对他说，"汝但念余之一字可也"。这个孩子问他的叔父是否能这样做，宏道说可以，"佛"（原文"袁宗道"，疑为误读，今改之。——译注）字刚刚滑过他的嘴唇，手伸开便往生西方了。袁登的死亡给予他的一个大婶很深的印象，她已经是一个虔诚佛徒。一些年后，她临死前在床上也看见了佛来迎接。

念佛名号是宗教修持的许多方式之一，这在晚明士绅中非常流行。袾宏大师也倡导其他虔诚的修持，诸如坚持素食、放生，以使生灵免遭屠杀、宰割。士绅中许多人出于对佛教的虔诚信仰，禁绝荤腥，戒掉饮酒。嘉靖年间一部文集中有篇文章，讲述了一个下层士绅家族的小孩子，"断乳食素，信心于佛"①。

三、居士会社的组织

像念佛或坚持素食这样的虔诚修持可以个别进行，但也可以组成团体共修。在晚明，通过形成这样的团体，士绅热切地把他们的私人信仰转化成公共的事业。士绅信仰组织的形成，无论在佛教史还是士绅史上，都是这个时期具有重大意义的发展。用宗教的术语说，它的公共性格显示了一种新层次的在家修行的信念。对士绅来说，正如我们即将看到的那样，它是由私人名义出现在公共领域的自治组织这一更大过程中不可分割的一部分。

从万历年间一直到 17 世纪末，居士会社都是由积极活动的住持所　104

① 郎瑛：《七修类稿》，第833页。（参北京：中华书局1959年出版的《七修续稿》卷6曰"杨曹仙佛甥孙曹岳"。——译注）

发起和倡导而在寺院形成的。其前身是村庄或街坊邻里为维持当地庙宇募集资金并且举办每年的宗教节日而组织起来的庙宇会社。例如,一位地方官在 1593 年出版的有关北京的描述中提到:"所居村民,随多寡立会,岁敛钱,供其近村寺。"①晚近时代对庙宇会社的研究显示,它们是当地社会和政治组织的重要活动中心。② 总体上说,士绅组织的社团并不基于邻近的地方社区,而是吸收了来自一个更广泛地区的成员,至少是建立在乡或常常是县的基础上。然而,像村庄庙会一样,士绅的信仰社团通常依附于一所寺院。寺院为士绅提供聚会场所并从士绅社团的活动中获得经济上的益处。在有些情形下,成员们称他们自己的组织是一个"会",也更经常地用高级一些的词"社"。莲社的名称特别受到欢迎,它使人回想起宋代为进行与《妙法莲华经》崇拜相关的净土信仰活动而形成的莲社组织。

信仰组织可采取许多形式,致力于多种目的。那些有严格宗教团体组织的信仰组织,也许以一种修持为核心,采纳反映这个核心的一个名称。念佛会即念诵佛号的会社,成员聚会集体念佛。放生会的组织是购买被捕获的动物,释放它们回归自然。这样有专门核心的信仰组织在寺院聚集,寺院的住持可能在形成它们的活动中起关键作用。袾宏大师在 16 世纪 80 年代非常成功地组织了杭州的居士会社。他的上方善社——在杭州上方寺聚会——致力于释放活的动物(即放生)作为佛教信仰的修持。

晚明的莲社不总是完全忠诚于狭义的信仰实践。例如,在 16 世纪 70 年代初南京东北的栖霞山寺聚会的莲社,聚集了像李贽、焦竑这样的学者,与著名僧侣一起讨论理学哲学中像王阳明的良知概念这样的命

---

① 沈榜:《宛署杂记》,卷 17,民风一(土俗),第 193 页。
② 例如,施舟人(Kristofer M. Schipper):《旧台南的街坊祀神社》,参见施坚雅编《中华帝国晚期的城市》,第 651—676 页;斯波义信:《宁波及其腹地》,同前书第 422—424 页。

題。① 另一个莲社在著名的苏州寒山寺聚会。它主要是诗人在那里聚集以纪念大唐的诗僧寒山的团体。② 与此类似的是天都社,该团体因在黄山天都峰下聚集而得此名。天都社命名本社聚会的建筑物为莲花庵,表明它和莲社传统相联系。天都社于1610年创建,其成员包括僧侣和居士,定期集会作诗。该社的社规宣称,禅和诗是属于方向不同的努力,但同时注明形成佛教诗社的先例出自"古代"(这里的古代据推断可能指唐代),那时禅僧和居士诗人聚会以赋诗、绘画、作文。按照天都社规的第一条规定:"是社以禅诵念佛,称净业为常规;以诗画作文,称慧业为游息。非是二者,不敢延入。"③士绅由此定义该社的目的是和同情佛教有关的,但又取自他们自身的文化爱好。

因而,佛教信仰提供了士绅能聚会并从事广泛爱好的文化实践的一种境域,而这种文化实践并不明显是宗教的实践,它确实和他们赞成寺院远离尘嚣与清净无染的某种理想相配合。本章不久将会谈到这一点。居士会社构成了士绅社会能由此发展成范围宽广的共同利益的组织的一个基点。其中著名的是以寺院为基础、承担整个社会的慈善工作的会社,这样的团体采取像"同善会"或"一命浮屠会"这样的名称。这些会社利用寺院设施,但是从事着直接针对寺院之外的公共生活的活动。例如,17世纪30年代绍兴城的同善会组织了一个放生会(类似袾宏的上方善社),还依靠光相禅院开办了一家医药房。④

于君芳在她对袾宏的善社的研究中提到这个地区里的类似的会社:1601年翰林学者陶望龄在绍兴组织的会社和虞淳熙在杭州西湖边组建

---

① 《摄山志》(1790),卷3第7页上。
② 《寒山寺志》(1911),卷2第29页上。
③ 天都社的社规保存在《黄山志定本》(1679),卷3第101上—103下。(参《丛书集成续编》第220册史地类第214页,潘之恒撰《天都社记》。——译注)
④ 夫马进(Fuma Susumu):《善会善堂的发展》("Zenkai, zentōno shuppatsu"),载于小野和子编《明清时代的政治和社会》,第202—203页。

115

106　的胜莲社。从 17 世纪初起，来自浙江和江西的有关寺院与士绅的资料也许还可以发现其他的会社。① 于君芳根据这样的证据，选择支持酒井忠夫的假设：居士佛教组织大多局限于长江下游地区，而且还在沿着长江流域向西的一些省份中开展佛教活动。② 更广泛地阅读晚明时期中国其他地区的材料，可发现一种更为普遍的现象。酒井忠夫在 1960 年发表的假设仅是一份反映了江南地区居士佛教组织的高度明显特征的粗略报告。现今，进一步的研究显示，佛教组织在这个时期是全国范围的。在内地，袁宏道大约在 1609 年为他在湖广认识的一个僧侣所组织的净社写了一份题词。③ 在中国南方，1633 年广东西部组织成立了观音菩萨会——下章我们加以讨论。在 1682 年，直隶学者颜元强调说，北方的许多下层士绅正在疏忽他们的儒家修养而赞成加入所谓的燃香会——这一点还有其他证据可以说明。④

　　在世俗人士从未被组织成基督教风格的平信会的中国传统内，佛教史学家已经指出在士绅中形成的居士会社和明代佛教的发展具有一样重要的意义。事实的确如此。然而，先前的学术往往强调这些会社的佛教事业，而不大注意它们的社会工程，其结果便是研究晚明士绅慈善活动的其他学者往往忽略士绅慈善活动的宗教起源。关于从 16 世纪 90 年代至 17 世纪 50 年代由杨东明、高攀龙和陈龙正这样著名的儒家士人创建的同善会的最新研究，已把这些会社作为 16、17 世纪之交理学复

---

① 上天竺寺，尤受杭州士绅欢迎，1603 年在此创立素笋社；《上天竺讲寺志》(1897)，卷 6 第 6 页下—9 页下，卷 15 第 13 页下。著名的戏剧家汤显祖写道，他本想 1614 年在江西九江组织莲社，但由于母亲的去世而暂搁下来；《汤显祖集》，第 1161 页。

② 于君芳：《佛教的复兴》，第 85、91—92 页；酒井忠夫：《中国善书之研究》，第 303—304 页。胜莲社的规章，参虞淳熙《胜莲社约》。

③ 《袁宏道集笺校》(1981)，《题如贤净社册》，第 1576 页。

④ 颜元：《存人编》，卷 2 第 8 页上。"乡善会"是由一个有着数千名俗家信徒的僧侣在 16 世纪 80 年代创建的一个中等规模的寺院，大约在北京东 60 公里。其成员的社会背景，寺志编纂者仅仅提到有一位是"儒生"；《盘山志》(1696)，卷 3 第 29 页上。"大悲会"活跃于 17 世纪 90 年代，但创立更早，附属于北京东 30 公里另一个中等规模的寺院；《潭柘山岫云寺志》(1883)，卷 1 第 18 页上。

兴、重新调整方向以关怀天下国家的独特产物。① 他们取自几十年前的居士佛教实践活动很少或者根本没有被认识到。这种背景对于理解晚明时期士绅积极活动的组织是有必要的。东林儒家藉以抛弃晚明慈善事业的自以为是的借口，已经模糊了入世积极分子创造士绅普遍欢迎的佛教慈善活动之替代物的内在意图。② 虽然有些积极分子成功地组织了这样的儒家团体，但它们似乎是少数，并且无论如何佛教社团在人数上远远超过了它们，而儒家团体是按照佛教社团悄悄仿制而成的。

107

晚近的学者并没有认识到晚明士绅在组织佛教会社方面更广泛的利益，他们未能如实地表述东林取法佛教会社的重要性，反而认为它是地方精英逐渐增长的自治的理学基础。例如，玛丽·兰金主张，在清代"这些新的社团成为扩张地方自治系统的一部分"③。笔者完全同意晚明士绅形成的这些会社在地方士绅积极活动的历史中是有重要意义的。然而，值得注意的是，清代这种士绅自治/官方监督的精粹典范的起源——从地方士绅更自主地设想成立组织起——不在于 17 世纪儒家学者个人所进行的更广为人知的事业，而在于 16 世纪广泛的士绅信仰的会社。正是佛教寺院为晚明士绅组织具有共同的文学和慈善的利益的会社之创造性提供了环境。就像谢国桢许多年前所主张的那样，这些会社是士绅投入到晚明自治政治行动世界的跳板。④

----

① 这样的认知在夫马进的分析中是完全空缺的。《同善会小史》，第 66—73 页；梁其姿：《明末清初民间慈善活动的兴起》，第 68—69 页。

② J. H. 史密斯：《慈善团体：明末清初慈善事业的重塑》，载于《亚洲研究杂志》，卷 46 第 2 期，第 317 页。文中确实指出在一般意义上，慈善会的建立是佛教慈善活动的替代物，但并未注意到是佛教为慈善会开创了先例。

③ 兰金：《中国公共领域的起源》，第 30—31 页。

④ 谢国桢：《明清之际党社运动考》，第 119 页，其中尤其提到文社。（谢在考察复社始末时说："结社这件事，本来是明代士大夫以文会友很清雅的故事。他们一方面学习时艺，来揣摩风气；一方面来选择很知己的朋友……所以明季几社的成立，他们只师生通家子弟在一块结合，外人是不能参加的。后来才门户开放，'社集之日，动辄千人'。不意一件读书人的雅集，却变成了一种社会上的政治运动。"同书第 121 页提到"三吴文社"，第 123 页提到常熟的"拂水文社"，都是当时名声显赫的文社。——译注）

四、旅游观光与文化追求

　　士绅对参与佛教寺院的宗教活动的兴趣不一定是纯粹宗教的灵感鼓舞，而是属于一个更大的把寺院作为具有高度文化价值的宝库和象征的文化环境。士绅把他们的佛教会社的生活和像写诗这样的文化工程融合在一起是根本不令人惊奇的，因为很多晚明诗歌就是在寺院写做的，或者写的就是关于寺院的，所以与其说它和宗教价值有关，倒不如说它与文化和审美更有关系。事实上，晚明的佛教寺院被珍视为从事一切形式的高度文化事业的理想圣地，而且晚明的文献记载都提到在寺院的观光、参访和聚会。一定程度上，可以把佛教寺院在晚明士绅文化中占有显著位置视作一种巧合，或者至少可以提供方便，因为周游各地的士绅希望参观著名的风景而不可能不跑到寺院去。正如 1684 年的一部地方志的编纂者所指出的："梵刹琳宫，虽缁流羽士所潜踪，大约处邑之形胜者居多，以故历代名贤高士多游息矣。"①

　　然而，士绅对寺院的文化欣赏不纯粹是巧合的，因为士绅把寺院理想化为一个文化庇护、宁静和详和的世界。这是一个他们可能隐退静修的好地方，就如福建地方志的一位作者指出的：在这里他们可以"登眺，饮酒赋诗，尘土肠胃浣濯殆尽"。② 或像另一位广东作者描述的：士绅喜欢出游至寺院，这些寺院给他们提供了机会，在竹子上镌刻，或者打水、饮茶，不仅使自己远离风尘，而且使他们心感清净。③ 寺院的这种吸引力是隐士般的生活方式：从尘世纷争和日常生活的杂务中退隐，而从事于提升精神的优雅的乐趣。

　　在中国文化中，山岳长期以来为人所欣赏。用道家的术语来说，山

---

① 《江浦县志》(1684)，卷 7 第 3 页上。(参清代朗廷泰纂修《重修江浦县新志》卷 7，寺观，康熙二十四年[1685]刻本。——译注)

② 《寿宁县志》(1686)，卷 7 第 21 页下，来自 17 世纪 50 年代初的一篇文章。(即柳上芝所作《代邑侯饶公重修三峰寺序》。——译注)

③ 《香山县志》(1750)，卷 8 第 19 页上。

被视为尘世的"方外"的代名词；在这方外之山中，世俗凡人的杂质可能被荡涤净尽，而精神事物的觉悟得以提升。[1] 如 1682 年刊刻的山西省志的一位编纂者在山川篇作如是开场白："名山大川天地之孕灵，神圣之是宅也。"[2]尽管传统上认为中国人将山岳当作圣地的尊崇起源于道家，但神圣山峦的概念在时间上先于道家学派而形成，并远远溢出了它的范围。山在印度佛教宇宙观中也已经是一个有意义的成分。佛教的宇宙观把宇宙构想成环绕中央山脉须弥山的八大山脉。很自然，这种观点随佛教传到中土时，佛教利用了道教的神圣舆地。这种舆地标划清晰分明。道家对数目的偏爱产生了天下一百零八个胜地的绘制图：其中包括三十六"洞天"和七十二"福地"。除了几个洞和泉，这些胜地大多数是山。山有大有小，或宏伟壮观、气势磅礴，或小巧玲珑、钟灵毓秀。到明代，道教的宫观相对衰落时，佛教寺院占据了这一百零八个胜地的大半。佛教到来之前每座山即已存在的神灵仍然受到佛教道场的尊崇和利用。佛教寺院认同山的原型非常重要，以至于每一处佛教道场的前门，无论大小，都称为"山门"。同样地，甚至城市寺院的住持也称自己为"山僧"。[3]

　　参访寺院的传奇在晚明的文学流派中再度流行，这就是旅游者写的短文（游记）。前文述及的袁宏道——临终之际看到佛来接引的景象的那个男孩的叔父，在他描述一次去江西北部庐山风景区天池寺参访的情景中捕捉到了这种传奇：

> 　　云峰寺而上，道愈巉，青崖邃谷，匝叠而行……数里一息，芟崖而亭之者五。路嵚削，杖而跻，遇泉则卷叶以酌。过试心石，望竹林寺后户，泉韵木响，皆若梵呗，乃拜。亭尽，梵刹（天池）出上霄，诸峰

---

[1] 宗孝（Munakata）：《中国艺术中的圣山》（*Sacred Mountains in Chinese Art*），概述中国历史上对山岳的欣赏。
[2] 《山西通志》（1682），卷 5 第 1 页上。
[3] 《弘慈广济寺新志》（1684），湛祐序，第 5 页上。

障而立,犹在天半。佛庐甚华整,覆似铁,一溪涨绿,泠然阶下。稍
定乃上文殊台,俯盘鹰见背,千顷一杯。少焉云朵缕缕出石下,缭松
而过,若茶烟之在枝。已乃为人物鸟兽状,忽然匝地,大地皆澎湃。
抚松坐石,上碧落而下白云,是亦幽奇变幻之极也。走告山僧,僧
曰:"此恒也,无足道。"①

袁宏道把这段文章的高潮安排在他此行的最远点。在这种云雾缭绕的
寺院的景观中寻幽探胜本来就是彻底远离尘嚣。因而,袁使自己及其同
伴置身于那身心交汇的地点,而没有打算使这次远足超出星罗棋布的寺
院景观。在现实生活中要获得"脱胎换骨"的唯一良方,似乎是进入寺
院——云峰和天池的名称利用了精神上可达到崇高境界的语言——并
体验僧人的生活。袁本人的隐士般的冲动没有诱使他放弃士绅生活的
快乐和压力,而去寺院的圣所过上隐遁的生活。袁归纳说,他的几位士
绅朋友的确遁入空门,但多数人只是在方便这样做的时候倾向于采纳这
种厌世的姿态,从而享受着平常少有的那种宁静,徘徊流连风景如画的
山间景观,进入令人崇敬而有宗教气氛的古寺。

袁宏道的同代人中几乎所有的人都写了即使较少创造性但大致类
似的寺院远足的文章。纪念游访寺院的通常做法是利用习惯的形象和
"景致"作诗。许多名寺、名山都设有 8—40 个景点帮助人们以某类为人
所喜爱的精神纯洁性的主题作诗或绘画。北京城外西山与碧云寺有关
的景致就有这样明显限定的题目,如"曲径通幽"(第三景),或"危桥跨
涧"(第四景)。② 朱彝尊在他对 17 世纪末北京的历史考察中报告说,人
们最喜欢作诗歌颂的京都寺院是庆寿寺,明代凡居住在京城的人都不断
写诗赞美它的八大景。③

---

① 《袁宏道集笺校》(1981),第 1138 页。
② 沈榜:《宛署杂记》,卷 20,志遗二,碧云十景诗,第 243 页。
③ 朱彝尊:《日下旧闻》,卷 2 补遗,第 1 页下。(朱引《北平旧志》所载曰:"燕京有八景,元人或
  作为古风,或演为小曲。"——译注)

晚明是江南士绅旅游的伟大时代。如袁宏道在 1596 年记述的那样，那些旅游的人都到寺院去寻幽探胜。① 这种目的在明末清初很大程度上变成士绅文化实践的一部分，以致在 1674 年北方一个不著名的县的方志编纂者解释说——好像为了减轻保守派儒家可能的批评——他在该志中列举出当地寺院的名单，不是为了激发起人们信仰，而是为了给今天的游客们提供参观的信息。② 更加见多识广的冯梦祯饶有兴趣地考察了 16 世纪 90 年代参访南京寺院的士绅，发现士绅来寺院只是为了看风景，不见得理解多少佛教教义。③

寺院之所以吸引参观者，除了因为它们优美的环境和传奇的隐居场所（以及如果是山林寺院的话，那么自然成为夏日气温凉爽的避暑胜地）外④，它们还提供旅游的士绅以历史的和艺术的文物奇观。在博物馆之前的时代，寺院保存着中国的许多古代文物。只有寺院建筑往往能在腐败和战争硝烟中存活下来；因而，有时好奇的人就去寺院考察宋代建筑的样式。许多寺院也收藏了不少艺术珍品，从丝帛上的绘画到巨石上的碑刻。晚明杰出的艺术家董其昌，在年轻时代受"狂禅"思想影响，特别注意参访寺院，寻求它们收藏的艺术和书法。寺院意识到保存文化制品的价值，它们也收集当代作品。董其昌将他的书画捐赠给其所喜爱的寺院；张岱提到在他去普陀岛第一座寺的路上曾看到董氏书法的碑刻。对一个没有其他办法引起公众注意的寺院来说，拥有一件董氏书法作品就可能有魅力使其无名变成有名，就如它给宁波西塔禅寺带来的名声一样。⑤ 因此，有些僧人指望他们具有和士绅相近的社会地位，便借助于劝

111

---

① 《袁宏道集笺校》(1981)，第 164 页。

② 《开州志》(1674)，卷 2 第 33 页上。

③ 《金山志略》(1681)，卷 1，田地旧额，第 4 页上。

④ 例如，陆树声：《陆文定公集》，卷 3 第 21 页上，卷 25 第 7 页上；赵吉士：《寄园寄所寄》，第 I 辑第 33 页。

⑤ 赵吉士：《寄园寄所寄》，第 II 辑第 275 页；张岱《琅嬛文集》，第 45 页；《鄞县志》(1788)，卷 25 第 14 页上。

化著名画家捐赠名画杰作给予他们的寺院。陈馥是16世纪中叶宁波的一个著名艺术家,以画驴而闻名于世,有一次一位僧人来造访,虽然间接但是坚决地请求他捐赠一件作品。陈馥勉强地匆匆画了一幅驴的卷幅交给僧人,这位僧人面对着陈的作品大为尴尬,意识到他自己与驴何其相似乃尔。①

士绅参访者兼捐助者的文化品味影响着在寺院生活的僧人。到16世纪末,许多上流僧人通过争取在文章、书法、诗歌和绘画之类的文化技能方面与士绅达到同等水平,努力缩短他们自己和士绅之间的距离。尽管有一些高僧如云栖袾宏,认为僧人掌握士绅的艺术修养会不利于宗教的训练,但仍有许多僧侣掌握这些技能并利用它们来架通与士绅的交往。例如,画家文征明称赞苏州一座庵里的僧人:简朴而真诚,大多能阅读和欣赏优雅风格的文章。因此,来这里参访的人亦都是有优雅风度的"文人硕士"。② 山晖行浣是一位书法家,他的风格取法早期楷书名家钟

112 繇和王羲之;同时他也是一位诗人,被誉为与李白和杜甫齐名。他积极地推动了他的僧徒精英的文化技能的培养。他告诫弟子勿"以文艺为尚,而遗其本务"。但他在给一位僧人的信中也写道:"吾徒当以道德为本,而文学次之,庶不坠先人之道。"③

那些在文学方面取得成功的僧人在士绅中赢得了崇拜者。有些人把像云南僧人苍雪读彻和野竹福慧这样的诗僧比做唐代的禅宗大诗僧。不亚于王士祯的一位诗人称赞云南僧侣的诗作,还特别选出读彻为最优秀的诗僧;钱谦益也这样高度评价读彻的才华,以致他给读彻的诗集写了一篇序言。④

像诗歌一样,绘画也把晚明僧人与士绅聚集在一起。见月读体也来

---

① 《鄞县志》(1788),卷18第25页上。
② 《沧浪小志》(1696),卷1第19页下。
③ 陈垣的《明季滇黔佛教考》第107—109页记载,行浣"博极经史,淹贯百家,字妙钟王,诗羞李杜"。
④ 陈垣:《明季滇黔佛教考》,第101—102页。

自云南，他以作风景画和观音像而知名。读体在他的文章中叙述了1633年冬天的一次遭遇，那时他暂住在湖广的一所寺院里，遇上了驻扎在湖广的一位明藩王王子。王子有一天踏雪来到寺院欲画一幅"独钓寒江雪"图，招待见月读体的僧人是王子的一位诗人朋友。那天王子在这个主题上"炭稿数次"试了几手，仍未决定落笔。读体看着这位自诩为艺术家的人，对他说，"凡善画者，意在笔先，下手不假思议，方得其神。如此再三拟度，恐无天然之妙"。王子听了有些不悦，转身对读体说："说则似易，作则实难。"他把画笔递给读体，要看看读体是不是画得比自己好。读体握住画笔，先存意布境，然后一挥而成。王子很高兴，称赞道，"僧中所隐高士不少"，他们很快就成了朋友。①

在晚明，士绅和僧人聚集到一起最通常的机会是品茶。茶的品评在这时的中国达到巅峰，杰出的茶道品评者也正引导着佛教的热情支持者：他们中有陆树声、屠隆、谢肇淛，当然还有张岱。所有这些人都把僧人引为"茶侣"。② 茶和佛教之间的联系是古老的习俗，因为这种饮料长期以来被用作僧人进行禅定的一种提神之物。③ 这种联系超越寺院之墙，到晚明普遍受到欢迎，它是一种典型的士绅娱乐。然而，世所公认的茶道大师和品质最优、也最罕见的茶的种植者是佛教僧徒。

寺院不仅种植最好的茶树，而且也控制一些用来泡制茶的最好的井水。张岱讲述了一位生活在一座庵院的僧人，在杭州城外有一口名闻遐迩的茶井。这口井的水很受嗜茶者的欢迎。不受欢迎的来访者不仅跟这位僧人要柴禾烧水，而且要食物和酒，弄得他苦不堪言，非常厌烦，以

113

---

① 见月读体：《一梦漫言》，第17页。（参青岛湛山寺1936年印《一梦漫言》卷上第7页下。——译注）
② 陆树声说他的"茶侣"包括"翰卿墨客、缁流羽士、逸老散人，或轩冕之徒"（所谓缁流羽士即指和尚、道士）。一位同时代人说到他的"茗友"有"醉汉、渴夫、山僧和逸士"。引自吴智和《明代僧家文人对茶推广之贡献》，第5、63页。
③ 吴智和：《明代僧家文人对茶推广之贡献》提供了这方面的很多信息，下文关于茶的讨论即根据此。

致他引来污水沟的水污染了这口泉水井。张岱清理了两次，但每次僧人又都把它弄脏。张岱最终放弃了。即使在这之后，照样还是有人来打水。张岱记述道，有一半品尝这井水的人都感觉水质并不太好，但是他以为另一半不甚讲究的人不曾注意到水质不纯而继续使用他们所认为的上流泉水。①

茶、诗和寺院环境的妙不可言的灵性，合成了晚明诗歌的意象：

> 春愁如海夜如年，
> 茶鼎分泉手自煎；
> 白发老僧同听雨，
> 就床相伴佛灯眠。

在晚明关于寺院品茶的诗歌中，也可发现士绅以另一种醉意朦胧的方式，沉醉在道家式的自由遐想之中：

> 云衣漠漠雨丝丝，
> 随意看山载酒迟；
> 何似涌泉庵里坐，
> 一杯新茗听经时。②

在此"一杯新茗听经时"，佛教世界和士绅文化密合无间，缝隙几乎消失了。

五、士绅利用寺院空间

在某种意义上说，把士绅带到佛教寺院的文化活动对寺院的宗教功能来说并非主要的，或者至少是与其宗教功能分开的。寺院碰巧体现着某些精巧雅致和隐逸主义的理想，这些理想又恰巧与晚明士绅的怀抱和

---

① 张岱：《陶庵梦忆》，第24页。
② 胡奎和顾启元的这两首诗分别引自吴智和《明代僧家文人对茶推广之贡献》第17、20页。

渴望相一致。一个活跃而又有文化的上层僧侣能利用这种一致，通过文化活动来培养与士绅精英的互动。但是，无论他们如何整合到晚明士绅的文化视野中去，佛教及其机构对那些文化理想的内容来说依旧是一种选项，其中的缘由不在于宗教传统而在于晚明生活的社会压力。道教及其机构本来也可能起到这样的作用，但它们之所以没有发挥出作用，很大程度上是因为在这时建立的道教机构较少，道观的数量不及佛寺的十分之一。佛教只不过更好地定位在满足一个成长着的地方精英的文化娱乐和文化渴望上面。

除了文化的原因吸引士绅到寺院外，还有其他诱因，士绅发现寺院空间可以方便用作那些对寺院的宗教品质不甚重要，却对地方精英的形成来说是极其重要的目的。士绅把寺院作为短期的居所和集会之地，还用作讲堂。寺院发现自身可用作这些目的，在一定程度上是因为很少有其他设施用来容纳士绅所需要的在家庭之外的活动空间。诸多学子和旅居的官员在佛寺找到临时的寄宿，这是因为缺乏其他任何提供这样的方便的设施。士绅在寺院召集会议和组织公共讲习，那是因为缺乏其他公共空间。这些都不是寺院的宗教身份所固有的功能，但精英人士却由此给寺院定位：它能提供适合士绅意识的适当的空间和环境。利用寺院意味着士绅参与寺院事务的机会在增加，并进而将两个社会领域整合在一起。[①]

大多数士绅在他们作为学生的生涯的若干关键时刻住在寺院，或者因为他们在准备参加科举考试时需要一个安静的地方学习，或者因为他们去省城或京都参加更高一级的科考时需要不太昂贵的居所。例如，准备参加国家进士考试的举子们都大量使用北京的寺院。京城的一些寺院也希望从这些参加科考的投宿者身上得到一些收入；而另外一些像柏林寺这样的寺院，是京城举行诗歌聚会的著名场所，它们则把学生当作

115

---

① 陈垣在《明季滇黔佛教考》一书中作出了同样的观点。他说："鸠居鹊巢，似僧寺之设，应为州人读书地者，固一时风习使然，亦佛教与社会接近之一征也。"第 120 页。

麻烦,盼望着把他们驱出。① 许多作为学生而住在寺院的人在他们以后的生涯中因事赴京时继续使用寺院。② 黄六鸿在为地方官写的手册中忠告有所期盼的官员在他们等待委任时可住在北京的寺院里,以避免被卷入京都社交的繁忙应酬之中。③

佛教寺院是学生或学者合适的选择:安静——绝少分心事打扰,又宽敞——足够为外来客提供寄宿。事实上,真正好的学习环境非常受人珍视,以致一个家族可能连续几代在同一所寺院使用同一个房间。④ 一个适宜学习的环境,除了房间和伙食外,好的寺院还提供学生图书馆。17世纪的一个法律案例提供了这方面的证据。它讲述寄宿在宁波一所寺院中的一名生员,试图通过卖掉寺院的藏书来支助他的学习。⑤ 就我们从寺志中保存的寺院藏经阁财产的长长的目录所知,经卷和注疏文评构成了寺院藏经阁的大部分财产,但是非佛教书籍也夹杂在这些藏书之中。佛寺拥有这些图书可能有利可图,很多学者注意到他们在寺院藏经楼学习时,首先阅读的便是佛教典籍。⑥ 仇兆鳌是黄宗羲的一个朋友,他在17世纪升任到侍郎的官衔,为参加科考曾在一所寺院中学习。每当他想从他的学习中休息一会时,他就去藏经楼读佛典。他声称这种经历使他后来相信儒、佛有共同的思想旨趣。⑦

那些蛰居寺院的学生,若苦读经典多年而未获成功,就有可能无限

---

① 朱彝尊:《日下旧闻》(1688),卷12补遗,第3页。
② 王弘撰(参见第二章)提及收到一封进士朋友的信,友人说是在一座"僧寮"里写的;参《山志》,卷14第27页上。
③ 黄六鸿:《福惠全书》,第73页。
④ 例如,《宝应县图经》(1848),卷1第24页上,提到一位学者世家连续四代利用寺院的同一个房间。
⑤ 李渔:《资治新书》,卷14第6页上。
⑥ 著名学者洪亮吉在18、19世纪之交写的一首诗中说,在山中书院学习的快乐之一即是在他学习疲劳而想休息一下读读佛经时,他可以走到附近的佛教寺院去借阅佛经;《豫文书院志》(1804),卷7第18页下。
⑦ 《云居圣水寺志》(1892),卷4第15页上。(参《丛书集成续编》第48册,仇在《达方上人七十寿序》中曰:"余昔读书云居僧舍,得与其上人达方游。达方因从事于浮屠之教者,而于儒书多所兼通,有叩者辄娓娓应之。"——译注)

期地逗留在寺院中。"终岁读书破寺中"，是李贽描述他所认识的一个穷学者的生活情形；这位学者从来没有在科举考试中得到过任何功名。[1]因此，寺院在文化上可能是科考不中而又没有财富或支持者的文人之路的终端。一部分人可能看不到（或承受不起）其他任何出路，就只有出家为僧，这就是李贽的那位朋友所选择做的；另一些人可能只有听天由命，准备在寺院过着穷困潦倒的隐居生活，用他们坚守洁身自好的信念来自我安慰，逃避所谓把他们拉进尘世俗事的那种成功。[2]

　　长期居住在寺院的学生利用了宗教隐退的与世隔绝的环境，但是可能对这种环境的佛教属性淡然置之，尽管最终可能受到佛教的影响。同样的情形适用于士绅利用佛教的其他主要方面：士绅在寺院举办短期的社交或教育活动。再者，作为促进士绅利用寺院空间来聚会的一个因素，佛教在很大程度上是不重要的。至于学生寄宿在家外，是因为晚明中国的地方社交场景中很少有可利用的其他设施。要注意到北京和南京大多数文学集会、同窗聚会[3]和社交聚会都在佛教寺院中举行，这不能算作是要求整个京城全都信仰佛教的一个基础；而且，应认识到寺院不仅可以提供而且有义务提供这种使用。

　　这种义务性取自寺院机构的公共性。这是一个不仅亲近槛外人，而且很大程度上依赖他们经济上支持的地方。要是习俗或者法律封闭寺院，不让它们接待世俗的参访者，那么它们不可能以其特有的诸多方式来为士绅提供服务。明代开国皇帝朱元璋在1391年倡议制定了一个条文（即《申明佛教榜册》），禁止低等功名的士绅和考生无故进入寺院。[4]

---

① 在《金陵梵刹志》中有引，卷20第5页上。参李贽《定林庵记》。

② 例如，王弘撰：《山志》(1788)，卷3第24页上。

③ 1476年，北京报恩寺为1466年的同科进士举行十周年聚会提供住宿，其中三分之一的"同年"参加了这项活动；朱彝尊：《日下旧闻》，卷12第24页上。

④ 龙池清(Tatsuike)：《明太祖的佛教政策》，第10页有引文。(洪武二十四年[1391]发布《申明佛教榜册》，计有十条例。序文称该条例为肃正僧人纲纪而隆昌佛教发。其第十条说，"今后秀才并诸邑人等，无故而入寺院，坐食僧人粥饭者，以罪罚之"。——译注)

但是在晚明，一当寺院聚会的做法得到推广，这项禁令即如同一纸具文。随着那个时代逐渐赞成佛教观念和制度，无论个人还是团体都变得更加喜欢利用寺院。寺院的聚会又变成联结晚明士绅和佛教寺院世界之网络的另一个组成部分。

然而，有一些时候寺院反对士绅毫无约束地利用寺院，在晚明文献中可发现大量材料提到寺僧把醉醺醺的学生踢出他们的房屋。[①] 士绅大旅行家徐弘祖在去云南佛教圣地的一行中，就描述了这样一件事：1639年在云南省会卧佛寺的大殿中，他碰上三四个挟妓携酒的醉意朦胧的学生。他到达卧佛寺时他们恰好离开，但那晚稍后又出现在寺院一个佛龛里，进行着中国文字所描绘的一个妇人在两个男人之间的勾当。[②] 很明显，一些低层士绅原先认为他们可随心所欲利用寺院，而寺院的僧职人员不总是能够制止。张岱在金山的夜戏（第一章）即告诉了一种尽管较少刺激但大致相似的故事。

在晚明士绅社会的历史上更有意义的，是大量的寺院空间在16世纪供公共讲学之用。为了更广泛地传播他们的思想，理学家们采用佛教公开讲经的做法，甚至汲取佛教口语注释经典的形式。当然还有另外一个因素，即寺院提供这种服务是因为大多数地方没有其他设施可用来容纳大量听众。冯从吾是陕西著名的阳明派学者，他在1596—1609年间不定期地在陕西省府的宝庆寺讲习阳明学。他写道，他之所以在寺院讲习是出于不得已，因为此城中没有其他宏大设施足以容纳他的听众，其中包括那里不多的几座学府也都没有足够的空间。（冯注意到由于缺乏其他的场所，新的学府通常都坐落在接管的破庙内。）冯于1609年离开宝庆寺，因为该寺对于他吸引来的大量听众已显得狭小。地方官员为此捐资修建关中书院，他们直接将院址选在宝庆寺以东。[③]

---

① 例如，见月读体：《一梦漫言》，第36—37页。
② 徐弘祖：《徐霞客游记》，第1030页。
③ 韩德林(Handlin)：《晚明思想中的行动：吕坤和其他学者官僚的转向》，第86—88页。

按照地方志关于(书院)讲学的报告，早在 1450—1475 年间，寺院就通常用作理学家的讲学场所。① 陈献章(白沙)是这样做的第一个著名的明代思想家。② 王阳明也在寺院讲学，甚至让他的学生住在佛寺，就像下文描述的他于 16 世纪 20 年代在绍兴讲学所显示的那样，"环先生而居者比屋，如天妃、光相诸刹，每当一室，常合食者数十人。夜无卧处，更相就席，歌声彻昏旦。南镇、禹穴、阳明洞诸山，远近寺刹，徙足所到，无非同志游寓所在"③。在北京的王阳明的第一代弟子中如罗洪先和徐阶，都发现自己在同样的环境里讲学。在京城，他们不得不利用紧挨着的道观和佛寺，因为儒家学者能从事公共讲习工作的地方显然是太少了。④   118

16 世纪中叶，理学家在佛教寺院讲学达到高峰，而在此后的几十年中逐渐下降。并非偶然的是，这种衰降发生在 1550—1575 年期间儒家书院的修建不断增多的时代。由此，专业化的机构就开始替代更一般的寺院作为讲堂和学术聚会地点。然而，书院替代寺院承担了一种风险：因为书院没有中立的辉光，不能超越与旧讲学机构相联系的世俗事务。由于任何儒家问题的讨论都不能避免行使公共权威的意义，那么在书院聚会或讲学的那些人就难免受到聚众讲学带有政治图谋的指责。事实上，在寺院的宗教环境之外进行公共讨论的行为就可能构成对国家特权的侵犯。

这样，16 世纪六七十年代及其前后兴建的书院，紧跟着在该世纪最后的二十几年里遭到压制就不足为奇了。主张压制的幕后关键人物是张居正，他继徐阶之后担任内阁首辅。徐阶在北京的寺院讲学的同时，又倡导江南开办书院的运动；他曾在江南担任掌管教育的副督使。张居正认为书院是赞成徐阶政治反对势力的中心，于是在 1579 年颁布一

---

① 例如，《晋江县志》(1765)，卷 15 第 15 页下。
② 南京一部县志指出，陈献章在那里的两所寺院教课；《江浦县志》(1579)，卷 5 第 20 页上、21 页下。同一部县志指出，王阳明也在其中一所寺院讲学。
③ 王阳明：《传习录》(日文版)，第 245 页。
④ 孙承泽：《春明梦余录》；朱彝尊《日下旧闻》卷 11 第 7 页上有引。

条法令禁止书院活动。尽管没有取得完全成功，但这条法令减缓了创建书院的速率。由于 1625 年宫廷阉党进行第二次大规模镇压，创建书院的速率甚至进一步降落。① 这些禁令并不是针对佛教寺院里的集会，而是一般性抑制士人在公共环境秘密交往，也禁止他们在公共场所集会。

国家也利用寺院作为公共集会的场地但却是为了不同的目的：是为了给国家授权的公共职能(如举行典礼)提供场所。地方官可能把作为集会场所的寺院整合到县下属的组织规划，诸如乡约和保甲制中。② 他能征用寺院内临时的空间以安置特别的工程，如用作地方志的编辑办公室。③ 当地方的文庙年久失修或不够容纳所有的参加者时，他也可能安排在寺院举行国家的典礼。④ 国家这样利用寺院作为临时公共集会的场所与士绅私人利用寺院作为公共空间是相类似的，然而赞助的性质是不同的。前者是公共权威的延伸，后者则是私人利益的扩展。

寺院集会的中立的公共性格—— 一方面既不出现在被允许的宗庙的私人领域内，另一方面也不出现在国家统治的文庙的公共空间里——把它们放在一种与国家模棱两可的关系里。地方官注意到士绅在寺院集会可能构成一种与他的权威抗衡的微弱形式。尽管他不必然排除这样的集会，但他的职责没有授予他参加集会的特权。笔者偶然发现 16 世纪的两个例子，一位县官对寺院里士绅的集会非常焦虑，就把这寺院改换成一个公共集会的讲堂以便他也能参加⑤。(书院易受到同样的转

---

① 约翰·梅斯基尔(Meskill)：《明代的书院和政治》，收在贺凯(Charles Hucker)编《明代的中国政府》(*Chinese Government in Ming Times*)，第 117—118、152—153 页。

② 例如，栗林宣夫(Kuribayashi)：《里甲制度研究》第 189 页，概括了吕坤的建议。

③ 例如，《福清县志》(1747)，旧序，第 1 页下。

④ 例如，福州的地方行政长官安排士绅在寺院聚会，为 1661 年顺治皇帝之死举办超度仪式，因为孔庙太小而不足以容纳参加葬礼仪式的官员。海外散人：《榕城纪闻》，第 16 页。

⑤《建宁府志》(1541)，卷 19 第 17 页上；叶春及：《惠安政书》，卷 1 第 9 页上、下。

换)①。这种反应表明地方官担心寺院集会可能充当士绅能够商讨地方
事务的一个活动场所。他声称他有额外的特权管理寺院。他意识到在
地方社会的政治地理上，佛教寺院占据着一个战略场所，在那里他的权
威也许受到挑战。

六、士绅变成僧侣

当士绅利用佛教寺院的宗教、文化或社会的功能时，他们就与这些
机构的关系而言是外来者，是寺院在一个偶尔的、临时的基础上沟通公
众的成员。但是对少数士绅成员来说，当他们放弃士绅的社会身份而变
成僧侣时，佛教寺院就不再是表达公共关系的一个机会，而是他们作为
士绅所处身的公共领域的一处逃避所。落发为僧是士绅正式地从士绅
生活的公共环境中撤退的一种公开姿态。实际上，大多数来自于士绅背
景的僧侣都继续在士绅文化的领域内担当讲学者、传法师、诗人和画家
的角色，把他们先前作为士绅的活动和继之作为职业僧侣的活动融为一
体。作为僧侣，他们坚持要求一种国家之外的权威，一些他们从来不能 *120*
像士绅那样拥有的东西。他们丧失了充当世俗公共权威的机会，然而他
们的隐退在那些依然在公共领域生活的人看来还是一种公共的行为。
正如我们即将看到的那样，朝代的更换是晚明士绅进入寺院的一种潜在
的诱因，但是推动他们走上这个方向的张力，在任何人能猜想到明代大
厦将倾之前就已存在。佛教寺院在文化上的娴熟有助于决定这个方向
可能变成什么。

有些元末官员在蒙古人统治结束时进入寺院生活，他们按照儒家
一人不可事二主的信条生活。一些忠于陷入厄运的建文帝的明初官
员，在其政权于1402年经军事政变落到朱棣手里后也不仕二朝。② 相

---

① 海瑞无意间提到书院变成学宫的一个例子，参见《海瑞集》第489页《修学宫记》。
② 例如，《宁波府志》(1846)，卷23第7页下，涉及供职建文皇帝的一个部门主事和一个监察官。

对说来,明初是职业僧人受到高度重视的较短的一个时期,此时能赢得朝廷的任命,并使宗教生活成为合理的选择。[①] 这个阶段在永乐朝结束时也就终止了。直到明代末叶的几十年,僧侣生活再度吸引着精英人士的加入。

在 16 世纪的较后时期,佛教徒热衷的事物不再能鼓舞士绅加入僧伽的行列。他们继续构想自身与他们在地方层次上统治的社会政治秩序的关系。尽管他们渴望隐退到佛教的生活状态,但他们并不认为进入僧侣阶层是一种职业的选择。袾宏大师本人是最先成为僧侣的生员之一,他在 1560 年采取这一步是在几位亲密的家人死去之后。袾宏的弟子中有一位名叫冯泰衢的举人,在万历年间(1573—1619)以袾宏为榜样出家为僧。[②] 也是在万历年间,一位名叫袁文伟的贡生在北京的崇国寺发愿皈依佛门,这是因为他在科考中连续失利。然而,职业僧人的感召并不能使他摆脱士绅社会。他的同时代人更熟悉他的法名:死心。他是北京文学界许多领导性人物的亲密交往者,其中包括和他具有同乡关系的袁氏兄弟。[③] 在天启年间(1621—1627),士绅中有一位宁波籍举人,他在 1624 年赢得功名后不久就削发为僧。他在世俗社会中的地位对他在僧界的声望有很大作用。因为到 1629 年,他就成了宁波府名闻遐迩的天童寺住持。[④]

直到崇祯年间(1628—1644),士绅才大量转向寺院生活,并且来自更高的世俗地位。那时,评论者把士绅隐退到寺院生活归因于始自 17 世纪 20 年代阉党得势的朝廷政治气氛的衰败。就像 17 世纪 30 年代一

_121_

---

① 例如,东白山奇出身于苏州一个士绅家庭,在 1409 年被委任松江延庆寺住持之职,1410 年又担任地方僧会司的副职,然后被诏请到京城主持永乐年间两项大的编纂工程,即《永乐大典》和新版佛教《大藏经》;《娄县志》(1788),卷 30 第 8 页上。

② 于君芳:《中国佛教的复兴》,第 99 页。另一位万历时代的举人变成僧侣的例子,参见《明人传记辞典》,第 1406 页。

③ 《江陵县志》(1794)卷 56 第 10 页下和《大别山志》(1874)卷 3 第 2 页上中发现死心的传记;夏夫(Chaves)《云端的香客》(Pilgrim of the Clouds)第 119 页翻译了袁宏道献给死心的一首诗。

④ 《天童寺志》(1811),卷 2 第 20 页下。

位广州籍作者所指出的："顾惟详近年之事,阉乱政,士大夫审名,或祝发而庵者,往往而在。因思其时,越岑而匿。间有之,而可为空谷之音矣。"①事实上,广东省成为一个颇受欢迎的宗教的隐修之地,吸引着大量的广东士绅。来自广州的一位名叫宗宝道独的僧人,在江西南康担任一所寺院的住持时,给几位富有影响的广东士绅剃了发。其中包括一位在1639年削发的前尚书的长子,1640年削发的一位1633年的举人;后者的法名叫天然函昰,他成为一个著名的僧界领袖,曾在明朝灭亡时剃度了许多广东士绅。②

由此我可以断定,直到1637年,寺院生活的吸引力获得士绅社会的最高层次的青睐。正是1637年,出现了第一个进士成为僧侣。我只能指出他的法名:星朗道雄。道雄,原籍郑州,1618—1629年拥有官职,但是先从官场致仕,终而遁入僧门。在南京以西的庐江定居之后,他和该县士绅建立了密切关系,他们邀请他担任该县富有影响的寺院的住持,监督它的修复。③ 像道雄这样成为僧侣的士绅,正是得益于和他们出身的士绅世界的联系而出任大寺住持。晚明大多数住持不是来自士绅背景,但在17世纪少数重要寺院的住持却往往具有士绅背景。明末四位大师中,有两位即云栖祩宏和藕益智旭都是来自士绅家族。

崇祯年间士绅皈依僧侣生活的动机,在记载入册时则用他们能通达宗教认识的措辞来表达。例如,来自广东的一位喜欢学习明儒文献的生员或许因此适宜于接受佛教的影响,而在1629年读《楞伽经》之后发愿成为僧侣。④ 引发明末士绅进入寺院的未言明的因素,常常和当时狭窄的职业期待有关,这种职业期待与17世纪20年代朝廷的混乱及随后的30年代官僚中强烈的结党成宗大有关联。面对这样的状况,许多来自江

122

---

① 《罗浮野乘》(1639),卷1第23页上,来自陈子壮撰写的募缘疏。(参《四库全书存目丛书》史部第232册,第490页。——译注)

② 房兆楹:《明人传记辞典》,第492页,认为函昰是变成僧侣的第一位举人,这是错误的。

③ 《冶父山志》(1636),卷3第14页上、第16页上下,卷5第4页下。

④ 《曲江县志》(1876),卷6第34页上。

南的称职的官员不得不挂冠求去，其中包括书画家董其昌。在 17 世纪 40 年代流行这种从公职中退隐的术语是"选佛"①。这的确不是一种文字上的做作。它意味着因为形势使得公职的继续成为不可能而离职。尽管如此，在一些情况下，隐退的官员确实"选佛"，并过起僧侣的生活，以逃避官场生活中必需的道德妥协。

一旦明朝灭亡，许多士绅隐遁到与世隔绝的寺院，希望逃脱清军的攻击和盗匪的劫掠，还有亡明士兵的抢夺。山寺通常远离军队的交战，有时还能防御军队的攻击。它们也给著名人士提供躲藏之所直至政治气候平稳下来。例如，当残余的晚明政权在朱彝海领导下，于 1646 年崩溃时，浙江南部天台山上的著名寺院就充当了明遗民的一个临时的避难所。② 大多数因为这些理由逃到寺院的人没有成为僧侣，或者如果他们成为僧侣，但也没有很长时间保留僧侣的装扮。有时僧侣的袈裟只不过提供了一种方便的伪装，当松江在 1645 年落到清军手里时，复社活动分子陈子龙就这样借助了僧人的袈裟。③ 当满清在 1645 年把他们满人的发式强加给汉人时——这种发式要求前额剃光，背后拖着长辫——削发为僧变得更有吸引力，这是在姿态上蔑视满洲人命令而又不必被杀头的一种方式。

当征服结束，寺院为那些对亡明之忠贞而使他们没有在新朝充当儒家士大夫的明遗民提供了更为经久的庇护。僧侣身份是对王朝忠诚的一种解决办法，在 1644 年之后，不少明遗民正是选择了这种政治上隐逸主义的姿态而变成僧侣。④ 著名的徐州诗人阎尔梅当时写道：事情达到

123 这步田地，实际上已无话可说。所能做的一切是削发为僧，逃逸到山中，

---

① 例如，计六奇《明季北略》，卷 2 第 25 页上。这个词语来自《景德传灯录》卷 14，此中一位僧侣询问一名考生，为何他要选官而不选佛。

② 例如，《天台山游览志》(1937)，卷 3 第 57 页。

③ 恒慕义：《清代名人录》(*ECCP*)，第 102 页。

④ 陈垣：《明季滇黔佛教考》，第 200—237 页，提供了 1644 年之后不久成为僧侣、来自云南和贵州籍的 27 名士人的传记。

坚守气节,反省失误。① 有些人在 1644 年明朝一亡就做了和尚,甚至在清军还离他们家乡地区很远时就选择了这条道路。② 另一些人则在一直等到他们的家国最后落到满洲人手里才南迁。③ 还有一些人则坚持更长期的战斗,希望明朝可以复国。直到复国无望时,他们才转向佛教。桂王领导的最后挣扎的南明朝廷在 1650 年覆亡时,大量涌进宗教避难所的政治上的隐逸走入终点。

尽管政治方面的考虑在逃逸到佛教寺院的晚明士绅的心中是最为主要的,但还有经济上的考虑。对那些随着明朝灭亡而失去家财的人来说,他们不能立即恢复家财,选择成为僧侣就是不必重新开始的一种存活方式。张岱尽管不是作为一个僧人,但作为住在寺院的剃发者那样生活,并以此方式度过残生,因为他没有其他任何谋生手段。士绅僧侣可能希望依靠寺院僧侣的给养而存活,也通过做一般是雇佣僧人所做的各种各样的文书工作,比如像抄写佛经这样的工作。④ 经济的动机也可用山东一个名叫李佐圣的 1636 年的贡生的例子来很好地说明。1642 年,当清军横扫山东时,李和他的姓刘的邻居逃到辽东,他自己的宗族在清军野蛮的进攻中死难。后来他在辽东成为一名僧人,因为刘家养活不了他,他又没有其他的谋生方式(他的传记也提到他出家的决定与其妻的唠叨有关)。后来的发展结局表明,僧人身份证明是对李的困境的一种临时的解决办法,因为在汉人旗下一个地方寺院的施主让他离开寺院去做他孩子的家庭教师,并最终让他在其旗下落户。在寺院外的成功终结了他的僧侣生涯。⑤

---

① 魏斐德:"Romantics,Stoics,and Martyrs" 中有引,载于《亚洲研究杂志》(*JAS*)卷 43 第 4 期(1984 年 8 月),第 642 页。

② 例如,《江南通志》(1737),卷 168 第 10 页下,卷 174 第 7 页上;《瑞安县志》(1809),卷 8 第 19 页下;《浮山志》(1873),卷 3 第 8 页上,卷 4 第 20 页下;《罗浮野乘》(1644 年之后),卷 4 第 37 页上。

③ 例如,顾炎武:《顾亭林诗文集》,第 302 页。

④ 曾羽王:《乙酉笔记》,第 5 页。

⑤ 《诸诚县志》(1764),卷 34 第 1 页下。

威拉德·彼得森(Willard Peterson)注意到拒绝出仕清朝不可能用作确定明遗民身份的标准,这是正确的,因为许多后来选称自己为遗民的人,在明朝显然要灭亡之前就已经谢绝担任官职。从公共生活中隐退的初始动机常常是由于科考的失利或只不过是私人生活的一种偏好。[1] 相似地说,在 17 世纪 40 年代并非所有进入寺院的人都是出于忠于亡明。许多人暂时地利用了这种方便,并把它当作可以接受的隐逸的最好理由。要不是因为情势的束缚,他们决不可能作出这样的决断,斩断尘缘,抛开他们的世俗生活和责任。不管这种逼迫是因为在科考中未能成功而引发,还是由于明王朝覆亡而带来的政治压力,都无法改变这个事实:即在晚明,过出家人的生活成为士绅的一种合乎情理的选择。然而,这个选择仅仅只是暂时地发挥作用。一当满清政府的统治完全确立后,士绅滞留在僧侣队伍中的数量就逐渐下降。随着在崇祯时期成年的那一代人的传递,取得身份的旧模式又出现了,士绅社会结构沿着老路线重新确立。仕途生涯再一次获得青睐,僧人地位在公共尊重中下滑。

清初的历史学家、明遗民邵廷采主张,要不是因为晚明士绅和寺院领域的广泛的互相渗透,士绅在明亡之后大量涌进寺院本不可能发生;而晚明的这种现象只是明代最后数十年政治上腐败的加强的一种发展。[2] 他的观察是对的。对满洲人的接管作出隐逸的反应之所以为士绅所利用,是因为他们与寺院佛教世界的沟通早已经确立了。然而这种解释不能停留于此。需要进一步往后寻找论据,因为在明朝灭亡时僧人身份象征着的从公共权威的撤退,产生于职业生涯的挫折感和为地方自治的斗争,而这些挫折使士绅文化首先转向佛教寺院。士绅在 1644 年逃入寺院,

---

[1] 彼得森:《顾炎武的一生》,第一部分,载于《哈佛亚洲研究杂志》(*HJAS*)卷 28 第 144 页,1968。

[2] 邵廷采:《明遗民所知传》,在陈垣《明季滇黔佛教考》中有引,曰:"明之季年。故臣庄士,往往避于浮屠,以贞厥志,非是,则有出而仕者矣。僧之中多遗民,自明季之始也。"见第 237—238 页。

仅仅从一个世纪前士绅醉心寺院理想来看，是完全有道理的。

1572年的云南省志的编纂者，在满洲人首次袭击之前70年，提供了我们据此可作出结论的对这种吸引力的清楚陈述。"夫寺观之在天下，虽与治道无预，然其恬淡清虚，萧然寂然之境，有以消人势利之心。故达人高士，涉世既倦，往往有诉而逃焉者……若夫为老氏而至于登仙，为释氏而至于证果。其淡泊之操，凝静之域，又岂浅学所能测识？"[①]编纂者把呼吸寺院空气的士绅置于和公共权威的领域分开的地方——而且微妙地说，超越了统治事务得以实施的公共权威的领域。他们对佛教的理解也和下层人士即那些"浅学"之徒有所区别，后者的"势利之心"取消了对真正精英身份的任何标志。这种描绘为有教养的士绅（"达人高士"）创造了一种独特的精英身份，不依赖于国家的有效认可，也不依赖于通常决定在社会中谁受尊重和谁不受尊重的权力与财富的标准。上层士绅和这些习惯势力作斗争，把他们自己和佛教的境域联系起来。他们采取的方式是在文化上建构他们自身，以使他们的地位不再受国家证明的支配与影响，他们渴望实现自治的权威，哪怕只是象征性的实现。

解读士绅文本中精英的和自治的迫切要求，也许不能穷尽佛教在晚明士绅文化中的全部意义。但是它突显了我在这本书中选择捐赠现象的核心来考虑的问题：地方士绅的精英身份的定义和他们从晚期帝国获得地方自治的追求。这些问题深深地嵌含在明代开始从文化上来建构佛教寺院的方式之中。毕竟，寺院不简单地是文化精英集会的方便场所；它是一个适当的地方。尤其在晚明，当高档文化的审美选择受到严格的定义时，地点的选择与事物一样要具有特别的文化意义，并能反映适当的社会地位。[②] 因而，对精英人士来说，在适当的地方被看见就变成

---

① 邹应龙修，李元阳纂：《云南通志》(1572)，卷13(寺观志)，第1页上。
② 克鲁那斯(Clunas)：《奢侈品：近代中国早期的物质文化和社会地位》，尤参见第159—165页。

和被看见拥有适当的事物一样迫切的问题。这种清净的寺院理想的审美体现把士绅与区分中国社会中的精英与非精英的高度文化价值联系在一起。在这种审美当中，真正的修养不是由一个人在官位中多高来显示，而是由他欣赏寺院环境之美多么微妙或者探测佛教哲学的智慧多深来表示。更重要的是，利用寺院空间作为共同活动的场所——不管是为了举办诗会、讲学，还是为了朋友聚会联谊以推进慈善活动——在社会不断变动的时代，对士绅共同的文化工程的意识和共同的地方身份作出了贡献。

因此，佛教在晚明士绅的文化建构中扮演了重要角色，而这有助于说明他们的身份或地位，确定他们在地位可以竞争和自治不可想象的时代的自治。这一论点不纯粹是抽象的。寺院是精英能聚会并讨论共同关心的问题、远离地方官公共权威的唯一地点。某种程度上，寺院默认了它扮演的这种角色，因为没有其他的不在国家权限的控制之内的遍在的公共机构。然而，包含在佛教自我修养概念中的清净和隐退（出世）的理念也传递给寺院一套文化的意义，有利于这种特别的机构成为悄悄讨论公共权威的地方。从这点看，佛教寺院在晚明士绅社会的形成中显现为一个必不可少的因素。

朝圣之路:通向天童寺

在关于参观寺院的文化中,去一所名山寺院的路径可能就如目的地本身一样,对于恰当评估朝圣体验来说是必不可少的。参观寺院的惯常的路线,产生于指导士绅对他们的某些朝圣经历作美的鉴赏,主要集中在那些能提升参观者在进入佛教领域之时的精神方面的景观和人文结构上。

以下一组木刻,显示了去往宁波(第八章)鄞县天童寺参观的历程(图2—图7)。这几幅图画描绘了参观者从宁波市以西20公里乘船到小白村开始至该寺的10公里的路线。这些木刻取自一位名叫善喜(音译)的当地僧人所绘制的图画,它们出现在1811年版的《天童寺志》中。观察者是向北观看。

图2 参观者在小白村下船,先前行到接待来客并处理商业事务的天童下院。然后他沿着所谓三关的第一关万松关铺好的石路前进——万松关以著名的通往寺院的道路两边成排的松树而命名。在图右边高处夹在山峦中的真际庵下,有两位士绅向西步行,后面跟着他们的挑夫。下方的稻田是天童寺产生收入的田地的一部分。

图3　朝圣之路向东继续1公里，到太平庵及游客的歇脚处，然后往上登小白岭。小白岭是天童寺坐落的太白山西向的山嘴。登上小白岭，朝圣者穿过三关中的第二关铁蟒关，它因镇住远处高山上的巨蟒而得名，建于公元9世纪。在它们之间是揖候亭，两位士绅正在那里作揖问候。

图4　小白村的东南4公里，去天童的路与从东吴来的路交汇，是一条宜人但较少风景的路径。东吴路的东边1公里是天童街村，有王、蔡和许几姓人家。这里标有的祭祀性建筑是太白庙，即太白山神之庙。虽然不是一座佛教庙宇，但可以料想佛教的香客大概可在那里进香。在小白村里，一家餐馆的门拉开着，看见两张桌子和两个柜台后面的店家。

图 5 朝圣者沿着天童溪岸的上游前行,或步行,或坐轿。该道路上边的山中矗立着寺院的火葬场,即普同塔。在右侧的画面上,路伸向寺院的前山门,即著名的古山门。此古山门令人崇敬,早在 1680 年即已建造。朝圣者然后向北穿越一群美丽的岩石和松树,才可到达天童寺。

图 6 引自两个万工池的溪流上的桥是三关中的最后一关:清明关。这里的雪是天童十大诗景之一。寺院矗立在莲荡的正后方。一座附属建筑古天童或小天童,坐落在东谷外 1 公里处。东谷的染红的秋叶乃十景之另一景观。中峰庵藏有密云的塑像,这位住持在 17 世纪 40 年代重建天童。中峰庵下是莲荡,荡下有 300 亩农田。

图7 最后的画面描绘了寺北的太白岭。上山的道路沿着陡峭的悬崖延伸,路旁是高耸入云的松树——天童十景的另一处。没有建筑破坏这自然景观。艺术家以此景完成这幅长卷图画,表明山寺也许是游客至天童朝圣的终点,但不是他的精神历程的终点。后者继续进入难以言喻的自然领域。

第 二 篇

寺 院 的 捐 赠

第 三 篇

第四章　鼎湖山的捐赠者

　　鼎湖山是肇庆城东北 15 公里群山之中的一个低矮的山峰。作为府治的肇庆城则是广东省内广州以西的最大城市。这座山变成 17 世纪中国南方修建得最为壮观的佛教圣地。[1] 这种修建佛寺的工程、发起和资助工程的地方士绅，以及住持监督工程的故事，提供了寺院捐赠者的动机和活动的来龙去脉，这是本书第五、六章所讨论的主题。从创立一所寺院的具体细节来看，16 和 17 世纪地方士绅向寺院捐赠的一切成分都需要进行社会学的理解和认识。

　　鼎湖山作为晚明时期一个佛教中心的历史肇始于一位名叫朱子仁的人。朱子仁于 1611 年出生在与肇庆的东南边境接邻的广州新会县。他的父亲是一名有文化教养的绅士，但不是一个热衷于科举考试功名的人。在子仁诞生后不久他就领着一家老小离开了新会，定居在肇庆最西南的沿海县阳江。他选择阳江县作为定居地的原因尚不知晓。阳江物产不丰富，普遍很贫穷，甚至没有一个可以炫耀的拥有显赫财富的家族。那些不贫穷也不富裕的人家，大都是离开阳江本土而走南闯北做生意发

---

[1] 除指明之处外，本章所用材料取自这所寺院的两部寺志：《鼎湖外纪》(1690) 和《鼎湖山志》(1717)，以及 1826 年编纂的县志《高要县志》和 1833 年的府志《肇庆府志》(1876 年重印)。

些小财的流动商人。

当朱子仁的父亲到达阳江这块文化和经济落后的地区时,得到了李天培的友谊和帮助。李天培声名卓著,是阳江独一无二的在世的进士。李天培在 1604 年登进士第,是一个世纪来在科考中成功的第一个阳江人——也是另外一个半世纪中最后一个获得进士功名的人。李天培在官宦生涯的中途将近 50 岁时,为去世的母亲守哀,义不容辞地回到家乡,正是在这时他和朱子仁的父亲结为知交。

在一个除了知县之外没有任何其他人能自诩其最高文官功名的县城,李天培的进士功名使他处在小小的阳江士绅社会身份层级中的顶峰。李天培已经迈入了大都市的生活圈子,毫不奇怪,他认同并赞助那个时候士绅爱好的许多事情。他沉醉于观赏他的家乡阳江的名胜风景,并准备在县城外他喜欢的两座山中建造塔寺。① 朱子仁的父亲幸运地赢得了这个人的支持,并且通过他的影响而一度成为当地士绅中一个受欢迎的人物。然而他们的友谊好景不长,李天培在回归故里两年后就死于一场重病。没有多少年,朱父也与他的庇护人一样撒手西归,因为朱子仁的传记中提到,未至成年他就成了孤儿。正是朱子仁父亲的早死把他推向了佛教的不归之路。②

阳江素来并不以佛教而著称,很少促动和鼓励人们的宗教信仰的因素。尽管李天培这样一个人把佛教的"善因果"作为他的雅号,但该县佛教的机构框架是脆弱不堪的,寺院极少,僧职人员也不多。禅宗六祖惠能曾是公元 7 世纪肇庆府人氏,但他也同样离开本府在广东省异地他乡获得名声。尽管对他的记忆保持了一丝地方的自豪感,但不足以振兴当地佛教的积极活动。不过,朱子仁选择了在俗修持,坚持素食,并开始研读佛经。事实上,正是在读《六祖坛经》的过程中——惠能在这部经典里

---

① 《阳江县志》(1822),卷 1 第 19 页上,卷 6 第 42 页下。
② 《新会县志》(1840),卷 11 第 24 页下。

描述了他的开悟经验——朱子仁才决定在佛教中寻求进一步的启示。[139]
他进入我们的故事之中是在1633年——他如同其父亲一样离开了他生长的乡邦,而去了一个更合适的环境寻求他新的信仰。他的寻觅把他带到了阳江北面的肇庆城(肇庆府的治所)。在那里,他和他的"法友"陈觉余一道修持。

肇庆城是广东西部重要的城镇中心,比起阳江县来要开放得多。它具有一个府会行政中心的重要地位,在16世纪末甚至充当了两广(广东和广西)地区行政中心所在地的作用。肇庆在省会广州的上游150公里,是广东省西部地区货物贸易的重要中心。据考证,在文化上它也几乎可与广州相媲美。

然而,肇庆市及其周边县,如高要,并不是著名的佛教中心。惠能的诞生地是在邻近府治西南50公里的新兴县,但是那里也没有引人神往或鼓舞信仰的佛教圣地。高要县的宗教名声主要来自鼎湖山,那是道教舆地的七十二福地之一。山顶附近有雨水形成的小湖,因而又得名"顶湖山"。在唐代,鼎湖山曾一度由六祖的一个弟子智常禅师兴建了一组佛教寺庵(据史载,当时鼎湖山共建有"三十六招提",可谓"招提遍野,蓝若林立"。——译注)。至明代,这些佛教寺院幸存下来的唯一记载是一块智常禅师的八字刻碑。尽管鼎湖山周围的山上还有几处刻有可以使人回想起这位僧人的存在的一些名字,可是在晚明这个时代,中国几乎任何县通常都可发现的各种各样中等规模的公共寺庙以及私庵中,高要并不特殊。

肇庆这座府会城市在中国的宗教历史上引人注目则有不同的原因。在1583—1589年之间,肇庆是来中国的第一批耶稣会传教机构的所在地,为利玛窦(Matteo Ricci)和罗明坚(Michele Ruggieri)所创建。在当地居民看来,耶稣会的传教机构符合他们熟悉的宗教概念:教会机构本身叫做"寺",而传教士则自称为"僧"。起初,当地精英提供利玛窦和罗明坚那些他们通常提供给佛教机构的物品,如香、食物和灯油。他们甚[140]

至提出利用一部分归国家祭祀寺庙所有并受地方官控制的土地收入来供养传教士，利玛窦谨慎地婉谢了这个提议。尽管利氏当时只吸引了少数平民随他信仰耶稣，但他的奇特的价值观和他关于外面世界的丰富知识在当地士绅中烙下很深的印象，即使这种印象有时是模棱两可的。[1]

到 17 世纪 30 年代朱子仁的时代，耶稣会士离开了肇庆，他们的传教成了黯淡的记忆。代之而起，肇庆现在正分享着晚明时代全中国蔓延的佛教道场的复兴，将生机和财富回流支持明代开国头几十年重建佛教寺院的伟大时期存活下来的建筑。在这种复兴运动中值得注意的人物是梁挺芳，他是 1603 年同科考试双双中得举人功名的两兄弟之一。在度过一段延搁的或不太卓著的知县生涯之后，梁选择放弃这种变幻莫测、有损清誉的官宦生活，在 1628 年从安徽任上回到故乡，过起一种绅士般恬然自得的隐退生活。在回乡后的一年里，梁修建了兴元寺，其中包括一座镇县宝塔。在随后几年里由其他施主捐资修建的寺庙有：1630年建造的龙华寺、1631 年的大兴寺和 1636 年的水月禅宫（供奉观音）。这些寺庙都坐落在城外东北面的山中，那是该县士绅休闲娱乐的好去处。另外还有六七座稍小的庵院在晚明最后十余年里兴建起来。

这样，在 17 世纪 30 年代，高要县士绅开始支持一定数量的居士佛教活动。朱子仁的朋友陈觉余，是这种活动中另一位领袖人物。像朱子仁一样，陈也是致力于培养对佛教深刻信仰的士绅中的一个不甚显赫的角色。然而，与朱子仁不一样的是，他享有巨大的收入，用这种收入他可以追求他的信仰，也使他能作为东道主招待来到高要的朱子仁。陈的最密切的佛教朋友是一位名叫梁如高的士绅，他是那两位举人兄弟的宗亲。在 1633 年的一个晚秋，他们召集本县其他 11 位士绅组成了一个名叫"善萌会"的信仰团体，这个团体包括陈的一位亲戚、梁的一位亲戚，加

---

[1] 谢和耐（Gernet）：《中国和基督教的冲击》(*China and the Christian Impact*)，第 74、178 页；史景迁（Spence）：《利玛窦的记忆之宫》(*The Memory Palace of Matteo Ricci*)，第 96 页。

上 5 位李姓人氏及 4 位其他姓氏的人。该会的宗旨——1633 年 11 月 21 日他们都在一份文件上签名确定的——是举行常规的佛教信仰修持。会员们在鼎湖山上三宝庵的一座小楼里碰头,三宝庵是他们在朱子仁到达高要县之前修建的。　　141

　　三宝庵的座址紧挨着梁如高家族的墓地。他的高祖在 15 世纪末是一位担任官职的贡生,其死后便葬在一座称做"官墓"的坟冢中,离三宝庵很近;梁如高的父母葬在附近一个叫做"莲华洞"的地方。从这个名称看,善萌会是根据佛教居士会的传统名称莲社来取名的。陈觉余和梁如高都募集必要的资金修建社庵,尽管梁(属于该县最成功和最富有的人之一)显然是贡献更大的捐赠者。

　　陈觉余把朱子仁带入他的佛教朋友圈中,主要由他的朋友梁如高倡导发动了一轮捐赠。梁以前曾经做了一个梦,梦中一位神灵告知他莲花洞所在的这片土地实际上属于朱姓的一个人。朱家不是高要士绅中一个通行的姓氏。梁对此梦迷惑不解,便说给陈听。陈也许觉察到某种有意义的因缘,也许还是扩展该县佛教活动的一个极好机会,他于是便把他新结识的宾客朱子仁介绍给梁,谜团终于解开了。梁决定把这块地捐让给朱托管,在那里建造一座永久性佛教机构,取名"莲花庵"。这正合朱子仁的心意,长久以来他就希望将来某天成为僧侣。陈觉余受到梁如高愿意在鼎湖山捐资兴建一座新寺庙的鼓舞,他也决定与朱子仁一起出家做僧,因为长久以来他也有这番心愿。

　　他们选择皈依的大师是一位在广东士绅中名声卓著的和尚,那时他在番禺县蒲涧寺担任住持。该寺在广州城外一个小山村里,他的法名是离际道丘(1586—1658),也被称做栖壑大师。朱子仁和陈觉余在 1634 年踏上东进番禺县的历程寻求开示。这发生于朱子仁到达高要之后一年。道丘接纳他们成为入室弟子,那年夏天为他们祝发圆具。朱子仁取法号德旋弘赞,他后来改为在犙弘赞,陈觉余则取法号为常如智觉。　　142

　　同年夏天,当朱、陈二人开始他们新的生涯时,梁如高便赶忙在高要为他们在鼎湖山兴建寺院募集资金。募捐的效果良好，因为他在秋天就能开始购买建筑材料，并可在冬天破土动工。高要县的农业生产，一当从1631年的灾难性饥荒中恢复元气，就繁荣起来，紧接着1635年的收成可能创了记录。那些控制丰收盈余的人都准备用来捐助兴建寺院。

弘赞和智觉，即我刚才提到的朱和陈，和道丘一起度过了1634—1635年的冬天。次年春，道丘决定参访新兴县六祖的诞生地，他的两位肇庆弟子陪同前往。尽管从番禹到新州的最直接的路线并不穿过鼎湖山，但他们一行却从鼎湖山经过。这样一次远足朝圣可能没有什么实际结果，尽管也为道丘提供了一次机会去看一看正在建设之中的新寺院，并考虑在那里担任住持的可能性。而当道丘到达鼎湖山时，他就被正式邀请担任住持之职。无疑，弘赞和智觉与他在广州时已商讨过这个提议；事实上，他们可能在选择道丘作为受业师时就抱有邀请其到高要去的希望。他们最终使道丘离开了省会广州，来到了肇庆。在一位陈氏家族的学者和梁家举人兄弟中的一位的率领下，有十几位僧人和居士向道丘发出邀请，后者当即接受了这一邀请。他为新寺院取名"庆云寺"，延续了这个地区寺院的命名传统——庆云寺始于唐代智常禅师在附近建造的白云寺(鼎湖北端山峰附近通常白云皑皑)。道丘同意当工程取得重大进展就担任住持一职。这事定下来之后，他继续前往惠能的诞生地，然后径直回了广州。

在翌年春天，主楼搭起来了，1636年夏道丘来到鼎湖山就任庆云寺第一任住持。但在关于庆云寺的正式记载中，智常居首，道丘被认为是"第二位开创者"。智觉(陈觉余)留在道丘身边担任监院，负责各种各样的行政事务，包括先前的职位。弘赞(朱子仁)则发足参方，云游江南，寻求其他佛教大师的开示，加深他对佛教的觉解。表面看来，他与道丘、智觉友好地道别，但他直到22年之后，老住持(道丘)圆寂受邀请接任新的住持职位时才回到庆云寺。在庆云寺草创阶段，道丘和智觉留下来塑造了本寺。

　　道丘因在新寺院给当地士绅举办一系列无遮法会而较早地树立了他担任住持的独特风格。在这些法会中，他规划了对社区施加影响的计划。大约在他开法会的同时，他发布了他制定的《祖训》。作为以戒律为本、清规精严的僧伽而不是禅定冥想的信徒，他在《祖训》中为寺院的制度生活制定了确切的指导方针。这些祖训读来大致像律寺的戒律，值得注意有一条例外。第二条规定恪守"安贫乐道"之训，要求在各种形式中如果以田产收入形式接受捐赠，必须逐出寺院。这对庆云寺作为公共机构存在来说是很不寻常的条件，因为大多数寺院都主要依赖于地租来作为举办活动的经费以及筹建基金。这在未来是要引起诸多问题的。

　　道丘在早年就研习律学。他于 1586 年 4 月 14 日出生于广州顺邑县。17 岁进入广州一所小寺院作侍僧，不到一年，他就去追随晚明中国南方最为著名的佛教大师憨山德清了。道丘 21 岁时游方参道，落足南京，南京当地的僧正司提名让他荣任僧录司的副讲经之职。1610 年，他又云游到杭州，在北浙江居士佛教运动的领袖人物云栖袾宏门下学习净土宗的教义。道丘随后离开杭州，返回广州。在 1615 年 1 月 7 日 28 岁时，他在广州一家禅律寺（法性寺）受具足戒。他驻锡广东省 20 多年，最终成了蒲涧寺的住持，在那里他收了弘赞和智觉及许多其他人为入室弟子。在住持蒲涧寺期间，道丘在信众中获得了名声，并在他身边聚集了一大批文人学士追随者。曾获得过举人功名的一位士绅隐士，甚至远道而来在蒲涧寺的东边建造了供他自己清修的寺院；《番禺县志》保存有著名的学者诗人王世贞为该寺所题的一首诗。① *144*

　　道丘在 1636 年移往鼎湖山住持庆云寺，继续受到士绅的欢迎。在庆云寺第二部寺志中，他的正式传记声称"当道乡绅，悉在门下"。② 高要县县内及广东省其他地方都争相邀请他去说法。早在 1637 年，仅在他

①《番禺县志》(1871)，卷 24 第 17 页下。
②《鼎湖山志》(1717)，卷 2 第 7 页下。

就任鼎湖山住持后一年，两广总督赞助、支持刘姓和梁姓两位贡生及当地其他几位士绅，再三请道丘来附近水月禅宫担任住持，这是总督于前些年建成的一处道场。道丘婉言谢绝。1646 年，他又接到一个担任广州著名的光孝寺住持的邀请，他也辞谢不就。

道丘之所以选择留在庆云寺可能是出于对那里诚心支持他的信众施主的忠诚；可能鉴于当时广东经受着痛苦煎熬时期，道丘决定不离开鼎湖山这与世隔绝的环境在 17 世纪 40 年代中期之后不难理解。1645 年突然爆发的农民起义，断断续续地持续了 13 年。然后清朝军队又入侵广东。1647 年他们占领了肇庆，但在第二年闹饥荒期间放弃了它，由假托明皇室的朱由榔的军队占领。（朱由榔的父亲写了一块大横匾挂在水月禅宫的拜佛堂里。）这位王爷把肇庆作为他的首都，作为抵抗清朝军队的一个中心，在此生存了两年，直到它被尚可喜和耿继茂的联合军队重新占领。在 1653 年，有一伙声称忠于明朝的武装再次侵扰了这个地区。但是相比之下，在广州地区的战争甚至更为酷烈。道丘留在他的高地隐修之处比回到珠江三角洲更加安全。

庆云寺在 17 世纪 40 年代也为其他人提供了一个安全的避难所。宗符智华是道丘的一名弟子，同时他本身是一位著名的律宗的讲习师。他在广州担任双桂寺的住持，清军攻打广州时他去鼎湖山寻求避难。我们知道他在庆云寺至少剃度了一位避难者，可能还有其他许多人。那是一位在道丘的家乡顺德县遭受围攻期间只身逃出来的年轻人，他深夜逃到鼎湖山被收留下来进入僧侣社会。士绅居士——不必然有僧人身份拘束——也来寻求避难。1645 年，琼山知县——后来投降清朝做了官——在南方政权变幻无常的日子里也在这里避难。许多年后他再度出山在广东就职时，他不仅捐赠现金给道丘，而且还在庆云寺建造一庵院，后来改造成檀越堂。

一当战事结束，广东各主要大寺院很快与新朝政权达成协议。道丘、弘赞以及其他广东籍佛教大师如天然函昰得到了尚可喜、耿继茂两位被满清封为王爷的地方统治者的支持,两人从 17 世纪 50—70 年代给广东境内几十所大寺院作了大量捐赠,其中包括庆云寺。他们的捐赠本是为安抚在战斗中阵亡的灵魂;但也是买通人心的好办法,并且是对幸存者所遭受的损失的最好补偿。

尽管这段时期政治局势不太稳定,但是当地士绅还是设法维持他们对道丘及其所在寺院的经济支持,帮助其度过了最艰难的岁月。经济上的支援具有实质意义,在建造寺院楼房的时候尤其重要。修建工程在道丘任住持期间贯穿始终,因为在他到任之前只完成了主楼。资源很快就花光了。例如,在初期预算中分配的充足资金完成了主楼,但没有制造要安置在大雄宝殿里的巨大佛像,并塑金身。为了平衡这笔开销,估计大约 200 多两白银,监院智觉准备远出化缘。令他大为惊奇的是,他几乎很快就达到了目标。当地一位虔信的士绅地主决定卖掉他三分之一的财产来募集这笔款项。按照文字记载,他全家包括他的两个儿子都愿意捐献很大一部分财产来支持父亲的善举。(这位施主明智地把他的捐助和他亲属的捐献分开,以免将来他的家属和寺院之间产生纠纷。)当征求长子的意见时,这位长子(国子监的一名学生,后来他本人也成了僧侣,皈依了天然函昰大师)认识到田房只是身外之物,将其捐给寺院,"其转虚为实耶"。这次捐赠,他的儿子们、孙子们和一个兄弟都正式地成为寺院共同的施主。

146

道丘认为这类捐赠有助于建立宗教的信仰和认识。然而,另一方面,捐赠的热情也会导致住持和他潜在的施主之间发生冲突。在晚明朱由榔手下任职的肇庆知府由于担心庆云寺缺乏可靠、固定的收入来源以维持正在修理中的建筑,他便于 1649 年和监寺商量草拟了募捐的计划,但未被道丘知晓。监寺和知府去本府那些望族人家,设法筹得一千金,然后把这笔捐金交给道丘,建议他购买一块地产,能产生一点收入,适当维持寺院的物质建筑。令知府大为吃惊,也使监寺十分尴尬的是,道丘拒绝这笔捐赠。他早已在他的《祖训》中明确表示了对这样的问题的看法，在一年前颁布的《重申祖训约》中用甚至更为强烈的措辞重申了这一点。《重申祖训约》的第一条就禁止寺院建筑的私人所有权（"不得私据房舍"）；第六条则不准募集获得财产的资金（"不得私化小缘"）。道丘意识到这些训诫并没有为他的支持者所认真理解，故而他又制定著名的《本院不置田约》，禁止本寺成员拥有田地。这个训约进入19世纪后仍然被遵守着，此时庆云寺居住着几百个僧侣，但是仍然是不拥有田产的僧团。①

　　道丘反对寺院财产的论点是，居家信徒的持续支持能提供足以维持寺院在一个可接受的层次上发挥作用的一笔收入。通过依赖断断续续的而不是一次性捐赠获得的收入，庆云寺的僧侣就不会受到诱惑产生像收租这类世俗的举动，他们有责任为虔诚信仰维持高尚的声誉以鼓励对寺院的持续捐助。施主能目击他们在具体项目上捐赠的直接结果，而不是观看他们的捐赠消失在匿名的受托田产之中。道丘拒绝卷入拥有田地，也意味着摆脱内部下属寺院之间对寺院财产发生争执。另外也避免和本地地主发生潜在的冲突，其中有些地主还是他们的施主。明清之际147 差不多所有寺院都主要依靠田地收入以维持生存，道丘坚持了佛教僧侣主义的最严格的和世俗世界分开的理想，的确非同寻常。道丘把精神的纯洁置于物质财富之前的策略，有效地满足了寺院的需要，除他本人之外，每个人都对此大为惊讶。

　　在晚明，当财富变得日益流动时，财富的腐败影响是寺院领导者共同关心的问题。关于巴东（即四川东部）一家寺院的一个不足凭信的故事，讲述一位住持偶得一只青瓷碗，插花供养在佛像前。他原本插了一枝花在碗里，第二天清晨起来看时发现满满一碗花。他怀疑这碗有神奇性。那天晚上便放了一粒米在碗里，次日晨他却发现了满满一碗米。于

---

① 显承如海：《参学知津》，卷1第50页下。作者是一位僧侣，对于庆云寺如何设法不仅仅能活下来而且没有田产却一样兴隆，他感到困惑不解。

是,他装入铜、银和金在这碗里,也同样产生了神奇的效果。这家寺院变得富裕起来,住持把新增加的大半财富用于投资购买土地。在他年老,有一次过江视察他的田产的路上,他把这碗扔入江流。他的弟子们惊愕追惜,要跃入水中找回这瓷碗,但他阻止他们说:"我死,汝辈能谨饬自守乎? 若藏之不密,适足以取祸。吾今弃之,盖不欲汝曹增罪戾矣。"①尽管这个故事没有呼吁寺院禁绝拥有土地并从土地中获得收入的保障,但它确切地阐述了道丘强调的观点:财富的诱惑可能是僧侣宗教生活的最大威胁;从长远来看,也是寺院的社会公共机构活力的最大威胁。

道丘拒绝用知府募集的捐金来买田置地绝没有挫伤地方对他的寺院的支持和对他本人的热情。事实上,这样做起到了相反的作用,这位住持在这个地区已成为一位受到广泛追随的说法者。至少有一次,他利用这些说法的机会来和潜在的反对力量作战。1653 年,位于肇庆府东南边境的新会县城的士绅邀请他去说法。有一次说法时,他讲述了一个"狂儒"的故事,狂儒这个词语旨在责难喜欢给佛教士绅贴上"狂禅"标签的反佛论者。在道丘的故事中,这位狂儒参加某寺院的一个无遮法会——这样的法会是应当地文人之请求而举办的(就像道丘之应邀一样)——去取笑那些邀请僧人说法的信徒。然而,那天夜里此狂儒做梦,梦中有佛教的神祇掀翻了桌子,出现在他的面前,并使他改信了他所诋毁的宗教。道丘一定已经意识到他的士绅支持者正受到他们保守的同仁的批评。他在法会中争辩说:佛教能满足士绅的宗教需求。这对他来说是他争取士绅支持的关键因素。他也非常清楚,他需要多少这种支持。对像庆云寺这样的佛教道场来说,如果没有士绅的支持是不可能维持下去的,意识形态上的一致敌对也许会破坏庆云寺的建设工程。

1655 年 4 月,在他 69 岁生日时接到信徒的大量生日贺信和贺诗。

① 赵吉士辑:《寄园寄所寄》,第Ⅱ辑第 245 页。(参《四库全书存目丛书》子部第 155 册,《寄园寄所寄》卷 10,"驱睡寄",第 3 页上。——译注)

这些人大多是他的著名的在俗弟子。道丘把这些赠送的生日信件张贴在墙壁上让大家观看——这在江南士绅中是一种风俗①,而在广东的一所寺院里这样做也并非全不适宜。这些生日问候在随后的三年里每年都有,直到1658年道丘72岁圆寂为止。他逝世时,数千名在家弟子中的著名人物作出决定:弘赞应当继任住持之职。因此这位来自阳江县的宾客——他的姓氏曾经鼓舞了在鼎湖山上建造寺院的最初冲动——重返25年前他首次访问的这个地方。

弘赞在1636年离开高要之后,像道丘在其事业的早期阶段一样,北上江南云游,以寻求进一步的开示。他先游方到杭州,追随一位著名的佛学大师。然后他在浙江北部包括宁波的天童寺在内的几个有名寺院逗留了不长的时间,最后回到杭州进一步学习。正是在江南的这段时间里,他给自己确定了不寻常的任务:学读梵文,这是他个人将重心从信仰实践转到倾向学术研究的一个信号。弘赞后来又到中国中部地区的寺院参访,他只在1643年明朝行将灭亡之时回到过南方广东。

在南归的路上,弘赞在广东省北部的韶州府停留(韶州是利玛窦在1589年被迫离开肇庆后在南方传教的第二个据点)。韶州吸引弘赞的是名闻遐迩的南华寺。南华寺的名称在佛教历史上是和以肇庆为故乡的六祖惠能联系在一起的。惠能不仅在记忆中受到尊重,而且他的物质的存在也受到崇拜,因为他的肉身在南华保存完好,可供信仰者观瞻。就名声而言,南华是中国南方最大的寺院,尽管在弘赞参访的时代,南华已经从它先前的辉煌里衰落。自打1467年起,南华就没再有重大的修建工作。利玛窦高度评论佛教在中国文化中享有的地位,而批评在他1589年到达韶州府之后不久参访南华期间这个地方的僧风"放荡不羁",他断定其中一些僧侣就是"谋杀者和强盗"。尽管这样一种描述肯定有些夸张(利氏有理由厌憎佛教僧侣,因为他和他们处于竞争状态),但南华到

① 万言:《管邨文钞》,卷1第58页下。

16 和 17 世纪交替时的确在经济上十分糟糕,抵挡不住更强有力的邻敌的侵犯。[1]

在利氏访问和弘赞到达之间半个世纪,似乎没有做任何事情来改进南华的宗教实践水平。也许正是这个曾经辉煌的佛教道场的衰败,或者,也许弘赞不希望卷入倾向于复兴大寺院的内部政治纠纷——不论是什么驱动了他,弘赞决定不驻锡在南华,而代之以在邻县英德美丽的山中建造他自己的小庵。他从他的新寓取号草堂大师。他出现在英德的消息传开来了,因为在次年该县最著名的一位致仕官员及其当地士绅中的同仁为弘赞建立他自己的小规模的寺院,弘赞名之为"白象林";他们都力请他在那里为众说法。

弘赞在这些人当中组织了一个信仰性的社团,如他当年作为一个年轻信徒在回到高要时加入进去的善萌会一样,他还指导一个全日制的佛教研究班。[2] 在他担任白象住持的 15 年期间,他撰写了两部律典疏释,给他带来了与日俱增的声名,使他成为他那个时代富有影响的律学学者。弘赞于 1658 年离开白象林,应邀前来接管庆云寺。

作为一个住持,道丘要求最严格遵守戒律,这种严格性是在本地区较富裕的绅士和官僚中鼓励信仰热情和支持——无论是经济上的还是精神上的支持——的因素之一。他的富于影响的故事不胜枚举。例如广东布政司参议洪天擢,经常来到鼎湖山饭堂供役,即使他在那里侍候的低等访客也认为这样的工作是自贬身份和可鄙的。洪总是平静地提醒他们:"汝等贫贱、痴愚,良由多生不修福慧。"[3]弘赞不像他的师父道丘那样,他没有鼓励这样极端的信仰。他有一颗更加温和的心灵,比起强烈的信仰和严格的戒律,他更多地给予了学术的追求。他也是更随和而

150

---

[1]《曹溪通志》(1672),陈的序言(1598)第 3 页上,卷 1 第 12 页下;利玛窦,《利玛窦文集》(*Fonti Ricciane*),第 340 页;福征,《憨山大师年谱疏注》,第 78 页。
[2]《英德县续志》(1931),卷 5 第 31 页上—32 页上。
[3]《鼎湖山志》(1717),卷 5 第 31 页下。

平易近人的,因为他在僧侣阶层内外似乎比道丘吸引了更加广泛的追随者。

一当弘赞就任住持之后,智觉——他过去结下情谊的法友,决定隐退到鼎湖山东北部山中的一座小寺里去,并在那里一直待到1662年去世。在庆云寺寺志中没有给出他离去的任何理由,但很可能在住持之职给予弘赞后他觉得留在庆云寺没有什么前途。弘赞只能独自继续那建寺的工作,这工作在道丘任庆云寺住持以来一直都在进行着。在这工作中,他接受了尚可喜一千银两的捐赠,这位受封于清朝的王爷统帅着带到南方的清军。在道丘时代,这笔捐赠支持了钟鼓楼的重建,并在1670年冬和1672年夏之间用于其他建筑物的修复工作。

弘赞还建造了一个接待宾客的下馆和第二处寺院(别院),前者他称之为"憩庵",坐落在从鼎湖山往南流经5公里进入西江下游宁塘江口,距高要县城大约20公里处。建造憩庵的意图是为那些来参访庆云寺的人提供旅馆服务和休憩场所。(庆云寺在西江还有另一个下馆,从府会顺流而下大约6公里,称为"化城庵"。化城是《法华经》中虚幻之城,尽管这名称也意味着"化缘之城"。)当弘赞的一个俗家弟子——当地士绅的一员——在升任县丞的小小职位时,捐赠了一小块庄地给寺院,于是建造憩庵便有了着落。弘赞保留一半作憩庵建地之用,另一半则卖掉以提供建庵花费所需的资金。这样,他遵循了道丘反对保留土地以获利的诚约。

第二处寺院的创建是一种私人的努力,而不是庆云寺共修团体事业的一部分。像他的朋友智觉一样,弘赞开始厌倦自1644年以来他就一直积极参与的传法与寺务管理。智觉去世之后两年,弘赞去了仅仅越过肇庆府的边界的南海县,在那里修建了一座叫宝象林的姊妹寺。这个名称使人想起他在广东北部建造的第一所寺院(白象林)。宝象林占地30亩,是本乡一位在俗士绅捐赠给他的。宝象林在规模上远远赶不上庆云寺,但它确可夸耀的事物是拥有七层舍利塔。此塔用庆云寺附近采掘的大理石镶嵌而成,是当地风景中最雄伟的景观。此寺在口语中以瑞塔寺而闻名遐迩。尽管弘赞宁愿宝象林安安静静,没有寺务管理所干扰,他可以致力于他的学术工作,其中包括编辑他的文集,但他还是没有放弃庆云寺住持之职。相反,在情况需要的时候,他定期往返于两寺间100多公里的路途上。随着弘赞日渐年迈,他便把庆云寺诸多寺务托付给他的副手监院。他在宝象林安度余生,1686年在此离世,享年75岁。

庆云寺第三任住持是湛慈传源,他的出身比弘赞还要卑微。传源1621年生于广州顺德县,6岁时他就已经立志要过出家的生活。他于是成了当地一家寺院的侍僧,这是出身非精英背景的有志僧侣通常所走的道路。1642年他21岁时受具足戒。此后他决定追随道丘在律学教义方面寻求进一步的开示。正由于成了道丘的门徒,他才最终誓愿为僧,并采用传源的法号。(道丘在鼎湖山的第一代弟子中所有人的法名中都含有一个"传"字,意思即"传递"。)传源随侍道丘共13年。然后在1656年游方,行脚江南的佛教中心。他先去杭州,做了觉浪的学生。在杭州他 ¹⁵²讲演《楞伽经》引起人们的关注。但两年之后的一个冬天,道丘圆寂的消息传来,他还是回到了鼎湖山。接下来他作为弘赞手下的监院在鼎湖山工作了五年。像智觉一样,他最终厌倦了行政事务,而去肇庆以西的西宁县一座小庵(即梅砰庵——译注),过恬淡隐退的生活。

应西宁县士绅施主的请求,传源同意担任石门山附近另一所寺院的住持(因此他后来的称号又为"石门大师"),但他在那里的任务不太繁重。他和西宁县士绅许多其他成员有密切的联系,其中包括一个名叫金光绶的最活跃的生员。从《西宁县志》中我们得知,金光绶在地方上无论是作为公共的碑文的作者还是作为一名业余的诗人都有一定的声誉。他为公共建筑物写的碑文比任何其他的当地学者要多,而他的诗作——大多是关于地方著名的风景胜地,其中一些是关于佛教的——在数量上要超过保存在县志中的其他诗人的作品。金光绶是把诗题献给传源的西宁士绅中的许多人中的一位。

在 1686 年弘赞圆寂之后,传源开始担任庆云寺住持。他在个性气质上不同于弘赞,就像弘赞不同于道丘一样。他的本性简朴,在向外拓展方面不甚主动。这位新任住持专心于禅定静虑,不太在乎礼仪遵守的问题。他也吸引了僧侣世界众多的追随者。他在士绅中受支持的程度可被庆云寺第一部寺志的问世所证明,这与其说是一部正式的结构严谨的寺志,倒不如说是一部松散辑录的关于鼎湖山的文集。这部寺志专门刊载了该寺院来自官场内外各个品级的大约 82 位士绅支持者的诗。这些诗大都是颂扬山色之美、寺之庄严和头三任住持功德的,其中许多诗都是写给传源的。这些士绅的文字涉及了大量的关于地方士绅对鼎湖山的向往和崇敬的内容,就像一位当地举人写给僧侣友人的一首诗中的第二诗节所说:

> 佛照却疑山月明,
>
> 梵音亦许野猿闻。
>
> 我来欲结东林社,
>
> 拂尘谈禅到日曛。①

第四任住持契如元渠(1626—1700)在争取世俗支持建筑佛寺方面同样十分活跃。在他的住持生涯期间,除了传授了 100 多个出家弟子之外,元渠还管理 1 000 多名在俗信徒。像传源一样,元渠在早年就对佛教产生兴趣。他 1626 年出生在番禺县,5 岁时就和妈妈一起践行佛教倡导的素食,14 岁时他恳求父母允他出家为僧。受到父母的拒绝后,他便在朋友中组织了一个念佛会。再过了不到十年,他就自由地从事宗教的职业了。他先是在宗符智华(这位广东籍大师在明清易代之际曾一度寄居在鼎湖山)门下做了两年僧徒,并于 1652 年由宗符在双桂寺为他剃度。元渠曾有一段时间去鼎湖山侍学道丘,后流徒于广东好几个寺院,边学

---

①《鼎湖外纪》,卷 1 第 15 页上,"东林"是一个常见的描写世外桃源的诗歌术语,尽管它也使人想起东林党自我确认的书院名称。

习边担任各种僧职。元渠曾有两次北上参方,一次在 1660 年,另一次在 1680 年。1680 年游历的大部分时间是在浙江度过的,他被劝留在宁波天童寺担任监院,可是不到一年就离开,返回广州。一开始他谢绝担任庆云寺住持的邀请,后来庆云寺同时以僧侣和在俗施主的名义说服他,他便接受了这个职位,直到 1700 年圆寂。

就我们能断定的而言,头四任住持中只有弘赞信仰佛教是来自士绅背景。1700 年之后,一种引人注目的转变发生了,下三任住持全部出身于士绅。元渠的监院空石传意,在元渠死后担任了三年代理住持,之后在 1703 年升座转为正式住持。传意于 1652 年出身于广州一个几代以文学修养而知名的家庭,他在 1670 年悄悄地离家投奔鼎湖山,次年弘赞为他剃度。他去江南云游(包括参访了阿育王寺)之后,南归作为弘赞的入室弟子而随侍左右。弘赞于 1686 年圆寂的时候,传意偏巧在江南,于是他和江西一位出版商商定为老师出版律学注疏。他回鼎湖山后,负责建造弘赞的墓塔,用从当地采来的大理石砌成。1694 年,弘赞的下院宝 _154_ 象林遭受一场洪水严重损坏,传意离开庆云寺决意恢复宝象林昔日的宏伟。传意发现宝象林一片荒凉,并且修复它也缺乏资金,于是便违犯了道丘的建寺方针,在 1696 年买了 20 亩地,从地租中为宝象林提供一个固定的收入。传意之积极有为,不仅表现在修复宝象林的建筑物和募集资金中,而且还在那里建立了居士佛教的信仰——他在当地施主中组织了一个放生会。

在元渠担任住持的最后几年里,庆云寺衰败颓落。忧虑不安的士绅支持者在 1700 年走向传意,那时他从宝象林退隐到附近一个与世隔绝的地方。他被请来庆云寺担任了为期三年的监院。由于这时没有委任新的住持,传意实际上是代理住持。这表明士绅对他们选择元渠已经失望,从而促使他们对下一任住持的人选要进行一段时间的考验,如此之后才能信任这位新的住持。传意接受了监院的职位,三年后被确认为正式的住持。随后他又接受了来自广东其他寺院的邀请,在别处也担任住持,但他留住在鼎湖山。他在鼎湖山的主要贡献是建立了一笔可动用的资金,能应付将来寺院建筑的修整。纵然由于在一定程度上受到道丘《重申祖训约》在积累固定收入方面的种种限制而遭受挫折,但传意设立这笔资金是希望它也许在可以接受的限度内为庆云寺创造一些经济上的稳定性。然而,在他担任住持仅仅四年之后,他过早地谢世了,享年55岁。

接任的住持是精力充沛的圆捷一机,他是弘赞的门徒,在1707年传意圆寂时追随传意才仅仅一年。一机于1630年出生在番禺县一个有所成就的士绅家庭,曾遵循着家庭期望年轻人通过国家的科举考试而金榜题名的正常道路。他是一个天资聪颖而轻松快活的孩子,由祖父教授他学业。祖父希望他将来成为一个大学者。一位同他一起学习的族兄后来做到翰林学士,这位翰林学士在给他出家为僧的族弟所写的传记中说道:我们在同一条路上走了不同的分叉,然而"造车合辙"——暗示他们

155 在各自的领域里最终取得成功。在早年生活中,一机尽管在很大程度上是因为他的家庭背景才选择了出家为僧,但他采取了一条与他的家庭为他设计的道路不相同的路。他还是一个学生的时候,他的祖父和母亲就在他们住地附近修建了一座私家庵堂,并雇请了一位僧人居住在那里,为他们家族操办佛事。一机开始认识这位僧人,并且由于与僧人的熟识而对佛教着迷起来。因为生病,他的第一次科举考试没能成行,此后他作出决定出家为僧。1647年祖父的去世,先是猛然摧垮了他的身体,随后他决定素食。在1648年,在他家庵堂的僧人为祖父做完周年祭的宗教仪式之后,一机跟着他回到了庵堂,拒绝回归世俗的生活。这位僧人竭力向其家庭为他的决定作辩护,指出:让一机留在家庵就是"出家",因为这样一种出家为僧的佛教方式并非真的在身体、空间上离开家庭。他家里同意了一机的选择。然而,一机最终完全斩断了尘缘,离开家庵,接受了宝安县一位佛教大师的剃度。那时他19岁。

这位年轻的沙弥后来到鼎湖山修习佛法,包括在道丘指导下学习三

藏。正是在这时他取法号一机。(一这个字意谓"统一",是道丘第二代
弟子的字辈。)道丘死后,一机帮助弘赞完成了他的前任留下来的某些艰
难的未完竣的建筑工程。一机在弘赞以及接下来的三任住持手下都担
任过若干僧职,升任到监院的高位。也许由于他儒学教育的底子,他多
多少少获得了善辩能文的声名,他利用这种才能来写做像《逢常辨惑》这
样的佛教小册子。[①] 一机成为庆云寺的住持是在他刚过完 77 岁生日之
后,但他在任上不到一年就去世了。

　　庆云寺的这一系列的住持结束于第七任的东樵成鹙。东樵成鹙在
这个住持职位上的生涯,文献记载很贫乏而且充满了疑问。("成"是道
丘第三代弟子法名中的字辈。)我们对他的生平所知甚少。他编修了鼎
湖山的第二部寺志,此外可归于他的其他工作似乎已不明显。在 1708
年担任庆云寺的住持职位之前,他是五个较小的庵和精舍的住持。甚至
在到达庆云寺之前,成鹙就已确立了与士绅打交道的一种方式。当他
1695 年住在广州府南部(香山县)东林庵时,他是一个诗社的唯一僧人,
该诗社是由东林庵创建者之子组织的。[②]

　　成鹙和一机在不同时期担任广州同一小庵的住持,然而《高要县志》
里有一条记录表明,这两人之间还有某种宗派的联系。这条记录说他们
在庆云寺居住时,两人都是智觉门徒的反对派。在创建庆云寺时,智觉
是道丘的监院、弘赞的同事。尽管正式的记载都宣称弘赞和智觉是亲近
的,但他们各自的弟子在某种程度上形成冲突。"互相水火"——寺志这
样来表述他们之间的关系。[③] 这种尖锐的宗派分裂的起因不明,尽管最
可能发生争端的问题是田地,因为智觉曾尝试寻找一笔田地捐赠,而弘
赞则维持对道丘的忠诚,不赞成僧伽私蓄财产。

　　成鹙与弘赞宗派联手,在斗争中脱颖而出,赢得了对寺院的控制。

① 他的著作集后来出版,以《涂鸦集》之名冠称。
②《香山县志》(1920),卷 7 第 6 页上、下。
③《高要县志》(1826),卷 21 第 39 页下—40 页下。

在他编修的 1711 年《鼎湖山志》中，他有意模糊智觉在创建寺院方面所起的作用。他仅仅提到智觉是梁如高的一个知交，并不言及他在加入僧伽前后对创建和维持该寺的诸多贡献。这种斗争后来在 18 世纪似乎得到暂时的平息——当时一位在任的住持清除了成鹫新编寺志中在他看来是令人厌憎的宗派性的段落。遗憾的是所有现存的该寺志的版本都把这种修订的日期向后推延。因此直到我们见到康熙年间的一个副本中有成鹫写的序言之前，我们无法猜想一个人的弟子为什么和另一个人的弟子互相争斗的原因。

从保存下来的这部寺志的版本内容来看，有一件事情是清楚的：成鹫和中国南方重要的官僚和士绅有着紧密的联系。他延请了 11 位官员为他的新编寺志写序，他出版的文人诗歌专集《登临题咏》中的作者都在从县到省的不同层次担任一定的官职。寺志中的许多诗歌明确是写给成鹫的，很可能和他写的诗作酬答、交换，因为他设想自己和他所相识的士绅诗人是平等的，并在寺志中印了不少数量的他自己的作品。成鹫也有可能邀请当地诗人为计划中的鼎湖山的最优胜的美景纪念册作诗。对成鹫来说，要求文学的捐赠和进行诗作的交换有助于促进和加强彼此之间有益的联系。成鹫本人作为一个诗人的成就是以士绅的风格进一步显示出他个人参与当地的士绅文化，也显示出他意识到这种参与对一个像他这样地位的人来说是合适的。

1711 年的《鼎湖山志》由一位匿名的"僧史"在 1717 年修订出版，这是庆云寺最后一部大型的编撰物。但从中我们无法知道成鹫之死及其继任者的任何事情。

我们所知的在头七位住持领导下的庆云寺，提供了关于 17 世纪士绅社会和捐赠活动的饶有趣味的考察。庆云寺的宏大规模能使我们了解到，要成功地管理这样规模的一个佛教道场，意味着住持在当地居民的豪富家族中必须保证有雄厚的支持基础。既然道丘切断了通常依靠土地投资得来的收入，那么继任的住持就不得不确保他们的僧侣对信众维持一种崇高的声誉,以鼓舞居家支持者持续的捐助。在某种程度上说,寺院是能依靠它自身的辉煌来吸引世俗社会支持的。在第三任住持传源的任期内,肇庆知府指出了这一点。他论证说,寺院要是在一个较小的规模上计划和建设,那是不可能度过王朝鼎革之际的艰难时代的。他把这种英明的决策归功于道丘,尽管他也提到弘赞和传源以及作出这个策略的其他重要人物,他们富有影响地和持续不断地吸引着地方的支持。

寺院的布局陈设进一步加强了信众尤其士绅应当参与寺院事务的这种期待。寺院让净业堂安置阿弥陀佛的崇拜,阿弥陀佛是西方净土佛;阿弥陀佛崇拜是包括士绅和普通民众的在俗之人宗教活动的中心。寺院也有一个放生池——靠在俗信众的经济支持而建造的——足够富裕的善男信女不吝惜买来活鱼投放到这个池子里。在寺院的语境中,这类善举含有宗教修持的意义。还有一个印经堂,印制和流通佛经和寺志,给有文化修养的在俗读者提供服务。印刷一部特定著作的花费通常由一个或几个施主承担,他们的功德芳名也被纳入印刷的书籍。①

寺院寻求地方士绅支持的重要联系机构是称做"檀越堂"的神圣场所,在此供奉着"开山护法宰官"。② 刻有施主姓名的牌位也依序安置在檀越堂的两厢,最早捐赠的施主会放在最靠近大祭台的地方,晚一些的捐助者排在两边。檀越堂发挥的主要功能是为去世的施主操办正规的祈祷祭祀活动。寺院能为人的灵魂提供一种永恒的祝福以换取富裕施主捐献的可触知的利益。受到檀越堂这样供奉的施主有:开始兴建了莲花林的最初建筑物的梁如高,其私庵被改造成檀越堂的大施主;还有赠送憩庵用地的县丞,以及捐赠三分之一家产的那位地主及其家属。

在庆云寺兴隆的时代,它在与本地或地区士绅的关系的特征与排列

①庆云寺继续印刷宗教小册子,英属哥伦比亚大学亚洲图书馆有一部注释版《心经》的抄本,日期是 1920 年,这是庆云印行的本子。
②《鼎湖山志》(1717),卷 1 第 26 页下。

158

上并不是很独特的，但拒绝拥有土地则肯定是不寻常的；而寺院作为一个公共机构以社会结构为基础，并取决于一种文化环境，在这种环境里，对士绅来说佛教徒的业余爱好和捐赠寺院的热情被认为是正当的，甚至是可效仿的。在激起当地有财富和有影响的人士的热烈响应方面，住持可能是一个关键性人物。但是士绅的参与比住持个人的风格和关系更具有普遍意义，而且这种参与无论每一任新住持个人风格带来的变化如何仍然持续下去。有些住持可能比另一些住持建立更富有成效的关系网络，但只要他们坚持某种与适当的宗教行为有关的期望，支持就会源源不断，纷至沓来。这种支持采取什么形式，士绅认为为何他们给予支持，是本书下面两章要考察的主题。

第五章　士绅怎样捐赠寺院

　　16、17世纪之交,在富饶的城市苏州的一所寺院里有一位僧人,梦见他受到寺院守护神(伽蓝)的参访。这位守护神告诉他,明天清晨他将会碰到一个即将通过乡试的姓张的新贵人。这个姓张的可能正好就是那类其社会背景也许鼓励他向寺院慷慨捐赠以示感恩的人。这位僧人为将要会见一个潜在的捐助人的希望而激动不已,次日清晨他冲出寺院早早地奔向大街上物色,迎面就碰撞上了一个正从寺院大门旁边经过的书生。这人就姓张。他刚刚参加完乡试,正等待第二天放榜的结果。那僧人在这一天余下来的时光中丝毫不让这位候选的举人消失于他的视野之外,为他进行了各种各样的服务,以期赢得他将来的捐赠。翌日晨黎明时分,高中金榜的考生名单公布了。有一位姓张的考生确实榜上有名,但令这位僧人懊恼不堪的是,成功者并不是他一直在讨好的那位张姓考生![1]

　　这样,记述这个故事的17世纪的作者温和地揶揄了一位僧侣对已

---

[1] 来自陆次云讲述的一个故事,见张潮《虞初新志》(1683年)重印本,第110页。(参北京:文学古籍刊行出版社1954年版卷12《湖壖杂记》,第178页。张潮在故事末尾说:"此当是寺僧平时势利炎凉,故伽蓝恶而戏之耳。"——译注)

成为士绅社会广泛体认的一件事实即捐助佛教寺院的反应。在那个时代,这位僧人知道,这种捐助正在对佛教的公共机构的活力作出巨大的贡献。只有一两个僧侣的小寺庙能依赖不多的资源而存活下来,但是更宏大规模的寺院则需要富裕人家的持续支持。晚明的思想和艺术气氛在鼓励士绅向这些肯定是非儒家的机构慷慨捐赠方面起到了一定程度的作用。然而士绅作为捐赠者的活动构成了比我们早先几章中所考察的哲学和文化的趋向更实际,也许更持久的社会介入的纲领。总体来说,在晚明,思想和行动的撞合使寺院的捐赠成为士绅社会的一个决定性特征。

一个士绅成员可以通过许多行动和姿态建立这种捐赠关系。他能向寺院捐赠一大笔钱,这通常是专款专用,为一项特别的工程,如兴建或修整一座楼宇,或购买田地以从地租中提供收入。他还能直接捐赠一小块土地或安排转让所有权给寺院法人。但是他还能以那些不太有形但有同等影响的方式为寺院提供捐助。他能参与监督寺院事务,用他的威望和政治影响来加强寺院机构顺利地发挥作用的能力,并抵御外在的威胁。他还能从事在本章中所提到的像文学的捐赠,即以散文或诗歌的形式公开赞颂寺院及其环境和僧侣。本章将对这些捐赠形式一一加以考察。尽管它们能独立地发生,但通常都是共同出现,每一种方式都能加强对另一种方式的影响:例如,土地的捐赠是为了提供新建寺院的维修保养费用;而一套公共文献的出版是从文字上记载修复的工程;或者一块用书面文字镌刻的石碑是纪念土地的捐赠。不论什么时候,只要有可能,财富总要同威望和保护职能结合在一起;士绅的处境能全面提供上述三种情况的捐赠。

一、钱财的捐赠

寺院为了维持它们的物质建筑承受着巨大的压力。它们面对的不只是时间和衰颓的自然压力,而且还要面对衰颓的后果。因为不尽职尽心就会使诸方支持失去信心。维持物质健康的外表是一所寺院希望吸引游客和施主的基本投资。一所或许由十几栋单体建筑物组成的规模宏大的寺院,需要不断地油漆和修缮以免灰泥裂缝、木头腐烂和瓦片滑落。即使较小的寺院也经不起年久风化而不修葺。保养维护寺院建筑,的确是寺院生活的常项事实。

　　明清资料中寺院重建和维修的记载粗略地说明了这种建设的规模,也隐含着费用的大小。最大规模的施工是拓荒创建寺院(建)。其次是完全废弃寺院的重新建设(重建)。再次是全面地修复现存的寺院(重修),随后是小修(修)。最后还有小小的修补或修饰(葺)。并非每个人都在统一的或精确的意义上使用这些词语,但是地方的编年史作者一贯尝试着把这种工作的规模加以分类。他们认为一个精确的历史记录是有必要的,与其说是为了知道寺建筑物本身的历史(尽管这些建筑可能是本县建筑的最好杰作,值得仔细记载),倒不如说为了给那些为这项工作而慈善捐赠的个人以合适的表彰。

　　在晚期帝制时代的中国,很少有寺院是创建的。明初重建阶段出现了少量寺院,但大多数新寺院的创建可追溯到明代后期的数十年。例如,庆云寺(前章已讨论)创建于 1636 年,光明寺(第七章将讨论)创建于 1602 年。这两所寺院都是在富有活力的住持积极募化士绅财富所带来的显著成功的实例。然而它们也都是特例。明清时期大多数寺院建设都是明朝之前旧寺院的修整和恢复。这个时期倾向于整修现有寺院而不是创建新的寺院,这与白手起家时筹集的底金有关系,也与着手修复一个既有悠久年代又有神圣光环的古刹的吸引力有关。它也反映了洪武年间(1368—1398)明太祖对创建或登记新的寺院的禁止,这是写进《明律》里的。[1] 未登记注册的寺院总是易受侵占或被取缔。明代庵之数

----

① 参见本书导论第 4 页注②,《明律集解附例》。

量的激增表明，这些较小的、常常是私人的机构却不受政府对大寺院规定的限制。

162　　在明代资料中，捐资兴建寺院建筑物是士绅向寺院捐赠所提到的最经常的形式。这也许是最受士绅本身欢迎的一种形式，因此比土地捐赠更多。建筑工程是一项投资，可产生令人满意的看得到的效果，同时也可有助于给那些为建寺出资付费的人在公众中增加威望和声誉。

　　这些花费可能是巨大的。全面的重建也许要花几十年才能完成，可能要耗费成千上万的银两。① 如果还需要重修通达寺院的道路和桥梁，那么这种耗资甚至就会更高。建造一栋像大雄宝殿这样的主楼当然会因它的规模和辉煌度而有差别，但其预算通常会超过 1 000 银两，甚至实际花销可能高达 2 000 银两。② 修整现存的建筑也会有很大的差别，尽管这笔费用通常超过 100 两。从 1612 年浙江桐乡县一所寺院整修一座钟鼓楼所花费用的记录中，我们可以获得这种支出开销的概念。钟楼本身修整费花去 81 两：其中 16 两是砖钱，35 两买木材，30 两用于雇工的食物和工资开销。另外有 10 两用于树立一块纪念修复的石碑，还有 40 两花在献给守护神文昌君的供品以确保这项工程的顺利成功。最贵的开销是铸造的新钟：铸造所用的青铜和劳动花银超过 300 两。③

　　就初始的花费来说，寺院的建设工程不仅耗资巨大，还需要长期支出以维修保养。由于受到无休止的物质衰败过程的影响，寺院建筑要是不任其败坏下去的话需要定期整修，如此就不得不募集钱财来确保它的长期生存。明代人对一座佛殿的半衰期的估计也有很大差异。1612 年

---

① 普里普-摩勒（Prip-Møller）：《中国的佛教寺院》（*Chinese Buddhist Monasteries*），第 295 页；《大昭庆律寺志》(1882)，卷 1 第 8 页上；《武林梵志》(1799)，卷 1 第 37 页下；张岱：《琅嬛文集》，第 61 页；《冶父山志》(1936)，卷 2 第 1 页下—2 页下。

②《金山志》(1762)，卷 9 第 12 页下；《金陵梵刹志》(1607)，卷 4 第 18 页上；《宁化县志》(1684)，卷 2 第 22 页下。

③ 李乐：《见闻杂记》下册，卷 11 第 43 页下—44 页下。

北京城东一座尼庵的女住持感到,寺院物质建筑要是想继续吸引施主的话,那就需要每隔30年整修一次。一位苏州士绅在1622年论证说,寺院的主楼由于它们的高度而容易坍塌,应当大致每50年整修一次。一位杭州士绅在1525年写的一篇文章中观察到,200年才整修一次的间隔太长,因为没有什么东西能经得住那样长久而不坍塌,故而必须至少在100年进行一次大修,更可取的办法是进行频繁的整修。历经风霜而留存下来的寺院,整个结构必须重建。乐观地说,修补和整修得每隔几十年进行一次。①

　　这类整修计划需要大笔费用。对拥有大片土地的寺院来说,小修的劳动费用可以从地租的收入中来支出,而不需要募求特别的捐赠。但是涉及大量建筑供应物的任何工程都必须寻找外界的支援,以弥补寺院承担不了的费用。由于中国大多数雄伟的建筑物都是用木材架构,故木材是最急需的建筑材料,因而也是最昂贵的材料。拥有林地的寺院也许能得到所需的材料而不要付费②,但大多数寺院却没有这样好的天赐之材。其他建筑材料,像灰泥、石灰和瓦片,虽都比木材便宜,但花费还是相当可观。然后,还有劳动费用,其中大多数劳动力必须从寺院僧侣人员以外雇请民工。按照1658年一位监督修整寺院的住持的说法,要雇请1 000多工人。③ 因此,有钱的施主对任何宏大的寺院建筑来说都是不可或缺的。正如1586年的一位士绅参访者告诫正要寻求他支持的浙江南部一座山寺的住持说:"此大势力事。"④

　　然而,实际的经济负担也许不会全部落在富人的肩上。就此而言,袁宏道在16和17世纪之交写给一位住持的信中提供了一则颇有意味

163

---

① 《盘山志》(1696),卷3第37页上;《虎丘山志》(1767),卷23第26页下;《黄山志定本》(1679),卷3第82页下;杨世沅:《句容金石集》,卷8第3页下。
② 例如,1556年河南一所寺院用本寺的树木做一座新建钟塔的梁柱,尽管建筑材料的其他部分必得购买;《香严略纪》(1746),卷1第12页下。
③ 《香严略纪》(1746),超古的序言,第3页下 。
④ 《雁山志》(1601),卷4第89页。见戴洵《雁荡山重建灵岩佛殿记》。

的参考例子。湖广东北部一位住持对于他是否能用手边的资金来完成建筑工程存在一些疑问。袁宏道则向住持担保他不必忧虑:"里大姓竞为光复,且曰:'值今大有年,半村落中可具,无烦他舍'以告袁子。"①这种评论可以简单地表明士绅地主正在以收益分成为基础出租他们的土地——在湖广这是一个普通的契约,那么收成好意味着收入也增加。但是它也可能意味着士绅地主感到可将他们的抽成增加到只要他们的佃农尚能存活下去即可的程度,以便给宗教工程提供基金。在士绅掌握的记载中是不可能有更直接地提到如此压榨佃农的生存以支持寺院工程的证据的。

164 　　袁宏道的信函的确证明一个与寺院的资金有关的情况,就是依靠本地区许多士绅家族的联合提供资金是必不可少的;所谓本地区可能指寺院所在的附近的基层小行政区(乡,一个县里有四个或四个以上的乡),或者指整个县。偶尔,一项大的工程耗资数千银两,也有可能由渴望他们的善举为他们带来荣光和声望的一两个士绅支助。更多的可能是,积聚许多较小的捐资支付这笔费用。百两银子似乎已被认做是一项慷慨的捐赠,这对一个"巨富"的人来说是合宜的。② 更常见的情况是,除了大功德主捐助特定的工程外,士绅成员可能捐赠一项建设工程的平均费用是数十两而非数百两。然而,捐赠者也可能延长时间,分期小笔捐助这项工程。当然,所有这些估计都可能因地区经济的变化而有所差异。

　　最大的工程,例如拔地而起建造一座新的寺院,很可能要超越大多数县的士绅能力之外。1660年河南省一位知县提醒某寺院的施主们,"此非一邑一乡之力可易举者"③。有限的地方资源可能由县以上更高层

---

① 《袁宏道集笺校》,第1207页。给这种评论断定具体日期是不太可能的。袁宏道从1600—1606年生活在公安县,但湖广地区的农业状况直到1606年整个十年都比较景气。

② 《华峰山志》(1900),卷1第9页上。

③ 《香严略纪》(1746),郑的序言,第1页下 。

次的支持者的捐助得到补充。1611 年,有一位著名的僧侣为建造在徽州府黄山的一座新寺院,而走向北京的朝廷官员和宦官寻求支持,他的计划成功了。地方官员也可能为一项大工程筹措可得到的资源。如 1687年普陀岛上寺院在海禁放开后重建时,浙江的一位提督就为之募集了资金。① 另一个策略是把这项工程铺长几十年,尽管这会冒资金耗尽和完工之前方案泡汤的风险。

　　大多数的寺院建设工程停留在一个更可操作的规模上。他们从地方上募集资金,通常就限在一县之内,由一组捐助人而不是由一个捐赠者来捐资。尽管如此,不论开支多么小,募集资金都从来不是一件容易事。尽管和其他社会群体比较起来相对富裕一些,但晚明大多数地方士绅都不是极其富有的,也不太轻易可能将其财产兑现成资金。一百两银子都不容易募集。通常的做法是卖田地。② 但是在许多乡村地区商品市场并不景气,这也许使那些潜在的施主对在价格不好的时候卖掉地产变得消极。此外,在士绅家庭的成员能处理家庭财产之前,家属声称有优先安置权。尽管较为富有的士绅能更好地承担这笔开销,但正如焦竑所说的那样,他们总是不容易施舍他们的钱财。"今时人士小治园亭,辄穷水陆,虽捐数十百金弗惜。至饭一僧,葺一刹,即半菽一毛,拊心蠲痛。"③焦竑的看法也许可用来纠正这个时期保守的士人所写文章中更经常地表述的观点:士绅们不加选择地把他们的财富倾注到寺院的工程中,而忽略他们慈善事业的其他方面的要求。不过,寺院建设工程的资金筹集的来源还是十分宽广的,以致明代风景名胜区拔地而起的寺院比中国历史上至少宋代(或者可能还要更早的时代)以来曾经见过的寺院还要多。

165

---

① 《黄山志定本》(1679),卷 3 第 77 页下,见潘之恒《敕建慈光寺志》;《普陀山志》(1704),卷 4 第5 页上。在后面的个案中,这项工程由于皇帝本人赠一千银两得以摆脱困境。

② 万历中,海盐县一个生员为了捐助当地一家寺院的重建工作,不得不卖掉 30 亩地;《海盐县图经》(1624),卷 3 第 69 页下。

③ 《金陵梵刹志》(1607),卷 27 第 2 页下。

二、土地的捐让

除了建筑费用之外,寺院机构面临的另外一项巨大的开支是购买农业生产用地,以提供一份稳定的收入。尽管有道丘住持在庆云寺不置田产所树立的榜样(参见第四章),但能产生收入的田地是大多数寺院的经济活力所必不可少的。在万历年间,同理体认佛教的大学士沈一贯注意到:从来没有一所寺院能够吸引众多的僧侣而不先聚集大量土地。一位福建评论者以同样的口气说:"吾闻之有寺鲜无田以能悠久也。"[①]受托的财产是明清经济的一项可靠的资金来源。

明清资料显示,士绅是向其中包括寺院在内的一切依靠资产而生存的机构捐赠土地的主要提供者。有时可见到地方官僚的名字与土地转让给这些机构有关系,但是他们的角色多半是监督者或担保人而不是捐赠人。[②] 僧侣也可挂名购买土地,尽管他们的角色通常是为了募集所需资金来购买。"或施自缙绅,或集从缁侣"[③],当一位杭州施主在 1647 年他的文件中这样写时,他忘了指出,除去寺院动用大笔地租中来的收入,僧侣用来购买土地的钱款通常也都来自士绅。

许多晚明士绅都认识到有一种责任要提供土地给他们所捐赠的寺院。例如,南京的一部寺志记录了一位在 17 世纪末生活在南京的贫穷的福建籍士绅诗人,"常欲买田饭僧而未果"。对此他颇感失望。[④] 这个时期寺院的记载也表明士绅确实径直捐赠土地,尽管他们更经常地捐钱给僧人购买新地,或者有时帮助他们收回由于抵押或不适当售卖而失去

---

① 《招宝山志》(1847),卷 2 第 6 页上;《太姥山志》(1889),卷 2 第 19 页下。

② 黄六鸿在他 1699 年给知县写的一部指导手册里提到:过去,属于地方寺院、本地区书院及其他宗教的和教育的机构的土地,大都由宰官士绅买来捐赠。他把这作为注意这样的土地应受到保护而免受蚕噬的最好理由。黄六鸿:《福惠全书》,第 221 页。

③ 《理安寺志》(1762),卷 4 第 9 页上。

④ 《摄山志》(1790),卷 3 第 14 上。

的寺院财产。在后面这种试图赎回原先属于寺院土地的过程中,士绅的威望及其对本县地方官的影响,对成功地赎回土地、获得一个满意的结果来说是必不可少的。

尽管在晚明和清代寺志迅速增多,但我们还是难于估计寺院获得土地和士绅参与这个过程的规模。大多数寺院的资料缺乏关于土地购买、所有权或经营的前后一贯的记载。因此,下文的论述是根据不系统的资料得来的。我发现的士绅施主个人捐赠的最大土地量大致在 30—40 亩不等。[1] 按照晚明地主的标准,这样一个亩数并不是一个可观的数字,尽管这可能相当于一个中等士绅地主所拥有的百分之十的地产。大多数资料都提到士绅施主的土地捐赠说起来不到 10 亩,并且捐赠的常常是小块的零散的土地。[2] 晚明的土地构成经常是收益不好的散乱的小块土地,而不是比邻相连的大片的地产;寺院的地产属于同一个类型。

获得土地的最常见的情况是作为寺院较大工程的一部分。捐赠大笔钱财给寺院的施主想要看到他们所支持的寺院的维修及其机构生命的维持之不乏供应。通常的安排就是购买土地,捐让给寺院。然而,在买到土地之前,为一项工程所积攒的资金全部花光的情形也并不少见。例如,在宁波天童寺的重建于 1647 年完工之后,住持发现原初计划中的一部分,即用来收回从前寺院土地的资金已经所剩无几。幸运的是,他还能成功地劝化地方官和"乡之贤士大夫",为了达成这个目的,既捐钱,又让地。[3]

土地的捐赠还与寺院可能进行的其他工程有关。来自苏州的一个例子表明,土地捐赠是为了感谢寺院为改进地方经济所作的努力。[4] 大约 1630 年,圣恩寺的两位僧侣接受了四位士绅联合转让的土地,有 300

---

[1]《金陵梵刹志》(1607),卷 34 第 13 页上,提到一份 40 亩的捐赠;《栖霞寺志》(1704),卷 2 第 59 页下,列举一份 34.6 亩的捐赠。

[2] 例如,《净慈寺志》(1888),卷 7 第 9 页上;《鹤林寺志》(1600),第 1 页下。

[3]《天童寺志》(1811),卷 9 第 28 页下。

[4]《邓尉圣恩寺志》(1644),卷 7 第 9 页下—10 页下。

余亩。因为这个地区十年中有九年遭受旱灾,当地土地拥有者无力对配完税之后的盈余征取税收,不能从他们的土地上挣得足够的回报以支付大规模的基础建设的改善。于是两位僧侣决定捐出他们所有的土地的五分之一来兴修一个水库和渠道的灌溉系统。这一举措缓解了本地区水源供应的问题。本地士绅地主认识到僧侣所作出的贡献,便捐赠了另外几百亩土地给寺院,1634年他们又恳求地方免除这些土地的税收。这样的捐赠既补偿了寺院的损失,另外也是感谢僧侣为改进士绅土地的生产力所做的工作。这份记录并未表明最初的捐赠是否以灌溉工程为条件。至少,士绅的这次捐赠承认一所寺院和它的施主能够互惠互利。

一座合理建构的建筑物是一个实体,在战争和自然因素将其毁坏前,是那些修建它的人的慷慨捐赠的长时段的证明。这并不适应于寺院的可动用的财产,例如有一位施主的儿子,由于庵堂的衰圮失修而设法拿走了他父亲曾经捐赠给此庵的三尊优质的塑像。[1] 土地有一点像一尊塑像,你虽不能移动它,但可以拿回它的所有权。在土地一般可通过购买转让的经济中,通过捐赠的土地获取它的保值力有双重困难。捐赠者的家属或有势力的第三方都可能想从寺院的控制中强夺它。即使所捐赠的土地附有书面合同,按照习惯这块土地仍然可能被捐赠者收回,或被其他土地所有者侵占。法国汉学家谢和耐(Jacques Gernet)指出,唐代寺院的土地所有是很不稳定的,因为作为一种神圣供奉而捐献给佛的永远香火的土地与作为一种可上市买卖的商品的土地之间存在着不可调和的冲突。他提出,这种不稳定性是佛教机构在唐代全盛期之后衰落的内在原因之一。[2] 在明代,这种冲突的影响可能只有通过士绅施主对寺院的不断关注而受到控制。换言之,一旦土地转让,捐赠关系不能终止,而且为了确保施主的慷慨施舍不被偷走或不适当地卖掉,这种关系

---

[1] 叶梦珠:《阅世编》,第79页。
[2] 谢和耐(Gernet):《15世纪中国的佛教经济》,第134、297页。

必须保持下去。

如果他们卖掉确切地说不是他们自己的寺田,僧侣本身也可能成问题。寺田是由寺的管理者作为寺院财产的法人受托而持有的,不是作为个别的住持或僧侣的财产;除非所有成员都一致同意这样做外,法人也没有权利卖掉它。从宗教的角度看,这种后果是严重的,因为卖掉一块捐赠的土地也就等于取消了这种捐赠善举所积累的功德。这样做更是对原捐赠人的慷慨的一种侮辱,对其他做出同样捐赠的人产生阻碍的后果。

有两件法律案例说明了指导捐赠人坚持对其捐赠的寺院财产拥有权利的一些原则。第一例来自1670年的福建南部。有安姓宗族提出对一位僧人的诉讼,因为他卖掉安氏曾捐给他们建造一座小庵的田地。这位僧人争取了几个在当地有权势的人——其中包括一位低等功名的获得者——支持他。然而,知县坚持安氏有权监管这块田地的处置,并把那位卖地僧人从庵里驱了出去。[①] 这种判决并未暗示一位捐赠人对寺院土地有比寺院本身更大的权利,相反,它表明一位僧人作为寺院法人的代表无权处置法人财产,而一位施主则有权介入保护寺院法人的财产。

但是,就这个案例而言,在实践中也有可能出现侵犯相关权利的意外情况。首先此庵座址与安姓宗族的坟墓为邻,似乎很少作为一所公共寺院发挥作用,而更多地是作为安氏的私家祠堂,是在他们直接所有和控制之下的。其次,这里似乎有一些问题使安氏与僧人请来支持他的案子的那位低等功名持有者发生不和。他是在与安氏为此庵的捐赠或控制而竞争吗?他从这次售卖中谋求一些个人利益吗(也许他就是购买者吧)?他还有其他动机要削弱安氏宗族的地位吗?这些动机不可能有任何书面记载。当对寺院土地的问题出现冲突时,这类隐含的关切就像解决对立的财产要求的公开原则一样能对结果产生影响。

169

---

① 《宁化县志》(1648),卷2第24页下—25页上。

　　第二个案例来自苏州竹堂寺,较少模糊性。在 1765 年,竹堂寺附属的一座庵里有两位僧侣经寺院允许售卖 5 亩山地,为修建他们的庵提供资金。一位名叫庞鸣球的下层绅士为了建造宗族公墓,付出 250 两银子的超常价格购买这块地皮。袁宪文代表他的宗族向知县申诉不满,反对这次售卖。袁氏是竹堂的施主,以前好几代都捐让土地给该寺,有一次捐让的土地中似乎就包含这两位僧人所卖的这块地。知县受理了袁氏的诉讼,认为他的宗族有权对这次出售提出异议,但是因为在他听到这个案子的时候庞氏已经埋葬了几副棺材在这块发生争端的土地上,他便命令庞鸣求不必归还这块土地,但要补偿寺院一块相等的土地。庞氏答应给寺院三块总面积达 5.3 亩的地,这次转让的合同正式存档在县衙。

　　袁氏仍然不满意,进行了第二次诉讼。庞氏也提出严肃的反诉来回应,说袁氏干涉他家宗族长辈的埋葬。知县打发了两者的抱怨,指出袁作为施主的权利限于所捐赠土地的数量,不能系定在一块特定的地皮上。[①] 第一次判决表明施主有法定权利干涉寺地的处置,施主的后代被授权可以行使这种权利。第二次判决则肯定寺地充其量是可以交换的,但不能不经原捐赠人的允许就转让。第三次则暗示施主对属于他所捐赠的机构的财产处置的干涉,只是到他或他的祖先所捐赠财产达到的数量为限。

　　土地的捐赠者也得考虑到不仅僧人或共谋的外来者,而且他们自身的家属,都有可能侵占他们所赠土地的危险。施主的后裔常常试图收回他们的先人所捐赠的土地。因为寺院仅是以一种受托关系拥有土地,所以施主的后裔可能设法重新获得其先辈所赠土地的所有权,如果他们感到这块土地现在并未被寺院法人适当利用的话。后代也可能采取不同的步骤,首先在地方官面前争辩说他们的祖先无权捐赠这份财产,它不属于个人而是属于他的家族或宗族的财产。在其后代继承人不赞成施

170

―――――――――――

① 《竹堂寺志》(1917),卷 3 第 15 页上—16 页下。

主的捐赠时,僧人们因此会发现自己处于很困难的境地。有一个例子,在 1603 年有施主捐让一块地给了福建的一所寺院,从一开始捐赠和继承的矛盾原则之间所表现出来的紧张是捐赠的权利,因为施主(来自一个下层士绅家族)在转让契约中具体指出,他买地并捐赠住持受到他不孝儿子的反对。因此他的儿子被明确禁止在捐赠人死后试图收回这笔财产。而住持声称他考虑到由于"父子天伦"而回过头来馈赠儿子 20 两银子"以全父子之恩"。① 这位住持意识到这样的紧张可能给他正在接受的捐赠带来不利影响,便提供补偿给这位潜在(在合法继承权利方面)受侵害的儿子,这是一个谨慎的决定。

不过,法律惯例不认可后代对先辈已经转让给寺院的财产的要求。玉泉寺的一位施主(第九章,取为个案研究)在 1613 年的一篇文章中正好谈到了这个问题,他主张,捐赠人的子侄试图收回所捐赠的土地,既不合佛教的规章也违犯帝国的法律。② 然而,期待能收回所赠品的这一事实发出了一个信号,表明对受托财产有一定程度的异议,因为不存在对它的绝对的法律保护。施主只是给他们的后代留下严格的指令,希望保护他们的捐赠物。例如,16 世纪杭州城外一座庵的施主提出一个规定,要他的后代不准介入该庵的任何事务。正如这个例子结果所证明的那样,更大的危险存在别的地方,因为他安置在那里的僧侣在该世纪末叶卖掉了这座庵的土地。③ 上海地区有一座庵的施主们设法以下列碑文把两种可能性都铭刻在石碑上:"日后如有原助子孙,及住持僧人,敢于盗卖(这块土地),有废前人乐善者,一经告发,或被访闻,买卖均干同罪,后 *171*

---

① 《方广岩志》(1885),卷 4 第 3 页上—4 页上。张世荣的这项捐赠不能确定,可是万历年间的贡生张世经几乎肯定是他的亲属;《永福县志》(1749),卷 7 第 17 页下。

② 《玉泉山志》(1885),卷 3 第 32 下。英国法律,按照韦斯敏斯特的第二法规(the Second Statute of Westminster)(1285),如果这个寺院不适当出售捐地,或者如果僧侣不再提供宗教服务,那捐赠者可以重新拥有他捐给寺院的土地,这个规定必须作为原始捐赠的一个条件;诺尔斯(Knowles),《英国的宗教法令》(*The Religious Orders of England*),Ⅱ,第 286 页。就我所知,中国的法律并不含这样的条款,尽管中国的习俗法可能接受这样的逻辑。

③ 《武林梵志》(1780),卷 5 第 36 页下。

悔莫及,须至碑文者。"①

　　围绕土地捐赠的模糊性可能被施主本人弄得更糟,因为有时土地之捐赠带有附加条件。这些附带条件并不能捆住施主后代的手,但是可以阻止所捐赠的土地消失在寺院的所有权之中。安排给寺院的有条件的(或者一些情况下是欺骗性的)土地捐赠的潜在的好处是寺院可付较少的税收。虽然寺院土地是应完全纳税的,但僧侣们通常情况下可以获得免除徭役税的优待,有时也因申诉说僧户不应当负担税收的原则还可能向地方官诉求完全或部分免除寺院土地税。(如果该寺院经济状况不佳的话,这种诉求常常取得成功。)因此,一位施主也可能为避税设法把他的土地置于寺院的注册名下以逃避税收,而作为回报寺院从这块土地分成部分或全部的收入。这样一种安排称为委托,只是在同时代的资料中很少加以披露。② 因而,我只举出可以此方式来诠释的两例捐赠。

　　较早的一例是在 1431 年,有施主把一个果园捐赠给北京的崇国寺,要求这块果园地能免交税收。知县怀疑这项请求遮掩着一种委托的计划,就饬令寺院把这块地归还给原主。③ 第二例是关于 17 世纪中期的浙江中部发生的一起寺院土地争端——在此案的一次法定调查中发现,捐赠土地给寺院的两人中有一位施主收取僧侣使用土地的年金 3.2 两银。④ 这项费用的性质在此案公布的简短的结案报告中没有加以解释。施主只是维持对他的土地的一些征收收入权吗? 或者这是来自地租减去僧人承诺将土地挂在他们的赋税保护伞下使其隐匿的费用之后的收入吗?

　　有些寺院肯定一直在接受这种土地的转让:他们没有所有权,他们

---

① 上海博物馆:《上海碑刻资料选辑》,第 65 页。从 1695 年起,同样禁止直系后代售卖寺院土地,见《仙霞志略》(1695),第 46 页上、下。
② 1573 年福建《彰州府志》中提及僧人应该享有土地财产,尽管不是出现在捐赠的表面背后;《天下郡国利病书》(1975),卷 26 第 86 页下。
③ 徐学聚:《国朝典汇》,卷 134 第 13 页上、下。
④ 李渔:《资治新书二集》,卷 20 第 58 页下。

不能从这种土地上提取全部的收入。然而施主和寺院之间确切的经济关系在上文刚刚引述的案例中并不明了。应当指出,即使这种伎俩的滥用确实发生,但在晚明对大的土地所有者来说,广泛而普通地把土地捐赠给寺院完全属于一个巨大的税收上的骗局也是不可能的。如果这样做的话,那些警觉的地方长官就会向他们的上司举报,而在这点上他们却是沉默的。

172

三、士绅对寺院事务的监督

一位施主为了保护他在寺院的投资,可能在监督寺院事务方面发挥一定作用,扮演某种角色。日常事务的管理掌握在住持手里,但是施主能参与过问与寺院经济和外部事务相关的重大问题,这些事物也许超越了住持能令人满意地协调解决的能力。促使士绅介入的威胁几乎无一例外地根源于在财产和僧团法人之财富控制上的冲突。士绅施主尤其在他们觉察到他们个人所捐赠的土地和财富面临着危险的时候而参与寺院的事务。尽管我未曾发现任何证据证明士绅施主审计过他们所捐赠的寺院的财务记录,但是有一份材料提到,杭州一所寺院的士绅施主收回了 50 亩捐地,这是接受捐地的住持去世之后已经休耕并失落的地产。这则史料表明有些施主密切关注着寺院的财产。① 士绅的权威在努力维护寺院的经济活力方面也可能是一件有用的武器。

为了防御随时随地出现的外来威胁,士绅施主能够调解寺院与外部世界之间发生的冲突。这样的冲突可能有三种来源作为基础:税收、地租和所有权。

在某种意义上说,土地的购买价格仅仅是拥有生产性农业财产支出的一部分,另外的主要支出在土地税收上。不能纳税可能导致士绅曾帮

---

① 《净慈寺志》(1888),卷 7 第 4 页上。

助寺院获得的土地的丧失。尽管僧侣免除了徭役，但寺院财产容易受到固定的国家财政强征的土地税的影响。士绅施主为了得到减免寺院的税额，经常与地方长官进行交涉。对施主和寺院来说，理想的解决办法是完全免除税收。明清时期有些寺院享有这种地位，但通常需要大量的交涉。这里再一次表明士绅能在保护寺院（财产）方面发挥独一无二的作用，因为在地方社会中只有他们享有接近知县、与之进行私人会见的权利。保护寺院减免税收和先前提供土地一样，是一种捐赠行为。

173 正像士绅的干预可以使税收降低到最小程度，他们有时也同样涉入确保寺院能获得它们的地租收入的行动。我发现的这类干预的唯一例子是来自 20 世纪 30 年代的南京地区。建筑史学家乔纳斯·普里普·摩勒(Johannes Prip-Møller)曾对宝华山隆昌寺进行过深入的研究，他观察到僧人常常请求地方士绅帮助调解寺院在地租问题上和佃农的谈判。他指出这种谈判可能时间拖得很长，也很尖锐激烈，有时农民也委托他们自己的调解人和来自寺院一方的士绅调解者进行交涉。[1] 对于本研究的目的来说，这不是一个很好的例子，因为它晚了三个世纪，然而寺院此时对乡间土地占有的依赖的情形，与其在晚明时期的情形一样。

正如我们所看到的一样，最终对寺院威胁最大的就是对他们财产的侵占。这是晚明时代一个普遍的抱怨，那时似乎寺院丧失其土地差不多像得到它一样快。士绅经常参与努力保护和收回寺院土地，他们在这种努力中的表现常常是成功的关键。例如，在 1629 年，有五位士绅组成的一个团体参访宁波天童寺，他们从两三个老和尚那里得知寺院已经丧失了大半土地。这些土地据估价，在本朝初年相当于 63 名盐工劳动可带来的收入。这几位老僧人恳求他们的帮助。有一位士绅答应进行一些调查，并和县征税机构争取一个公正的解决。正如这个团体的另一位成

---

① 普里普-摩勒：《中国的佛教寺院》，第 121 页。

员所说,僧侣"不能不致望于护法王臣矣"。[1]

纵然如此,士绅因在这类事情中帮助寺院而赢得的声誉也可以转向不利于寺院。17 世纪 30 年代杭州声名卓著的天竺寺正遭受着"恶少棍徒"的掠夺(这是涉入此起争端的地方官的用语)。他们在某种程度上正在干涉寺院地租的收入,可能是为他们自己强行勒索地租,但是声称(或者对寺院,或者对佃农,也可能对两者)他们正在替"荐绅"效劳。[2] 这些敲诈勒索者认识到士绅在寺院事务问题上的权威是无可争辩的,他们成功地利用了对他们有利的这种假设。

僧侣并不总是受害者。他们也能给寺院制造问题。他们滥用寺院资金,把从寺院土地中得来的地租转化成私人的收入,也不能保持田地得到耕种,有时还卖掉寺院财产。这些都是施主的梦魇。士绅设法预防寺院从内部腐化的一种方式是在石碑上铭刻一种严厉的警告,其中一个例子上文已述及。这样的刻碑甚至可能包括一张寺院土地的鸟瞰图。尽管一位施主可能亲自公布这样的警告,并希望他的权威赋予它必要的分量,但是一位知县则能发布更有权威性的文告。[3]

这里再一次说明士绅在取得这样一种地方官的特许方面是关键的行动者,他们的一致行动可以增加促使地方官发布必要文告的可能性。例如,在 1633—1638 年,苏州府吴江县衙门发布了一系列文告,回应来自圣恩寺士绅施主的请求,这就是在本章较早时候提到的有关灌溉工程建设的问题。在 1633 年圣恩寺修复之后,县衙颁布了一项代表该寺士绅施主的警告:士绅捐给圣恩寺的土地要由住持代表寺院保持神圣的受托关系。他们尤其责成住持要把所捐赠的土地完整无缺地传递给他的继承者,而不要私下里把它卖掉,因为他对它不拥有私有权。1634 年,应

---

[1]《天童寺志》(1811),卷 8 第 18 页上,卷 9 第 25 页下。
[2]《上天竺讲寺志》(1897),卷 12 第 11 页上。在万历年间,寺院已经遭受土地流失,给士绅买走,第 10 页上、下。
[3]《秀山志》(1772),卷 7 第 24 页下—25 页上,见孙志学撰《秀山香灯田碑记》。

士绅施主的书面请求，该县准许免除该寺的法事税，同时附加了对征税者的一个警告：不得干涉这项特权。1638年，最后的公告宣布：绘制寺院的土地，不论是旧有的土地，还是新获得的土地，都要刻在石碑上以预防外来者的侵占。① 至少在原则上说，其结果给寺院提供了全套的保护，这类保护是只有士绅才能为他们所捐赠的寺院争取到的。

士绅能监管寺院内部事务的其他显著方式是控制委任住持的进程。在明代，士绅介入住持的委任进程的程度因寺院的不同而变化，其中有四种类型：

其一，最严格的委任制度是在特定宗派的寺院中。在这些寺院中，住持一派也就是从一个著名的宗派创始人传递下来的那一系；住持的职位按照法脉的传承从师父传给徒弟。只要住持必须指定对他的教义思想有最深理解的门徒作为他的继承者，那么施主的干涉不起作用的结局常常是不可避免的。

其二，在世袭性的寺庙，住持可把他的职位传给他选定的任何人。这样的继承并不表明新住持承继了他前任的衣钵而成为一个宗教大师。他只不过是接管他前任的寺院的行政管理。因此，其住持的选择比宗派性寺院要宽广得多，基于他和施主的关系而受到这些施主观点的影响。

其三，私家寺庙通常在规模上较小，由施主为了他们自身及其家族的宗教用途而创建。这里的住持在继承问题上没有正式的发言权。尽管习俗和期待可能对他有所束缚，但施主实际上是这种寺院的主人，可以委任他喜欢的任何人。②

---

① 《邓尉圣恩寺志》(1644)，卷7第9页上—16页下。
② 例如，当虞淳熙——袾宏的一个俗家弟子——于1578年以他自己的经费在杭州修建了莲居庵时，他挑选僧人住持此庵，并在那里公开讲法，《武林梵志》(1780)，卷1第17页上。同样，焦竑委任僧人住持他在南京的私庵；《金陵梵刹志》(1607)，卷20第4页下—5页上。甚至私家庵堂的捐赠在其选择上也面临着限制。万历年间，苏州一位名不高的持有者捐赠他的土地和乡间别墅，为圣恩寺一位已经亡故的住持建成一座纪念性的庵堂，结果他委任了圣恩寺一位较早住持的法裔。这个人已经声称要求这个职位。参《邓尉圣恩寺志》(1644)，卷7第14页下。

其四,最后,还有公共的(即通称的"十方")寺院。正如人们所称的"十方住持之制"①,并不要求住持之职传给现任者的门徒,任何僧侣都有资格竞选。也不是住持一个人单独选择。它是按寺院的常住僧的决定作出选择。士绅选择参与的明代许多较大的寺院都是这类公共性质的宗教机构。正是在这些寺院,富有影响力的施主的看法能在形成法人的决定方面扮演重大角色,无论多么间接,寺志都有可能记录这种角色。

寺院的僧人如果感到施主正在追求与其宗教理想不相一致的公共机构目标,那么他们也许会抵制施主干涉其内部事务。然而更经常的情况是,僧侣欢迎施主参与住持的委任,因为这种有强烈的在俗信众的支持的委任,能增强本寺院吸引到一个著名僧侣来担任住持的机会。施主和僧侣同样理解,一个精明强干的住持能对一所寺院起到扭转乾坤的作用,可领导寺院的道场,而阻挡那几乎无可抵挡的衰落的进程。委任一个新住持常常是扭转一个颇受欢迎的寺院衰落局面而开创复兴大业的一部分,因为一个能干而有责任心的住持既能监管这样一种复兴工程,又能给复兴的机构提供方向。② 一个新的充满活力的住持还可将广泛的捐赠吸引到一所处于衰落中的寺院来。万松惠林在 16 世纪头十年间到达杭州慧因寺,那时该寺几乎衰颓不堪。他举行关于《华严经》深奥精义的法会最终吸引大量信众涌至该寺,并引发士绅的兴趣。惠林的出现激发了慧因寺的复兴。但是这项复兴工作由于他在 1557 年去世而中断。然后有两位著名士绅礼请邻府绍兴的一个和尚易庵如通来接管慧因寺,据认为他有可能继续和扩展他的前任惠林所开始的复兴工作。在如通的领导下,16 世纪 60 年代末该寺的建筑进行了一次大的整修。③

①《天童寺志》,卷 2 第 16 页下。天童寺在 1464 年改变过去家庙传承制为十方丛林公选住
　持。寺院记载这种转换,标志着寺院宗教一体化衰落的信号。
② 例如,《龙兴祥福戒坛寺志》(1894),卷 1 第 13 页上,由于 1610 年左右应宋应昌之请求,委任
　广泰为戒坛院住持。
③《慧因寺志》(1672),卷 3 第 7 页上、下。

四、文学的赞辅

一位新住持的挑选或者对保护寺院财产的干预，都是在施主权威范围内的行动；这些行动肯定就像钱财或土地的捐赠有助于寺院的安宁和繁荣一样。然而，士绅除财富和地方权威外，还掌握着可以帮助他们所捐赠的寺院的另一种资源：他们擅长写诗作文，具有精致的文学技能。写做有关寺院的诗歌和散文乃至于成本的著作，这是同等卓越的伟大捐赠姿态。用富有风韵的书法撰写或在石碑上雕刻的文字来表明其作者对寺院这个公共的宗教机构的体认。文学的赞辅像经济的捐赠一样，尽管是以不同的方式，但都有助于建立一个在他人看来有威望的公共宗教机构。它明白地显示出寺院是值得士绅发生兴趣的，其间蕴涵着一种保护。文学作者越著名，寺院的声誉就越辉煌。

僧侣们意识到吸引文学捐赠的优势。少数人如云栖祩宏反对从士绅那里寻求文学支持，他认为这样做分散了僧侣的号召力[1]，但是大多数僧人都感到培养与士绅的文学关系的利益远远地弥补了他们在宗教修养方面所作出的任何牺牲。文学关系之优势可用下列发生在苏州的一个故事作生动的说明，这个故事涉及著名艺术家唐寅和虎丘山僧人所护理的珍贵的茶林。

> 吴令欲于虎丘采茶，命役赍牌严督诸僧。役奉牌需索。僧无以
> 应命，役即系僧归邑。令大怒，笞之三十，号令通衢（即戴枷游街）。
> 僧惶遽，计无所出，知令雅重伯虎，厚币求之。伯虎拒不纳。一日出
> 游，乃戏题其枷上曰：
>
> > 皂隶官差去采茶，
> > 只要纹银不肯赊。

177

---

[1] 于君芳：《中国佛教的复兴》，第 205—206 页。

县里捉来三十板，

　方盘托出大西瓜。

　令出见，询僧，僧对云："唐解元所题也。"因大笑，释之。①

这位僧人很幸运，吴知县有十足的幽默感来欣赏唐寅刻画的这位僧人在枷板上剃光头的"大西瓜"形象，并且能容忍唐寅嘲弄他侵犯僧人控制虎丘山茶叶的权利，而大发慈悲放了和尚。

僧侣和士绅同样都认识到文学捐赠的价值。"吾观从来宗师有佛法者，未必有文章。"正如1663年杭州一位士绅施主所指出的那样，"学士家有文章者未必有佛法，故宗师必须学士以表扬，而学士亦乐为之挥洒，重法道也"。②

一位施主最简单的文学性的赞辅表示就是作诗。他参访寺院时就可能作诗，或者抒发他自己的灵感，或者应住持僧的请求。这类诗作习惯的主题较少是寺院道场本身，而往往是寺院所在的自然环境，这常使人联想起第三章中我们所讨论的闲适和纯净的画面。献诗给常住僧可以说明写诗人与寺院的直接关系。它作为一种捐赠表示的效果取决于它的公共知名度。把诗刻勒在石碑上的碑文，或者公开出版在文集或寺志中，都增加了它给寺院的保护价值。

一篇文章比一首诗歌更能证明作者和寺院之间的实质性关系。文章常常记述一个寺院的公共机构生活中值得注意的事件，诸如楼宇的修复、财产的获得或者新住持的升座等等。亲自参与这种纪念性工程的施主希望确保作出一种合适的记载，或者由他本人来写，或者确定由一位更大声名的文学家来承担这一任务。有一位僧人在16世纪90年代为 *178* 观音塑像曾向李贽的一位女弟子劝募，这位女施主不仅捐了钱，而且请李贽写了一篇文章纪念这项事业。③ 僧侣也能主动直接地向作者和书法

---

① 赵吉士辑：《寄园寄所寄》，第Ⅱ辑第308—309页。（参《四库全书存目丛书》子部第155册，同辑卷12插菊寄，第5页下—6页上。——译注）

②《灵隐寺志》(1672)，卷6第1页上，艺文。

③ 李贽：《焚书》，第167页。其弟子有澹然，巡道御史梅国桢之女。

家劝募。例如，当天台山寺院的僧侣需要一块碑文以纪念戒台的建设时，他们就找虞淳熙作此碑文，请董其昌用他著名的书法书写出来，然后请陈继儒把题字刻勒在石碑的上部。①

最有声望的、耗资最巨的文学捐赠行为是编修一部寺志。寺志是寺院获得公共名声的有价值的工具，在公众的眼里它超出了一切碑文、诗作以及寺院能征集到的其他有文字记载的捐赠行为。在僧侣世界中，一部关于寺院的全面而又专门的寺志之出版是其声望和机构成功的无可置疑的表征。在士绅世界中，它是士绅在寺院历史和现实中出现的见证，是其在士绅文化中恰当位置的确认。像 16 世纪以降，以空前规模编写详细记载本地区的历史沿革和特征以及本地机构并大量出版的县志一样，寺院或寺所在的山开始对士绅作者越来越有吸引力。② 尽管他们作的是宗教机构的编年记载，但寺志像县志一样是针对同样关怀的出版物。编写它们的目的是要建立地方事件和成就的公共记录。也许令人好奇的，是严格属于宗教问题的材料不及普通材料多。这些寺志或山志不太关注那些作为宗教信仰中心的寺院，而更多地注意于作为佛教信众欢迎的文化胜地、风景名胜和地方历史。通常，士绅作者编修寺志或山志的三分之二，另外三分之一则由僧侣编写，但编纂者还要设法请地方士绅中有声望的成员至少写一篇序言使其增光、增色，锦上添花。

偶尔，寺志编纂者是一个像袁宏道这样有文学名声的人物③，可是更

① 《天台山游览志》(1937)，卷 3 第 23 页。三位施主甚至不必参访这寺院；他们的著作在苏州被印，一份抄本送到寺院刻写碑文。董其昌的书法在 17 世纪初的寺院圈子里很受欢迎。

② 要更全面描述这些志书的类型，参见卜正民《明清地理史籍汇考》，第 49—64 页。

③ 袁宏道及其兄弟因为为他们年轻时在那里学习的一所寺院编写寺志而受称赞；《玉泉山志》(1885)，书首，10 页上。福州籍作者谢兆淛编写了两部寺志：《鼓山志》(1608) 和《方广岩志》(1612)，还有一部山志：《太姥山志》(1609)。知名学者陈仁锡修订《京口三山志》，在 1611 年出版，同时他在此学习，准备进士考试，晚年又编写一部《尧峰山志》(1638)。由学者变成僧侣的方以智于 1669 年完成了他住在江西的那所寺院的寺志：《青原志略》，又安排一名弟子为他家乡的一所有影响的寺院编志，即《浮山志》(1670)。

为常见的情况是,编纂者往往都不太有名,却有编志的热诚,并由此提升了他的家乡地区的文化声誉。有些人说到编志要"以供游人把玩"①。另一些人则把他们的寺志视作用历史研究来证实地方的成就。例如,江西 ¹⁷⁹ 有一部寺志的编纂者说,每一座名山都有一部寺志或山志,但它不应当仅仅用来告诉人们一个地区的风景名胜,因为当地人民才是赋予地方志以意义的真正因素。② 对一位嘉靖年间的作者来说,一所寺院的历史就像地方历史一样有普遍的意义,因为它的财富可以算是国家财富的表明。他写道,如果一个地区政治混乱,寺院是不可能兴隆的,"考其(寺院)废兴之故,可以占时政焉"③。对许多士绅作者来说,也有收入方面的动机,因为一个富裕的寺院可能花钱雇请一位学者来编写它的寺志。尽管这种动机很少被直接提到,但它似乎在某些情形下一直行之有效,在这样的寺志中,住持被列作寺志的主编,实际是士绅作者匿名替他编写的。④ 然而编修者和寺院之间的关系通常都是义务赞助性的而非商业性的。

寺院和施主两者都理解一部寺志能在确立寺院的公共声望、保护寺院免遭侵占和衰落方面起到作用。正如 1800 年一位士绅朋友告诫杭州一所寺院的住持所说的"名山(也即名寺)无志,后将湮没失传矣"⑤。有时,出版物在寺院修复之前,为的是吸引人们支持寺院的修复⑥;可是更经常的情况是,它出现在修复工程告竣之后。

寺志的编写本身是需要经济捐赠的一项工程。因为它通常多达许多分册,常以精美的版本制作,所以寺志的出版费用很是昂贵。有时,寺

---

① 《灵岩志》(1696),李兴祖的序言,第 2 页上。

② 《黄堂隆道宫志》(1840),凡例,第 1 页上。

③ 《邓尉圣恩寺志》(1644),陆粲的序言(1536),第 1 页下。

④ 例如,1896 年四川成都昭觉寺的寺志把中恂住持列为编纂者,尽管《昭觉寺志》实际是成都府府学生员罗用霖编纂的。

⑤ 《西天目祖山志》(1876),际界的序言,第 4 页上。

⑥ 例如杭州一所寺院《辩利院志》的作者在 1830 年出版本院志后,获得了更多的捐赠;沈氏的序言,第 1 页下。

院自身承担切割印版、印刷成品的费用①，可是在大多数情况下，都是士绅通过直接的捐赠、预付订购款和购买的方式来包揽了全部费用。有时他们的名字记录在寺志中公布的捐助芳名的名单中，通常是放在目录之后或书的背面。在 1661 年的山西五台山寺志(即《清凉山志》——译注)中，这份名单分散在各章之后，以确认本书的某个章节是某某人所捐资。这里列举的施主姓名中有 25 位官员、11 位士绅、2 位学生、5 位商人和 3 位僧侣。② 1692 年九华山的寺志，列举了池州府"六县士绅"26 人的姓名。九华山是南京西南部一个很大的佛教道场，池州是九华山所在地。浏览这些县中现存的五部县志，我能够确认其中的 14 位士绅：有 1 位是进士，3 位是举人，4 位是贡生，其余都至少享有生员的地位。这 14 个人中，3 位是本地区在文学上知名的人物，1 位是地方上著名的学者，另有 1 位因道德品行高尚被当成楷模。施主中有 2 位是来自东流县一个宗族中的兄弟俩，其宗族据称在康熙年间获得功名的人要多于该县其他任何宗族获得功名的人数。最后还有 1 位施主来自亦绅亦商的宗族。③ 这里未写明施主所捐赠的金额，但 1694 年再版的玉泉山寺志列举了金额(第九章专门讨论)。83 位施主中有 10 位官员，39 位地方士绅，14 位寺院常住，20 位别的地方的僧人。他们的捐助总额仅仅 95 两多银子，除了 10 两是知县所捐，3 两是巡检所捐，大多数捐赠者都给 1 两。僧侣提供了所用资金的三分之一，士绅提供了其余资金。④

　　作为寺志的作者、捐赠者和收藏者，士绅把他们的动机和看法都写入这些书中。他们的参与很大程度上决定了寺志要包括的信息和

---

① 例如《京口三山志》(1512)，史鲁的序言。明代书籍的印刷质量往往依赖于富人捐的钱；泽田瑞穗(Sawada Mizuho)，《宝卷的研究》第 51 页。

② 《清凉山志》(1661)，卷 1 第 20 页下，卷 2 第 14 页下，卷 8 第 26 页下。

③ 《九华山志》(1900)，首卷第 13 页下；《贵池县志》(1883)，卷 18 第 8 页下，卷 27 第 6 页上—7 页上，卷 30 第 11 页上；《东流县志》(1818)，卷 5 第 15 页上、下；《建德县志》(1825)，卷 15 第 7 页下，卷 16 第 7 页下；《青阳县志》(1891)，卷 3 第 6 页上、35 页上；《铜陵县志》(1930)，卷 7 第 12 页下，卷 10 第 7 页下。

④ 《玉泉寺志》(1694)，下列内容表。

应当怎样来表述。通过突出"古今名士大夫"所写的文章的重要性，寺志强化了士绅在文化上对佛教寺院的利用。[1] 就此而言，在康熙年间刊刻的一部寺志之序言记载了一段富有启发性的谈话；序言的作者那时在梧州(今桂林)担任广西的提督学政。他向读者坦言："予性不喜浮屠，欲辟之而不能，然琳宫宝刹未尝稍一涉足以接缁流，亦宁为鲁男子之意乎。"寺志的编纂者"汇海内士大夫题赠之言"，请求他帮助选择而付梓之并写一弁言。这位官员对此感到愕然，原来他对佛教抱着"人其人，火其书而庐其居之"的态度。编纂者为消除学政对寺志的错误观念而解释说："今之为此志也，志其人，非志浮屠也；志诗文，非志藏也；志忠节，非志因果也。"[2]这是一种完全与儒学文化价值观相一致的编辑计划。这位学政缓和下来并写了序言。不过，吸引他的东西不是一个人的施主身份，而是晚明士绅文化的独特建设的一种捐赠行为。

五、捐赠的历时性趋势

不像我们在第三章所讨论的士绅在文化上利用佛教那样，他们的捐赠因为是可以触知的，故而更容易在时间性中加以评估。在此历史学家所面对的问题，就是发现一种可以处理的、有具体日期的样例。让我们先适当考察士绅施主上层精英的两个小小的样例：其一是在 1805 年的杭州《净慈寺志》中被称做"著名护法"的 15—17 世纪的 18 个人；其二是在 1962 年的南京《栖霞寺志》中出现的可以确认为属于 1700 年之前的施主的传记。[3]

在杭州的样例中，净慈寺施主捐赠的品级和形式存在着很大的

---

[1]《南通州五山全志》(1751)，凡例，第 2 页下。

[2]《栖霞寺志》(1704)，靳让的序言，第 12 页上。(参《中国佛寺志丛刊》第 113 册，江苏广陵古籍刻印社，道光十四年[1834]刻本。——译注)

[3]《净慈寺志》(1818)，卷 28；《栖霞山志》(1962)，第 91—99 页。

差异。有些仅仅用他们的到场给寺院增光（在某种政治气氛中这本身是一种资源）；另一些则通过利用他们的地位来解决困扰寺院的法律或财政问题，以这类更为积极的方式来援助寺院；还有其他一些人则写做献辞或颂词向著名住持致敬。无论采取何种形式的捐赠，捐赠的比率在整个15世纪都一直很低，每20年大致只有1个施主。16世纪前半叶翻了一番，万历年间（1573—1619）又翻了一番。在明清易代之际净慈寺的捐赠消失了，然后在康熙年间（1662—1722）又恢复到一个适中的水平。南京栖霞寺施主的传记可以绘制一幅相似的时间剖面图，明代施主中，对栖霞寺差不多所有广泛的经济支持都是在万历年间。然而，与杭州的例子相反，最丰富的捐赠时期出现在清初，当时有一群顺治时代的进士积极活跃于修建在明清换代之际毁坏的寺院。这两个样例表明上层士绅的捐赠兴起于16世纪最后30年，在明代接近灭亡的时候衰落，但紧跟着满洲人征服之后数十年又得以恢复。

182　　　从时间上考察士绅施主委任住持的趋势则提供了追踪士绅捐赠之历史性特征的另一手段。在阅读明代和清初资料的过程中，我遇到24件载有委任住持的邀请（大多是江南和福建的寺院）的史料。印象最深刻的是在1567年之前一次委任也没有。有两次委任出自隆庆年间（1567—1572），四次在康熙年间（1662—1722），其余都是在17世纪初叶到中叶。这些委任中，大多数都落在1612—1648年这个区间里。这个例子表明由士绅施主支持的住持职位的委任都落在更加侧重于物质形式的捐赠之后的几十年，这反映了前文所表明的更加积极的活动和对寺院事务的参与。然而，在两个例子中，从万历年间到清初数十年的这个时期——笔者不严格地给它贴上"晚明"的标签——是士绅从事与寺院相关的活动的最伟大时期。

　　　寺志提供了关于捐赠行动和姿态的最具代表性的资料，这些可用来确定士绅捐赠的日期。以十年为期，把在1750年之前出版的（包括重印

的)大约 160 部寺志分组①,可以发现定期的出版寺志从 16 世纪第一个
十年开始以每十年出 2 部寺志的比率进行。这种比率在 16 世纪 70—80
年代翻了一番,从 16 世纪 90 年代一直到 17 世纪 40 年代又跳到大约每
年出 1 部的稳定水平。然后这个比率下降,只在 17 世纪 80 年代又跃至
晚明的水平,在 1690—1710 年期间达到每十年大约 15 部的高峰。此后
出版比率下落,仅 19 世纪 70 年代太平军被平定之后的重建时期又跃升
到晚明的水平。因此,寺志的出版再一次显示了晚明是士绅捐赠的一个
最为主要的时期。

　　对士绅捐赠的这些不完全考察的发现得到艾伯哈德(Wolfram
Eberhard)在 1964 年出版的一项实地研究成果的证实。② 根据一个更大
数据的统计资料,艾伯哈德得出了明末清初关于佛教寺院利益的扩张的
一个几乎相同的结论。艾伯哈德的研究利用了从福建、浙江、安徽、湖南
和广东省地方志中搜集来的有关佛寺建设的资料。因此,这些资料在地
区上是有限制的,同时这些资料收集未曾注意到士绅的参与;然而它得
出的结论,明显地接近我在上文刚刚叙述的观点。它表明了中国历史上
兴建寺院最为活跃的时期——仅仅次于 10 世纪——是在 1550—1700 *183*
年之间。艾伯哈德不可能系统阐述一个令人满意的假设,以解释这种繁
荣出现在一个——如按照现成观点所认为的那样——中国佛教正处在
衰落阶段的时期。他认为 10 世纪的寺院兴建可能与帝国的支持有关,
而 1550—1700 年之间的繁荣不可能得到这样的支持;他也不可能把这
种勃兴和明显的经济刺激联系起来,尽管他提出这可能与南京作为一个
文化和经济中心的兴起和衰落有关。他的猜想是在这个时代中国南方
乡村地区必定有以前未曾注意到的佛教复兴。本书的论据将提供艾伯

----

① 这个例子是根据笔者的《明清地理史籍汇考》条目;表 1(第 51 页)提供了一份各种类型的机
　构和地方志的相似时间图。
② 艾伯哈德(Eberhard):《中古和现代中国的建庙活动》("Temple-Building Activities"),载于
　《中国丛刊》(*Monumenta Serica*),卷 23 第 264—318 页,1964。

哈德的分析中所缺失的因素。他所发现的在 1550—1770 年之间佛教建庙的蓬勃发展，确切地说是在这一个半世纪期间所兴起的一股士绅捐赠的巨大浪潮。这个浪潮似乎不仅仅出现在艾伯哈德感兴趣的中国南方繁华地区，而是遍及整个中国。

除了杭州的例子（如第一章所指出的，杭州在 17 世纪 40 年代为饥荒所压倒），这些历史性的剖面图显示出寺院的捐赠在明清易代之际有所延伸和扩展。起始于 16 世纪后半叶的这种趋向，并没有随着明朝的灭亡而终止。战争中断了正在进行的寺院建设，夺走了许多地区的维持发展的资源；嘉定县的法华塔寺闻名于世，但由于这个地方在 1645 年发生令人震惊的大屠杀，在 17 世纪其余的岁月里该寺陷入一种衰颓的境地，正如当地一块碑文所写，"今塔之衰也，不独官长艰屯，而本邑绅士亦俱寥落，甚至海潮泛滥，民为鱼鳖"[1]。然而在士绅没有被大批杀戮的地区，捐赠在继续进行，虽然有时面临着严重的经济匮乏。就在满清征服之后的数年里，儒家评论者张履祥写道："兵饥以来，物力大诎，民不堪生。而修建寺宇，斋僧聚讲，殆无虚日。"[2]这场王朝更替的战争甚至可能刺激寺院的捐赠，就像地方精英人士渴求重建战争毁坏的家园和复兴面临着崩溃的文化传统一样。外来的征服者也构成了一个因素，亡国的结局驱使士绅内部许多人转向从事捐助佛教之类的事业，以避免服务于外来的统治者。

捐赠一直持续到 17 世纪末，这种持续也应当解读成跨越朝代分割的社会结构的持续。士绅在晚明构建的地方统治的世界在 1644 年之后相对持续而未加改变，而那些在鼎革之后的幸存者也继续进行他们的活动，好像这世界依然故我。只有当 18 世纪降临时，寺院的捐赠才衰退下去，因为地方精英的生活面貌开始有了变化。

---

① 上海博物馆：《上海碑刻资料选辑》，第 58 页，见《重修法华塔捐助督工碑》。

② 张履祥：《杨园先生全集》，卷 27 第 12 页；魏斐德在《洪业》中有引，第 1006 页，注 41。（张氏在此段中指出："近世，士大夫多师事沙门，江南为甚；至帅其妻子妇女，以称弟子于和尚之门……民间效之，都邑若狂。"参北京：中华书局 2002 年 7 月版，陈祖武点校《杨园先生全集》中册，卷 27，第 748 页。——译注）

第六章 士绅为何捐赠寺院

晚明士绅为何捐助寺院是本书要致力探索的一个问题。答案也许有助于解释寺院的捐赠在这个时代繁荣的原因。但更有意义的是它能揭示关于士绅社会的信息，并显示促发士绅成员行动的压力和乐趣。本章不可能提供这个问题的完整答案，那是为本书总结性的章节所保留的一个任务。这里的目的是要考察士绅用什么方式向他们自身以及其他人来解释他们对寺院的捐赠行为。

晚明士绅作者对于他们捐钱给寺院的原因并没有保持沉默。他们从许多视角来阐述他们的善举。从一个佛教徒的视角来讲，他们宣说布施物质财富的价值在于寻求真正的觉悟。从文人学士的角度来说，他们褒扬一种与他们作为文化精英的诸多关怀相一致的参与。从儒家的视角来看，他们通过表彰寺院对社会秩序的稳定的贡献来确认对非儒教机构的慷慨捐赠的行为的正当性。从宗族的角度来看，他们赞颂他们的先祖捐赠寺院的美德。所有这一切中最重要的是地方的视角：当士绅向构成本县社会各阶层的众多听众宣讲他们的诉求时，他们劝告精英分子来参与，同时说他们缺乏把士绅与非士绅世界分开来的标准。士绅
对他们正在从事的事业所作的解释当然并没有讲明整个情况。事实

上,本书之写做就是基于他们不可能说出事情全部原委的假设。置身于晚明特定的社会和文化环境中,他们只要利用他们讲说中通用的概念和方法就能说明他们事业的正当性。但是在他们向佛教的公共机构进行慈善捐赠的文化建设背后隐藏着与佛教教义和信仰相距甚远的考虑之缘由:慈善捐赠几乎总是有益的,日常生活的压力使人们涌向慈善事业的领域。

精明敏锐的住持及其士绅发言人都认识到,施主捐赠寺院并不总是出于一种对佛教最高真理的深刻信念。他们认识到人们的捐赠与复杂的社会和心理压力有关,一个施主的内在意图并不总是与他表达的外在意图相一致。行如是上海附近青浦县一所寺院的住持,他不仅理解人的内心愿望和外在意图之间的差异,而且在 1677 年的一块石碑碑文上讨论到这一点,此碑之立是为了纪念位于寺院桥边建立的一个公共的凉亭。行如住持在试图解释善信助资修葺的合适理由时,把布施者分成三组:最高一层是"不住相布施,谓掷江湘而不顾,割身体以乐施。誉之不喜,毁之不退。此则上根出俗者之所为也"。行如认为这一类不住相布施者是"十之一耳",也许他失之于宽大。大多数布施者都在这个标准之下。行如把十之半放在中间一层的布施者里,他们"着我布施,谓金钱之报不爽,笠帽之果昭然。或祈福于将来,或释愆于既往。此固中人执着者之所为"。在中间一层下面是最低层次的布施者,"着人布施,谓一饼犹拣细,一饭犹观沙。初非有意于津梁,特营心于世故。此固人情往复者之所为也"。[①]

因此,行如住持认为十次捐赠里有九次捐赠是期望得到回报的交易,而不是作为没有私利的礼物。中间阶层的捐赠者寻求超自然的酬报,而低级阶层的捐赠者渴求获得象征的资本以此引起他们周围人的关注。他的评估也许对中间阶层的捐赠者太过宽大,承认他们所宣明的只

---

① 上海博物馆:《上海碑刻资料选辑》第 61 页,《重修万安桥亭子记碑》。

是在乎业力报应。但是无论是为了现在还是为了将来获取报答,捐赠在这两种情形下都是在进行一种交易。一个具有像行如这样洞察力的住持也许会反对这种大多数捐赠者的有损害的宗教理解,期以引导他们趋向对佛教真谛的更深层次的觉悟。与此同时,他必须接受这种供养他的公共机构需要的慈善捐赠的各种动机——事实上,他接受这一点是他赢得支持的主要渠道。

虞淳熙是 17 世纪初在云栖袾宏大师指导下组织杭州胜莲社的一个佛教居士,他也设想了三个类别的捐赠者。与行如给世俗捐赠者的分类模式不一样,虞淳熙的三种分类是在僧人当中所作的区分。虞淳熙划分的第一类僧侣捐赠充足的资金,以致总能完成他们所赞助的工程。第二类是由从别人那里募来捐金而期望工程可能完成的僧人所组成。在底层一类是指捐得很少的僧人,既不想从他人劝募,也不关心工程是否完成。像行如一样,虞淳熙根据他们的慈善捐赠所藉以表现出的宗教信仰评估了每一类型的僧人。捐赠最少的底层类僧是为了避免被惩罚;劝募别人的中间类僧至少鼓励了在其他人眼中的尊崇;唯有最高一类僧是真正虔诚的。①行如和虞淳熙的区分类别尽管不同,但他们两者的分类都承认,大多数捐赠者无论僧人还是俗人,他们的捐赠都既不是出于宗教的动机,也不是无私的。在俗的人要求获得他们同等的人的认肯,出家的人则要求避免被他们的住持责骂。

虞淳熙和行如都认识到捐赠者在寻找某些东西作为他们捐助佛教工程的回报。事实上,他们所需要的回报可能比虞淳熙或行如所认识到的更加复杂。在任何人给他们捐赠寺院所做的解释中都隐含着他们对从家庭责任到社会渴望的各种各样的关怀。因此,对捐赠动机进行考察 *188* 可以在很大程度上揭示晚明士绅生活的世界。

① 虞淳熙:《胜莲社约》,第 4 页上、下。

一、从性别看捐赠

应当在一开始就指出,研究捐赠动机所显示的世界是一个男性的世界。就人们捐赠寺院来说,捐赠的性别显示是有意义的,但更有意义的是他们选择怎样来表达这种捐赠。在明代,虔诚信仰佛教的女性要比男性为多。然而,男人们掌握公共空间,也控制着宗教机构的慈善事业和公共文献的记载;因此,虽然可以从捐赠的文献挖掘捐赠的动机,但此类动机尽管不一定是男人专有的,却是男人构建的,或者主要是男人的动机。捐赠的诉求既可向男人也可向女人宣说——就如本章稍后部分所引的一篇文章所用的措辞,捐赠诉求的对象是"善男信女"。但是我没有发现任何劝募文字特地针对女人或者以女人为捐赠主要来源的目标。女人只是被指认为男性捐赠者的附属。当纪念性的文章或碑刻中包含女施主时,她们几乎从来不是用其本人的名字,而只是作为男施主的妻子或遗孀。①

然而,有些男人在他们的私人文章中解释说:是女人推动他们赞助佛教的。对男性捐赠者来说,这种习惯与他的母亲是虔诚的佛教徒有关,或者与他的妻子有关,尽管后一种情况少一些;在家庭中,她们的虔诚感动了他并促使他作出捐赠。换言之,男性捐赠者声明,他之捐赠是在他本人关怀的领域之外,他承担这样的捐赠是遵从了他女性亲属的意愿;因此,他本人的角色变成孝子或者贤夫,而不是虔诚的佛教徒。在第一章中,我们看到张岱采用了这样的归因(或者那是他的托词):把他为佛教所吸引归功于他母亲的淳朴的信仰。

明代妇女影响了男人捐赠佛寺的决定是不容否定的。这种影响最

---

① 笔者发现的唯一一个有名字的妇女捐赠者是袾宏大师的一名弟子郑广信,她在万历年间劝募妇女支持在杭州创立道林庵;《西溪梵隐志》(1651),卷2第11页下。同一篇文章(卷2第11页上,卷4第5页下)记载了另一座万历年间的庵院是在袾宏影响下由一位陈姓妇女(可能是寡妇)修建的。

著名的例子是万历皇帝的母亲——慈圣太后。她对佛教事务的热诚信
仰常常迫使她的儿子捐赐礼物给她喜爱的僧侣和寺院,颁布圣旨使之荣　189
膺诏告天下的荣耀;至少,这是他表示其恩赐的方式(慈圣太后捐赠的具
体例子将在第七章和第九章中指出)。捐赠者尽管承认捐赠是一种寻常
的行为,但把动机归因于家庭内部女性的影响,这在很大程度上是一种
修饰性的说法。一个男人通过把他的佛教捐赠归功于他的母亲或妻子,
他便能把他主观上对佛教的虔诚转移到他自身之外而放到他家庭里的
女人身上。这种解释使男性捐赠者得以维持他作为一个政治上正确的
儒家的公共身份,而使他本人远离令人置疑的佛教信仰的领域。

　　这样,通过利用正确的儒教和可疑的佛教之间的紧张,男性捐赠者
依靠(在有些情形中,则是隐藏在背后)明代传统用性别来表示权力的惯
例。[1] 在世界观上,儒教骨子里是父权家长制,因而它是一种男性的哲
学。受过教育的在俗之人,不管怎样笃信佛教,他都不会放弃他的儒家
角色。他作为一个男性的定义取决于它;他可以放弃儒教的唯一方法是
采取中性的(男女两性皆可的)僧侣角色。因此,儒教既是他的性别识别
表征,又是他的社会权力标记。而另一方面,佛教则提供了一种较少等
级制和较少家长制的身份。佛教的形象往往不是两性的就是女性的,
最鲜明的例子是观世音菩萨。从印度文化到中国文化,观音菩萨的性
别从男性转换到女性,而在明代佛教中最为广泛地受到尊崇,尤其被
广大妇女认做她们的主要保护神。例如,对待在一年中某些时候依照
佛教观念禁止杀生的"观音素"规约——妇女要比男人更为循规蹈矩地
遵行它。[2]

　　因此,佛教作为女性笃信宗教的领域而发挥作用,并且只要它保持
附庸于儒家的家长制,一般来说也是同样可以为男人所接受的。即使那

---

① 关于用性别来标示权力,参见斯考特(Scott)《性别与历史上的政治》,第42—49页。
② 张农:《家训》,"出家",第11页上;注意此文本的日期是晚清,尽管其例示无疑早得多。

些鄙视男人虔信佛教的人也愿意承认，女人没有别的事情要做，最好是去听诵经或念佛号，如果这能让她们休憩身心的话。① 佛教因而被视为一种女性性别的领域。照此说来，当一个男人解释说他参与佛教是受到了女性亲属的影响时，他是在维持他作为一个不妥协的儒家的男性性别的既定身份。

在明代和清初反对妇女参访寺院的作者的一再谩骂之中，最为一贯地是显示佛教作为女性的宗教。② 妇女在节令日去寺院游览，常常成群结队去，这在晚明时期是司空见惯的。③ 然而，男性评论者害怕妇女们因为逃离了她们家庭的限制，也就可能逃脱对她们的性生活的家长控制。正如黄六鸿在他 1699 写的为官指导手册中所描述的那种担心：（妇人女子）以拜佛烧香为借口，"杂还于少年之群，嬉戏于僧道之室"④。男人们还胡乱猜疑出家和尚与在家女子有苟合之事。这类题材在晚明的小说中之大为流行，证实了这种焦虑。⑤ 这种焦虑的结果正是排斥妇女私自参访寺院，使得想捐助寺院的妇女没有任何文化上的机会，建立如同士绅文化允许男人们所建立的与寺院的那种关系。

甚至当一位妇女能建立这样的关系时，她也不可能不经男性亲属的允许而成为一个施主，因为妇女处置财产的权利受到男性的限制。在一个妇女能控制的唯一财富只是她们婚姻中的陪嫁带来的嫁妆财产时，她要作出大的捐赠而不侵犯男性的财产权是不可能的。我发现的妇女因此而被禁止捐赠寺院的唯一例子可追溯到 14 世纪 30 年代，在明代建立

---

① 周天度：《通俗编》，卷 20 第 15 页上。

② 例如，《鄞县志》(1788)，卷 1 第 18 页下，卷 11 第 23 页下、24 页下。

③ 例如，《松江府志》(1512)，卷 4 第 3 页上；《波罗外纪》(1805)，卷 2 第 7 页上。

④ 黄六鸿：《福惠全书》，第 608 页。（参北京出版社《四库未收书辑刊》三辑十九册，卷 93 庶政部，第 10—11 页。原文曰："妇人女子谨守闺门，理之正也。后世风俗不古，妇女好为游冶，遂尔盛妆艳服，玩水游山，画舫香舆，朝神礼佛……固无论花迷蝶恋，魂断芳丛，色鬼淫魔。"——译注）

⑤ 《僧尼孽海》，万历年间一部关于放荡的僧尼故事集，是很有代表性的一种。在王维德的《林屋民风》里提到"尼妓"，作者说"洞庭西山无尼妓之蠹"。

之前大约 35 年,但是这里也许可引用来说明女性捐赠的障碍。当一位高官的没有子女的遗孀想捐赠她陪嫁的地产给一所佛教寺院时,她丈夫的侧室所生的一个儿子起诉反对她的捐赠。处理此案的官员决定支持这位儿子的诉讼。"汝为人妻,"他对这位寡妇说,"不以资产遗其子,他日何面目见汝夫于地下?"①

因此,寺院的捐赠往往是一种男性的活动,甚至更以这种名义来表示。妇女,尤其是士绅家庭的妇女对佛教的普遍捐赠,都不过是引发士绅男人导向他们对佛教寺院进行慈善捐赠的一种有力的因素。也可以设想,女性亲属影响的这种公众认可并不仅仅是逃避儒家谴责的一种工具,而是一种——不管多么间接——对儒家的宗法制度更大批评的工具。正如我们下文即将看到的那样,佛教的捐赠最终是和这一点联系在一起的。

二、从宗亲关系看捐赠

宗亲关系在引发士绅捐赠寺院中扮演了重要角色。它很少被作为一种捐赠原则而得到确切说明,在士绅捐赠的思想形态的建构中也几乎没有地位,但是它常常起作用,刺激和指导着对某些宗教公共机构的支持。人们势必对一所寺院的捐赠历史中一再重复同一姓氏的倾向印象颇深。例如,巫姓再三出现广东省东北部一座著名的佛教山霍山的山志上。巫以忠在 1617 年捐赠土地,巫三珠在 1644 年编纂第一部《霍山志》,巫念珠和巫华珠在顺治年间捐献更多的土地,巫齐立、巫齐尧和巫永元在康熙年间作了进一步的捐赠,巫容在 1763 年编纂了第二部《霍山志》。② 由于上述所有人都属于同一个宗族的连续几代,所以霍山的捐赠显现为一个长期性的宗族活动。

①《元史》,第 4222 页。
②《霍山志》(1824),卷 2 第 30 页下、33 页下,卷 3 第 11 页上、15 页下。

　　笔者以为,宗亲关系可以说明明清时期寺院捐赠的一个很大的部分。一个人因修复一所寺院而增加了他的名声,他的后嗣便认为与该寺的兴衰利害攸关。有时,施主对这种影响加以评论,例如,江西省一位施主描述他决定捐资修复某寺院,"体先祖存殁相依,敬承厥志,前后捐金千余"①。这位后人确切地说明这项工程的最后成功归于"佛法广大,遍满三界",但是捐赠对象的选择——事实上,首先是选择承担捐赠——则是由他与一个先前的捐赠者的宗亲关系所决定的。大多数的捐赠记录都较少和盘托出,但是似乎可以说,一种个人的捐赠行为常常证明有可能引出亲属的其他行为和姿态。②

　　僧侣并没有忽视使一位祖先(往往是一个可尊敬的祖先)的捐赠行为成为永恒的吸引力。这种吸引力曾帮助维持安徽歙县的竹溪寺。在1658年,竹溪寺濒临崩溃时,鲍姓宗族的成员修复了寺院;在1667年,当发现寺里有白蚁时鲍氏又捐资重修,这项工程花了3年才完成。25年之后,因有这些捐赠作基础,该寺一位年轻的僧侣走向鲍氏下一代,劝募建造一座新佛堂;他成功地得到了他们的支持。③

　　以宗亲为基础的捐赠常常根植于为宗族祖先提供祈祷的宗教礼仪的实际需要。因为需要这样的礼仪,所以在明代出现了以其所喜爱的寺院为背景的宗族祠堂。在明代以前,佛教寺院都被用作处理尸体和悼念死者的所在。这种习惯至少早在公元4世纪的晋代就开始了。④ 到唐

---

① 《庐山志》(1915),卷14第80页下。(参《四库全书存目丛书》史部第239、240册。——译注)

② 例如,浙江嘉善县的钱士升,1633年升任大学士之职,曾在17世纪20年代出资建造嘉善大生寺的一座小楼。他在17世纪30年代为寺院的房主所有权写了一份声明。他的伯祖父钱五德早先捐给这座寺院土地。钱士升之弟士进也在大生寺修建一座藏经楼,稍后两代出资在那里印制藏经,钱英重建了禅堂。大学士并未抵制给大生寺的慈善捐助,而且还捐助敬德寺,为其建立地产捐赠,1636年建造大悲楼以纪念紫柏真可大师。《明人传记辞典》,第237—239页;奥崎裕司(Okuzaki),《中国乡绅地主研究》,第127、297—298页;《嘉兴府志》(1840),卷59第18页上、20页上。

③ 叶舟甫：《歙县金石志》,第121页上、140页上。

④ 例如,浙江上渝县国清寺,原本是晋代官员谢安的府邸,后来用作谢家祠堂;《东山志》(1576),卷2第1页上、2页上。

代,许多家族一般都把他们的死者一起埋葬在坐落佛教寺庵内部或旁边的墓地里。① 到宋代,出现了以"坟寺"(或称做"功德院")而著称的一类寺院。② 坟寺是帝国允许创立的一个建在达官贵人墓地旁边的机构。在坟寺常住的僧侣为这些权贵的后嗣负责操办各项代行祈祷的宗教礼仪(俗称做"佛事"),以使死者的灵魂得到安息。建立坟寺的权利起先只局限于最高品级的官员家族,可是最终它被所有品级的官员所僭取——他们的变幻不定的官宦生涯使其难于在长期的天涯漂泊中守护好祖先的坟墓。不久,其他地位较低但是有同样财富的人开始建立他们自己的私家坟寺,有时是为祖先,但正如我们看到的那样,也常常是为他们自己。

在天主教教堂大解散之前的英国历史上,与之(坟寺)相类似的机构是专供施主家族作弥撒用的永久性小教堂,这种小教堂属于私人性质的神职人员的封地,有施主的赠地维持生存,由不间断的教堂神甫主持,负责进行永远的祈祷和弥撒。③ 英国的这种小教堂(常称乡村教堂)在规模上很小,容纳不了一个唱诗班,完全处在其施主家族的管辖之下。据说,建立小教堂要得到国王的亲准信,正如在中国得到皇帝的授权一样。然而,在英国,这并不是一个重大的限制。不仅国王的准许容易得到,而且许多小教堂的 193 兴建都根本不经任何批准。早在 14 世纪,小教堂就开始颇受欢迎。在亨利八世统治时期,由于大多数小教堂或者缺乏实质性的捐赠,或者没有发挥一种公共的功能,所以特别容易受到侵占。

在元代,坟寺的范畴被取消时,坟寺遭受了同样的命运。(坟寺

---

① 例如,伊霈霞提到一个这样的墓园,"The Early Stages in the Development of Descent Group Organization",见于伊霈霞和华生(James Watson)编《中华帝国晚期的宗亲组织,1000— 1940》,第 26 页。

② 竺沙雅章(Chikusa):《宋代坟寺考》第 35—36 页;也参见黄敏枝的《宋代佛教》。韩明信 (Hymes)的《政治家与绅士》(*Statemen and Gentlemen*)第 107、179、183 页中提到功德院 。

③ 阿兰·克里德(Krieder):《英国小教堂:大解散之路》(*English Chantries:The Road to Dissolution*),第 5 页。

的正式术语在这时废弃不用,尽管功德院的名称还继续用于附属于寺院的祖先祠堂。)①尽管它们的正式名称在元代销声匿迹,但在明清两代,许多过去的坟寺还继续充当为其施主家族祈祷的机构。18世纪的宁波籍历史学家全祖望观察到,他所处时代的附设于坟墓的寺院、功德院和庵院大多可追溯到宋代。事实上,全氏祖先的祭祀这时仍然在他家族的一个祖先在宋代就为此目的而创立的佛教庵堂里举办。② 当元代废止坟寺的名称时,那些用于支付经忏佛事的土地容易被人据为己有,因为它们所附属的坟寺不再被当作寺院。全祖望注意到,施主家族开始考虑把他们的坟寺的土地划分出来的问题,把它变成与宗教、宗派无关的"坟地",尽管土地的收益一如从前为寺院所有。③ 无论以何种形式,隶属于小坟寺的土地仍然在施主家族的监管之下,并且,若住持不能保留完整无缺的捐地④,不能维持建筑物的整修⑤,或者不能持续为家族提供祭祀服务,那么这个家族就有权干预该机构的事务。

在元明两代,即使人们不再认识坟寺的范畴,但仍然创建这种小坟寺。⑥ 就像张岱打算让僧人在他预先建好的茅草小屋照料他死后的灵魂

① 例如,《莆田县志》(1757年,1926年重印本),卷4第44页下。
② 全祖望:《鲒埼亭集》,第727页。全祖望的曾祖父在万历年间和另一个亲属(他那一代的)修复这座庵院,这位曾祖父还修编了族谱。
③ 全祖望:《鲒埼亭集》,第727页。族人后来开始付费给他们的家族祠堂,通过同一类安排,把土地放在"墓庄",向举行祭祀的祠堂或庵院捐献租金。关于明代墓田的发展,参见竺沙雅章《宋代坟寺考》,第62页。崔瑞德(Denis Twitchett)指出这些墓田原初典范来自佛教;参崔瑞德《范氏的义庄》,第102—104页。
④ 当永乐年间建于安氏家族公墓旁边的东善庵的一位常住僧卖掉庵院的一些地产时,安家通过县府的命令成功地于1670年把他驱逐出庵,知县重新确证他们有权利监管庵院的事务;《宁化县志》(1684),卷2第24页下。
⑤ 在17世纪中叶,有一人企图霸占浙江金华属于马姓家族宝严寺所有的土地,他是利用不能维修墓地的指控作为借口,强迫住持出卖这块地;李渔《资治新书二集》(1667),卷20第44页上—45页上。
⑥ 14世纪的例子:苏伯衡的《苏平仲文集》,卷6第16页下;艾伯哈德的《传统中国的社会流动性》,第209页。

一样①,大多数这样的小坟寺都是小庵而不是完整规模的寺院。它们常常坐落在宗族公墓的隔壁。② 这类机构没有资格成为皇家认可的正规寺院,它们常被称为"香火",意思是一个家族烧香祭奠祖先亡灵的地方。③ 在明中叶,想操办经忏佛事的愿望引发人们建造寺院,这在1536年出版的朱熹作的礼仪手册——《家礼》——中有所反映,该册子颇为流行。 *194* 《家礼节要》的编纂者遵守儒家的观点,不赞成有些人在完成为去世的亲属三年守孝的礼制之外,还去做佛教的经忏,超度亡魂,或者做抄经刻像、建塔修庙的功德,说他们做这一切都是为减少死者的罪孽,给他们带来好运。④

在整个15世纪和16世纪,尽管精英家族继续支持小坟寺⑤,但是儒士们能行其所好。在出版《家礼》的同一年,监察御史夏言具本参奏皇上,恩准社会各个阶层——而不仅仅是上层精英——建立儒家式的庙祠以供礼拜祖先。⑥ 从此,家族的祠堂激增,而佛教的庙宇丧失了它们以前所享有的社会青睐。事实上,一些小佛寺变成了富人们希望购买坟地的标靶。⑦ 由于儒家的礼仪机构在法律上被允许和佛教机构相竞争,也由于宗族开始在地方上控制资源的募集,故而礼仪场所的资助不再支持像佛教寺院这样的公共性的宗教机构,转而支持像宗族祠堂(宗庙)这样的封闭性的机构。这种转变常常是表面的,有些施主只不过通过改变一下名称,就把他们的庙堂改造成了宗族祠堂。(庙堂的这种改造也许有助于解释明清资料中关

---

① 例如,在南京牛首山寺大门外一座小的"僧庐"用作一位官员的私家庵祠;《牛首山志》(1579),卷1第18页上。
② 例如,福建宁化县的东善庵;《宁化县志》(1684),卷2第24页下—25页上。
③ 例如,见月读体:《一梦漫言》,第8页。
④ 朱廷立:《家礼节要》(1536),第33页上,印证了笔者的观点。在这段文字中作者借用了明初哲学家曹端的语言。
⑤ 例如,福建建安县两个主要的士绅家族:杨氏和雷氏,几个世纪来持续向寺院捐赠;《建宁府志》(1541),卷19第3页上;《建安县志》(1713),卷1第21页下、卷5第32页上、42页上。
⑥ 牧野巽(Makino):《宗祠及其发展》,见《东方学报》,卷9第193页。
⑦ 徐弘祖:《徐霞客游记》,第142页,提到江西宜黄县的一所寺院。

于小寺院的相当常见的报告——说为了建立宗族祠堂而"接管"小寺院。)①有些小寺院作为佛教机构而维持，但是被扩大以容纳像学校这样的宗族设施②；其他一些小寺院则继续被用作家族成员的私庵③；其余的则消失在各个层级的普通寺院之中。

第三类小寺院如果希望作为正规寺院生存下来，那通常就得扩大它们的施主名单，容纳该寺原创家族以外的施主，许多在宋代只为一个家族服务的寺院最后在明代都吸收来自更广地区的乡绅的支持。④ 这种转型似乎在福建寿宁县三峰寺出现过。三峰寺就坐落在寿宁县治西二三里，号称是寿宁县最重要的寺院，"鳌阳一邑之胜也"；景泰七年初设寿宁，被该县改为祝釐之所。它是在宋淳化元年（990）由一位名叫陈洪轸的官员捐产创建的一座小寺院。他把他的坟址就选在寺的正后方，内置"祭田"32亩，该寺僧人就从祭田中获取收入（"租遗寺收，粮存四房"）。陈氏各系子孙每三年轮流主办一次醮祭（"三岁一醮"），以纪念他们已经作古的创立者。这种宗族捐助的模式在明代延续下来。1454年、1544年和1594年的整修全都是由陈氏子孙所做的，尽管到了明代陈氏已经变成下层士绅。在《寿宁县志》中陈家很少几个人被提到名字，没有一个得到更高一点的功名。17世纪30年代，著名作家冯梦龙在寿宁县担任知县时，他发现陈家"历今六百余年，子孙无一显者，今益微弱"。因此，在20年后，发现为三峰寺的修复书写劝募文的人不是陈氏，而是一位当地士绅成员、邑人柳上芝代表邑侯所写，那就不足为奇了。陈氏和该寺之间的联系已经消磨不见。照柳上芝看来，新的期待是"尔士民同志者"

---

① 例如，宁波四明寺是由黄家祠堂转变过来，后者是汤姓创立者的第二十五代子孙所建成；《鄞县通志》（1937），卷1第399页。四明寺的捐赠起源并不特别，但它们是可能的事。清代为了创建祠堂而接管寺庙的另一个例子，参许道龄《北平庙寺通检》，第32页。
② 例如，方以智：《浮山文集编》，第51—52页；参《莆田县志》（1926），卷4第44页下。
③ 例如，《庐山志》（1917），卷4第80页下—81页上。
④ 例如，宁波的海会寺，曾是宋代三个精英家族祈祷的道场，到17世纪变成其他士绅家族子孙为应考而寄宿学习之地；万言的《管邨文钞》，卷1第52页上。

来向三峰寺的需要提供捐助。换言之,知县向那些"烟霞啸咏之君子"——也即有文化教养的精英寻求帮助。① 在明代建立在经忏佛事基础上的陈氏和三峰寺之间的专有捐赠关系已经让位于多元的捐赠关系。

其他宗族插入前小寺院的捐赠关系并不一定因为创建该寺的宗族的衰落而出现。徽州睢宁县仰山的一所大寺院,是一个确切的例子。按照《仰山乘》所载,在 1567 年,一位名叫如暄的和尚应邀担任该山寺的住持。② 发出邀请的是吴、毕和陈三姓宗族的族长,这三姓都是住在仰山周围的最古老的宗族。(其中,毕氏不太知名;吴氏和陈氏有成员获得过举人功名,并互通婚姻,享有姻亲关系。)这三位男人也都领头修复该寺。大约 37 年后,三姓中其中一家的一位成员记述说,承担修复该寺的想法之产生并商讨,不是三家中哪一家单独提出来的,而是由他们的宗族中最有影响力的成员为此目的把大家召集到一起的结果。如暄在接到邀请两年后来此地,大概是在诸家族的经济支持之下,于 1573 年开始真正的修复工作。三家宗族中,陈氏在后来的寺院事务中仍然活跃,因为在 1595 年,三位陈姓成员签署一份诉状呈报礼部,寻求礼部的具文以保护寺院土地免遭本地地主的侵占。正是在这一点上陈氏对寺院兴趣的根源被显示出来,因为申诉人证明他们代表寺院出面干预是正当的。他们所持的理由是他们宋代的一个祖先创建和支持的庵变成了今天的寺院。他们没有提到寺院的经忏功能,但是宋代就创建此庵这一事实强烈表明该寺院曾经是陈氏家族的小寺院;它在宋和明之间吸取了来自创建宗族以外的支持,已转变成一个正规的大寺院。③ 然而陈氏享有巨大的控制

196

---

① 《寿宁待志》(冯梦龙编),第 111 页;《寿宁县志》(1686),卷 2 第 14 页上下,卷 7 第 21 页下—22 页下。
② 《仰山乘》(1611),卷 3 第 9 页下、12 页上下,卷 5 第 3 页下—4 页下。
③ 宣布某人参与寺院事务是由于宋代祖先的捐赠,这是很常见的,例如,《慧因寺志》(1881),卷 4 第 9 页上;《方广岩志》(1885),卷 4 第 6 页下。在后一例中,宋代施主家族世代生活在寺院附近地区加强了这种捐赠的连续性;《永福县志》(1749),卷 8 第 17 页上。这几次提及都可能只是一种为某个私人的决策窃取古老权威的方式,但是它们也可能暗示,这所寺院是作为宋代慈善捐赠创建的产物。

权,他们依靠其姻亲关系维护它,因为如暄的母亲都出自陈姓家族。①

最后再考察一下晚明时期从小寺院到宗族祠堂的转变时,应值得注意的是,并非所有的士绅都乐意看到在他们去世之后经忏礼仪会传递到宗亲的手里。一所寺院所提供给它的大施主的宗教礼仪之一,就是进行定期的宗教法事以向他们表示敬意。正如第四章庆云寺的例子所记述的那样,能承担得起这种服务的机构往往建造一个檀越堂,永久地供奉已故施主的牌位,使其享受正规基础上的(香火)祈祷。② 在一个关心死者的灵魂安康的文化中,希望依赖于设施齐全的寺院专职人员而不是死者本人薄情无常的后嗣,这在晚明仍然是一个相对新颖的制度性安排,不过这种希望也许引发一些人把他们的一部分财富从他们的宗族的祠堂中抽出来。

三、宗教性的吸引力

佛教寺院尽管有义务响应宗族的利用,但它首先和最重要的是一种宗教的机构。所以毫不奇怪,当寺院发布劝募文以吸引比以前施主的宗亲更宽广圈子的捐赠时,他们用宗教的言词来表达他们为寺院募捐的正当性。这些劝募文(或募缘疏)张贴在寺院或者印在捐助小册子上,它们是针对潜在的捐赠者的公开文字。③ 劝募文如果是著名人物所写,那就是一份吸引捐赠的宝贵资源,事实上它们本身就是一种捐赠的形式。正如 1594 年从一位学者那里请来这样一篇劝募文的两位僧侣所说的,一份打动人心的募缘疏能在说服士绅作出捐赠方面作出巨大的贡献。④ 又如来自广东的一篇募缘疏所说,一旦有名人写"疏以倡之",那么"诸士劝而募之也"。⑤ 这

① 出身富裕家族的住持往往吸引亲属至少为其本身而予以支持,也可能为其道场而支持;参见艾伯哈德,《传统中国的社会流动性》,第 235 页。
② 慈善堂多以往生堂、水陆堂和西归堂而著称;韦尔慈:《中国佛教的实践》,第 203—204 页。
③ 士绅所写的募缘文通常以"疏"而知名,有时作为"引"或"序";知县写的一般称做"示"。
④ 《仰山乘》(1611),卷 5 第 2 页上—3 页上。
⑤ 《罗浮山志汇编》(1717),卷 13 第 8 页上。

些劝募文为捐赠所作的理由陈述,对理解士绅在捐赠寺院时他们的所思所想是意义重大的;我将依靠这些劝募文来考察佛教慈善捐赠的思想形态之世界。本章引用的大多数劝募文都可追溯到横跨 16、17 世纪之交的 30 年中。

在本章开头所提到的行如住持,对不得已用因果报应的概念来劝说人们捐助佛教工程不悦。大多数劝募文的作者都避免给捐赠人注入错误的动机,但袁宏道在他的一篇劝募文中嘲弄因果报应方法,认为这是过分基于自利来鼓励正当的施舍精神。他警告说,那种在来生得到好报的希望,是"下凡之通病也"。① 这种看法并不被期待为是有眼光的士绅施主的态度,但是大多数劝募文的作者——甚至像李贽这样的有相当佛教教育和认识的施主——都十分愿意用因果报应的措辞来表达他们教义中所说的布施的愉悦,因为捐赠者都希望在来生得到好报。李贽大约在 1592 年所写的下面这篇劝募文是为了支持当时南京栖霞寺佛殿的修复工程,他在开始就解释说现在的财富是一个人前生的业报,但是如果贪婪心阻止人布施财富,那么财富就会对来世产生负面的影响。他引证了佛陀慈悲喜舍的美德,然而抱怨大多数人不愿布施他们的财富:

　　噫嘻! 佛岂有诳语乎,人特不信尔。所以者何? 盖以因果之说尚未明了,轮回之语犹自生疑故也。夫因果之说,种桃之喻也。种桃得桃,必不生李;种李得李,必不生桃。投种于地,宁有僭乎? 轮回之语,因果之推也。果必有因,因复为果;因必生果,果仍为因。如是循环,可思议乎? 由此观之,报施之理,感应之端,可能识矣。自种自收,孰能与之;自作自受,孰能御之。但舍一文,决不虚弃,如其未曾,请以此始,种德君子当知所发心矣。

　　栖霞寺住持僧清柏,旧曾谋于云谷老宿,欲大新佛殿未果;今平

198

<hr>

① 《袁宏道集笺校》,第 1202 页,他劝募支持诸天寺。袁作为信佛的儒家学者,偶尔批评佛教教义的其他方面。在同一篇文章里,他反对用"天"这个词给他正在为其寻求支持的这所寺院起名,因为他感到这是儒家专用的一个概念。

湖陆公(光祖)既已发疏募诸学士大夫,人成斯举矣,余复何言? 不过发明因果大义,独与一二信心道人共结良因尔。异日金碧腾辉,照映山谷,经声自天而下,老稚扶携,绕殿三匝,拜舞欢呼,共祝今皇亿万万岁寿,十方赞叹,皆曰"某州某乡某善男子善女子等信施某某等",余知尔某等功德非细也。①

李贽在这篇劝募文中是对行如定义的中间层的捐赠者有感而发,他把他的劝募文建立在佛教因果报应的基础之上。财富是一种业力之果,反过来又能变成影响来生的因。他希望,这种教义的洞见不仅仅引发一些人布施他们的钱财,而且引导他们更好地实现佛教的真理。然而李贽把这种方法与其他的劝化相提并论。他把潜在的捐赠者置于像云谷大师(在士绅中有广泛的追随者)和著名的士绅作者、佛教施主陆光祖这样的人物之列。② 他描绘了新修工程后的景观之美。他也暗示一旦栖霞寺修复竣工举行正式的宗教庆典,十方公众将会赞叹施主的捐赠。

因果报应说是大多数劝募文中所用的一种普遍的方法,因为它建立在行为的佛教心理学基础上。《法华经》及其他经典都具体指明,捐赠支持寺院就是创造业报的功德。③ 这种联系是中国佛教向在俗信众呈现的佛道的中心。例如,云栖袾宏大师的功过体系就直接建立在这个基础上。在他的《自知录》中列举出了 201 种善行和 279 种恶行,其中 9 种善行和 9 种恶行都与建寺修庙、供养或捐赠寺院有关系。④

然而,因果报应在鼓励捐助寺院中所起作用的大量有记载的证据都来自另一方,来自那些斥责和惩戒士绅热衷于寺院捐赠的人。在反佛的儒士一方,有一种共同的策略就是反驳因果报应的逻辑。例如在 1530

---

① 李贽:《续焚书》,第96—97页。原始文本没有出版日期。李贽提到的陆光祖写的募缘文并未保存在任何一本栖霞寺志之中,尽管陆的纪念该寺大殿落成的一篇募缘疏标明日期是 1592 年;《摄山志》(1790),卷 4 第 24 页上。

② 关于云谷在士绅中的名声,参见包筠雅的《功过格》,第77—85页。

③《妙法莲华经》(*The Threefold Lotus Sutra*),第 76 页。

④ 于君芳:《中国佛教的复兴》,第 238、249—250 页。

年福建有一位保守的寺志编纂者抱怨说:"今崇以巨刹,瞻以沃壤,日接乎嗜欲之途。欲其精修勤奉,以冀福利,则愚也甚矣!"①70 年后,吕坤在为童稚写的道德初级读本中,用更为通常的措辞发出了同样的论调,"鬼神原不卖福,修寺烧钱何益? 人能作善修德,万福百祥自集"②。大众和士绅的意见都反对这样的看法。募捐文章中因果报应的广泛吸引力是士绅中普遍接受业报逻辑作为他们捐赠的一种合理和正当的有力证据。③

尽管即使是捐赠者也可能不想把他的慷慨捐赠太多地归因于某些儒士所挑战的因果报应观念,但宗教动机对人们的捐赠确实有某种影响。其解决的办法就是用梦的办法来表示一个人作出支持寺院的决定。一位作者兼施主通过用梦的非理性的经验来替代或置换因果报应的公开陈述,在宗教逻辑和世俗逻辑之间开辟了一个正确的航向。晚明文献中这样借托梦境启示的例子是不胜枚举的。葛寅亮是 16、17 世纪之交的一位著名的信佛官员。他捐资修建故乡杭州的一所寺院就是做梦的结果;杭州士绅中有一位成员捐赠给另一所寺院一根石柱,也是一个梦提示他这所寺院的建设工程缺少一根柱子。④ 这两个梦境的启示没有一个是明确表达了佛教的意识。然而,在其他梦的记述中,佛教的教义确实给人鲜明的印象。根据广西省总督的记述,虽然他不是一个佛教徒,但在 1641 年为修复一座荒废的寺院而捐赠了一笔 460 两银子的巨款,佛陀亲自现身并给他演说业报之义。⑤

①《惠安县志》(1530),卷 10 第 11 页上。(参天一阁明代方志选刊第 32 册《嘉靖惠安县志》。——译注)
②吕坤:《养正遗规》之《续小儿语》,卷 2 第 9 页下。(参《丛书集成新编》第 33 册第 294 页。——译注)
③佛教典籍中的书尾题署提供了大量类似证据,因为那些捐助佛书出版的人宣称,他们这样做,或者是为了祖先赢得功德,或是由于他们自己的健康问题——归因于恶业的疾病;参见泽田瑞穗《宝卷之研究》,第 70 页。
④《慧因寺志》(1881),卷 4 第 7 页下;《灵隐寺志》(1671),卷 8 第 78 页下。
⑤《香山志》(1853),卷 1 第 33 页上、43 页下。在张岱所报告的很生动的梦中,灵感的激发者不是佛教的神,而是著名的宋儒兼佛教施主苏轼;张岱:《西湖梦寻》,卷 1 第 14 页上。

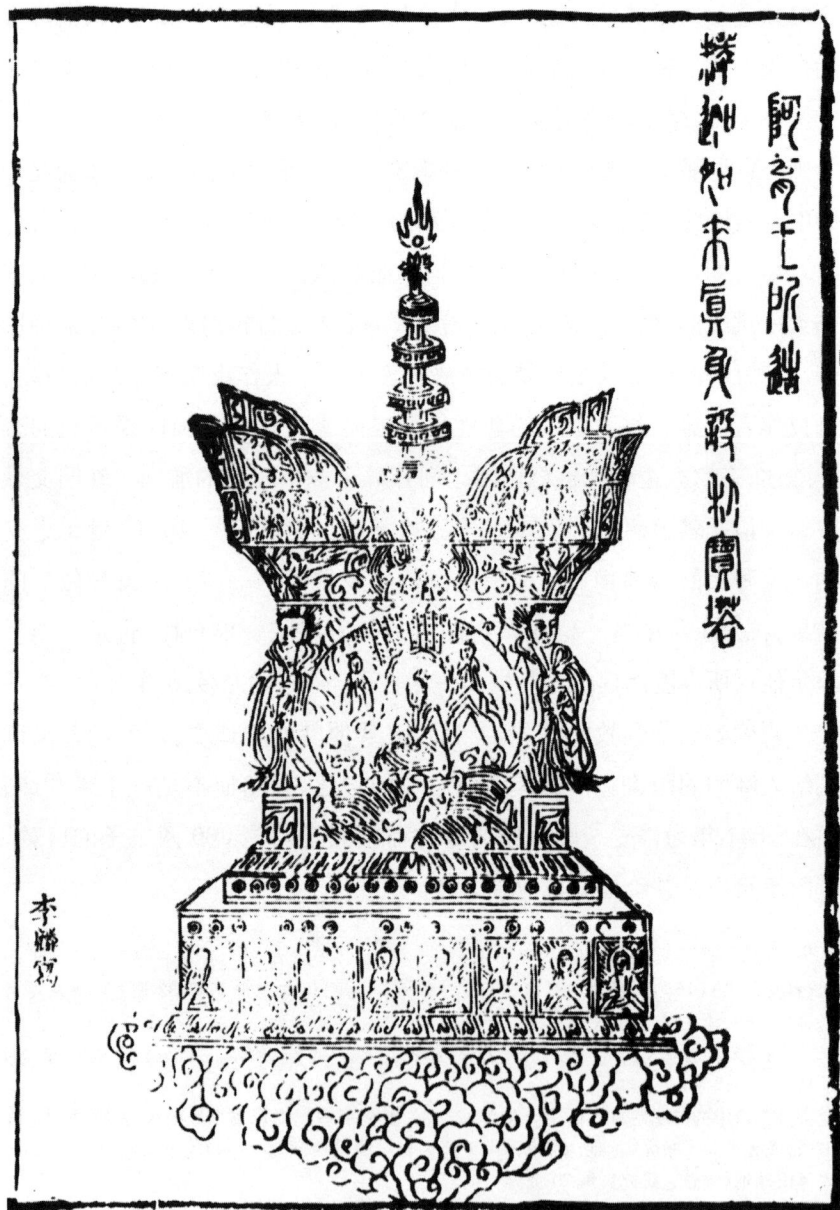

图8　阿育王寺舍利塔(来自《阿育王山志》,1619年,塔图)

在陆光祖写的一篇募缘疏中也出现了把非教条的宗教启示作为一种捐赠动机,李贽在其写的劝化文中称赞了陆光祖。因而,陆光祖享有 *200* 双重声誉,一方面因为他在公职中的正直品行(尽管他被张居正驱逐,但后来他在吏部担任官职期间很谨慎,不妨碍张的门生),另一方面则因为他对佛教事务抱有兴趣。下列文献是他所写的支持他喜爱的佛教圣地的众多募缘疏之一,该文写于 1587 年,是为了劝化支持宁波鄞县阿育王寺安置舍利(见图 8)的一个新塔殿的建设(第八章个案研究中将进行更详尽的探讨):

余少时览阅图记明州阿育王寺,有释迦佛真身舍利宝塔,从地涌出,甚慕异之。乃万历丙子(1576 年)居先大夫丧,既襄大事,以九月既望,渡浙江,上鄮山礼塔,冀资先大夫冥福。至则塔椟藏于寺僧之室,余命僧奉至佛殿,恭拜启观,高尺有四寸,广七寸,体质殊异,莫辨其何物所成。中悬小金,磬覆如盖,径可寸许,舍利缀于磬之下,图转不定。余初见如珠,其大如芡实,已如弹丸,已加大如瓜、如车轮,五色变幻,光彩射日,不可迫而视矣。时偕友胡考宁见白色大如梧子,相随二童子见如菽粒青色,余人悉无所见。余欢喜踊跃,自念凡夫浅薄,奚以感大圣人瑞应?若是实先大夫德善神超之应也。

已复周览遗迹,怃然兴叹。窃惟此塔在我东夏已历千三百余年,晋梁唐宋之盛,王有建塔亭者,有构塔殿高百尺者,有造沉香浮图黄金塔以护藏者。逮今亭殿外塔皆废,而使如来舍利辱在僧室,喧嚣库隘不足以障示灵异,肃人敬向之心。夫舍利为天人师累劫熏修所成,飞空涌地,神化不测。人既易亵之矣,安知其不肃然转而之他世界耶?于是,谋之有守巡、巡海总督诸公,暨四明贤士大夫,重建塔殿,殿下立石浮图,而藏塔于中。浮图制如塔高广什之殿,五楹周列廊庑门垣,虽未能尽……亦以致翼奉之诚,慰人天之仰,巩皇 *202*

图,奠海宇,宁非常第一最胜事乎? 浮图之费,余与一二故人勉任之。殿庑门垣,至今未就。兹住持瓶公,戒律冰清,法门龙象,将乞施于四方卿士,余谨序而告焉。①

在这篇募缘疏中,陆光祖并不是通过建构一种佛教的论点,而是通过演示佛舍利的精神感应来对照他对自己父亲的孝敬,来证明这个寺塔的功德。他把这条劝化的主线也贯穿于其他几篇募缘文字中,他认为从士绅角度来看,这一直是富于吸引力的。他指出,这项工程有地区官僚的支持;"四方卿士"被期待为主要的施主;慈善捐赠是一种公共的美德;而秩序井然的寺院,可以"慰人天之仰,巩皇图,奠海宇",大大有助于社会的稳定。

四、社会性的吸引力

陆光祖附于这篇劝募文部分引文的最后论点"四海晏清"引介了士绅施主经劝化潜在捐赠者的另一种吸引力,也许可称之为捐赠的社会正当性:建寺或修寺有助于社会的健康、稳定。正如 18 世纪一位福建的寺志编纂者所指出的,建筑佛教机构有助于扩大开明的文化。② 在下列劝募文中——也是为阿育王寺的——有些精确地陈述了寺院捐赠的社会利益。作者是屠隆,他是万历年间为阿育王寺所写的劝募文作者中多产的作者之一。下文是 1590 年他为该寺的一般性修复所作的募缘疏的节译。他从大乘慈悲普度众生的视野起笔,这比通常因果报应的那一类拾人牙慧之作眼界更宽广。接着,他进行了更加具体的劝化:

愚夫悍妇,王化之所不能治,而开以佛法则惕尔归心。骄卒猛将,诛杀之所不能摄,而临以如来则悚然拱手。富贵淫秩者,方当欲

---

① 《阿育王山志》(1619),卷 4 第 8 页下—10 页上。
② 《福清县志》(1747),卷 14 第 41 页上。

心炽盛,而一临庄严宝座之前,则五脏三焦之火顿灭。贫穷困厄者,
不胜愁苦煎熬,而一闻假合虚幻之旨,则利害死生之念遂轻。细观
五浊世界,种种不净,种种无常,种种恶境,种种苦趣,而佛氏并皆超
之。体圆法则超不净,妙真如则超无常,证善果则超恶境,臻极乐则
超苦趣……

故自通都大邑,以至穷乡僻野,亡不尊崇。自王公贵戚,以至闾
巷小氓,咸知信向。丛林萧寺,册碧扃乎,名山宝座,金身璎珞,充乎
震旦……

四明阿育王寺者,南赡胜区,东越名刹也。刘萨诃(283)得舍利
于此山,是出精诚之感。陶宏景授梵戒于兹刹,乃成胜力之尊。道
场香火,殆逾千年,善信依归,故非一日矣。乃迩来殿宇倾颓,僧徒
零落,宗风衰替,佛法陵迟,隆恻焉悯之。是用拜手而裁短疏,斋心
而告十方。伏愿贤良缙绅,善信男女,修万行首破悭贪,尊六度力勤
布施。大则车金辇玉,总是善源;小则披草抽毵,无非胜果。畚抔土
于崇山,功存积累;洒滴水于大壑,泽无津涯……①

屠隆用一定会产生积极的社会效果的措辞来表达他修复阿育王寺
的主要论点。就他所关心的来讲,既非儒家式的王治,也非法家式的刑
典能给桀骜不驯的民众施加秩序。那种秩序只能通过彻底的思想形态
的教化而获得,这种教化引导人民相信他们贪求的事物和所犯的罪恶都
没有实在性。他列出了那些被佛教教义的明显证据约束住的人物名单,
读起来像在晚明社会根本不可指望的人物:骄悍的士兵、凶猛的将领、富
贵淫佚者、贫穷困厄者,等等。这里不加掩饰地展示的是不可控制的社
会成分,士绅中任何成员都很乐意看到这些成分被压制下去——要是他
相信向佛教的慈善捐赠会达到他们压制社会难以控制成分的目标,那么
他也许可以被劝化来捐助佛教机构。这种逻辑也许是抽象的,但其想像

———————————

① 《阿育王山志》(1619),卷 4 第 12 页上—14 页上。

是十分生动的,有助于使劝募文产生具体的影响。

屠隆提到他为僧伽的衰落而悲伤,书写劝募文的其他作者也都引用此例作为捐助寺院的一个理由。袁宏道使僧伽健康发展的一个动因成了他为南京天界寺募化土地捐赠所写的一篇劝募文的最引人注目的观点。文章从赞成确保僧侣的经济基础保障开始论述,他指出尽管在拥有土地的寺院中生活的僧侣剥削佃农的劳动,但收租总比乞讨好。然后他又继续提出一种寺院土地制度,按照这种制度,两个耕农能养活一个僧侣:

> 僧供出自分卫(指乞讨),佛制也。后因乞者不胜烦,供者不胜数,而寺田之制始兴……自隋以来,久而不弊者,唯寺田一法。计僧而田之,计田而夫之。一亩之人,可供一僧;一亩之力,常借二夫。是一亩而供一僧与二农也。以其二自给,其一以办官税,坐而食之,不为蠹国。使天下之为僧者,皆借民力以办禅,而其贫无田者,复得借僧亩以自食,此与官与商与工交相耨者同。比之方维口最为净食,使瞿昙生中国,决当易分卫之制而为田也。

> 天界寺旧有田,今以供院僧,而四方行脚不沾盂粒。禅者某议贸田以供禅众,宰官居士有能共成此举者,于国于农于僧,皆有大饶益,此经世之画也。①

这里袁宏道敢于宣说一个令许多潜在的施主困惑的问题:为何要供养一个显然懒散的不劳而获的僧侣阶层? 他没有诉诸宗教性的利益,而是集中于能为僧侣的静修提供充足的需要,以便阻止他们到处漫游——引起麻烦和动荡,尽管这种结果不要直接地讲清楚。他提出寺田制度来作为一种控制的计划,让无地的人回到土地而不侵犯地主,尤其是寺院地主从佃农那里收租的权利。袁宏道也悄悄地暗示,寺院有可能是比私人地主更忠实的纳税人。大多数为创立或扩张寺田捐赠而写的劝募文都反

---

① 《袁宏道集笺校》,第 1195—1196 页。

映,如果寺院要在不远的将来之后还能维持生存的话,那就需要给它提
供稳定的收入;袁宏道的论点把这种慈善捐赠的行为和更大的社会政治 *205*
的秩序联系起来,并为这样慷慨的捐赠作辩护,认为它是儒家政治所重
视的"经世"治国理想的应用。

　　袁氏认为乞讨化缘令人憎厌,这是佛教的其他保护者也具有的一种观
点。一位 1613 年及第的苏州进士,为虎丘山上一座庵筹购土地写了一篇
劝募文,他陈述作出这项捐赠的首要理由是为了让对宗教修养持严肃认真
态度的僧侣能养活自己而不至于出去沿街乞讨。①这种对乞讨的忧虑也
许反映了士绅关于他们所捐赠的社会公共机构的佛教不与流行的低级形
式相混淆的要求;下层僧人的代表形象是常常被发现托着他们的钵盂挨家
挨户乞讨,由此给佛教在中国社会所具有的种种优越性带来不好的名声。
这种对乞讨的忧虑下面隐含着对维持底层社会秩序的担心,也同样隐含着
精英人士因匮乏的公开显示而更广泛的苦恼。

　　晚明的佛教大师也对这种不受欢迎的乞讨十分敏感。袾宏在他的
道德功过体系里,承认施食给一个乞讨的僧侣会给施主带来善报;他根
本不可能取消佛教僧侣赖以生存的一种主要手段。然而,他确实强调上
门乞讨的僧侣应当立即受到布施,而不要赖着不走无休止地乞讨。他宣
说:如果一个人仅仅在他们一再乞求之后才供养僧侣,他就不会有功
德。②立即的布施有两个目的:一方面它挽救僧侣屈辱的等待,但另一
方面也使施主在一定程度上负有责任,确保乞讨的僧侣不干扰社会的体
面或者采纳破坏的行为以强施他们的要求。然而,像他的士绅施主一
样,袾宏宁愿看到僧侣的需要在一个寺院机构的环境中被满足而不是通
过挨家挨户的乞讨化缘。在他的道德功过格里,当僧侣要求布施的时
候,布施食物供养三个僧侣应享有一分功德,而通过捐赠给寺院来供养

_____

① 《虎丘山志》(1767),卷 22 第 4 页上。
② 于君芳:《中国佛教的复兴》,第 240 页。

三个僧侣则配享有三分功德。这样,袾宏鼓励施主们把他们的布施捐给寺院而不是捐给个人。

寺院的护持者觉察到民间教派对社会政治秩序的威胁比乞讨来得更大。16 世纪 80 年代,在山东即墨县士绅捐赠的表面之下的一种担忧就是对民间教派主义的恐惧。[①] 即墨县是崂山的所在地(今天以其汩汩不绝的山泉而著称)。1583 年,著名僧侣憨山德清在五台山举行那次名噪一时的活动(应太后请求为国祈嗣——译注)十年之后,去崂山静修。德清到达即墨时,他发现崂山的所有寺院都掌握在道士手里,尽管大多数寺院在元代之前原来是佛寺。在当地居士的帮助下,德清从道士手上购买了一座旧庙,四年之内把它建成一所功能齐全的佛教寺院。

德清作为一个诗人、书法家和演讲者的才能使他迅速引起该地区所有士绅的瞩目,在当地士绅中间他非常受欢迎。但是他的活动也使其引起本地道士的敌视。尽管德清在事态发生升级之前能够缓和这种冲突和对抗,但他的声誉鹊起威胁着他们,他们于是组织了一次公共的示威要把他驱逐出即墨县。一位名叫耿义兰的道士率先发动了第二次进攻,莫须有地指控德清盗用了赈灾救济金。(指控德清的道士之族姓并未出现在即墨县有身份的人士之姓名当中,可见耿氏不是该县士绅宗族。)这起事件可能发生在 1594 年,其时即墨县遭受了一次饥荒,饿殍遍野,有些地方发生食人的悲惨景象。对德清的恶毒指控越来越引起朝廷的注意。在 1595 年,尽管德清洗清了经济上的冤情,但他还是被指责犯有不经帝国允许而私创寺院图谋不轨的罪名。尽管事实上皇太后曾捐赠一套帝国印制的大藏经给他所创的寺院,这可以用来宽宥地解释相当于获得了帝国的允许才建寺的,但他还是没有逃脱这种指控。德清被流放到

---

① 关于德清在即墨活动的材料取自福征《憨山大师年谱疏注》,第 50—65 页。《即墨县志》(1764),卷 2 第 4 页上,卷 5 第 18 页上;《即墨县志》(1872),卷 11 第 15 页上,卷 12 第 11 页上;《莱州府志》(1939),卷 6 第 40 页下;《崂山志》(顺治年间刻本),卷 5 第 18 页下;徐松鹏(音译):《明代中国的佛教领袖》,第 76—81 页。

中国南方(岭南),他在山东所建的寺院按官府的命令而毁除。

德清在崂山时,他享受黄氏的特别捐赠。在明朝最末一个世纪,即墨县有 13 个人获得文官进士功名,其中黄氏家族成员占了 4 位,同时还有 1 人获得武官进士功名。黄氏是该县士绅宗族中最有影响的家族。在德清居住崂山时,黄氏宗族中最主要的成员是黄嘉善,他是 1577 年的进士,官至巡抚。他在该县社会的名望可由以下事实来表明:即他是被请求给 1580 年《即墨县志》撰写序言的唯一本地居民。黄嘉善之子黄宗昌在顺治年间编写的《即墨县志》(顾炎武给写的序言)中,除了对德清作了一些有利的评论外,地方文献中没有透露任何信号说明这家族曾是德清的保护人。可以推想,黄氏倾向于模糊他们家族和受到谴责的僧侣之间的关系,以免将来被别有用心者利用而对他们施耍阴谋诡计。

如果没有黄氏的支持,德清不可能这样侵袭根基牢固的道士,后者不仅统治了即墨的宗教世界,而且还控制着那时山东东部大部分地区的宗教世界。然而黄氏为何要支持德清? 除了对佛教有私人的爱好外,还有别的原因吗? 德清的传记作者提供了一条线索:道教和罗教是该县人民仅有的宗教,德清个人承担了把正统的佛教引进山东东部地区的责任。这真正的问题与其说是道士充当了反对德清的角色——尽管他们的确是德清的公开反对者,但毋宁说罗教教派主义者存在着强大的势力。即墨县即以罗青的诞生地而著称,罗青是这个民间宗教派系的创始人,罗教即以其姓而命名。罗教在这里的势力极其强大,既在定居的居民中,又在较少根基的雇佣劳动者中流行。这些人从黄氏宗族来看都是站在其社会领域的另一端;可以料想,他们是如前述屠隆在一篇劝化文中刻画的精英士绅觉得最难控制的地方社会之成分:"愚夫悍妇"。德清及其寺院提供士绅一个强有力的礼仪和信仰的系统使他们能用来和罗教的势力对抗。[1] 黄氏通过阶

---

[1] 喻松青已经提出这种联系,见《明清时代民间的宗教信仰和秘密结社》,第 122 页。

层和家族关系的界线分离出罗教教派主义者和道士,利用寺院的捐赠抵制罗教教派的活动,并支持在即墨县建立社会秩序。

万历年间,其他佛教领袖也强烈意识到罗教造成的这种威胁。密藏道开大师对无数"无知男女"为罗教所吸引表示忧虑。罗教的教义"真空家乡,无生老母"意味着一切行为和现象都被信为是宗教的。按照道开的看法,这种观点比起白莲教的教义对正常的佛教思维更加有害。① 通过抹擦去宗教和世俗之间的界限,罗教教派主义提出一种激进的世俗世界的重构。佛教大师及其施主都满怀担忧,这种宗教极端主义的倾向不要把他们的佛教机构也拉下水。云栖袾宏另外还担心罗教会把"无知者"引入歧途,错把民间佛教的教派主义当正统佛教,因为它利用了标准的佛经以及它自己独创的教派经文。② 延伸的危险是佛教寺院可能被牵连而被当成异端,进而容易遭致国家的责难和迫害。因为这些理由,即墨县的黄氏支持憨山德清用正统的佛教的火力与罗教教派主义作斗争。

五、文化性的吸引力

许多人认为捐赠是他们能获得可触知的利益的一种交易,那么像士绅文化的价值和建立一个秩序井然的社会的更宽广的景象这样一些较少确切定义的吸引力也能诱惑着他们。佛教寺院的形象对士绅的吸引力可以促进他们的捐赠,这在本书第三章已作了考察。这样的吸引力并不是没有它们交易的方面。一所保存完好的寺院——正如 1737 年一部劝善书的作者所指出的那样——能提供自然景色的美妙,由此"鼓舞"那些前来参观的人的崇敬之心。③ 因而,佛教的因果报应和普度众生的教义可能在提升人文精神的景观的面纱之下淡出。

---

① 密藏道开:《藏逸经书》,第 11 页上、下。
② 云栖袾宏:《云栖法汇》(1899),卷 27 第 19 页下;这段文字在欧大年(Overmyer)的《民间佛教:传统中国晚期歧出的教派》第 37 页中有引。
③ 黄正元:《阴骘文图说》(1801),亨部,第 82 页上。

在激进的儒家学者高攀龙的文集中,也许可注意到这种文化的逻辑。作为东林改革运动的领袖而著称于世的他很少同情士绅参与佛教。然而,当他观察到一个新近复兴的寺院受到捐赠并不是由于它的宋代宗教创立者的杰出声名,而是由于它处在一个优雅美丽的环境之中时,他把作为一种教义的佛教与作为一套文化机构的佛教区分开来。① 1665年编纂的北浙江的一部山志全面表述了这种捐赠的"风景"动机:"琳宫绀殿,非仅以崇佛祖、庇缁黄也,将山灵实壮观焉。山僻一隅无丛林杰构……倘得大力而好事者,为之经营点缀。"②

自然环境的优胜不纯粹是一种抽象的理想。以同在浙江省的雁荡山一所寺院为例,可以说实际上就是雁荡山的风景激发了人们的捐赠。在保存于不同寺志的两篇文章中,一个名叫戴洄的人详细叙述了他在1586年春天陪同浙江省巡抚(中丞)参访雁荡山的一次观光。戴洄是一个热情洋溢的旅游家和业余的风景画家——他在一篇文章的开首就用这样的评论:"余性嗜山水,遇佳处必游,既游必图之。"一日,戴洄和巡抚相从入山,留在灵岩寺午餐。戴发现该寺年久失修,不蔽风雨,他声言:"余观灵岩真奇绝,虽善画者不能图,而荒废若此,为之慨然。"他向住持圆魁提出这个问题,后者是从大寺院来到这个茅草屋的。几年前他从金陵游方来到灵岩,希望能重建灵岩寺恢复它昔日的辉煌;托钵化缘是他唯一的收入来源,仅仅勉强维持他自己的生存。圆魁观察到——怀着些许失望——"此大势力事"。③ 他描绘雁荡山过去在山坡上矗立着十八座寺院之蓬勃发展的情景。戴洄受到鼓舞,率先发起了募捐运动,两年内完成了灵岩的重建。

当支持来自地方居民时,审美的动机常常根源于他们参与寺院的私

209

---

① 高攀龙:《高子遗书》(1848),卷 6 第 6 页上。
② 《乍浦九山补志》(1757),卷 4 第 1 页上。
③ 《雁山志》(1601),卷 4 第 89 页上—91 页下。(见戴洄《雁荡山重建灵岩佛殿记》,收入《四库全书存目丛书》史部第 239 册。——译注)《广雁荡山志》(1790),卷 9 第 3 页上。

人经验之中。1576 年山东省的一部县志说，地方士绅向他们县的风景寺院作捐赠，是因为寺院提供当地居民聚会去观看美丽的风景的赏心悦目的场所，或者让他们的诗句镌刻在岩面上。① 士绅能隐退到这种自然环境的理想是主要的吸引力，著名的南京学者祝世禄在为栖霞寺法堂修复募捐所写的一篇劝化文中提到这一点（15 年前李贽为这同一寺院写了劝化文）：

> 我观金陵名胜在诸寺，寺凡四百八十，其最胜在栖霞。原夫栖霞下瞰江流，青山不断，地远朝市，红尘不飞。香火纷沓如报恩，而沉寂过之；金碧庄严如牛首（弘觉寺址），而窈窕过之。岩花作供，野鸟说偈，水月传灯，山君护法。以故人代荐更，罗刹如故；征君已去，我辈还来。人以境圣，道以人弘。盖诸名蓝，不得与争雄长焉。

> 爰有古堂，名曰定慧，几年倾圮，一木难支。怨和尚者念肯果之，或瞿惧后来之无托，欲向孤峰宿，难烧不夜之灯。有自十方来，莫为结夏之宅，慨发慈愿悲涕，丐予亦知……

> 所以存教，特弁数语，遍告十方，有财输财，有力输力，无财无力，赞叹输心。庾之粟，囊之钱，山之材，陶之尾，随喜布施，不论奇赢。在布施者，捐一于百，捐十于千，物只损乎毛发；在受布施者，合百为千，合千为万，功且等于丘山。敢云度其悭贪所望，发其忉怛于焉；就鸠工废者以兴于焉，宅众散者以聚于焉；亦使宰官长者，酒客诗狂，方术杂流，劳人病子于焉；经行于焉，憩息于焉；从头照业中之业于焉，回心参身外之身于焉；涸欲海而隳愁城于焉，决疑网而抱信母……②

祝世禄此文的要旨显然是一种佛教的劝化（更详细阐述的佛教劝化在此文剩下的部分中也可以找到），但是此文的情感方面的吸引力是建

---

① 《丘县志》(1576)，卷 3 第 14 页下。
② 《金陵梵刹志》(1607)，卷 4 第 25 页下—26 页下。

立在一种复合的文化理想基础上的,这种文化理想与愉悦的心情、休憩、暂时的隐退,以及使自己摆脱"朝市"和"红尘"的一种自然环境的适宜性有关。同时,这种寻求佛教觉悟的神话化场所被描绘成士绅精英的合法化领域,因而是值得捐赠的。

　　还有另一种方式把风景描绘成对潜在施主的吸引力,虽不明显与士绅精英所表达的价值观有关,但仍然是士绅文化的一部分。这是借助于风水。晚期帝国士绅的精神领域中,通过解读地表来占卜好运和灾难占据一个显著位置。据认为,地下隐藏的力量能在地形中表现自己,可以利用这种力量给生活在这方地表上的人带来好运。这些基本的信仰为 *211* 士绅与普通人共同具有。有时候一个保守的人也许责骂看风水的人:骗取人们的钱财,引导他们作出错误的决策,但是很少人怀疑这种地表的物质模式是富有意义的,或者在地表被破坏时应当对此加以认真考虑。由于寺院的大型建筑物占有广阔的庭园,故而寺院对地貌造成很大的损害,其本身就会遭受风水的后果。

　　笔者遇到把风水的考虑当作捐赠寺院的一个充足的理由的两个例子。第一个例子是 1576 年长江口岸北边一所佛教寺院的修复。狼山寺院(今广教寺)在 1569 年和 1574 年遭台风袭击而严重损坏。主要的捐赠人是一个海防按察使,他从自己俸禄里拿出 300 两银子捐给该寺,又从其他施主那里募集了另外一些资金。对他来说,该寺位于抗击海盗的地区海域防御系统中的一个战略要点。如果听从该寺坍塌衰败,这个地方风水的力量注定会烟消云散,因而使这个地区面临着 16 世纪 50 年代曾经遭受的那种海盗的劫掠。[1] 从另一个视角来看,同样可以认为修复这所寺院以使之保持完整具有战略意义,因为这样做无疑给海上劫掠者发出了信号:这个地方不是一个废弃的场所,他们不应当企图在这个地区登陆。

––––––––––––––––––––––––––

① 《南通州五山全志》(1751),卷 8 第 4 页下、8 页上;卷 11 第 14 页上—17 页下。

　　第二个例子来自 18 世纪末江西省西部地区，讲的是临江郡清江县慧力寺的修复。该寺院坐落在本县所在地南部一公里一个称做"瑞筠山"的小山上。现摘录为本寺修复所写的劝募文的一部分如下：

> 临江慧力寺始於唐，盖先有寺而后置县与军也。在瑞筠山自欧阳处士舍宅后，迄今千年。旧志以章山、瑞筠、白牛冈为郡龙结聚之山，而瑞筠为之首地。当郡治东南为巽方，屹然耸峙，实阖郡人文所系，非但招提兰若美观瞻、崇福利而已。

> 旧有田，岁久多遗失。曾君出赀（资）筑堤濒江，得田数十亩，食差（指用来供养僧人和缴纳税金）以足。寺田不可多，多则余累生焉。

> 独山门自（疑为"洎"）四天王殿以后，惟毗卢阁修于迩年。其大雄殿以迄，客堂、禅堂、法堂、斋堂、祖堂、方丈等，及寺外缭垣（即围墙），皆将六七十载或百载未经修造。今年夏秋间久雨，殿之过檐已倾塌，其一余寓于兹。欲出绵力为之倡，而苦居涸辙。劝以觅檀波罗密，而师之讷于言，与余同赖当事。暨郡之贤士大夫，皆知师之不妄求，不虚语。敬襄不揣冒昧，拈笔代舌，请以告夫宰官居士，洎侨居、经过之优婆塞、优婆夷，兴善缘，怀古迹，而兼为阖郡人文计者。①

　　本文的开头部分用风水家的措辞表示了慧力寺对临江郡繁荣富足的重要意义。寺院必须修复完整，因为它在地理位置上罩在了主宰本地区命运的龙头上。"阖郡人文"就取决于对这条龙的控制。接着又提出了赞成修复寺院的其他劝募主张，如最引人注目的是这个地址的令人起敬的历史、本郡士绅对该寺住持的完全支持。

　　尽管慧力寺对临江郡的重要性是用风水的措辞来表示的，但是也可用这种风水框架外的概念体系来说明这一点。就像欧洲社区中的大教

---

① 《慧力寺志》(1895)，卷 1 第 16 页上—17 页上、下；参赵敬襄撰《重修慧力寺募疏》。

堂那样,佛教寺院通常是地方景观中给人印象最为深刻的结构。平心而论,临江郡并非是一个遍布着重要文化胜地的地区。在清代,慧力寺所在的这个县以其拥有可上溯到宋代的六大建筑物而自豪,可其中没有一个是给人特别印象的。① 慧力寺是该地区景观中少数几个大建筑物之一。准确地说,慧力寺是全郡公共机构中唯一被当成主角的这一事实就表示了它在地方上的重要意义,同时也表明该地区没有其他胜地能与其相媲美。② 地方士绅不能听任慧力寺沉毁衰坏,因为这样的疏忽大意将严重减少本地区高档次文化机构的影响范域,而这反过来又会反映这种文化的守护者之失职。因此,修复一个曾经辉煌的寺院,有助于增加该地区文化成就的声誉。从交易的视角来看,当士绅进入全国范围时,这种声誉对于他们来讲就可能是一笔财富,因为每个人在一定程度上都与其故乡有多多少少的联系。偏远县份的居民承受不起家乡大寺院的衰败,因为这意味着减弱了该地区在外界的知名度。

和历史人物的联系能够加强修复寺院的文化论点,因为这种联系能赋予他们曾经所在的这个地方以声望。在 16 和 17 世纪之交,袁宏道募捐支持在他家乡湖广东北部公安县的普光寺。公安县默默无名,但普光寺却因系隋代杰出僧人智 所创而蜚声于世。袁宏道在他的劝募文中认为,智 与该寺院的联系就是地方士绅应为它的修复而提供资金的充足理由。袁宏道指出,毕竟公安县"自隋唐迄今代,人物寂寥,文采著闻不得一指。中间阐宗乘者,亦才得一二衲,要之门庭互异,则又非彼门下客也"③。他推论说,改进公安县在天下知名度的最好方法是赞辅普光寺,复兴智 的名声。

最后,修复那些地方寺院还有实际的考虑,士绅也许有自身的目的

①《临江府志》(1871),卷 4 第 1 页下—2 页下。
② 卜正民:《明清地理史籍汇考》(*Geographical Sources of Ming-Qing History*)。安阿伯(Ann Arbor):中国研究中心,密歇根大学出版社,第 153 页,1988。
③《袁宏道集笺校》,上海古籍出版社,第 1207 页,1981。

在利用寺院,诸如在寺院举办学术会议。江西吉安府的靖居寺就是一个恰当的例子。王阳明生前任吉安府知府,为了纪念他,该府学者在靖居寺举行半年一次的学术会议。吉安府学校本应是更加合适的地点,但太小了。在1616年的秋季会议之际,吉安府士绅中最有影响的成员和知府商讨了修复靖居寺的设想。① 尽管这是儒家为了非佛教目的而兴修一所佛教机构的例子,但是结果却是靖居寺受到了一些人的捐赠。这种吸引力是文化性的,而不是社会性的或宗教性的,按照士绅自己的说法,它植根于晚明士绅与寺院的宽广互动。

六、社会的网络

我们所摘录的劝募文提出的论点中没有一个保证能成功地劝化有钱的人捐赠寺院。不管这种逻辑在思想形态上是多么有说服力,也无论这种逻辑是引发宗教的信仰还是赞美珍贵的文化价值,在募求资金和积极响应之间总是横亘着一条鸿沟。确保架通鸿沟的唯一有效的方法是私人关系。在反复讲说了捐赠的合理性和正当性并列举了这些捐赠理由之后,成功的募捐人仍然得利用他与潜在的捐赠者的私人关系,以及利用捐赠者自身之间的私人关系,来吸引人们赞辅他的工程。光凭讲理是不够的。私人的关系通常在一项募捐计划的成功与失败之间造成很大差别。

假设这里的网络诠释似乎适宜于分析往往由关系而非由负有责任的公共程序来决定资源分配的中国社会,那么,应当记住就此而言中国根本不是独一无二这样做的国家,在现代社会就更加不是了。在当代西方社会中,社会网络并不像过去那样极度控制得到的有形资源,

①《青原志略》(1669),卷7第3页上—12页上;也参梅斯基尔(Meskill):《明代中国的书院》第90页。这项工程的高层发起人是著名官员、作家和佛教保护人郭子章,那时他70多岁。就在两年后他去世之前还编写了《阿育王寺志》,该志保存了屠隆和陆光祖的募缘疏。

因为物品和服务都完全彻底地商品化了。即便如此,社会关系网络仍然主宰着我们思想的接受和我们信仰的形成。① 在晚明士绅中,这样的网络对人们所做的与慈善捐赠的对象有关的决策是关键性的。很少人的行为完全是个体行为,不管他们也许对向其他人表述他们的决定是多么与众不同。一切捐赠都在一个精致的社会互动的网络内运作,这个网络在很大程度上决定什么可以接受,什么不可以接受。如果没有考虑到他们生活的社会结构的话,我们不能指望回答士绅为何捐赠佛教寺院的问题,而且不能说明他们为何没有选择其他公共机构。

在劝募赞助寺院的过程中,寺僧与施主之间的关系形成了第一步。正如我们在第三章所指出的,从 16 世纪中叶以来士绅和僧侣之间的社会与文化联系急剧增强,以至于到了万历年间僧侣和士绅形成了固定的持续的社会接触。这个时期的劝募文的作者常常提到认识前来请求写这种文章的僧人。② 尽管在这些文本中表现的关系是客观存在的而不是动机性的,但这些关系在刺激和导引士绅慈善捐赠方面是关键性的。当位于浙江中部的雁荡山的一个住持在 1625 年去苏州化缘以重建他的寺院时,他仅仅凭借四年前他们在该寺会见过的勇气走向著名学者陈仁锡劝募,那时陈仁锡曾悲叹这所寺院的衰颓破旧。陈仁锡同意赞助这项修复工程。他的同意赞助后来证明是该寺院重建成功的关键。③

学生寄居寺院读书是建立士绅与僧侣关系的重要机会,他们尤其有可能富有成效地鼓励以后的捐赠。陆光祖个人对山西五台山寺院的事务发生兴趣,是由于他年轻时曾在五台山学习,故而后来能用他的政治影响阻止一个当地土地所有者接管五台山的一所寺院。④ 在寺院的个人

---

① 关于网络分析的社会学文献在最近 15 年发展迅速,这种研究方法的有益考察,参见伯科威茨(Berkowitz)的《结构分析导论:社会研究的网络取向》。

② 例如,袁宏道在一篇募缘文中提到,他写此文是受到一位过去做伴旅行的寺僧之恳请;《袁宏道集笺校》,第 1208 页。

③ 《广雁荡山志》(1790),卷 13 第 12 页上、下。

④ 《清凉山志》(1661),卷 5 第 29 页下 。陆光祖取"五台"为号,以示景仰此山。

经历意味着从前的学生常常十分熟悉他所寄居的寺院遭受的困难，这使他能代表寺院的利益进行更有效果的干预。16世纪90年代，浙江温州府出生的一个当地人在府会学习时曾注意到他所居住的寺院的田地正给佃户侵占，大约20年后他回乡帮助寺院收回了丧失的地产。① 如果没有他们之间的这种关系——大概是寺院的僧人激活的这种关系——那么这样的干预是不可能发生的。

在寺院和著名施主之间建立一种关系仅仅是保障士绅支持的第一步。下一步就是利用士绅本身之间的多线联系。要是一个县的精英之间社会网络稠密的话，那么捐赠相对来讲容易一些。一旦地方士绅的一个成员被吸引进入了捐赠的关系，其他人很快闻风相随。在下文三例个案研究中，我们将会看到这种社会网络运作的原则。尽管晚明时代在寺院捐赠的解释中没有表述这种原则，但僧侣们如果未曾认识到与作为一个整体的士绅社会关系的价值，那么他们不可能去麻烦士绅写劝募文。劝募文的理念就是利用一种关系网以吸引该县全体士绅都加入到他们的工程中。

七、宣扬士绅的身份

士绅作者都共同觉察到捐赠应当来自整个士绅阶层。本章引用的劝募文大多证实了这种思想方式。陆光祖在1587年为阿育王寺舍利殿写的募缘疏中呼吁"四明贤士大夫"都来参与这项工程；与此类似，屠隆也号召"贤良缙绅"响应他的为重修阿育王寺所作的恳求；祝世禄提到"宰官、长者、酒客和诗狂"；袁宏道劝化"本县长者"及"宰官居士"。他们中所有的人都将捐赠表述为一种宽广范围的所有士绅都应当参与的士绅之行为。

———————————

① 《江心志》(1707)，卷7第27页下 。刘康祉是施主。

在出版的地方志中一般性地证实寺院的捐赠被确认为士绅的工作,在这些记载中一而再、再而三出现的施主都是用诸如进士、邑绅和乡绅这类词语来标识的。随便选举一个例子,在《华亭县志》中列举的四人,都是 17 世纪 30 年代超果寺的施主。这四个人不仅都有进士的功名,而且他们占该县在 1594 年至 1613 年七位取得功名的人中的四位。①

捐赠是一种士绅现象,并且本身是公开化的。寺院的募捐者利用捐赠和士绅身份之间的联系来吸引精英中举棋不定或处于边缘的捐赠者。这样做的一种方式是提供士绅听上去堂皇的头衔作为捐赠的一种酬报。在正式的纪念文章中,或在为纪念捐赠者而树立的石碑或布告牌上面,僧侣们都使用像"宰官"、"义官"或"信官"这样的头衔来称呼他们的施主,甚至称呼那些从未有官僚级别的施主。甚至非士绅的施主也能期望"信士"的美称,利用了"士"这个一般尊称士绅的词。② 这种荣誉性的士绅头衔的标价并不昂贵。为了支撑静居寺正在衰退的募捐运动——吉安士绅希望重修静居寺作为 1616 年举办学术会议的地点,"宰官"头衔的最低标价被定为仅仅二两银子;较少的捐赠则赢得"善男"或"信女"的称号。该寺的募捐组织由士绅组成,决定一旦他们的目标达成之后就树立两块分立的石碑以区别两种身份。③ 由于这种身份取决于捐赠的多少而不是取决于捐赠人的实际的身份或地位,所以凡是爱惜他公共名声的士绅没有一个会允许他的捐赠落在二两银子的水平下面,因为这样会使他的名声最终铭刻在那块声望略次的石碑上面。

---

① 《娄县志》(1788),卷 10 第 9 页上。

② 例如,徐弘祖的《徐霞客游记》,第 1139 页;《南屏净慈寺志》(1615),卷 6 第 30 页下;《钵池山志》(1920),第 71 页下;《曹溪通志》(1672),卷 3 第 13 页上;《长庆寺志》(1800),卷 6 第 22 页上。"宰官"通常用来称呼县一级以上官员。我们在一部 17 世纪的憨山德清的传记中发现这种身份术语的使用。我们得知,1599 年春印刻 100 本德清文论集时,它们在"善知识和宰官士绅"中流通——这时士绅意思是非担任官职者。福征,《憨山德清年谱疏注》第 75 页。注意"官"这个词语可用来指明其他语境中的身份。例如,一个活了一大把年纪的人可能被称做"寿官"。

③ 《青原志略》(1669),卷 7 第 6 页上、下。

在一个像中国这样对地位或身份差别高度敏感的社会,在如此的氛围内引起公众注意的机会也许是地位不高的县邑士绅参与地方士绅捐赠工程的一个诱因。对于地位较高的士绅,即那些拥有更高功名的人和也许曾经任过官职的权威人士,这样的头衔可能对他们没有什么吸引力。他们的地位已经以更可靠的方式标明了。不过,对各个层次的士绅来说,重要的是他们的捐赠被公之于众,他们的善举被认做是士绅的工作。

在一定程度上讲,每个精英都必须使自己引起公众的注意以便维持和强化其统治地位。公共的名声既可用来确认自己精英的身份(一种自我定义的行为),又可用来向精英圈外的那些人展示它(一种排外的行为)。在16世纪末的中国,寺院的捐赠提供给士绅的恰恰就是这种使身份公开化从而引起公众注意的机会。而一个世纪以前,中国很少几个县有所谓的地方士绅。这个概念对一个仅仅由少数家族统治的地方社会秩序来讲是外来的,其中有些家族在明初就因军功背景而声名很大。到晚明,地方乡绅已经成长,并且以一个世纪前料想不到的方式发展着。一个县中也许有几百个家族都在科举考试之途上奋斗。国家的功名头衔仍然是提供精英地位的一种标志,但是到16世纪中叶在大多数县里获得显达头衔的人数日益增长,这意味着身份地位的规定是从内在的角度通过其他更无形的标志来处理的,诸如有礼貌的举止、文学的雅致和文化的敏感。单单授自国家的功名不足以把真正的精英区分出来。

寺院的捐赠适宜于这种新的文化姿态的全部内容。它是一个人向其他精英成员显示其宗教和艺术才能,并表示与这个圈子之外的那些人的社会存在距离的一次机会。晚明士绅需要一个他们能公共交往,并被整个社会看成代表了社会最高利益的活动场所。寺院的捐赠则提供了这样的一个机会。

八、与商人的慈善捐赠的对比

士绅在寺院捐赠名单上的支配地位的必然结果是:其他类型的精英

或精英追求者相对缺乏。如果从人数和财富上来看,尤为缺乏的是商 人。1700 年之前,商人似乎没有广泛地参与佛教公共机构的捐赠。提到 **218** 商人缺乏,可能是由于纪念性的文章和碑文作者未加注意——差不多所 有的作者都是士绅,他们突显了他们的同侪的成就而没有注意其他社会 群体所作的积极贡献。然而,在可能是一种士绅权谋的资料中,这种模 式给我的印象太过于泛泛而言了。在这种文字的表述后面隐藏着的社 会事实是:在晚明,一些社会群体参与了寺院的捐赠,而另一些群体则没 有参加。商人在寺院施主的圈子里没有得到广泛认同,那是因为他们不 在这个圈子里。商人和士绅之间的这种对比值得注意。商人的慈善性 捐赠是一个未被研究过的课题,因此下文的比较性考察是尝试性的。还 有,对商人为何没有作为寺院施主而出名所展开的一些粗略的猜想,也 有助于理解士绅为何却因此而出名。

尽管商人未出现在寺院施主的名单中,但是明代商人确实投资于公 共的机构并从事慈善性捐赠。20 世纪 80 年代中期出版的一部关于明清 徽州商人活动的历史资料汇编提供了一幅晚期帝国商人文化的组合画 像。徽州府在南京以南的地区,晚明时代出了许多大商人——这份资料 就我当前的目的而言,可用来作为我把商人的社会事业和士绅的社会事 业相比较的基础。在关于慈善捐赠活动的部分中①,最频繁地提到的捐 赠对象是宗族祠堂。非常明显,徽州商人最喜欢支持家族关怀。其次最 受欢迎的是教育机构——乡学、县学、县科考堂和私立书院。他们希望 通过支持这些教育机构而使他们的孩子上升到士绅的地位。几乎像学 校一样受欢迎的是基础设施:桥梁、河坝、道路和渡口,他们依靠这些设 施来运输商品。偶尔也提到粮仓和商人会馆的捐赠。

关于宗教机构,徽州商人热衷于建立小型的私家庵院供他们个人或

---

① 张海鹏和王廷元:《明清徽商资料选编》,第 303—307 页。对徽州商人淡漠捐赠佛教对象的 印象与哈丽特·鲁道夫(Zurndorfer)的《中国地方史沿革:徽州府的发展,800—1800》所载 相一致,第 97 页。

家庭使用。在这部明清徽州商人活动的资料集中，已设立的寺院看起来都不是徽州商人慈善捐赠的受益者。这与冯梦龙的小说中虚构的那个徽州商人的大众形象相吻合，例如，冯把他塑造成一个对宗教抱怀疑态度的人，能抵制宗教骗子吹牛的伎俩。① 这部徽州资料集只含有一个寺院的捐赠者，他是一位 18 世纪的商人，"其生平所修造，五云庵、东岳庙第三殿、广安寺正觉堂，及其他桥亭道路"。②

然而，更广泛地浏览晚明的资料还会发现徽州商人捐赠寺院的几个例子：其一，在 1567 年，休宁县一位长者捐赠 30 两银和一块地给一所著名的地方寺院，因为他相信他孩子的病有宝大师的神灵保佑能治好——宝大师是隋代的一位高僧。③ 其二，在 16 世纪 80 年代，一个身份不明的商人可能来自徽州，捐赠了砖瓦和其他建筑材料给南京栖霞寺观音殿。④ 其三，一部 1611 年版的徽州寺志报告说，一位乡绅在长江船只失事被救后，捐资给他家乡的一所寺院重修了钟楼。⑤ 最后，有一位徽州商人很想参与慈善捐赠活动，便决定在 1680 年趁参观杭州灵隐寺之际，捐资该寺急需的修复工程，两年之后他安然去世。⑥

这四个例子表明，个人的信仰、从病中或致命的危险得救以及老年的皈依，都能推动个体商人向佛教寺院提供捐赠；事实上，这几种情况能促动任何人。⑦ 然而，在这种也许是预先决定的捐赠选择的例子中，有两例

---

① 冯梦龙：《智囊补》，卷 12 第 21 页上。

② 张海鹏和王廷元：《明清徽商资料选编》，见上注 85，第 315 页。

③《仰山乘》(1611)，卷 1 第 47 页上。

④《金陵梵刹志》(1607)，卷 4 第 30 页上。

⑤《仰山乘》(1611)，卷 1 第 48 页下—49 页上。

⑥《云林寺志》(1829)，卷 4 第 1 页下。

⑦ 可以证明商人、私人虔信佛教的其他例子有：赵吉士的《寄园寄所寄》第Ⅱ辑第 250 页，其中讲述了一位商人被他在船上邂逅的一名僧侣的宗教热诚所打动，他因此捐资重修这名僧人正在募捐修建的那所寺院。冯梦龙的《醒世恒言》第 67 页，具体描述了一位成功的杭州油商的故事，他给杭州城所有著名寺院提供了三个月的灯油。一家寺院记载一名在贵州的湖南籍商人对佛的虔诚信仰导致他不仅为他喜爱的寺院提供灯油，而且最终决定做一名居士信徒在那里隐居，后于 1700 年在该寺去世；《黔灵山志》(1705)，卷 10 第 2 页下。

很可能是有重大的背景因素在起作用。在第二个例子中，观音殿的建设起初是由汪道昆捐助的。汪道昆是出身徽州商人家族的学者，他的宗教同情心强烈地偏向佛教；他在 1580 年所写的劝募文无疑在商人圈子里流通，这些文字之所以不像大多数士绅学者的劝募文那样，是因为他的家庭关系与商人有关。还值得注意的是商人们似乎更喜欢赞助的是观音而不是其他佛教神祇。[1]　第四个例子中，重要的是确定汪应庚的身份。汪应庚不只是一个普通的商人。他与都市精英有密切关系，通过这类人物他得到了顺治皇帝的一种荣誉性的委任，在光禄寺做了官。他还编撰了一部《平山堂揽胜志》。平山堂是扬州城外一所著名的风景寺院，该寺受到总部设在扬州的官方盐商的大量支持。[2]这样看来，汪应庚应是经营盐业专卖的官商精英中的一员。因此，他的捐赠决定应被视为与他的商业关怀有关，与他和扬州富裕的盐商精英的联系有关。

　　可是，一般说来，徽州商人寺院捐赠的行动是个体的而不是合伙的；也就是说，个体的商人向寺院作出捐赠有其私人的理由，而不是在其他商人的陪同下捐赠的。我发现 1700 年之前对于这个规则来讲的一个重大例外，它再一次涉及到徽州商人。在 1615 年杭州著名的净慈寺志中，一份 15 个捐赠人的名单——14 个居士和 1 个僧侣——出现在作者序言之后的一页上。所列的一半居士都是杭州本地人，另一半则是徽州人。徽州施主显然更为慷慨地捐助出版该寺志，总共给了 28.5 两银子，相对照的是杭州施主总共给了不足 4.2 两银子。他们还追加了捐赠，因为除

---

① 例如，1689 年，广东一名商人在他和他的船运货物在一次风暴中被挽救之后，捐金塑造观音大士像，安置在普陀岛上一所寺院中；《普陀山志》(1704)，卷 5 第 6 页下。沈一贯在有关普陀寺的寺志中说，海岸城镇的商人和渔民中流行着观音崇拜；《招宝山志》(1847)，卷 2 第 53 页上。

② 这部地志即《平山揽胜志》(1742)。平山堂因其坐落在风景优美之处而比其佛教的光环更受人欢迎。在稍后写成的《平山堂图志》(1765)卷 6 第 12 页上记载，1493 年收到多位陕西盐商捐赠。

一人外他们所有人的名字又在该寺志上至少出现过一次。[①] 尽管他们的职业身份从未给出，但净慈寺的徽州施主几乎肯定是商人；我假定不太富足的杭州居士可能是他们在杭州的商业代理人。在净慈寺的商人施主照此确定身份之前，需要一个世纪的历程。按照 1707 年纪念重建该寺的一块石碑，扬州盐商捐给银 404 两，湖南和湖北的一帮商人（大概是经营粮贡系统的商人）捐赠了 500 两银。[②] 他们的名字出现在一份长长的 217 位个体捐赠人名单之后。这 217 人都担任官职，因而在名单上把他们列在商人之上。他们的名字出现在石碑上很难说是在士绅文化内对正在崛起的商人的地位所作出的重大让步，因为这两个商人群体都经国家许可代理经营盐粮生意，并享有超出普通商人之上的一种地位。[③]

当地位不高的商人一起加入集体性捐赠宗教机构的行列时，就如他们有时所做的那样，他们往往选择位于市场附近或沿着商业路线而兴建的佛教道场，而不是选择那些表达隐退理想的地点。例如，1579 年南京溧水县志记载商人捐资修建的唯一宗教建筑是位于邰村镇市场的两座庙；在 1525—1550 年间，商人与当地城镇居民共同修建了这两座庙。[④] 这类捐赠应当被理解为他们投资于商业贸易必需的基础设施的社会公益事业（在韦伯的意义上）角色的一部分。[⑤] 由于明代市场或集会一般都兴起在位于主要交通路线辐射之地的庙宇附近，甚至庙宇建筑物内，因此某种程度上这种公益事业的投资通常有维护主持市场的庙或寺的良

---

① 《南屏净慈寺志》(1615)，卷 1 第 37 页下，卷 2 第 43 页上，卷 3 第 39 页上，卷 5 第 61 页下，卷 6 第 46 页上，卷 8 第 56 页下，卷 9 第 32 页上，卷 10 第 27 页下。奇怪的是，一位新安施主的名字汪犹龙，在国会图书馆副本卷 8 第 56 页的版本清晰可见。

② 《南屏净慈寺志》(1615)，卷 1 第 36 页下。

③ 18 世纪盐商捐助寺院的具体例子，参见《天宁寺图》(时年，1783)，卷 1，"天宁寺"提到 1783 年扬州盐商；《吴山城隍庙志》(1878)，第 1 页，"宫邸"，涉及杭州盐商。

④ 《溧水县志》(1579)，卷 5 第 9 页下。这些庙宇中有一所是供奉泰山之神。

⑤ 韦伯的宗教公益事业的概念，在曼恩(Mann)的《地方商人与中国官僚政治，1750—1950》中有考察，第 12—13 页。

好秩序，并使市场财运亨通的意味。商人愿意捐助给他们做买卖地点附近的寺庙，相信他们的市场享有寺庙神灵的保护。寺院通过提供给商人或其顾客可能需要的机会、资源或服务，也能从商人身上赚到钱。有时候，佛教寺院为商人提供寄宿①，储存他们的商品②，甚至为商人客栈提供空间③。在晚明，说城市商业兴盛的地方寺院香火就旺，这在某种程度上变成一种"陈词滥调"。④

　　然而，市场和寺院之间的关系并非是一种稳定的关系，凡是保持严肃宗教信仰的寺院一般都避免卷入晚明日益扩张的商业世界。例如，五台山大喇嘛寺院的僧侣都抵制地方商人充当经纪人在他们土地上违法开采铁矿的活动，尽管明中叶有一个商人发现他能通过作出定期的捐赠和为僧人提供素食宴来使其保持沉默。⑤ 当憨山德清于1601年到达广东北部南华大禅寺时，商人们想打寺院的主意，但很少得逞。德清发现令他极度厌恶的，是通往前山门的道路两边一片喧闹的小商贩做买卖的情景，其中包括像屠宰和卖酒这样与佛教戒律有抵触的摊位。在德清的呼吁下，这个在这里已经经营了一个世纪之久的小小商业中心，就被总

---

① 赵经升：《赵宗遗文集》，引自傅衣凌《明清时代商人及商业资本》，第29—30页。

② 河南西南部的嵩西寺，供奉观音，在1481年由内乡知县恢复，因为本寺院通堡南及均州地方，颇为冲要，从那时起，它成了政府信差和游历商人经过憩息逗留的方便之地；《内乡县志》(1485)，卷4第71页上。

③ 谢国桢：《晚明诗集》，卷16第2页下。其中具体描述了一位湖广商人的故事：17世纪30年代他储存了一板条箱桐油存放某寺院，桐油价格在接下来的五年中上涨。没有任何迹象表明这个商人会再回来收取他的这箱桐油，寺里一位僧人就通过当地商贩把它卖了。

④ 虎丘山清宦房用来作来自山西翼城县商人的会馆；《虎丘山志》(1767)，卷5第6页下。一般说，商人旅店和行会都接纳非佛教的神祇如财神作为他们的保护神，尽管山西商人崇拜的关羽以及书商供奉的文昌君是两位其他神仙。关于江南会馆非佛教神祇崇拜的文献，参见《江苏省明清以来碑刻资料选集》。

⑤ 例如，"梵宫莲宇，高门甲第"，像一位诗人描绘苏州那样，被视作商业经济景气之标志；莫照的《苏州赋》在傅衣凌《明清时代商人及商业资本》中有引，第93页。一名福建作者当谈到泉州城时，同样把商业兴旺和佛教寺院联系起来，泉州的商业活动产生了巨大的财富，因此，"余力及于桥道，而寺观甲七闽"；参见郭造卿《闽中经略议》，收在顾炎武《天下郡国利病书》，卷26第11页下。

督在三天之内解散了。[1]

像德清这样的佛教大师所觉察到的商业的喧嚣杂乱与佛教静修之间的冲突，反映了士绅文化内部商业世界和寺院隐修的田园诗般的优雅之间的对立和反差。如果说商人发现在寺院可以大做香客的生意，那么士绅喜欢的恰恰是如南京栖霞寺的一位施主所描述的那种"地远朝市、红尘不飞"[2]的地方。这种对照在进入 18 世纪初后还在继续，就大约如 1713 年的一本描述苏州周边乡村地区的书里所标明的那样，在那里依然是同样的情景占支配地位。这本书的作者注意到苏州城市的僧侣与各种身份的人都有关系，并批评他们缺乏职业僧侣的理想（指其"充塞里巷，杂处四民，缠绕诳惑，罔作妖匿"——译注），而"若洞庭一山上僧道虽有，然皆僻处深坞，采樵自食，与居民无扰。因行商者多，概无斋饭化缘之例。倘有殿宇不募，自有慨舍施主"[3]。

士绅在某种程度上把寺院世界理想化，认为它保持了与世俗喧扰的日常生活的隔离。他们的文化生活的建构对应于并强化了他们的社会差别的意识。商人应当远离那士绅隐退而既作为参观者又作为施主并以精英生活的特有姿态而置身于此的地方。因此，发现商人在晚明地方士绅中的更大捐赠项目中阙如，就不足为奇了。士绅理念所表现的社会结构把他们从寺院的捐赠中排除出去了。

在前文的概述中，笔者已经把商人和士绅的慈善捐赠作了对比，我采取的方式证实了本章一直在导向的结论：寺院的捐赠为士绅提供了一种机会，一方面使他们在一种公共的环境中互相交往，另一方面又宣扬他们作为享有地方社会特权的精英的共同身份。总的说来，在向佛教寺院的捐赠中，晚明士绅显示了他们自身是地方社会的最高层次的精英。

---

[1] 福征：《憨山大师年谱疏注》，第 78 页；这事在徐松鹏的《明代中国的佛教领袖——憨山德清的生平和思想》中提到，第 88 页。

[2] 祝世禄：《修栖霞寺法堂短引》(1602)，《金陵梵刹志》，卷 4 第 25 页下。

[3] 王维德：《林屋民风》，卷 7 第 12 页下。（参《四库全书存目丛书》史部第 239 册所收康熙五十二年王氏凤梧栖刻本，第 445 页。——译注）

这种身份符合古代关于士在商人之上的社会等级观念,因此不可能仅仅取决于财富,即使大多数捐赠关系都是建立在财富的转移之上。这也得用拒绝向那些在士绅文化领域之外的人开放的理想来表达。总之,这些理想都极其厌恶商业活动。在这样的情况下,商人要参与进来是不可能的。事情原来就是如此!

晚明劝募文的话语用的是隐蔽的形式,因为在它们的宗教功德的吸引力后面隐藏着对社会秩序和精英凝聚力的关怀。这些关怀并不否认士绅捐赠者的宗教主观意图。但是它们警示我们要认识到社会必须履行的责任——特别是凸显一种不依赖于习惯的功名地位和财富指数的 *223* 共同的士绅身份的需要——激发了士绅作为一个整体(多于作为个体)借助地方佛教寺院赋予他们的头衔以威望,并用他们的财富来赞助寺院。正如我们在下文的个案研究中即将看到的那样,士绅精英以排外性的社会网络为基础而创造和宣扬一种独立身份的努力,是对晚明士绅社会建设的一种巨大贡献。

第 三 篇
捐赠的地方个案研究

第三篇

第七章　小县里士绅的捐赠：山东诸城县

　　本章和接下来的两章将从对寺院捐赠的一般性叙述(迄今已占本书这么大的篇幅)转向分析地方环境中的捐赠。这三章考察与晚明三县的社会结构有关的寺院捐赠的模式。尽管这些个案研究很是简短，但它们构成了本书的核心，因为它们提供了本书基本假设的具体证据：一个宗教机构的捐赠被最有用地看成一种社会的行为、一种公共的工程，这种工程是在一种文化上特定的公共境域中实现的，而不是作为一种仅仅沟通个体对慈善和虔诚的坚定信念的私人事业。一个捐赠人也许在后一种情形中体验到他捐赠的决定，然而对一个社会历史学家来说，也许最有用的是认为他(捐赠)的主观意图植根于这样炫耀式的展示所具有的社会和地方的基本特征。

　　之所以选择这三个县，为的是确立本研究的发现与十分不同的社会环境相关。第一个县是诸城，它是中国北方近海一个资源贫乏的县，在那里生存着弱小的士绅。

　　我们研究的第二个县是鄞县，该县治所在繁华的宁波城，是一个在整个明清两代甚至进入现代后有着江南广泛的商业网络的中心。鄞县 的强大而稳定的士绅，每十年能获得一打进士功名。

第三例个案研究的是当阳县,这是在今天湖北省的一个不引人注目的内陆县。可以发现当阳和诸城在晚明具有共同特征,它们都是边缘地区,可用来捐助宗教机构的财富相当有限。诸城只有 15 所完整的寺院,当阳也许比它多半打。这个数目如果不考虑繁荣的鄞县也许是显眼的。鄞县有 100 多所寺院,250 多个较小的佛教场所。

这三个县尽管在地点和规模上有差别,但都有一种共同的重要的资源。每个县都至少有一所佛教寺院非常著名,以至于成为一部寺志的主体。无论如何,这些著名的寺院都位于低地核心和高地边缘之间的山顶,在风景如画的山峦之中,然而它们又并非不可触及山下财富的世界。士绅向这三个寺院的捐赠,呈现了各不相同的方式。

我进行这三例个案的系列研究,先从最简单的个案——诸诚县入手。通过考察该县势力较小士绅向一所大寺院的捐赠,我们能更加容易地确定指导分析鄞县和当阳县这两个更复杂的个案中捐赠的模式。最后在当阳县的研究中我介绍了另外一个因素,即知县的角色。

一、诸城的环境和社会结构

诸城是山东半岛中部偏东的一个沿海县。正像明清时期中国北方近海的许多县一样,诸城被大海挡住了出路,对此它体验到的与其说是机会倒不如说是障碍。在其附近地区平伸的几无特色的海岸线上没有什么良好的港口。那个年代也无法律和习俗鼓励海上活动。直到 15 世纪初重新开通大运河,通往北京的商业交通穿过山东省西部的一系列水道,在海滨游览的水手观看到琅琊山的小呷角才知道他们正穿过诸城县。秦始皇曾在公元前 219 年(仅仅在战国时代结束后两年)登上此山,他眺望着海洋,渴望看到那可让人长生不老之岛(估计指传说中的蓬莱仙岛)。然而,一当海上交通封闭,诸城县对大多数人来说,就意味着一无所有了。对历史感兴趣的游客也许会努力从陆

229

路到达琅邪山,沿着铺砌的道路登上山去(这条登山石道就是秦始皇所走的那条著名的山路,世称"御路"),观看那山顶神泉。在那里他能观察到秦始皇的丞相李斯写的篆碑,尽管到了明代,风吹雨打的磨损和业余收藏者的拓刻已经使碑文几乎完全无法辨认。①

19世纪末,青岛大港开发了60公里的海岸线,诸城东面的眼睛仍然关闭着。直到那时,该县的眼睛总是向背后盯着它栖息在其边缘的大陆地块。它感到兴趣的只是大陆,因为诸城没有什么资源提供来与中国这个地区的许多其他县相竞争。诸城是一个贫穷和闭塞的乡村地区,既缺乏资源,又像附近的郯城县一样容易受到自然灾害的侵袭。史景迁(Jonathan Spence)在他所编著的《妇人王氏之死》中,叙述了郯城运气不佳的17世纪。像郯城一样,诸城有它的地方精英,尽管势力较小,由不起眼的士绅领导,但在明代最后一个世纪中它的两三家本地子孙能够投身于带领他们一直通向北京之路的生涯。然而,诸城与大多数类似的县之不同,在于它拥有一所大寺院。这所寺院在晚明创建于五莲山。17世纪的一部寺志和18世纪的一部县志都恰恰提供了有关五莲山寺院的信息,足以让我们重构它在明清易代前后数十年里的捐赠情况。

在明代,诸城位居青州府的最南端,它从北到南横跨在渤海湾和黄海之间的山东半岛。青州府的界限给山东的局面解剖图分成鲜明对照的两部分,实际上沿着北半部缓缓倾斜的平原和南部大量的山群之间的东西向的轴线而构成。在农耕低地的最上面向下延伸着诸城北面的山坡,铺展开的是一块肥沃丰饶但不定期受县北部潍河排水造成的水涝影响的平原。县治所在地就坐落在这个地方。县城东南10公里起是覆盖该县大约三分之二的南部群山。九仙山是最大的一座山。这些南部群山有效地在东南面把县城与海洋分开大约50公里。蓟里河向南流经

———————————

① 《青州府志》(1565),卷6第17页上。清代开国皇帝也曾登上诸城白龙山,由于他声称在山顶看到了真龙而得名。

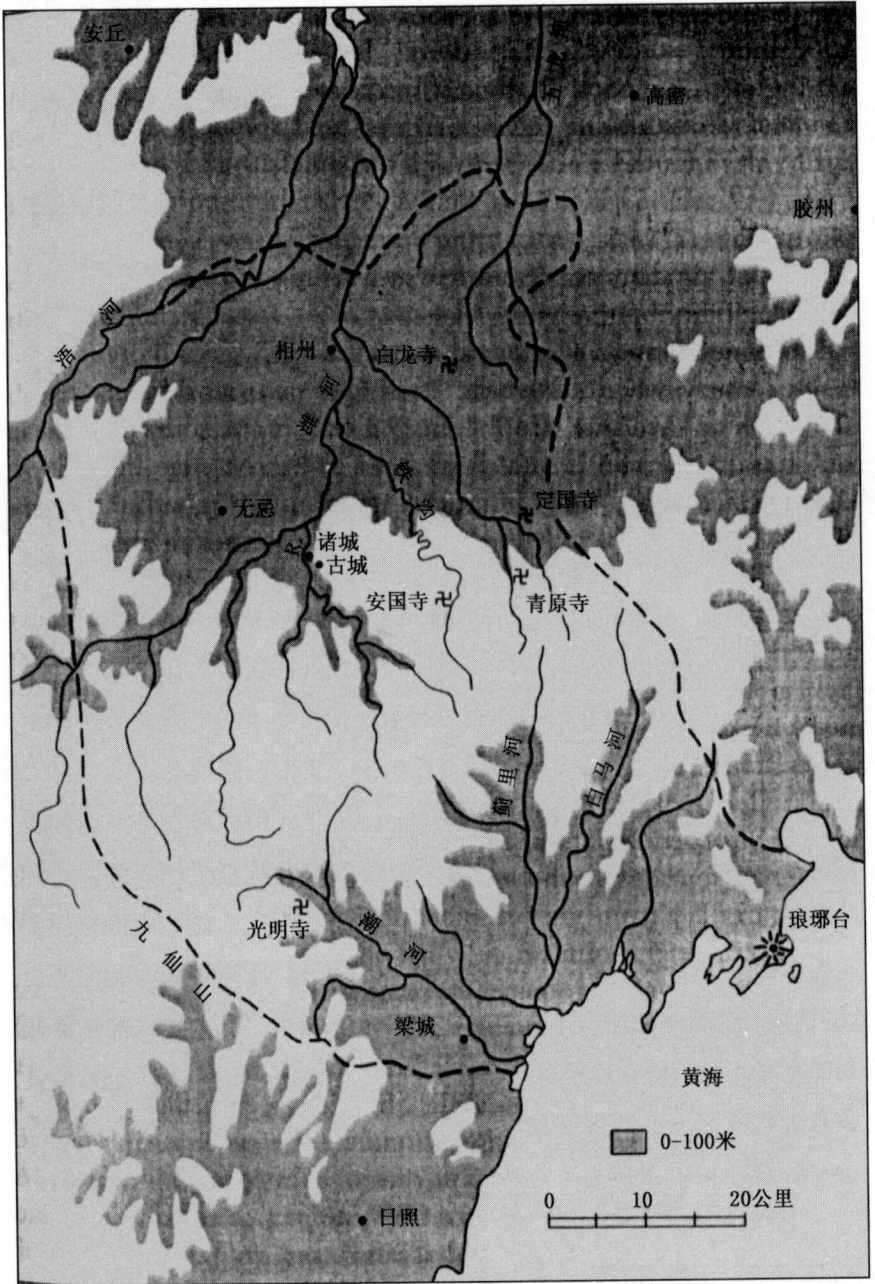

231

地图 1　诸城县

县东部,穿过维持着很少人生计、经济活动很不活跃的坑坑洼洼地带进入海洋。从地形学和经济学上来看,诸城县面向内陆,而不是朝向大海。

诸城的意思是"墙围着的城",因为从隋代到元代,该县址都是由两个分隔开的围城组成的,从方位上说即分为西北和东南两城。1371 年重建城墙时使诸城统一了起来,可是城东南地区继续称做"古城"。17 世纪初诸城有 6 个城区,加上延伸到城墙之外大约 2 公里的另外 6 个城郊区。郊区的蔬菜园供应估计 8 000 名城市居民的需要。3 个世纪之后,当日本人占领山东东部时,诸城的城市人口仍然是 8 000 人。由于在诸城似乎很少别的东西有变化,1914 年日本考察者所获得的对诸城的第一印象(当时他们准备占领青岛港)也许反映了甚至早在 300 年前的这个地方的某些风味:

> 主要的商业区位于西门外,西门面对潍河,店铺林立,供应杂货和布匹,还有蔬菜、草帽和落花生等等。人民天性粗鲁,多变诡诈,难以驾驭,这表明他们极其精明和机敏。赌博成风,已经蔓延到县衙门的老君庙这样的地方。即便如此,和东北边的高密县比较,这个地方的气氛似乎令人振奋,财富水平也高一些。[1]

对于像顾炎武这样一个 17 世纪的观察者来说,日本人对这个山东东部县城的这种描述似乎很熟悉。顾炎武在他本人的著作中记述,山东省这个地方是贫穷、相对难以通达和商业不发达的。它的唯一的非农业产品是盐和鱼。[2] 除此之外,诸城的经济以农业为基础。然而,农业的状况不佳。诸城三分之二的可耕地,因财政目的而评估,不是"下"就是"下下"。在土地较为肥沃的县北部地区,高粱是主要的农作物;高

---

[1] 东亚同文会:《山东及胶州湾》,第 414 页。
[2] 《天下郡国利病书》,卷 15 第 6 页上。《临朐县志》(1552)中提到同样的产品,卷 1 第 5 页下。临朐在诸城西北 100 公里,也属青州府境内。

梁秆可用来编制席子。在更贫穷的南部地区,维持生计的谷物是穄,这是一种产量很低,但在多石的土壤中也能存活的粗糙的小米。当小米吃完的时候,南部丘陵山区的农民就得靠红薯来糊口。从 17 世纪起,他们就把红薯种在最瘠薄的土地上,并把它们储存起来以度过漫长的冬季。诸城不仅土壤贫瘠,而且它的地势也使耕种处于更加有限的地方。在那里,可耕作的土地被分割成小块的散乱的田地,而不是广阔伸展的低洼地区。因此,土地税对县地方官来讲是难以征收的。①

尽管有这一切困难——或者也许因为这些困难驱使人们离开诸城县——诸城在 16 世纪和 17 世纪却拥有较高的土地与劳动之比率。16、17 世纪之交,该县人口可能高达 20 万时,劳动力因素强制性地限制了该县的农业生产,而土地开发量接近于每户均最高值。② 明朝政府在 16 世纪初就开始从山东西部人口稠密地区向东部移民,1587 年再次确定政府地产,丈量新的耕地面积。然而诸城提供的经济机遇似乎仍然是有限的,因为可用耕地都是质量最次的。③

从 16 世纪末到整个 17 世纪,造成这个地区的基本贫困的原因,一定还得加上一个真正困扰着诸城人民的特殊灾难。水旱灾害的问题是山东省特有的地方病,这是由于该地区不规则的降雨量所致。在清代统治的 268 年中,山东有 245 年遭受水灾和水涝,有 233 年遭受旱灾。平均说来,每次灾难袭击该省三分之一地区。整个清代山东地区只有两年没有水灾或者旱灾的报道。④ 尽管山东西部为最严重灾情所苦的频率

---

① 这部 1603 年的县志指出,农业用地的赋税可能由本县八个乡中的一个乡来决定;《天下郡国利病书》中有引,卷 16 第 38 页上。

② 官方统计的人口数字表明,从 16 世纪初到末的下降趋势,从 20 万人下降到 15 万 4 千人。按照 1764 年该县志编纂者的观点,这种下降反映了真实人口在下降。12 世纪初的人口是 50 万;《诸城县乡土志》(1906),卷 2 第 3 页上。

③ 《天下郡国利病书》,卷 16 第 38 页上—40 页下。魏丕信(Pierre-étienne Will)在《18 世纪中国的官僚制度和荒政》第 69—70 页,考察了山东的租地税比北方其他省份要高;而诸城的租田似乎要比山东省其他地区要低。

④ 袁长吉:《清代山东水旱自然灾害》,第 150—151 页。

要高于东部地区,但青州府的有关记载表明自然灾害袭击诸城至少每十年一次,这个频率比青州府其他任何县要高。[①] 水灾和旱灾间杂着蝗虫之侵扰,如此冷酷无情,令人恐惧,以致该县指定两座祠堂作为支持祭祀之地,如果该县城东的龙王庙的祈祷者不能控制雨水的话。除了这些季节性的灾害之外,主要还有天花流行,在 1604 年蔓延诸城,该县一半儿童丧生。这样的状况激起绝望的生存反应,其中包括食人惨剧和盗匪活动。尤其在 1583 年和 1593 年之间,抢劫的匪帮在这个地区横行无忌,又在 1615 年和 1641 年之间因农民之加入而壮大,这些农民是因收成被洪水所毁而害怕交不上税的后果才加入匪帮。[②]

233

17 世纪 40 年代,明朝的灭亡所引起的混乱使这些麻烦更为恶化。首先来的是满洲人,他们在 1642—1643 年的冬天进行了一次恐怖的袭击,严重毁坏了这个城市,许多地方领袖都在抵御中殉职。该县人口锐减,田地一度变成荒芜。1644 年春,还没等到恢复,归顺李自成的昙花一现的大顺政权的农民起义军又占领山东省。当地精英起先与其合作以便扭转恶劣的局势,但是,大顺政权的苛政暴行很快迫使他们动员民兵以自卫。在四面八方的混乱包围之下,地方士绅倾向于观望和支持在那年重返山东的满洲人(以与汉族军事力量合作的形式),为了消灭盗匪活动和使本地区回到他们控制之下,他们率领民兵武装支持新立的清王朝。

诸城为使地方经济复苏到被满洲人征服之前的中等水平,花了大约 20 年时间。在 1645 年 2 月山东省向中央政府呈报的几份材料都分别提到,山东从前的耕地百分之八九十(情有可原的夸张)已经闲置荒芜,省

[①]《青州府志》(1565),卷 5 第 29 页上—31 页下。

[②]《诸城县志》(1764),卷 2 第 24 页下—35 页上,卷 7 第 13 页下。在北边邻县县志中提到掳掠农民,《安丘县志》(1589),卷 9 第 70 页上。诸城由于遭受史景迁描绘郯城那样的气候环境和人为灾祸而受损害,郯城的边界绵延诸城西南大约 130 公里;参见史景迁《妇人王氏之死》,尤参见第 9—21、33—34 页。

境内极少有商人从事经营。① 山东省内其他地区的这种状况同样可以用来说明边缘地带的诸城,并且复苏缓慢。这个时期,诸城县最后一场大灾难是康熙七年(1668)发生的大地震,这场地震震撼了山东东部的大部分地区。在康熙年间接下来的其余岁月,这种不幸的遭遇奇迹般地停止了。②

尽管诸城经济的微弱发展和孤立的性质使它易受灾难的打击,但该县并未与晚明的经济趋势完全割断开。商业交换在 11 个城镇和 25 个乡村的市场定期进行着,还有在相州城举办的半年一次的"山会"。商业市场的数量只会继续增多。到 18 世纪中叶,农村市场已达 33 个,生意的总数额已经增加了几倍。③ 人们依赖这些市场购买仅仅被确认是从"北方"来的商人贩来的布料。诸城不仅很少种植棉花,而且当地人不熟悉麻织纺布技巧——他们种麻树是为了纺线和搓绳。盐是吸引商人来诸城县的主要商品。事实上,诸城西南角是山东东部广阔的盐业贸易网络的一个重要连接点,一些专门委任的小官员被派来整治不可避免地与盐业贸易一起产生的非法活动。④ 山上种的医药植物在外县也很急需。当地唯一的加工品是瓦和罐这样素质不高的手工艺品,尽管它们确实满足当地官员的需要并被算作无地者的一种劳役项目,但是它们并不作为商品流通。⑤

诸城是离江苏省北端不远的一个州县,在那里可以乘上一只小船,航行几天即可抵达大运河,但是向南的交通联系是不安全的。很少人在乎南运货物穿过这艰难地带,因为这个地区的盗匪横行。明代在诸城县

① 山东师范大学,《清史录山东史料选》,第 1 辑第 5—6 页。
② 《诸城县志》(1764),卷 9 第 2 页上—4 页上;《诸城县乡土志》(1906),卷 1 第 15 页上下、21 页上下;李成珪(I Song-gyu):《清初地方统治的确立过程与乡绅》,第 1 部分,第 29—35 页。
③ 《诸城县志》(1764),卷 5 第 3 页下—4 页上,卷 12 第 1 页上—5 页下。
④ 《青州府志》(1565),卷 11 第 13 页下。
⑤ 文中提到那些无地农民通过制造陶罐服其劳役;他们都来自西北边的临朐县;其他服役方式有砍木柴,烧制木炭,可能是为地方官府所用;《临朐县志》(1552),卷 1 第 5 页下。这部县志还指出穷人通过编织席子和篮子来维持生存。

南部和东部的群山中建立了四个军事区,并设置全职的区长,同时在南部哨卡口派遣锦衣卫官兵,希望稳定这个地区,但效果有限。即使在诸城境内,也很少有人在这条把不安全的边远的村镇和县城联系起来的路上行走,更不用说通过南部边境了。[①] 因而,流出县外的地方贸易主要往北走向(青州)府会。尽管有些地区的商人发觉商机,向南进入富裕的江南市场去做生意,但是来到诸城市场的大多数人都是"北商"。[②]

关于诸城本地的商人,文献资料没有提供信息。依照与其北部接壤的安丘县县志所云,当地的富人有两类:一是商人,另外就是士绅。[③] 1686 年,在一篇诏免钱粮的文告中可能暗示了诸城商人的存在,从中可以确定地方精英是由"缙绅、富室"组成。[④] 这些富室可能指的就是商人或地主家庭。按照当地著名士绅丁耀亢所说,不论这些"强邻恶族"的起源是什么,他们都趁 17 世纪 40 年代明朝垮台之机霸占该县大部分地区的良田。[⑤] 诸城县志所提到的有关"豪右"的事件一定是指豪强地主和弱小士绅邻居之间在土地问题上发生的冲突。例如,一个名叫隋璨的生员在一次争执中丧生,当时他拒绝签署一份土地转让契约给一个郑姓非士绅宗族"势家"。郑氏不得不买通隋璨的整个宗族以阻止他们提出诉讼,尽管隋璨的妻子在三四年持续不懈的努力之后最终能让这个案子听审。[⑥]

宗族是组织诸城社会结构不可避开的成分。在资料中使用的宗亲关系这个术语不足以确切表明所报告的个体之间的男系亲属关系,是反

235

---

① 《诸城县志》(1764),卷 5 第 5 页上,卷 9 第 1 页下;《青州府志》(1565),卷 11 第 13 页下。
② 《临朐县志》(1552),卷 1 第 5 页下。
③ 《安丘县志》(1589),卷 9 第 70 页上。
④ 《诸城县志》(1764),卷 3 第 4 页上。(参北大图书馆善本藏书乾隆二十九年刻本卷三总纪下"诏免今年钱粮"。——译注)
⑤ 丁耀亢:《出劫纪略》,第 152 页。
⑥ 《诸城县志》(1764),卷 41 第 4 页下,曰王氏"崇正末避乱异县,及归,产之饶者多为豪右所据,惟余荒田数百亩……王氏在县为巨族,至是乃衰落不能支之"。又参卷 45 第 14 页下—15 页上。

映了宗族组织还是仅仅指直系内部的松散关系。然而诸城宗亲关系的集中性很强,难以想象男系亲属不被纳入族系里。例如,相州王氏人数如此之多,以致当一个富裕的有功名的人在 1704 年分发救济粮给急需的同宗时,受济者人数达几千。[1] 宗族常常在一个村里限定其成员资格。他们也拥有法人财产,出版宗谱,并为宗族成员的子弟开办学校。[2]

雷夫立(Leif Littrup)在他关于 16 世纪山东区县行政的精彩研究中说,他一直在寻找其他学者已经指出的晚明地方士绅势力的增长,其中包括富裕的士绅对建立宗谱的日益增长的兴趣,这是使他们家族的权力永恒存续的一种手段。他宣称他没有发现很多表明山东士绅宗族的建立的证据,他又假定他的书也许在未来被视作“一种对精英统治地方社会前夕的地方官僚政府系统的研究”。[3]

如果他是正确的,那么随着 17 世纪的破晓,这个前夕已经消逝,因为从这个时代以降,我发现在诸城士绅中宗族显而易见地是作为社会组织的一个单位。我们知道宗族对士绅而言是非常重要的,以致他们为了给有功名的成员崇高地位,便有意识地修改递传宗系。例如水西王氏就以这样一种方式改变了主要宗系:这个宗族里唯有伯伯和侄儿这两名进士获得者,为了宗谱的目的却被认为是父亲和儿子。[4] 丁大谷遗孀的故事也反映了在精英意识中宗族的力量,她的丈夫在 1642—1643 年冬诸城抵御满清军队中死难,她幸存下来并抚养他们的儿子,延续这个家族的士绅传统。她的传记作者引述她所说的话:“良人世族,死而无传,吾不忍也。”[5]

236

---

[1]《诸城县志》(1764),卷 39 第 8 页上。原文曰:“康熙十三年,县大饥,楷族贫者数千人,悉发粟赡之,仓廪为空。”

[2] 多次提到有单姓村庄的文献:《诸城县志》,卷 32 第 1 页上,和丁耀亢的《出劫纪略》,第 164 页。提到宗族土地的文献:《诸城县志》,卷 32 第 21 页下,卷 36 第 11 页上,卷 39 第 3 页上,卷 45 第 9 页下。提到宗族学校(私塾)的文献:《诸城县志》,卷 33 第 11 页上。

[3] 雷夫立(Littrup):《明代的地方官僚政府:16 世纪山东省研究》,第 32 页。

[4]《诸城县志》(1764),卷 32 第 5 页下。

[5] 同上书,卷 45 第 10 页上。

17世纪中叶,明清易代之际笼罩的紧张似乎加强了士绅当中宗族的组织,因为民兵的单位就是以宗族为基础的,而民兵是诸城一些"大姓"在1643年满清军队撤退和1644年农民造反者进攻这段时间组织起来的。[①] 宗亲关系团结一致的力量作为一种思想形态的吸引力,在1740年一个较低层士绅宗族的宗谱的序言中有所表明。它以富于感性的笔触作如此开场白:"尊祖,故敬宗;敬宗,故睦族。"作者继而向读者保证,这种父系宗族通过实践宗族秩序的最高理想以"守儒素之风"。[②]

二、诸城士绅

尽管上文我们限定了雷夫立之论点的适用性,但明代的山东省并没有一个强大的和有高度素养的士绅阶层。这里的士绅不是指在经济发达的江南可以发现的那类有文化教养的大士族。山东的每个县都有其士绅家族,然而他们在数量上很少,而且没有集体性的力量,以致不能像中国其他地方的士绅那样主宰或统治乡村。诸城在某种程度上是弱小的士绅的模式,这种模式暗示着士绅文化教育水平不高,在科举制中获得功名的人数有限。11世纪,宋代文学家苏轼曾在这个地区担任知府,他观察到那时山东东部几乎每个家族都是读书之家,然而16世纪的一位方志编纂者淡淡地表示"今时不尽然也"。到16世纪,诸城县在明初建立的10所官学都被废弃。[③]

然而,16世纪中叶,诸城开始形成有功名的士绅阶层。按照《诸城县志》所说,这个时期,当地人越来越喜欢以"文学"成就取得名声。[④] 县志中所列科举成功候选人的名单证实了其言不虚。尽管在整个明代捐买比较下品的功名的风气一直流行,但直到1550年高级的科举功名仍是稀

237

---

① 丁耀亢:《出劫纪略》第139、154页;《诸城县乡土志》,卷1第21页上。
②《李氏祖谱》(1740),刘之序言,第1页上。诸城李氏的这份家谱保存在东洋文库。
③《青州府志》(1565),卷6第51页下,卷9第29页下。
④《诸城县志》(1764),卷45第6页下。(原作"同上",易使人误为《青州府志》,今校之。——译注)

罕之物,那时邱橓高中金榜得进士功名,一下子使他的家庭从极度贫困变为享有社会盛名。[①] 其后 15 年,诸城当地人以空前的速率赢得进士功名,每次会考都有一人高中。在 1604—1613 年,类似的一轮成功再度出现。然后,从 1637—1685 年(这是在山东省地方功名定额被减少之后,而且在康熙时代头 15 年间有一个停顿),诸城人在科举考试中获得最高功名的人数虽然不多但保持一个稳定的水平,并形成实质性的县邑士绅阶层。

为了增强他们的功名及其进入公职所给他们带来的地位,成功的人士也寻求着表示地位或身份的其他标志,尤其是寻求为他们的直系祖先追封荣誉性官职的特权。他们的成功在死后也得到追认,配享进入乡贤祠里接受祭祀。在 1590—1690 年这百年中,诸城县享有这种身后的荣誉追赠的有 14 人,他们都是这期间的声望卓著者。[②] 我挑选了他们中的 7 个宗族作为构成该县较大的士绅阶层。在下列表 1 中,我把他们分开作为第一组。这 7 个宗族的成员都设法保护他们祖先官职的特权,尽管另外 10 个宗族的成员在同一个世纪也这样做。[③] 我把这 10 个宗族置于第二组,作为中层士绅。对这中层一组我添加 1 位张氏,他的祖先在洪武年间从皇帝的故乡凤阳来到诸城。在 17 世纪初期,4 位张姓堂兄弟都是不任官职而有名声的人,其中包括富裕的生员张侗,他因在饥荒期间发放救济粮从而名声大振。[④] 同样著名的是张侗的儿子张伟吉,作为一个有才华的诗人,他在 17 世纪接近尾声时使自己置身于诸城文人文化的中心。因此,中层士绅宗族的总数是 11 个。

[①]《诸城县乡土志》(1906),卷 1 第 26 页下。
[②]《诸城县志》(1764),卷 7 第 9 页上下,从臧尔权到刘奇。这 7 份家谱都出现在 1906 年的诸城县地方志所列 21 个著名家谱之内,它一定程度上根据一个家族存活到当时的能力来判断其家族的名望;《诸城县乡土志》,卷 2 第 1 页上—2 页上。诸城李氏有可能例外,表上所列其他族姓都享有重大声望。
[③]《诸城县志》(1764),卷 24 第 3 页下—7 页下。
[④]《诸诚县乡土志》(1906),卷 1 第 12 页下。

尽管诸城较大的士绅不多,也没有在晚明出现的任何国家性的救世运动(诸如东林书院或复社)中取得名声,但是他们分享着能在 17 世纪的中国到处发现的文人学士的文化,并且承担起反映和强化他们共同身份意识的文化活动。张伟吉的诗人和学者的圈子提供了 17 世纪末期文人学士型活动的焦点和方向,并且成为这类活动的较早的团体。诸城第一代文人学士的杰出人物像臧惟一和丁惟宁,形成了一个称做"西社"的诗人圈子。在 16 世纪临近尾声时,臧和丁二人的孙子是清初另一个诗人圈子的成员,他们和较大士绅的相州王氏、无忌李氏和邱氏各一员,以及中层士绅的 1 位隋氏、1 位张氏一起组成这个圈子。十年之后,他们的子辈又活跃在一个学术性的会社里,其中大多数成员继续列在 1673 年县志的编修名单。(参加县志编修的人员中包括了全体大士绅,其中有 6 位丁氏,3 位臧氏,2 位无忌李氏,2 位刘氏,2 位相州王氏和 1 位邱氏;另有 1 位杨氏和 2 位王氏来自中层士绅。)①诸城精英在这些文化组织中联系的密度,也可以在他们对佛教寺院的捐赠中发现,我们下面就来谈这个问题。

三、诸城的宗教机构

从县志中贫乏的证据和文集中散乱的参考资料来看,17 世纪的诸城有 5 个道教机构(2 所道观和 3 座庙宇)和 21 个佛教机构(15 所寺院,4 座小寺庙和 2 座庵院)。还有 1 个直到 16 和 17 世纪之交为止处在道教控制之下的三教堂;1633 年当地学者丁耀亢得到它作为私人学习的地方。② 因此,佛教寺院与人口的比率为每万人一所。然而,该县佛教机构

①《诸城县志》(1764),"旧序"第 7 页下—8 页上,"修志姓名"第 1 页下—3 页上,卷 21 第 17 页上,卷 22 第 3 页下。

② 丁耀亢:《出劫纪略》,第 148 页。董其昌的小说《续金瓶梅》之第 37 回述及在一个虚构的三教堂处理争端,笔者对此有讨论,见卜正民《三教合一论再思考》。(参《五莲县志》(1992)概述,《续金瓶梅》作者乃丁野鹤。——译注)

的实际数目几乎肯定要大于现存记录所表明的数字。尤其是,县志有可能没报告许多较小的庵院的存在,因为编纂者在另外一处记述,"城门内左右皆有马道,可通往来,地皆僻陋,寺宇居其半也"。这些建筑在县志寺观部分中未曾提到。①

239　尽管从 15 世纪后半叶开始,有几所寺院经历修复,但诸城佛教寺院大多是在明之前就建造的。② 只有一所光明寺据载系在明创国之后兴建。光明寺和侔云寺,是该县两所较大的山寺,受到 1729 年《诸城县志》编纂者的特别认可,被列为山东省四大禅院之列。③

　17 世纪的诸城职业僧人数目没有任何统计。1906 年的《诸城县乡土志》陈述该县那时有大约 50 万居民,其中 169 人是佛教僧侣;10 万户人家中,有 304 人登记是道士户。④ 按 17 世纪初的人口水平(大约是 1906 年人口数的 40%),当时的佛教僧人数量应不到 70 人。他们散居在上述的 21 个佛教机构中,是一个小小的、几乎无关紧要的宗教群体。

　像 20 世纪一样,17 世纪的山东信仰道教的人数比信仰佛教的要多得多,因为正如在前章中叙述的,道教在山东的民间文化中比佛教更重要。在明清两代,众所周知,山东省是在所有省份中按人均计算拥有佛教寺院数量最少的。给憨山德清大师作传的弟子有些夸张地写道,他的老师于 1583—1595 年间在莱州府活动之前,"东人从来不知僧"⑤。晋安

---

① 《诸城县志》(1764),卷 7 第 4 页下,邻县安丘县志编纂者特别提到,他正从他列的寺院名单中划出本县较小的寺庵;《安丘县志》(1589),卷 5 第 31 页上。在中国其他地方尚未开发的城郊结合地区,通常被这个时期较小的宗教机构占据。
② 《诸城县志》(1764),卷 1 第 8 页下—13 页上,卷 7 第 13 页下—15 页下,丁耀亢《出劫纪略》,第 148—149 页。这个模式也被本地区其他县采用;例如《临朐县志》(1552),卷 3 第 22 页上—24 页上,仅仅含有两所寺院兴建或修复的明代日期。
③ 《诸城县志》(1764)中有报告,卷 7 第 15 页下。
④ 《诸城县乡土志》(1906),卷 2 第 3 页上。
⑤ 福征:《憨山大师年谱疏注》,第 52 页。(参《憨山老人梦游集》卷 53 之《自叙年谱》,莆田广化寺印,第 2927—2928 页。——译注)

府 1737 年的一部县志则较少夸张地说，山东的佛寺和道观为数众多，其中大部分是从古代流传下来的，近世没有施主捐赠修复或重建寺观。① 诸城邻近的兖州府的明代方志指出，山东士绅对参与佛教仪式不感兴趣，普通人则偏爱民间流行的教派，而不喜欢正统的寺院佛教。② 兖州府作为孔子诞生地的意识也许强化了对寺院佛教的冷淡。不过，在兖州巨野县，尽管士人知其儒业，百姓也尽其正业（农业），但是他们中仍有一些人相信鬼神，沉溺佛教，并且争强好胜，动辄对簿公堂。③

把佛教活动与迷信和争讼混成一团，被当作社会上不可接受或道德上可疑的东西，这一方面反映了山东正统佛教活动处于较低水平，另一方面也折射出一些明清士绅儒家世界观的排外姿态。16 世纪 20 年代初，兖州府知府把这种态度付诸行动，没收一所可能是废弃不用的"无名寺院"，充作孔子之前的美德典范周公的祠堂。他的意旨是要挫败那种在他看来听命于神的流行观点。

《青州府志》重申了对佛教的这种批评态度。一篇序言的作者写道，在本府志中记载关于寺院资料的目的是为了警醒那些佞佛老而崇饰其庙宇的人不要偏离大道。这个大道，当然指的是儒家之道，警告是针对儒家士绅而发的，因为他们可能一直在为该府的佛道教寺观庙宇提供物质上的支持。另一篇序言的作者只是说关于寺观的这一部分意在把适当的宗教实践和不适当的宗教实践区分开，但是他又补充道，总的目标是要确保府志实际上等于是为治国资政（"经世"）提供参考的一份真实记录。关于寺观这一部分的编纂者试图安抚潜在的批评，保证没有必要"火其书，庐其居"④。至少在他的估计中，佛教机构还没有对儒家统治造成实质性的威胁。我们从这些评论中获得的总体印象是山东东部士绅

240

---

① 《齐河县志》(1737)，卷 10 第 23 页上。
② 《兖州府志》(1596)，卷 4 第 7 页上；《天下郡国利病书》，卷 15 第 149 页上、150 页上、158 页上。
③ 同上书，卷 4 第 12 页下。
④ 《青州府志》(1565)，卷 1 第 4 页上、9 页上，卷 11 第 66 页上，卷 13 第 46 页下。

的保守一翼对宗教组织相当警惕，显然他们在支持寺院的问题上意见不尽一致。

元代之后，山东任何地方都很少创建寺院，几乎没有一所寺院是新建的。诸城对这种趋势的一个引人注目的例外是1602年兴建了光明寺。光明寺建成在颇难进抵的该县南部山脉中五座高峰相连的五莲山上，这里在宋代曾经是一个废寺的遗址。从光明寺到县城的路程有50公里，参观者只有经过狭窄的路径才能到达山顶。光明寺周围地带非常坎坷不平，以致骑在马上的人都不能轻易地穿越这个地区，这在1642年清军入侵期间使该寺成了一个安全的避难所。①

光明寺的创立者是一位四川人，他法名明开，号心空，生于1568年。明开童稚时在学堂受过儒家启蒙教育，大约18岁时出家为僧，东游至金陵遍参诸大法师。后来又云游到诸城的城镇，在那里度过一段乞讨的生活。最终，他得到了臧惟一及其兄弟臧惟几的青睐；臧惟一在该县士绅中(功名)地位最高。正是他们的支持鼓舞了明开创立一所新的寺院。然而，对这项工程最大的捐赠来自皇室。1602年，明开北走京师，请大内龙藏。恰好明开知道了皇太后患有一种眼疾，久治不愈，便呈献一方医药洗剂给太后，结果十分有效，减轻了她的眼疾。这位乐善好施、信佛虔诚的皇太后曾使得万历皇帝广施捐赠给许多僧侣和寺院，这一次为表示她对明开的感激，也让皇帝不仅赐赠给他一套龙藏，而且还捐赠了1 000两银子。帝室的捐赠激发了省、府和各级官员以及诸城县士绅8个著名成员大量的捐赠。五年之内，光明寺完成了兴建工程。它的藏经阁藏有6 780卷佛经，这就是1607年皇帝捐赠给寺院的。②

---

① 《诸城县志》(1764)，卷6第11页上，卷41第3页下；《五莲山志》(1681)，卷1第14页上、18页上。南部山区的其他山脉也在入侵期间提供了安全的避难所；《诸城县志》，卷6第10页下。
② 《五莲山志》(1681)，卷2第1页上、4页上下、14页上—16页下。(其中说万历三十年光明寺开工，至三十五年落成，内藏经六百八十函，计六千八百卷。而《诸城县志》卷七第15页下说："万历三十年敕建光明寺，有藏经楼储赐藏六百七十八函，共六千七百八十卷。"——译注)

1629 年,明开圆寂,世寿 61 岁。他的头三位继任者——第一位是他在当地所收的一名弟子,然后是未提及名字的诸城士绅宗族的一个成员,接着是来自邻近沂水县的一个僧侣——都是在僧界名声不大的人,对信众的捐护没有多少号召力。对光明寺机运更为重要的,是 17 世纪 40 年代的侵扰所引起的穷困大大抑制了社会公众对宗教工程的赞助。①

所有这一切随着光明寺第五任住持泰雨海彻而改变。海彻原先姓金,1644 年从辽东随其加入了满洲人的正白旗的家族的其他成员迁居此地。金氏在辽东与满洲人的合作中是一个公认的精英家族。他们被移民到山东,那是满洲人战略的一部分,为的是用种族上是汉人而又在汉人圈外的精英来统治新征服的汉族地区。在清初,海彻的一个伯父声名卓著,官至大中丞。1646 年,这位伯父对光明寺作了慷慨的捐赠,可能与海彻在那里担任住持有关。事实上,海彻出任住持也许就是以他能够保证捐助资金为条件。与金氏宗族保持关系一直是有益的,因为海彻的担任官职的 15 个亲属连续三代出现在光明寺施主名单上。在海彻领导下,光明寺首次获得了分散在寺院几公里以内 16 个以上的地方的大量地产。到海彻任职届末时,他又对寺院进行了重修,尽管这项工作到 1679 年他死后几年才完成。②

四、诸城的寺院捐赠

在光明寺开山和后来扩展的故事中,皇室的发起捐赠和随后高级官员的大力支持占有一个显著的位置。如果没有这些赞助,难以想像在 17 世纪的山东东部这个贫穷的风景区会崛起一座新兴的雄伟壮观的寺院。

---

① 丁耀亢提到,雕刻三座纪念性的佛教塑像的计划在 17 世纪 40 年代清军入关之后被终止,因为这时所用善款实际上已不能募集到;丁耀亢:《出劫纪略》,第 150 页。

② 《五莲山志》(1681),卷 2 第 5 页、10 页上下、19 页上下、22 页上,卷 3 第 6 页上。除了海彻,至今还有另一名别号金的僧侣在光明寺,利用辽东中国旗人管理山东,李成珪在《清初地方统治的确立过程与乡绅》中已经提出,第 2 部分,第 61 页。

单单地方的支持可能是不充足的。然而,地方的支持是不可缺少的。在外来者选择关注光明寺的其他绝大部分时间,是地方支持发起了建设光明寺的工程,并持续支撑着这个道场。1681 年的《光明寺志》(即《五莲山志》——译注),尽管设计简陋,编辑平常,但它对 17 世纪地方支持该寺的分析成为可能,因为它包括一份分成两类的地方施主的名单,一是"五莲山邑人开创檀越宰官",其中 8 个人属于 4 个士绅宗族;二是"五莲山见任邑人宰官护法",其中 11 个人属于 8 个士绅宗族。这些施主的情况可见表 1 的第三列。该寺志还有 18 个当地人为光明寺写的或者是有关光明寺的诗歌。可以指出这 18 个人是 12 个士绅宗族的成员,这在表 1 的第四列中说明。

表 1　光明寺的地方士绅施主

族　　属	乡　贯	施主护法	文学赞辅
大士绅宗族(7)			
1. 丁	藏马	0	2
2. 李	无忌	2	1
3. 刘	—	1	0
4. 邱	—	1	0
5. 孙	—	3	0
6. 王	相州	3	0
7. 臧	—	6	4
中层士绅宗族(11)			
8. 寇	—	0	0
9. 李	南城	0	0
10. 吕	—	0	0
11. 宋	—	0	0
12. 隋	—	0	1
13. 邰	—	0	0
14. 王(王珵的宗族)		1	1
15. 王(王窦绪的宗族)		0	0

244

族　　属	乡　贯	施 主 护 法	文 学 赞 辅
16. 徐（徐从新的宗族）		0	0
17. 杨		2	1
18. 张（张侗的宗族）		0	3
下层士绅宗族（仅选几例）			
19. 陈		0	1
20. 何		0	1
21. 王（王乘籙的宗族）		0	1
22. 徐（徐田的宗族）		0	1
23. 张（张英的宗族）		0	1
总　计： 　　宗　族 　　个　人		 8 19	 12 18

资料来源：《五莲山志》卷2—5。

　　快速浏览表中第一列显示，第一组宗族的整个士绅精英都参与了对光明寺实质性的捐赠。19 位施主当中，只有 3 位是来自这个圈子之外的两个中等士绅宗族的成员。据说，那时光明寺的经济捐赠全部是该县大士绅的护持，来自中等士绅的捐助相对有限。文学的捐赠呈现了一幅不太清晰的画面：该寺志中发表的 18 个人的诗中有 7 位来自大士绅宗族，6 位出身中等士绅宗族，5 位来自下层士绅宗族。诗写得好以至于被收入寺志的技能，并不像科考中的成功赢得社会地位的更正规的标志那样轻易地与社会结构相符合；而且，诗人并不总是能通过科举考试。即使如此，诗人的技能与社会地位在很大程度上还是相合的，因为大士绅宗族的文学捐赠者的百分率要高于中下层士绅宗族。

　　在该县大士绅宗族中，丁氏不在施主行列中引人注目。丁氏家族的历史对为什么可能出现这种情况会提供一些线索。就是丁耀亢一族记述了 17 世纪中叶当地生活的《出劫纪略》在很大程度上使我对诸城的研究成为可能。丁耀亢在他本人的时代是有一定声望的人物。他广交的朋友中,艺术家董其昌也在其内。在多种头衔、称号中,董还是著名色情小说《金莲》长篇续集的作者。然而,在丁耀亢的官宦生涯中,他的功名并未超过贡生的地位。丁耀亢的家族先是由于军功而显赫——他们的一个祖先曾为明朝开国皇帝立下过军功。丁氏原籍在中国中部汉口地区,后来在 15 世纪初因军职而向北举迁到诸城。① 他们定居在藏马山南麓,岁月流逝,他们也渐以藏马丁氏而知名。他们的家史是因在明代开国者的军事行动中立功受勋而显赫门第的大量新精英家族的一个典型:有强大势力、日渐富裕,又处身于故旧世家文人学士精英网络之外。

只是在 16 世纪中叶丁春从事文学研究时,丁氏家族才开始参加地方士绅文化活动。丁春是丁氏宗族里第一个文人,他还接受了一个教育方面的官员职位。丁春的儿子惟宁是丁耀亢之父。一当 1565 年丁惟宁中得进士功名,他的这一支便成了丁氏宗族的士绅一系。然而,这一支从来没有明显阔富。1609 年丁惟宁去世之时,丁耀亢和他的兄弟们各人最后只分得 60 亩地。他们在 17 世纪 20 年代和 30 年代扩张他们的财产达到中等富裕的程度,然而在同世纪 40 年代的接二连三的灾难中又失去了大半(在满洲人到达之前,大顺起义军在 1644 年实行"耕者有其田"重新分配运动)。只在 1645—1646 年长时间的斗争之后,丁氏才能够收复他们所拥有的大半财产。尽管丁耀亢属于丁氏的士绅一支,但它似乎没有控制丁氏宗族。1642 年,当丁耀亢想组织整个宗族在满洲军队开进来之前逃离诸城时,他不得不去与宗族内的"富户"商量做出决定。他本人则设法带着他的母亲和一个侄子逃离,但他失去了一个兄弟和另一个侄儿(本宗仅有的两个举人)——他们两个都积极地组织民兵以抵抗入侵者。就财富和名望来讲,藏马丁氏属于大士绅中的底层。

然而,虽然他们没有参与光明寺的事务,却并不意味着他们对支持

---

① 关于藏马丁氏的资料,取自丁耀亢的《出劫纪略》第 145—165 页,以及《诸城县乡土志》(1906)卷 1 第 17 页上、21 页上下。

佛教漠不关心。在17世纪30年代，丁耀亢处于聚集在一个法名叫明空的行脚僧周围的地方士绅集团的中心。明空专心于一种清净自修的淳朴生活。他不喜欢谈禅，但他愿通过为与他一起生活的人制衣和做饭这类简朴的事情来践履禅的精髓。在他首次来至诸城时，他卜居在县城的一所寺院里，在那里他的虔诚的信仰吸引了不少僧俗追随者。后来，他迁往在城外为自己建造的源通庵。该县士绅热衷于捐资支持明空，虽然他谢绝了其中大半，但他确实获得了足够的土地来建庵，并有拖拉货物的牲畜和配套的粮仓。

丁耀亢在山中隐修理想的激励之下，建议本县士绅应当为明空在南部群山中建造一座精舍；以便他能远离市场的喧嚣扰攘而专志禅定，但明空对他现在所在的这个地方心满意足，"市场与山中无异，皆一心所造之境"①。1637年饥荒袭击诸城之际，许多僧侣纷纷逃离该县，但是明空能一如既往，而事实上那一年源通庵扩大了。丁耀亢本人捐让了100亩地，并供应属于他家财产的树林给木工修建庵楼。1642年，源通庵在满洲人进攻中受了重创。17世纪40年代，这个地区普遍的贫困使得明空迟迟无法募捐为源通庵制造三座大佛塑像。丁耀亢在他为明空写的传记中评述道：他在那个时代遇到过许多僧侣，但唯有明空卓尔不群。 246

那么，丁耀亢为何这么积极地支持源通庵而不是赞辅光明寺呢？一定程度上说，这是时间的问题。光明寺建成于17世纪头十年间，那时丁耀亢尚是一个稚童，他的家族相对于诸城士绅世界来说又是新来的。也许藏马丁氏仍然与他们的军功出身关系密切，以至于不为旧的士绅家族所接受。(事实上，17世纪丁氏仅有的进士功名，在耀亢以外的另一宗枝，而且全都是武科。)此外，他的父亲在光明寺建成十年后去世，留下孩子们给他的第二个妻子抚养。总之，这个家族只不过腾不出资源来捐助寺院而已。无论如何，这表明丁氏与诸城其他精英的联系并不是特别紧

---

① 丁耀亢写的有关明空的传记文字收入《出劫纪略》第149—150页。

密的。例如，丁惟宁的第一、第二个妻子都出身于山东东部其他县的名门望族，而不是来自诸城。从某种社会的意义上说，藏马丁氏尚未通达成功。到 17 世纪 30 年代，丁家的财富已经大为改观，但在 30 年代尚未有一人捐赠光明寺。由于光明寺的继任住持未能像开创者那样鼓舞人心，士绅的关注从这个寺院转移到了虔信净修的明空身上及其源通庵。丁耀亢进入诸城县士绅的社交界恰逢此时：士绅都转来支持明空，因此他便加入了这个支持明空的圈子。

所以，丁氏的姓名未出现在光明寺的施主名单中，不能归因于他对佛教采取了一种不同的方向，而必须把它与社会因素联系起来。到 17 世纪 70 年代，光明寺的第二轮捐赠兴起时，丁氏已经名淡望衰。丁耀亢殁于 1669 年，在下个世纪耀亢的孙子中得举人之前，没有一位丁氏在文官科举中金榜题名，显赫门庭。这再一次表明丁氏在光明寺捐赠者中之阙如是关乎时间的确定问题。它也关涉到社会关系。就丁耀亢本人来说，他建立了与诸城大士绅的联系。他在藏家有密友，又正是无忌李氏的李澄中为丁耀亢 1656 年出版的《出劫纪略》写了序言。但某种程度上他仍有点儿在诸城县精英核心之外。满洲人来的时候，他劝告人们采取措施防备劫掠灾难，但被置之不理。正如李澄中在给丁氏之书写的序言中指出的，在满洲人 1642 年入侵并大肆杀戮他们的时候，"邑中豪族固执不听，留在诸城"，而丁耀亢独自设法带着他的母亲和侄儿乘航船逃离诸城。① 因此，丁氏和该县精英对危机的反应采取不同的方式，其差别也许是他们在 17 世纪 40 年代的诸城精英社交界中的不同地位的征兆。一当丁耀亢去世，丁氏家族直到下个世纪来临才在大士绅阶层中获有显著的地位。因而，在康熙年间，他们也没有出现在光明寺施主的名单中。

从另一方面看，地方士绅赞助 17 世纪处于中国的不发达地区的一个贫穷县的佛教道场，证实了寺院捐赠的社会特征及其与地方社会结构

① 丁耀亢：《出劫纪略》，第 139 页。

的密切相关性。对大寺院的显著支持并不来自士绅全部；它几乎完全来自大士绅家族。大士绅之大肯定大多受到一定水平的财富支撑，这种充足的财富使他们能比较为弱小的家族捐助得更多。但是捐赠人名单上没有列出只是富裕的当地家族，这表明光有财富不足以登上光明寺的捐赠人荣誉榜。其关键因素是士绅的身份和地位，这在 16 和 17 世纪之交时是构成诸城精英的支配因素，而正是在此时建立了光明寺。

捐赠光明寺的人不仅是富裕有钱，还有良好的社会关系网，社会关系网不太好的人不被邀请参与这种显示精英地位的公共名声的活动。在这个有吸引力的圈子边缘的那些人能以文学的赞辅引起一些注意，可是，收进寺志中诗集的来自较低层士绅占不到总数的三分之一。因此，社会精英的世界相对来说是封闭的。即使在一个较小的县的士绅内部，地位不高的士绅在完全被接受进入地方社会上流之前，也面临着不得不穿越的排外性障碍。

这种地方士绅捐赠模式的一个有趣的例外是金氏家族，它是跟着满洲侵略者而昂首进驻山东的闯入者，他们是被移植进入山东的精英界。在 17 世纪 40 年代，他们直接参与光明寺捐赠，无疑是宣告他们地位的 *248* 一种精心的策略。显然，金氏意识到寺院的捐赠可用来作为表达在公共领域中的精英身份，但是他们的参与是为时不长的。因为他们的目光紧盯着北京。就现存的文献记载所显示的而言，除了海彻住持以及可能还有另外一僧之外，金氏并没有把诸城当成他们的家。他们只不过是积累他们在地方领域能取得的名望，并利用这种名望作为到别处去的象征性资本。因而，他们之介入捐赠不同于诸城大士绅家族，后者的保险指数和显赫声望是取决于他们当地的人民，而非北京权贵眼中的公众认同的成功。

第八章　大县里士绅的捐赠：浙江鄞县（宁波）

1788 年《鄞县志》的编修钱维乔，来自横跨杭州湾的嘉兴府，而不是宁波籍人。不过，他编纂的县志读起来像是把鄞县作为养育他的故乡人所写的一部著作，因为他是怀着鄞县本地人拥有的那种自豪和夸张的笔触来描写鄞县的。"鄞邑虽在海隅"，他用诗一般的激越情调宣称，鄞县之闻名于世，甚至为皇帝所尊崇，因为它有"故家士族，名山琳宇"①。关于遥远的海隅这种说法颇为勉强。鄞县确实位于沿海，但它不是处在国家的边缘或停滞萧条的诸城。鄞县的沿海位置使其在江南丰富流畅的区际和国际进出口贸易中起到了桥头堡的作用。贸易给它带来了繁荣和富庶，也使它与长江下游地区附近的主要文化中心建立了密切关系。另一方面，钱维乔提到了世家士族和名闻遐迩的佛寺，这没有什么夸张。鄞县的确能声称拥有为数众多的其根可上溯到宋代的杰出家族。这里有两所天下闻名的大寺 *250* 院，同时也是香客去该地区其他两所大寺院的连接点。鄞县所有的一切优势，诸城县都不具备。

———————————

① 《鄞县志》(1788)，凡例，第 1 页上、下。

一、鄞县的环境和社会结构

明清之际的鄞县属宁波管辖。这个生气勃勃的城市即以宁波命名。它位于浙江省东北角,那里海岸线突出,伸入杭州湾南部的海岸。

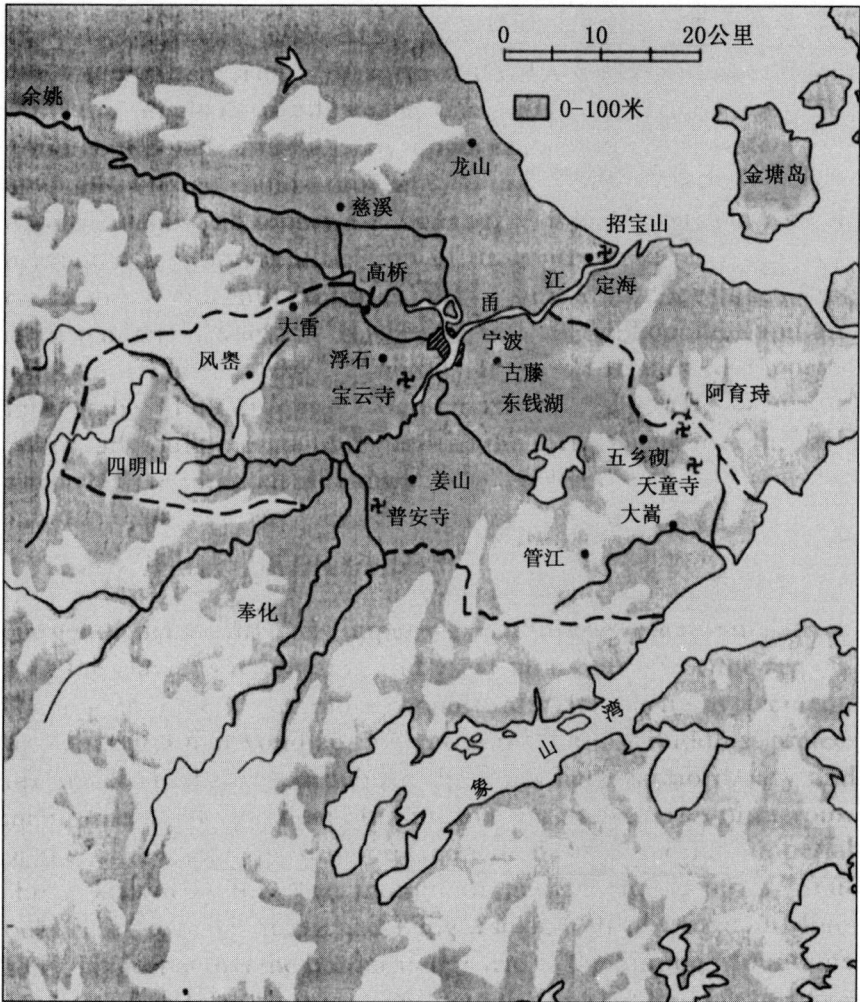

地图2　鄞县

251

在北宋,宁波就作为国家重心南移的经济中心,变得繁荣富庶和引人注目。而使鄞县城和宁波府(在宋代以明州而知名)跳跃性发展,甚至变得更加繁华的事件,是女真人入侵中国,这迫使宋朝廷迁都杭州。在1130年,可怕的女真人的铁蹄为了追逐宋帝高宗而蹂躏了这个地区,但入侵者北撤之后,宁波又以空前的步伐发展着。宁波的繁荣不纯粹不是由于它接近南宋的都城杭州,而是因为效命南宋朝廷的整个精英集团的成员也都纷纷南逃避难。他们建立的新家遍布浙江北部。其中有些精英人家径直来到宁波定居,而另一些精英则在南宋和元代期间从邻府迁往那里。由于当地居民和新来者之间的互动,涌现了不少强势的精英家族,他们在御前效忠听命,一帆风顺,声名鹊起,一度几乎完全掌控了朝廷的政治生活。① 进入明清之后,那些"世家士族"的记忆,连同他们的直系后裔,继续出现在鄞县精英的文化世界中,甚至于这些精英的扩张超越了他们在宋代的界域。

鄞县其他支配性的存在——"名山琳宇"——在一定程度上说是地势之运气,因为该县三面为马蹄形状的280座山峰所环绕,总称"四明山",因此宁波以诗名谐音被称为"四明"。四明山脉被誉称为"第九大洞天";其中有三座山峰列作通常所说的三十六"洞天"中的三个洞天。② 因此,这些迹象都是吉祥的,宜于创建佛教寺院,其中的几所寺院在唐宋时就享誉四海。另外,鄞县靠近定海县近海的舟山群岛,那里的普陀(普陀洛伽之略称)岛成为观音菩萨的道场,吸引着全国四面八方成千上万的香客来朝圣。在明代浙江的都市中心中,只有杭州在佛教机构数量和重要性上超过宁波。作为宗教和文化中心,宁波和杭州是不同的,但一定

---

① 唐宋朝宁波各方面的历史,可见诸戴维斯(Davis)的《朝廷和家族》(*Court and Family*),第21—31页。
② 全祖望:《鲒埼亭集》卷8,第671、695页。

程度上又是有联系的。[①] 然而,正如我们即将看到的那样,宁波的寺院施主在很大程度上使他们的活动局限于本府。

宁波作为一个海港的重要性是在明清时期发展起来的,尤其是在明代 1572 年撤销海禁之后。宁波在 1842 年作为五个通商口岸之一开放之前,是福建和山东之间的主要港口(从那以后,随着轮船运输的发展,宁波渐渐失去优势而为上海所取代)。[②] 说这个城市在海滨是不确切的,但它通过甬江和海洋相联系。甬江是吸纳了从四明山南流、穿越鄞县肥沃的中部平原的众多较小水道组成的一个稠密水系的水源。这些水道会合在宁波城墙下,最后向北流入杭州湾。[③] 开往海洋的船只在甬江上航行,停泊在宁波城外。它们的货物卸在东北郊的锭盘上,而被江上船只向西经由大约 250 公里长的一条链锁般的内陆水道转运到杭州。虽然在官方看来杭州是大运河南端的终点,但宁波的链环水道使其成为大运河上运输的许多私人商品交通的最终目的地或者出发点。

宁波之涉入广大规模的商业网络促进了整个明清时期鄞县经济和文化的显著活力。按照人口增长的模型所显示,乡村经济通过它与城市贸易中心的连接而繁荣发展。在明代停滞的第一个世纪之后,鄞县的人口无论在城镇还是乡村地区都有所增长。在 16 世纪中叶,当鄞县处于它发展的鼎盛阶段时,其登记人口接近 20 万,尽管实际人口至少还比这

252

---

① 云栖袾宏,以杭州为根据地,吸收浙江北部远至宁波的在俗信徒加入他举行的佛教活动。谢和耐(Gernet)在《中国和基督教的冲击》(*China and the Christian Impact*)的第 79 页,提到在 17 世纪 20 年代袾宏的一位俗家弟子穿梭于杭州基督教会和宁波佛教大师圆悟之间发生的理论争论;杭州和宁波被作为文化中心分立的意识也许可从张岱写的有关杭州诗文集《西湖梦寻》中作出推断。张岱的书里包含了全浙江几十个作者。对紧接宁波西部的他的老家绍兴府,也作了重要表述,但他只容纳了一位宁波同乡屠隆。

② Tsur:《中国宁波城商业的形式》("Forms of Business in the City of Ningpo in China"),收入《中国社会和人类学》(*Chinese Society and Anthropology*),卷 15 第 4 期(1983 年夏),第 14—15 页。

③ 斯波义信:《宁波及其腹地》,见于《中华帝国晚期的城市》第 396 页。他观察到甬江排水流域的基本水力结构到 13 世纪即已成形。即使这样,进入 18 世纪,这种结构仍然作了重大改进和提炼;参《鄞县志》(1788),"凡例",第 2 页下;《甬上水利志》(1848),到处可见。

多一半。(到明朝帝制时代末期,则高达50万。)

　　尽管有关耕地面积的可利用的统计数字很成问题,但到1700年人均面积可能降落到2—3亩这个很低的水平,这在某种程度上是城镇人口扩张的结果。① 由于大约百分之八十的人口都还依赖土地为生②,所以这个统计意味着日益增长的压力使耕种者为生存而进入商业网络或从事手工业。这样一种向商业生产的转移可以从1788年《鄞县志》的一篇序言中有所了解,其中说到鄞县土地面积和丰富产品超过其他县。③从16—18世纪,该县农业维持在一个稳定的生产力水平。按照对宁波历史颇有研究的斯波义信(Shiba Yoshinobu)的看法,这个时期平原上的农民经济取得"它的经典形式……因为乡村市场的网络遍布整个地区"④。在明清时期,鄞县经历的唯一重大艰难时期是在17世纪的

253 1625—1650年,即明清鼎革之前。在1628—1655年之间,鄞县遭遇大面积旱灾,紧跟着是不同程度的饥荒,大约每隔三年一次。为了逃过饥荒,人民抓食他们婉转地称为"观音粉"的泥土。⑤

　　鄞县的高档精英文化充满活力,持续发展。1788年《鄞县志》的编纂者钱维乔自豪地说"四明文献,甲于两浙"。⑥ 一个地方能这样昂然宣称,是因为它具有杰出精湛的士绅文化。在16—17世纪,鄞县以其学者、诗人、画家、书法家、戏剧爱好者、藏书家和古玩家而闻名遐迩。他们形成了为数众多的文学社团和诗歌会社,聚集了艺术鉴赏圈子和哲学讨论群体,建造了私人藏书楼(如著名的天一阁)——这些社团举办的五彩缤纷的活动丰富了晚明士绅的生活。

---

① 嘉靖年间,可征税土地的额度——到清代还保持着——是一百万亩略强;《鄞县志》(1788),卷6第4页下—5页下。尽管从16—18世纪,城南可耕地面积并未以人口增长的比率扩张。

② 这种百分比是按该县东部地区的乡来计算的;《鄞县志》(1788),卷29第34页下。

③《鄞县志》(1788),陈的序言(1787),第1页下。

④ 斯波义信:《宁波及其腹地》,见于《中华帝国晚期的城市》第401页。

⑤《鄞县志》(1788),卷26第25页上;《宁波府志》(1733),卷36第53页下。

⑥《鄞县志》(1788),凡例,第2页上。

二、鄞县的宗教机构

具有这种充满生命活力的精英文化的鄞县士绅都积极地捐赠本地区的"名山琳宇"。这个地区提供他们很多这样的参与机会。按照钱维乔的说法,宁波是浙江省所有地区中拥有最多佛教徒的一个府:这里的胜迹具超凡力量,僧侣声名远播,古寺数不胜数。晚期帝制中国有 15 所天下闻名的禅寺,号称"五山十寺",鄞县有其二:天童寺和阿育王寺;另外一所雪窦禅寺,就坐落在像弯臂一样隔开鄞县和奉化县的四明山南麓的奉化县境内。钱维乔觉得有理由把 18 世纪的宁波和 6 世纪的洛阳以及 17 世纪初的南京相比较,后二者都有专门记载佛寺的名作留世。[①]　钱维乔编修的县志记载了相当数量的佛教的机构,除了到 1788 年《鄞县志》出版时那些废弃的寺院,还有 112 所寺、17 所院和 239 座庵,总数达 368 处佛教机构。钱维乔所列的单子肯定都还没算上实际的数目,因为 1937 年《鄞县通志》绘制的一幅全面鸟瞰图表明有 500 多所佛教机构。这部县志也记载了在 1928 年时鄞县有 737 名佛教比丘和 251 名比丘尼。[②]　晚明时期的佛教人员数字无法得到。

鄞县佛教机构大多分布于乡村地区,尤其设置在内陆平原,它们的数目在该县边缘地区减少。1788 年《鄞县志》所列的那些佛教机构,三分之二(10 所寺院和 22 座庵)在城市,7 个机构(5 所寺院和 2 座庵)在郊区,一起算起来大约占了鄞县所有佛教机构的百分之十。这种分布似乎是晚期帝国的一种发展,因为 13 世纪初有一篇文章记述到,那时的鄞县在城内有 26 处佛教机构,城外有 8 所,都市寺院的比例大致是该县寺院总数的四分之一。[③]　钱维乔在县志中所记关于废寺部分列了 13 所在郊

[①]《鄞县志》(1788),卷 25 第 1 页上、下,提到《洛阳伽蓝记》和《金陵梵刹志》。
[②]《鄞县通志》(1937),卷 1 第 295 页上。
[③]《鄞县志》(1788),卷 27 第 50 页下。

区的从前宋代留下的寺院,这表明据认为在城外的 80 多所寺院实际上是在接近城市的郊区。如果说这是真的,那么在晚宋时城市寺院与乡村寺院的比率也许大约在 1:2。这种比率表明在宋明之间佛教机构大多从城市转入乡村。环绕鄞县的四明山提供给爱山的佛教徒充分适宜的环境,许多寺院和精舍都在那里修建。

这样一种在宗教实践上变化的影响间接地体现在斯波义信对宁波城市宗教机构的研究中。① 斯波义信发现民间的祠堂和国家祭祀的庙宇都相当均匀地分布在城市的居民区,既满足职业团体又满足乡邻组织的宗教需求。官方性祭祀指定在该府城隍庙和几所著名的曾在宁波任职的儒家官员的祠堂里,例如王安石(王在 11 世纪 40 年代末曾任宁波知府)的祠堂,士绅也参拜这样一些场所。可是,从另一方面看,他们似乎不参拜遍布这个城市的其他非佛教机构,也不对它们予以支持。而事实上,他们好像相当不喜欢城市寺庙,他们把城市居民尤其妇女们成群结队去当地寺庙礼拜和饶舌,作为“鄞县四大弊习”之一。② 他们则到别的地方去礼拜。

255 士绅的宗教归属,多像他们的文化归属一样,植根于乡村腹地,那里有该县宏伟的佛教寺院。到晚明,鄞县士绅在其生活方式上已经显著城市化,几乎所有的大士绅家族都尽可能保留着接近于在城西南角的西湖(或月湖)旁边那个著名地址的居所。但是许多人也继续保持他们的乡村居所,他们的家乡名或曰乡贯通常就取自乡间别墅;乡村地区依然是他们统治的象征性领域。当然,乡村平民有他们自己的里社之庙,在这样的庙里看不见士绅膜拜者,钱维乔对在里社庙的求神拜佛者作了一种轻蔑的评论,称其为“乡氓”③。民众中的这种迷信现象保持在士绅的文化世界之外,只招来士绅的蔑视。

---

① 斯波义信:《宁波及其腹地》,见于《中华帝国晚期的城市》,第 422—424 页。
②《鄞县志》(1788),卷 1 第 18 页下。
③ 同上书,卷 7 第 1 页上。

三、鄞县的大寺院

并不是所有鄞县著名的佛教寺院都远离城市。在宁波城里还有几所大的佛教寺院,其中的两所是延庆寺和寿昌寺,这都是非常著名以致有各自寺志的寺院。[①] 在明初,延庆寺是鄞县最主要的佛教官寺。那时,洪武政权决定应有三个佛教派系——禅、讲和教——延庆被指定为"天下五大讲寺"之第二。[②] 这个指定意味着延庆可被当作明初中国的 15 个最重要的寺院之一。地方志证实了它的重要地位。《鄞县志》中有传记的洪武和永乐年间的几乎每个僧人,都出身于延庆寺;该县三个僧人在永乐年间参加《永乐大典》暨《大藏经》的编撰工作,其中两个是延庆寺的住持。[③] 有明一代,延庆的卓著声望经久不衰,当地一位 1612 年的举人编写了《延庆寺志》。该寺志似乎没有保存下来,这让我们对它在明代前期的历史知之甚少。然而,鄞县县志确实提到著名的士绅领袖谢三宾为延庆寺建造了一座庭园,并捐赠他在 1631 年授权委托他人制作的十八罗汉画像,每幅画像上面写有苏轼文集中的文字。在谢去世之后,这十八罗汉画于 1666 年后的某个时间丢失,但最终由他的孙子重新捐给延庆寺。在清代,延庆寺仍然保持着相当的重要性,至少在官方看来是这样的,因为它在官员从省会杭州来时提供临时的住所。但就整个鄞县士绅来说,它似乎没有成为捐赠的主要焦点。

关于寿昌寺的历史记载甚至更少。介石禅师是 17 世纪中叶的寿昌寺住持,他也是一个富于创造力的读者和才华横溢的诗人。在那个时代,正如他的士绅知交李邺嗣所评述的,"四方名士辐辏相通谒,持行卷

256

[①] 下列关于延庆和寿昌寺的资料取自《鄞县志》(1788),卷 7 第 10 页下,卷 21 第 57 页上,卷 25 第 1 页下、3 页上下。

[②] 常盘大定(Tokiwa):《支那佛教史迹踏查记》,第 435 页。

[③] 李邺嗣:《甬上高僧寺》,卷 1 第 22 页上—45 页下。

为赞,各以著作自许,公然品目"①。在 1653—1666 年间,该寺进行了一项宏大的建设工程,摹写谢三宾捐赠给延庆寺的十八罗汉画而制成的十八罗汉塑像是这项工程的一部分。为寿昌寺写的一部寺志,只有李邺嗣的序言现存。李叙说该志是由闻性道应本寺两位主要僧侣,尤其是与闻性道熟识的住持德介之请求而编修。② 显然,他们发起这项工程是因为他们感到县志未能提供关于该寺的充足信息。他们认为,寺志的作者应补救其忽略之处,为寿昌寺确保一个完整而永久的记录。闻性道是一个在鄞县地方事务中十分活跃的士绅作者。③ 他和僧人德介再度合作编修另一部寺志——《天童寺志》,其时后者在天童寺担任住持。也许,由于他们先前有过合作的经验,故而《天童寺志》成为一部精美组织的作品。现在让我们来谈谈天童寺。

天童寺和鄞县其他乡间大寺院如阿育王寺,可能像都市寺院寿昌寺和延庆寺一样重要,甚至有过之而无不及。天童寺被指定为天下五大禅寺之第二,可是地方舆论认为它甚至比这更高。按照钱维乔的县志中所保存的一首著名诗句所说,它是中国东南丛林禅寺之冠。④ 天童寺位于宁波东 30 公里的太白山中。从宁波去天童的前 20 公里路程,可能沿着甬江的一条主渠道乘船较快。后面 10 公里风景优美,可步行穿越松林与山峦(第三章之后的木刻画依序描绘了这条路线)。进香之路的两边成排的松树尽管随着天童寺的命运而经历荣枯兴衰,但因去天童寺的游客之多而名播四方。明初重栽了这些松树,不久又被伐做木材。在 1555年,最后的一批松树被政府下令砍伐,为做驱逐劫掠沿海地区的海盗所需要的武器,但在清初又再次种植。

---

① 李邺嗣:《杲堂文钞》,卷 2 第 21 页上,卷 3 第 32 页上。
② 同上书,卷 1 第 38 页下—39 页下。本书佚失,按照洪焕椿《浙江方志考》,第 645 页。
③ 闻性道积极活动的例子,参见他为维持本城东面的主桥而写的募缘疏,这保存在《甬上水利志》(1848),卷 6 第 6 页上。除了天童寺和寿昌寺两志之外,闻性道还编了其他两部寺志,按照洪焕椿《浙江方志考》,第 645 页。
④《天童寺志》(1811),首卷,第 1 页上—4 页下;《鄞县志》(1788),卷 29 第 32 页下。

天童寺的起源,可以追溯到公元 301 年在这个地址创立的一座精舍。[①] 从唐至元,天童寺都享有着财富和好运。在 13 世纪初,天童寺掌握了充足的收入,可日供千僧。在明初时代,这种辉煌渐渐黯然消损。1432 年的修复使这种衰落趋势有所缓和,但是到 15 世纪下半叶,天童寺的组织结构开始瓦解。天童寺在 1464 年从法嗣继承制转变为开放的住持制;寺院被分成了五个分立的"房",它的地产被更有势力的当地地主接管。天童寺的建筑物在洪水的冲击和岁月的消磨之下倾圮沉废,而 1587 年秋爆发的巨大洪水使之彻底崩溃。正如《天童寺志》所指出的那样,连一线墙基或一块石阶也未保存下来。那年冬天,住持隐怀重建了法堂,其他建筑物在接下来的 20 年间陆续重建。在 16 世纪末,当紫柏真可大师访问宁波时,他发现该寺的境况仍然不佳。在一首诗中,他悲叹道:天童和雪窦(在邻近的奉化县)"法鼓不响久矣"[②]。

为复兴天童寺作为一个大禅寺的地位而进行的必要的巨大努力始于 1629 年,那时该寺住持和宁波府主要居士邀请密云圆悟禅师接管寺务。圆悟起先婉辞谢邀,但两年后又再被邀请,便接受了。他做的第一项任务是编写一部寺志,因原版和随后的修订版已经陈旧(现也不存)。圆悟想要编写一个全新的版本,便在他作天童住持的第一年委派一个僧人收编材料;士绅施主张廷宾于次年(1633 年)将之编辑出版。

按照闻性道和德介住持合作编写并于 1712 年出版的《天童寺志》的记载,寺院的编年纪录没有叙述以后几年的修复工程。据推测,这部寺志之所以未记载,是因为当时的住持和他的支持者都太过忙于募捐和积聚建筑材料。最终,在 1635 年,全寺重建开工。这项工程持续了六年之久。在 1641 年年终,天童寺得到完全重建和装修竣工,并备有田地和果

----

① 关于天童寺的资料自《天童寺志》(1633),卷 2 第 2 页下—14 页下,卷 5 第 11 页下—20 页上;《天童寺志》(1811),卷 2 第 16 页下—44 页下,卷 3 第 33 页下,卷 8 第 17 页上—18 页下,卷 9 第 23 页上—30 页下。

② 《天童寺志》(1811),卷 2 第 18 页下。

园。1638年,张岱参访天童寺之后在他一本书里估计,该寺常住的僧人和义工总数达1 500人,此外,另一本书里又估略为3 000人。他写道,为这样一大批人提供伙食、生活必需品和管理的工作,要求有数十名僧侣来监督。① 到1641年,由于这项工作的完成和新修订的记载这些成就的1633年寺志的问世,天童寺确实能堂堂地宣称是东南丛林禅寺之冠。

在明代之前天童寺院经济繁荣的鼎盛时期,天童寺控制着鄞县境内外大量土地。1633年的寺志列举了明之前的11项不动产,其中4项地产在天童寺附近的阳堂乡,5项地产在邻县定海县,2项在邻府。在14世纪中叶,它的土地拥有量一定已经超过了11 000亩;13世纪20年代的一个估计指出,尽管它六分之五的财产据说都是不可耕种的山地,但它的土地拥有量已经翻了一番。

在圆悟住持于1631—1632年间全面考察该寺经济状况之前,明代天童寺的土地没有任何记载,这充分显示除了五分之四的山地之外,该寺几乎所有的生产性农业用地都已丧失。仍然保持的财产使寺院无法上缴洪武年间估定的宗教服务税,更不用说维持天童寺的规模了。到1640年,完成兴修工程后,该寺有明确所有权凭证的仅仅是730亩在寺附近的山地,加上在17世纪30年代新买的大约100亩耕地和山地。

这对像天童寺这样规模的一所寺院来说,并不是充足的经济基础。1647年,继任住持费隐能买回300亩以前属于天童寺的财产,他为此而劝募了320两银子(这个价格含土地上房屋的成本)。在康熙初年,第三任住持又购买了另外300亩地。天童寺的可耕地一定生产了大量粮食,这从1657年建设开工时有一个五间房的水磨坊,并配有两台石磨碾米即可以判断;在1680年,磨房又增加了另外两间。

天童寺的土地在14世纪60年代和17世纪30年代之间发生了什么变化? 在一定程度上说,土地的丧失一定和土地所有权的集中化有关——

----

① 张岱:《陶庵梦忆》,第61页;《琅嬛文集》,第51页。

它成为一个五房分立的寺院。此后，按照 1811 年的寺志看，"豪族"、"俗姓"侵占寺院土地。1633 年的寺志强调，在 1630 年之前的那个世纪是天童寺寺院经济衰退最严重的时期。按照编写寺志的僧人的说法，1587 年袭击寺院的那场洪水是上天谴责那些把寺地卖给"豪门士族"的僧人；编纂者因此声称，这些僧人之所以卖掉寺地，是为了能够享受奢华的生活方式。在另一处，编纂者又记述道，在 1629 年，天童寺僧人向他报告说天童寺的土地已经被卖给了现在在职官员的家族，而这并不是为了换取奢华享受而是为了应付繁重的苛捐杂税。我们得知，只有费隐住持买回的 300 亩土地曾经被一个"俗姓"接管。① 宁波府地方通过免除僧人觉得非常繁重的苛捐杂税，而为天童寺的经济活力作出了贡献。此外，宁波政府授予寺院自给自养户的身份——而这意味着寺院被允许把他们的土地税直接交纳给县衙而不是与征税者打交道，后者不可避免征收超出纳税人法定应缴纳的税款。②

尽管拥有土地是天童寺生存的关键，但天童寺并不绝对依赖于耕地获得收入。它还有其他资源，这主要是指在寺院所在的山坡上栽种茶叶。太白山的特产就是一种稀罕的和价格不菲的茶叶，带有淡淡清香，可是它每年的产量从未超过两斤。这种稀罕的茶叶的生产和销售为天童寺的收入作出了贡献。

在太白山西北边的第二个山群——由陆路走，离天童大约 30 公里——有鄞县另一所乡村大寺院，即阿育王寺。③ 像天童寺一样，阿育王寺号称为天下五大禅寺之一。该寺及其所在山都以阿育王取名，创建于 15 世纪初；阿育王是印度佛教的第一个政治上强势的施主。保存在该寺的舍

---

① 《鄞县志》(1788)，卷 29 第 34 页上。

② 该县地方官对城西南 60 公里处的松元寺在康熙初年重建时作了同样的免除；《四明山志》(1936)，卷 8 第 24 页下。

③ 关于阿育王寺的资料，取自《鄞县志》(1788)，卷 6 第 4 页上—5 页下，卷 25 第 13 页上—14 页上，卷 27 第 50 页下；显承如海的《参学知津》，卷 2 第 27 页下；《阿育王山志》(1619)，德清序，第 1 页下，卷 4 上第 19 上、下，卷 4 下第 3 页上、4 页下、21 页下，卷 6 第 4 页上，卷 7 第 1 页上—12 页上；张岱的《陶庵梦忆》，第 75 页。

260

利是中国三四个最知名的佛教遗物之一,吸引了江南各地的参访者(和捐赠者)。正如第六章所指出的,陆光祖和屠隆都把他们为阿育王寺写的劝募文建立在这个宝物基础上。陆光祖参拜这件圣物时,因他所见到的光明而兴奋不已,因为民间认为凡是只看到舍利盒内漆黑一片,命运注定他不久将死去。屠隆讲述了一个和这件圣物有关的最激动人心的故事。他写道,有一位名叫慧广真缘的禅师在1598年初夏来参礼阿育王寺舍利,当他观看这件圣物时,光中显现释迦佛法身,他感慨万千,发誓焚身以报佛恩。5月29日,一大群人聚集来观看这次茶毗,屠隆也在其中;茶毗是一种巨大信仰力量的活动。他报告说当火烧到真缘身体的周围时,一道绿色的光芒出现在他的头顶,显示他正在转化成佛。见到这景象,观众中爆发出惊奇的呼喊;有人激动得跳跃起来,另一些人则泪流满面,还有一些人顶礼赞叹。①

261

图9 20世纪30年代的阿育王寺

资料来源:常盘大定:《支那佛教史迹踏查记》,1942年。

---

① 《阿育王山志》(1619),卷8第5页上—6页上。

　　关于阿育王寺的正式历史记载不及天童寺那么清晰。它在南宋时规模宏大,供养七八百名职业僧侣。显然,此寺也拥有相当数量的耕地和林地,可是记载匮乏。据1378年宋濂写的一块碑文记载,宋代阿育王寺拥有在南边奉化县一片沿海土地的地产约1700亩。在1158—1167年,僧人用般若会募来的捐款开垦了这片土地。在1365年,防护这片土地的海堤遭受严重毁损,三年后又被一场台风彻底摧垮。在1373—1375年,当住持重修这海堤时,他得到了两位当地人士的帮助,他转移给他们一些地产以支付他们的服务。

　　明代关于阿育王寺的建筑和修整记载较少。1619年的《阿育王寺志》并不含有像在《天童寺志》里发现的那类编年性建设工程的记录,这意味着我们必须依赖劝募文——假设与成功工程有关的文献被纳入的话,那么此类文献在第四卷第二部分确实保存着。这些文献——所有文献都是由当地主要士绅所写——表明在万历年间有大量的捐赠活动:陆光祖在1587年为重建舍利殿写了一篇募缘疏,屠隆在1590年为一项一般性的修缮写了劝募文(此两文的若干部分在第六章出现过),还有杨德振在1591年为重建大雄宝殿而写的劝募文,沈泰鸿在1608年为修建藏经楼写的劝募文,沈一贯在1609年为重兴舍利殿写的劝募文,周应宾在1616年为舍利殿制造塑像写的劝募文。17世纪初,还有许多其他事件——万历年间皇太后捐赠了一个小型铜制宝塔(皇太后也是第七章所述诸城光明寺的女施主),1605年著名僧人密藏道开就任该寺院住持之职,1619年出版该寺第一部寺志,以及五年之后出的新印简洁本——这些都进一步表明了晚明是阿育王寺的繁荣时期和捐赠的黄金时代。

　　鄞县还有其他三所寺院值得略微提及一下:普陀寺、宝云寺和普安寺。① 普陀(全称补陀落迦)寺,在清代更以七塔寺为知名,位于宁波城东

262

_____

① 关于普陀、宝云和普安寺的资料,取自《鄞县志》(1788),卷5第3页下—5页上,卷25第4页下—5页下、10页上、32页上,卷29第17页下;普陀的资料,特别取自《七塔寺志》(1937),卷1第1页下,卷7第1页上。常盘大定《支那佛教史迹踏查记》第439页指出,七塔是20世纪20年代宁波最为旺盛的寺院。

门外不远的一个地方，短暂步行即可到达。它创于 1387 年，是与舟山群岛上的著名普陀寺同名的替代寺院，那时因该岛安全原因而撤离。新的普陀寺很快衰落，可能是因为老普陀寺院的常住们不满意于留在城内。它在 1424 年复兴，17 世纪中叶重修。那时岛上已重建普陀寺，而陆上的普陀寺凭本身的条件也被当做一所独立的寺院。在 1788 年的《鄞县志》中印刷的宁波平原地图上所标的唯一十分醒目的寺院就是(陆上的)普陀寺。我们知道，它的生产性财产中，在太平军造反之后只有少得可怜的 13 亩半耕地，那时的地主对土地所有权的声明变得极其混乱。

宝云寺就坐落在县城外东南。原寺于公元 847 年在附近的一个地方创建，使用的是另一个名称。到明初时，宝云寺年久失修。为发展府学，宁波府在 1466 年下令接管它的部分基地。其余部分基地最终在府学于 1499 年进一步扩建时又被征用。作为补偿，在宝云寺住持的请求之下，宝云寺在废寺戒香庵遗址上重建。这个选择是十分高明的，戒香庵由于在 11 世纪有一位聋哑妇人在这里曾见过毗婆尸佛(Vipasyin)显圣而在当地扬名，后者是西方七古佛之第一佛。宝云寺继承了戒香庵的精神上的财富，被作为鄞县两大"佛教圣地"(即佛曾显圣的地方)之一，蜚声于世。另一佛地是指阿育王寺，因为它有佛舍利。

与宝云寺或者普陀寺相比，普安寺坐落在离城较远的地方，大约在城南 35 公里处。它可上溯到 1912 年，但是它的历史资料保存下来的不多。然而，它因在大约 1556 年接受西边邻县慈溪县大光寺幸存下来的一尊佛的塑像而享誉一方。普安寺在 1350 年、1654 年、1726 年多次出版寺志，最后一部寺志出版在 1935 年(今只有此年本存)，这表明在明清之际，该寺享有一种持续的名声，或者至少一再取得名声。它的财富或土地没有明文记载。

总算起来，鄞县的佛寺构成了该县一个最大的机构系统。就此而言，除了北京、南京和杭州外，很难想像在晚明的一个县能有如此大量的寺院存在。但这些寺院的经济存在更难以估量。当明初政府对"寺田"和"道田"分类财政登记不再强求统一实行时，该县衙门很快就无法把握其县宗教机构所积累的财产。寺院本身似乎也一样无法把握它的财产积累。1788 年的《鄞县志》记述道：有明一代，消除这些职业僧人拥有土地的分类，导致寺院相当大的土地流失，因为它们失去了登记时含有的法律保证。因此很多寺地都落入了其他土地所有者的手里。但寺院并不总是土地丧失者，因此该县志记载有一寺设法接管以前属于县学所有的 13 000 亩山地(这些山地在 16 世纪 70 年代被学校收回)。在这个时期其他机构则获得了较少的更合法的土地。①

　　在缺乏坚实的资料证明寺院拥有土地时，我们可以从另一个尺度来判断明清时期鄞县佛教寺院的活力，即寺院的兴建和修复工程是以什么速率进行。1788 年的《鄞县志》报告说，从 1368 年起到 1788 年县志出版 264 这段时期，有 119 项建设工程，平均每 10 年有将近 3 项工程。这些工程并不是均匀地分布在这段时期里，活动最低潮时期是 16 世纪初、中叶(每 12 年 1 项工程)。在万历和天启年间，这个速率有所改进，然后又快速增长。在 1630—1686 年这段时期，据说建设工程达到一年一项的惊人速率。1645 年之后的增长并未显示在满洲人征服之后有一大批寺院重建，因为鄞县的地方设施没有遭到这个地区其他县在满洲人接管时所受的那种破坏，这是由于像谢三宾等这样的士绅领袖愿意与满洲人建立的新政权合作。② 实际上，明清鼎革对该县没有造成任何冲击。佛教寺院建设的趋势在满洲人入主中原之前很好地进行了 10 多年，在清朝建立后，这个趋势仍未减弱，持续了 40 多年。因此，17 世纪 30 年代天童寺的重建是该县在 17 世纪中叶所进行的类似工程的较长趋势的一部分。

---

① 《鄞县志》(1788)，卷 11 第 22 页上，卷 25 第 29 页下、40 页上。
② 鄞县寺院在入侵者到达鄞县时大多未遭破坏。相比之下邻县奉化著名的雪窦寺在明清易代之际却遭蹂躏，但十年后修复；董楚《四明第一山》，第 76 页。

四、鄞县士绅

士绅是这种大批的寺院建设工程的主要捐赠者;我们现在着手讨论他们的情况。鄞县士绅的历史可以追溯到南宋,那时许多北方家族面临着金人的推进而大举南迁到这个地区。有些移民,像楼氏,在北宋时已经非常有势力,一当在宁波定居,他们便利用原有的势力来增强在地方上的声望;另一些像史氏这样不太引人注目的家族,几乎一夜之间饮誉全国,进而能在当地精英中建立地位。[①] 与丰氏和郑氏一起,他们在南宋以鄞县四大家族而知名。这个微小的精英团体在后世朝代中不得不让位于其他家族,因为楼氏分裂成两个独立的家族,而郑氏分裂成三个。然而,进入明代,除了郑氏,其他三大家族都设法至少在该县精英中维持合理的尊崇地位;就史氏来说,一直到民国时代还有一定声望。

265 在明朝建立后头十几年里,一组新的家族联合老的家族接管一个扩大得多的士绅精英的领导权。而从 16 世纪中叶的一首音韵铿锵的诗句中,我们可以很好地捕获新家族取代老家族的情形:

> 屠公甲第隔江涯,
> 甬上人推四大家。
> 恰比宋朝论士族,
> 楼丰史郑亦同夸。[②]

按照鄞县县志,明中叶的新四大家族,除了江北屠氏之外,还有锦川杨氏、槎湖张氏和西湖陆氏。关于坐上鄞县精英排行榜顶端的家族,还流行着其他几种讲法。16 世纪中叶的一个俗语说到"东海三司马"。(江

---

① 鄞县士绅在卜正民《家族传承与文化霸权》一书中有所分析。关于楼氏,参见瓦尔顿(Walton)《宋代中国的宗亲关系、婚姻和地位:宁波楼氏家族考》。关于史氏,参见戴维斯《宋代中国的朝廷与家族》。
②《鄞县志》(1788),卷 29 第 31 页,引自李邺嗣编集《四明丛书》。

北屯氏的屯大山、槎湖张氏的张时彻和城西范氏的范钦,最后这位是著名的天一阁藏书楼的主人。)另一个流行的说法则挑出"鄞东三大家":五乡碶傅氏、两湖吴氏和齐街李氏。①

这些顶层士绅家族,正如人们可能预料的那样,在科举考试中都非常成功。鄞县本地人在科考制中的成功引人瞩目,尤其在明代时期,那时他们有 286 人获得了进士功名,平均每次进士会试中有 3 人金榜题名,成比例地加上举人和贡生之功名数量就更多了。赢得功名的高峰期是从 15 世纪 60 年代至 16 世纪 30 年代,其时刚刚提到的大多数家族都一举成名;按照 1560 年的《宁波府志》所述,也就是在这时该县文化从民风素朴和学风浓厚转变到奢华和颓废。② 功名的获得在清代衰落,这时鄞县本地人赢得的进士头衔比他们在明代获得的一半还少。值得注意的是,在明清之际,鄞县士绅精英内部同一个家族一再获得功名的明显趋向并不总是连续几代,但有长期的连续性足以构成一个精英世家的谱系。③

除了功名之外,以三种身份标志为基础来确定 16—17 世纪鄞县的主要士绅家族是有可能的:其一,在乡贤祠中接受祭祀品的权利;其二,编入本府的荣誉榜;其三,树立牌楼以资纪念。这些身份的象征反映的不只是个人在地方社会中的权利和名声,而且还反映了他们的宗族团体的权力(和财富)。因为(纪念性的牌楼部分除外)这些是身后的荣誉,只有通过接受者的后裔的努力才能获得追认。1788 年的《鄞县志》列举 200 多个从 16 世纪初叶至 17 世纪中叶期间积极活动的人,他们就以这些方式获得荣誉。④

通过把上述列举的三种方式和获得功名的记载结合起来,就可能形成

266

①《鄞县志》(1788),卷 16 第 1 页上,卷 29 第 32 页上。

② 同上书,卷 1 第 14 页下—15 页上。

③ 卜正民:《家族传承和文化霸权》,第 35 页。

④《鄞县志》(1788),卷 2 第 19 页下—21 页下(牌坊);卷 5 第 11 页上—12 页上(祠堂);卷 27 第 42 页下(荣誉榜)。这份有资格享受祭祀的名单,列举了从明到清初的 167 人。其中有些活跃于 1500—1644 年这一时期,笔者能确认属于 41 家族谱中的 77 人。另一些在同一时期享有该府荣誉角色,笔者确认了 27 家族谱上的 33 人。那些建立了牌坊的人,笔者可以指出 51 人是 29 家士绅宗族的成员。

一种大略的意识：这样的家族在这一个半世纪期间属于鄞县的大中士绅家族。我把 20 个宗族置于大士绅一列，每家至少拥有这三种显赫的身份标志中的两种，并有两人获得进士功名。坦率地说，这套标准有些武断，但能用来把在一段时期持续获得成就的家族和那些也许投入官场的只有一代杰出成员的家族区分开来。能称得上这三种显赫身份之仅仅一种的宗族，我指定列在中等士绅中。在表 2 中我列举了 31 家中等士绅。

对一个像鄞县士绅这样庞大而又有成就的士绅群体来说，这些分类是太宽泛了，难以区分大士绅宗族中还存在的差别。因此，在大士绅宗族中，我又确定了能称得上所有这三种荣誉，再加上至少三人获得进士功名的七个超精英宗族。上文提到的八个"大家族"中有四家——城西范氏、齐街李氏、江北屠氏和槎湖张氏——一定程度上是这个最高级别的士绅。在超精英内的其他三家——西城董氏、南湖沈氏和浮石周氏——比前面一组的那些超精英稍后。最后的超精英成员是南湖沈氏，这个家族在沈一贯于 1594年升任内阁大学士的高职之后，才在地方上获得声望。只有当他的儿孙能够复制他在科举制度中的成功之时，沈氏的大士绅超精英的地位才得以确保。这些家族都在晚明统治着鄞县的精英文化生活。

五、佛教和鄞县士绅

像别的地方的士绅一样，明代鄞县士绅都把他们的生活与佛教紧密结合在一起。然而，从明代初叶到中叶，寺志中所提到的士绅承担的与佛教有关的事业寥寥无几，且不成系统。在 15 世纪，章绘（高桥章氏，中等士绅）能够在一首诗中讲述了他参观阿育王寺佛舍利的"金世界"，并显示一种久蕴于心的渴望得到一些对他前生业力的理解。[①] 其他的人，

①《阿育王山志》(1619)，卷 10 上第 6 页上。15 世纪高桥章氏有意避开批评佛教。在下一代中，章镃上疏朝廷，抱怨某些佛教僧侣在帝室成员中有相当影响；《鄞县志》(1788)，卷 15 第10 页下。与章慧相对照，他表述了一种差别，那不是随时间推移而来的差别，而是环境中的差别。佛教的影响在朝廷被认为不适当，而在地方环境中却被认为是可以接受的。

如果他们卷入了佛教,都不太明显。只有在晚明,地方志才把士绅对佛教的兴趣常规地编入进去。这种兴趣采取多种形式,有些是极端的形式。如有一个寒族士绅用自己的血写经以救助他命危的母亲,后来又以血绘制一幅观音塑像以救度受病痛折磨的父亲;尽管这些故事符合儒家孝道的传统习俗,但显然它们宣扬的是佛教的内容。[①] 1604 年,屠隆在本城的一个居民区召集僧人为一个在大火中丧生的人举办招魂驱魔的仪式。[②] 晚明鄞县士绅也参与更多习俗形式的宗教修持礼仪,诸如抄写经文、放生(天童寺和阿育王寺都在它们的进门旁修建了放生池),以及在寺院僧人的指导下诵经。有一个故事对诵经作了戏剧性的描写,说的是 1573 年一个风雨交加的夜晚,在当地寺院的一次诵经会上有两位居士,当诵经结束时,他们决定享受一下余下的夜晚,饮酒作乐。夜饮终了,他们中的一个被雷电击死。县志编修者严肃地告诉读者,这正是对他们亵渎神圣之地的一种惩罚。[③] 可是必须承认,有许许多多的寺院宴饮并未遭受惩罚。

有几位鄞县士绅在当地著名住持见证下誓愿虔诚信奉佛教。当著名僧人紫柏真可在阿育王寺时,他收了两个青峰李氏兄弟作为俗家弟子;密藏道开住持把屠隆也列在门墙之下。[④] 还有其他士绅甚至在明末几十年官场风气败坏之前就出家为僧。[⑤] 这种趋向随着明朝走向终结而加强。正如明清鼎革之际一位观察者指出的:"至三十年来,始有贤公卿

---

① 《宁波府志》(1733),卷 24 第 32 页上。

② 同上书,卷 36 第 51 页下。

③ 《鄞县志》(1788),卷 26 第 23 页下。

④ 同上书,卷 18 第 30 页下;《阿育王山志》(1619),卷 4 下第 20 页上。青峰李氏在 15 和 16 世纪之交是一个相当著名的家族,此后在明朝衰落,相对不彰。而在清初又得到中兴,因此他们的族谱没有出现在表 2 中。

⑤ 《天童寺志》(1811),卷 2 第 20 页下;《鄞县志》(1788),卷 16 第 57 页下;《鄞县通志》(1937),卷 1 第 424 页下;李邺嗣:《杲堂文钞》,卷 2 第 19 页下。按照宗族传统,诸州邵氏(中等士绅)建立普安禅寺,邵氏成功地赢得了朝廷的充分注意,得到一套大藏经的副本,并免除普陀岛税款;《鄞县通志》(1937),卷 1 第 514 页上、下。这个故事并未注明日期,但从万历年间起就传开了。普安寺喜欢与士绅广泛接触。

名士而埋迹沙门,竞有受其衣拂者。"①

鄞县不少士绅选择在明亡之际出家为僧——他们在 1644 年面对
(农民)造反摧垮明朝大厦,接着又被满洲人接管了中国,于是为方便而
皈依佛门。三位浮石周氏都在 1646 年落发为僧,以避免丧失气节,有损
他们人格的完整。他们中最为著名的人士是周元懋,他是儒家学者周应
宾的养子。在 1646 年,他有一次自杀未遂而被从水里救捞上来,之后便
皈依佛门,但醉酒度日,人称"醉和尚"。饮酒使他早死——四年之后,他
在 40 岁时一命归西。在鄞县士绅中还有其他为数众多的宗教隐世的例
子,他们中有西湖徐氏的徐之垣,他在 1644 年明亡时,选择出家为僧,尽
管他从此后依然在士绅文学圈中经常出现。朱金芝是地位较低的士绅
家族的一个成员,朱氏因收藏古玩而知名,当北京陷落在李自成的起义
军手里时,他从北京逃离,亡命深山隐姓埋名,剃发出家。此后,他采纳
了一种无宗无派的身份,称为"道人"。②

近海的普陀岛寺成为明遗民隐世者向往的一方特别乐土,因为该
寺一度在著名的宁波明遗民钱肃乐军队的控制之下——钱氏曾率部驻
扎在舟山群岛进行抵抗清军的征服数年。普陀僧侣保存了明遗民的一

---

① 李邺嗣:《杲堂文钞》,卷 2 第 19 页下。
② 《鄞县志》(1788),卷 16 第 25 页上、28 页上;全祖望,《鲒埼亭集》卷 14(《忍辱道人些词》)第
169 页(原作卷 8,第 152、283—224 页,其中第 283 页疑为第 223 页)。隐居遁世并不总是继
承了遗民传统。徐启睿是一个地位不高的徐家士族中的著名人士,由于累试不售,他在崇祯
年间放弃了科举考试。后来,他不仅削发为僧,而且闭关杜门修持(他的妻子也受佛法)。
1645 年南京陷落时,明朝的命运风雨飘摇,他则脱去袈裟,拿起武器,与钱肃乐一起参加了抗
清战斗,最终死于反清复明的大业;参见《鲒埼亭集》,卷 1 第 101 页(上海商务印书馆 1936 年
版,则为卷 8 第 99 页,见《明锦衣徐公墓柱铭》)。另一僧侣,继起洪储(江苏兴化县人),在明
遗民的事业中一直很活跃,甲申之难北京陷落的每年祭典他都要"素服焚香,北面挥涕",为
那覆亡的王朝举行悼念仪式。17 世纪 50 年代初一度被羁狱中,因为定罪根据是参与苏州地
区的反清阴谋;参见《鲒埼亭集》,卷 14 第 176—177 页,《南岳和尚退翁第二碑》(原作卷 8 第
159 页)。宗教隐修生活可能给有士绅转变成僧侣的家族带来独特的问题。遗民领袖钱忠介
(肃乐)之弟(简讨),为了明朝的光复大业而战斗,据说 1649 年身亡,年仅 28 岁。然而 37 年
后,一位游僧出现在鄞县,冒称他是简讨——可能利用忠介的名誉,及分享钱氏的财产,后为
其亲属识破,诈穷而遁。参见《鲒埼亭集》,卷 8 第 105 页。

些文章，不然就可能像大多数这类文章的实际命运一样遭到遗失。[①]

在明亡前和明亡后的相对缓和的几十年间，鄞县士绅依然过着世俗生活，但他们确实沉浸在通常的文化活动的领域，这种文化活动刻画了士绅出现于这个时代中国所有其他地方的寺院：他们进入寺院把它作为学习的场所，在寺院聚会吟诗作赋，与僧人建立个人友谊和分享文化追求。由于鄞县许多著名寺院都坐落在风景优美的山区，寺院环境的与世隔绝和优美风景与士绅文化的理想相一致。清初的一位作者周容甚至把并不是位于风景名胜四明山而是处在城内的寿昌寺作为一个了断尘缘的清修场所。在城外的寺院当中，他尤其喜爱一个叫宝轮的不太有名的寺院，因为它的狮泉出产上好的水质可用来煮茶。[②]

鄞县士绅以他们的众多文人会社而著名[③]，他们喜爱把鄞县的寺院作为聚会地点。例如，万历年间的玉几社在阿育王寺聚会。这个诗社取名于俯瞰该寺院景观的平顶峰，他们定期在此集会作诗。诗社成员的名字在《阿育王寺志》里没有给出，但大士绅家族西湖闻氏的闻龙负责把他们的诗编辑出版。[④] 有两个不同的例子说地方士绅因他们写在寺墙上的诗而获得高官注意，也许这种说法是伪造的，但在一定程度上暗示士绅的诗歌活动侵入了僧侣的世界。其中一例就是城西范氏的范大彻，他是天一阁藏书楼的主人。[⑤] 据悉，鄞县绅士也在寺院与僧人进行思想方面的讨论。例如，一位清初的生员感到他的哲学研究会受益于与那些圈外人士的接触，他认为有必要去山寺，寻访著名僧人，与之讨论佛儒之间的

269

---

① 一位名叫洪应元的松江人隐退到宝崇庵，在那里他的法名是心诚无反，在南明政权于福建灭亡之后，他一直是松江士绅中捐助此庵的人。他曾面临杀头的危险，在普陀进行最后的抵抗。1651年被清兵捕获，洪这时给他的俘房留下深刻的印象。因为他完全忠诚于他在光复事业中的领袖，以至于俘房他的人释放了他，容许他留在普陀岛做一名僧侣。参见全祖望《鲒埼亭集》，卷 8 第 558、758 页。

② 云栖株宏：《郡旧堂遗书》，卷 1 第 48 页上、57 页上。

③ 谢国桢：《明清之际党社运动考》，第 184 页及随后页。

④ 《阿育王山志》(1619)，卷 10 第 1 页上。

⑤ 《鄞县志》(1788)，卷 16 第 1 页下、18 页上 。另是孙仪，出自名望不大的寒族士绅。

异同。① 大约在同时,齐街李氏的一个成员回顾了16、17世纪之交以来僧人与士绅互动的模式,评论道:"余辈尝与桑门游,称为'人外之交'。"②

参与佛教的世界可能是个人性的,但世代相袭的宗族成员在时间的历程中常常重复先祖的实践。淀远万氏家族是一个恰当的例子。万氏并不因特别的佛教信仰或捐赠活动而知名,然而我们从已有的资料中获悉,他们每一代都对佛教事务感到兴趣。可将万氏的家史追溯到明初一位先祖为明朝开国皇帝效命,得到了指挥使这一官职。万氏后嗣世袭了这一官职,正是在这个官职上万氏家族才进入鄞县精英的圈子。明代中叶,万标成了本族第一位理学学者,随王阳明的几位主要弟子学习。他是最早列入18世纪标准的著名佛教居士传记中的鄞县本地人③,这表明他在思想问题上对明中叶理学新学派的兴趣与对佛教的兴趣相同步。万标意识到寺院佛教内的武术传统,便利用少林寺僧人的军事技能来抵抗宁波地区的海盗袭击。④ 他珍视普陀岛,留下一首诗,描述他的"元旦坐禅寺"的乐趣。⑤ 没有资料说明万标之后两三代对宗教和思想的兴趣,但万标的孙子和重孙都与17世纪初鄞县寺院的主要佛教施主有密切联系。在下一代,万斯同随大思想家黄宗羲最小的儿子在海会寺学习,黄宗羲住在邻县但在鄞县教过一段时间的书,在他周围凝聚着清初宁波的最主要的思想精英。⑥

万斯同的侄儿万言,留下几篇叙述了他本人参与宗教机构和他对佛道教的态度的文章。为建造海会寺大殿,他写了一篇募缘疏——万斯同曾在该寺学习——竭力劝化鄞县士绅捐赠。他论证说,不管捐赠多少,

---

① 《鄞县志》(1788),卷17第11页上。
② 李邺嗣:《杲堂文抄》,卷2第20页下。
③ 彭际清:《居士传》,卷38第1页上。
④ 《明人传记辞典》,第1338页。
⑤ 《阿育王山志》,卷13第1页上。
⑥ 《清代名人录》,第802页。黄宗羲之子的名字叫黄百家。关于黄宗羲在鄞县所扮演的角色,参谢国桢《明清之际党社运动考》,第189—190页。

从佛教看来,每一份这样的捐赠都会大大增加他们的善报。在一篇纪念大悲寺佛殿塑像修复的文章中,他称赞两位地方官员的慷慨捐赠。在另一篇文章中,他记载在 1678 年巡抚稽核了寺观田亩的情况之后,为道教的清真观保证免租,文章开头坚持"仙释之庐,遍于域中,而屡代明君贤相,未尝遏其兴"。这相当程度上是因为他们能认识到"夫既藉彼之说,以补吾治之所不及"(《清真观免租碑记》)。在给佛教大师宝积古德的语录所写序言中,万言用一种相似的腔调,把佛教的思想传统与儒家的思想传统相提并论:"释氏有古德,犹吾党之有先儒也。先儒以语录阐圣人之遗经,古德亦以语录演如来之奥义。虽标旨树训未必克,殚乎开宗不传之秘? 要之,因源以致流,由本以达末,不可谓非其附支余派也。"①万言预设他的反问,答案当然是不;因为佛教给儒家体系提供一个必要的补充(《宝积录序》)。在另一篇文章中,他又用儒家入世、佛教出世的习惯程式阐述它们的互补性(《西来庵碑记》)。

万氏家族分享万言之佛教兴趣的同一代人是万经,万经是万氏宗族的第一名文官进士。在乾隆初年,万经偕同这个时代最有名望的宗族的一些成员,其中包括历史学家全祖望,领导发起为阿育王寺及其他工程募捐。② 万言的儿子万成勋也参与了佛教问题的讨论,我们看到他在阿育王寺的一个附属建筑物中观雨时所作的一首诗,诗中他讨论了佛教无心的概念。③ 关于万标之后第六代万成勋以降的相关记载,可供查询的文献记载渐渐淡出。作为一种佛教参与的延续性行为,其中包括捐赠,它显示了给人深刻印象的家族连续性,但这在鄞县士绅中并不异常突出。

271

_____

① 万言:《管邨文钞》,卷 1 第 49—50、52 页,卷 2 第 8—9 页,卷 3 第 17 页上。(参《丛书集成续编》第 190 册,万言在《海会寺募建大殿疏》中说:"聚少以成多,致功罔觉所。望檀那之普施,得成金碧之巨观。斗粟寸丝俱为善果,一椽片瓦皆见良缘。"——译注)

②《阿育王山志》(1619),卷 16 第 15 页上、下。其他 17 位施主包括何义周家和渚洲邵家各 1 位(他们与全祖望组成 1736 年的鄞县进士群),城西范家有 3 位,书中随处可见;后同陈氏有 2 位,浮石周氏 1 位,清溪桥章家 1 位。列表上谢家 1 位是 1729 年的贡生,来自邻近镇海县;其他 7 位我还未能确认。

③ 同上书,卷 14 第 20 页上。

面对这样广泛的兴趣和支持，佛教的职业僧人积极地回应，他们反过来又参与士绅的社会和文化活动。事实上，在明朝开国后的数十年中，诗的成就成为鄞县僧侣精英化的一个标志。① 许多地方住持都熟悉儒家学说。宝云寺住持深谙儒家之道，在 1499 年搬迁以容许府学的扩展时，他同意让学校和寺院毗邻而居对双方来讲都是不适宜的；一个世纪后的玉安德芳，从鄞县迁移到邻县慈溪驻锡，出任住持，在士绅中他被视为通晓《易经》和《诗经》的专家。这种亲近关系的发生，一定程度上是因为参加科举考试的学生在寺院学习。我们读到 16 世纪有一个山寺僧人，他在当地以诗著称，就是由于他从一位正在该寺学习的儒生那里获得诗歌和经典方面的指导。

六、鄞县的寺院捐赠

文化的交融加强了士绅和僧侣之间的社会联系。在晚明，鄞县就如其他地方一样，更持久不衰的那种参与是宗教公共机构的捐赠。尽管鄞县现存有八所寺院的寺志，但有关该县寺院的捐赠的情况还是不完整。1462 年，安城杨氏（下层士绅家族）个人捐资修复四明山上一所寺院；1632 年，一位退休官员让地捐金支持崇觉寺一座殿楼；在 17 世纪 70 年代，沈氏宗族一位成员赞助修复邻县慈溪边境上的一所寺院；17 世纪 80 年代，地方士绅是天童寺修复的主要捐赠者。②

272 士绅也监督他们所捐赠的寺院的事务。1387 年，在宁波城西北郊的天宁寺修复前不久，"鄞县士民"邀请慈溪县一所寺院的住持离开他原来的职位而就任天宁寺住持之职；在 1631 年，本府官员、当地士绅

---

① 10 名当地僧侣的诗从明初起就被重印，在康熙年间由李邺嗣（齐街李氏）编撰成册，题名《甬上高僧诗》。永乐年间知名诗僧，参《鄞县志》(1788)，卷 27 第 29 页上。

② 《四明山志》(1936)，卷 8 第 23 页上；《鄞县志》(1788)，卷 25 第 5 页下。《先觉寺志略》(1705)，第 1 页下；《天童寺志》(1811)，卷 9 第 28 页下。

和天童寺之僧侣请求密云圆悟离开阿育王寺来担任天童寺住持。①另外，巨大的经济捐赠和监督护持扩及鄞县富裕宗族维系的小庵院，以作为给他们已故的亲属供奉香火的机构。② 在鄞县小寺庙的名称中频繁使用到"寿"这个字，这表明许多小寺庙是给宗族的死者做经忏礼仪用的机构。

　　鄞县在 16 世纪末的数十年中与佛教机构的捐赠交往最多的人物是屠隆，他不仅在鄞县有名气，也饮誉全国。作为题字和募缘文的作者，他的名字再三出现在宁波地区的寺志中。屠隆多次参与鄞县的募捐活动，其中包括设法为阿育王寺的住持密藏道开所出品的新版（书册本）大藏经捐赠。在 1605 年，他在去世前不久还写了最后一篇募缘文，劝募修复阿育王寺存放舍利的舍利殿，鼓励那些"耽乐名山者"来"护持三宝"。在这篇募缘文中，他提到沈泰鸿（即沈一贯的大儿子）也赞辅这项工程。沈氏的募缘文也相应地提到屠隆和沈家的家族长者捐资助修此殿。③ 耐人寻味的是这项工程代表了几个主要士绅家族共同承担的事业，而不是作为一个特定的个体或宗族所关爱的事业。

　　以这些个别的提及为基础，要重建整个晚明时期鄞县人喜爱的大寺院捐赠之社会结构是不可能的。很明显，他们确实喜爱这样的捐赠，这可用天童寺和阿育王寺的例子来说明，但是鄞县的寺志并未包括捐赠者的名单。然而，我们可以换一种方式来考察不同类型的捐赠姿态，即通过他们代表寺院或为纪念寺院而写的诗文作品来重构捐赠的模式。寺志编纂者保存了这些文化的艺术作品，远远超过他们直接的经济捐赠的证据。鄞县许多最有名望的人出现在寺志的文学部分，

---

① 《鄞县志》（1788），卷 2 第 25 下，卷 20 第 19 页下；《天童寺志》（1811），卷 2 第 21 页上。
② 全祖望：《鲒埼亭集》，卷 8 第 727 页，提到淮西金氏捐修在宋代建立的寺庙，在万历年间重修。
③ 《阿育王山志》（1619），卷 4 下第 22 页下—27 页下。

273 他们都为地方寺院唱赞歌。他们的名字构成了晚明鄞县捐赠模式的决定性基础。

参与佛教寺院的文学捐赠有三类，今按照宗族制成一览表，见附表2。A列表示鄞县9个宗族中的10个可确定身份的成员，他们都是晚明天童、阿育王和延庆诸寺志，还有舟山群岛上普陀寺志的编纂者或撰稿人。① 有7人属于大士绅宗族，3人属于中等士绅。B列表示哪个宗族有多少成员捐献诗或文给1619年和1747年出版的《阿育王寺志》。按照宗族我能确定43位活动在1500—1644年时期的当地捐赠者。大约一半属于8大超精英宗族中的7个宗族，其余都分布其他类别里。6人可以定位在小士绅宗族。C列表示这个时期的鄞县本地人的宗族分布状况，其著作出现在两部普陀寺志上。他们的人数有33个。这里高层士绅宗族偏多甚至更加明显。这些人中有20个人集聚于7个超精英宗族中的6个宗族，另外除1人（是小士绅）以外，其余都分布在大士绅和中等士绅之间。

表2的文学捐赠人之剖面图清晰分明。这里所列65个人中，属于超精英的人数刚好一半多一点。大士绅一类占全部总数的三分之二。换另一种方式说，超精英中每个宗族都参加了这些寺院的文学捐赠；大士绅宗族中除了5个宗族外都参加了。从社会角度看，文学的捐赠是士绅社会最高层次所特有的，它的重要性随着一个人进入更大士绅的社会世界而按比例增长。与其说文学捐赠是文人的一种一般化爱好，毋宁说它往往被限制在该县社会等级中地位高的士绅宗族成员，这在一定程度

---

① 天童寺，张廷宾（槎湖）；普陀寺，周应宾和周应宸（浮石）、沈泰藩（南湖）、屠隆（江北）、管万里和张载道（高桥）；阿育王寺，屠隆、闻龙（西湖）、徐时进（西湖）；延庆寺，杨德州（锦川）。我一直不能确定杨明的宗族，杨是1535年《天童寺志》的编纂者；还有余咏和陈九思，他们两位参加了1607年《普陀寺志》的编写。1619年《阿育王寺志》的主编是郭子章（江西吉安府人）。他在编撰该志时另有两位吉安同乡助编。宁波和吉安的精英在其他地区也形成紧密的联系。徐之垣在担任吉安县官时与邹元标结下友谊，赵世禄（君子莺）在担任江西按察副使时和邹元标与郭子章也形成紧密联系。《鄞县志》(1788)，卷16第16页上、28页上、29页下。

上说明了晚明鄞县社会是等级森严的。

事实上,表2少计了上层精英参加与佛教寺院相关的工程的程度。鄞县有些没有被当作文学捐赠者的宗族,在其他时代和地方表现出了捐赠的姿态。例如,芍药泹(音译)钱氏参与了其他地方的文学捐赠;如钱启忠是崇祯年间泰州学派的强烈支持者,他为16和17世纪之交许多著名佛教大师的著作写了序言,其中包括紫柏真可的著作(可能还资助其出版)。钱氏也以其他方式参与了鄞县的佛教机构,因为1644年北京陷落的每个周年,这个家族就会去城南的天奉塔寺进行祭祀,以悼念为明王朝而殉道的两位亲人。① ²⁷⁴

表 2　鄞县精英士族的捐赠活动(1500—1644)

姓　氏	乡　贯	参与寺院事务的人数			总　数
		A) 编寺志	B) 分布在《阿育王寺志》	C)分布在《普陀寺志》	
大士绅宗族：超精英(7)					
1. 董	西成	0	0	3	3
2. 范	西	0	1	0	1
3. 李	齐街	0	5	3	8
4. 沈	南湖	1	3	4	4
5. 屠	江北	1	3	5	7
6. 张	槎湖	1	5	3	7
7. 周	浮石	2	3	2	3
大士绅宗族(13)					
8. 柴	孝闻坊	0	1	2	3
9. 戴	桃源	0	0	0	0
10. 冯	西湖	0	1	0	1

---

① 钱启忠:《清溪遗稿》,卷1第44页上—45页上;全祖望:《鲒埼亭集》,卷8第62页。

续　表

姓　氏	乡　贯	参与寺院事务的人数			
		A) 编寺志	B) 分布在《阿育王寺志》	C)分布在《普陀寺志》	总　数
11. 傅	五乡碶	0	1	0	1
12. 高	万　竹	0	0	1	1
13. 管	—	1	1	1	2
14. 黄	光济桥	0	0	0	0
15. 黄	五台寺	0	0	0	0
16. 陆	西　湖	0	1	0	1
17. 钱	芍药圵	0	0	0	0
18. 全	横　溪	0	0	0	0
19. 汪	大　雷	0	1	1	2
20. 闻	西　湖	1	1	0	1
中等士绅宗族(33)					
21. 陈	东湖矶	0	0	0	0
22. 陈	姜　山	0	0	0	0
23. 陈	南　湖	0	0	0	0
24. 陈	桃　源	0	0	0	0
25. 范	南　湖	0	0	0	0
26. 华	石　窗	0	0	0	0
27. 金	—	0	0	0	0
28. 李	来善园	0	0	0	0
29. 李	孝闻坊	0	1	0	1
30. 毛	城　西	0	0	0	0
31. 邵	渚　洲	0	0	0	0
32. 水	凤　巘	0	0	0	0
33. 万	定　远	0	1	1	1
34. 汪	渔家村	0	1	1	2

275

292

姓 氏	乡 贯	参与寺院事务的人数			
		A) 编寺志	B) 分布在《阿育王寺志》	C) 分布在《普陀寺志》	总 数
35. 王	太 梦	0	0	0	0
36. 王	大 礼	0	0	0	0
37. 吴	两 湖	0	1	1	1
38. 谢	柳 汀	0	1	0	1
39. 谢	一	0	1	0	1
40. 徐	太 白	0	0	0	0
41. 徐	西 湖	1	1	0	1
42. 杨	安 城	0	0	0	0
43. 杨	锦 川	1	1	2	3
44. 杨	中 莲	0	0	0	0
45. 殷	廻源乡	0	0	0	0
46. 俞	白 社	0	1	1	1
47. 俞	南 湖	0	0	0	0
48. 俞	五 柳	0	0	0	0
49. 章	高 桥	1	1	1	1
50. 赵	君子莺	0	0	0	0
51. 赵	一	0	0	0	0
52. 周	北 郭	0	0	0	0
小士绅宗族(选)					
53. 冯	后仓浣	0	1	0	1
54. 林	北 郭	0	2	0	2
55. 丁	孔浦港	0	0	1	1
56. 陆	槐树镇	0	2	0	2
57. 庄	大 皎	0	1	0	1

276　　　　士绅与鄞县大佛教寺院的可见得到的互动与斯波义信研究的宁波城中商人把捐赠扩及到许多都市祠坛形成对照。[①] 这种对比表明了两个不同的慈善捐赠和文化活动的领域。在明代,宁波商人与士绅的两极分化应该说是不足为奇的。大的商业共同体给该县社会结构引进了不可避免的复杂性,因为财富和地位的优先不必然是一致的。尽管很多人有了其中一种还可能想要另一种,但在商人和士绅之间的距离依然是很大的,即使在晚明商业化达到白热程度时亦复如是。为了不使复杂性引发地方观众对身份显示混淆不清,必须在身份展示的领域划出适合于每个人的界线。该县县志也许愿意记载,在 1658 年,"富民"——意即商人——与"绅士"一起重筑城墙。[②] 社会公益事业的期望本该引介商人捐助城市的维护——他们在此做生意,然而士绅确立的文化领域把商人拒之门外。[③] 鄞县乡村大寺院的爱护和文化庆祝绝对掌握在士绅的手中。

　　士绅施主想保护的不只是一种与商人有别的身份,表 2 的证据说明大士绅几乎一样关心在他们自己和小士绅之间划清界限;小士绅的人数在明代以空前的速率增长,小士绅也同样关心和非士绅划清界限。获得功名如此顺利,以致大士绅家族可能感受到,如果精英身份意味着一切,那就必须限制高层次的公共性。由此,鄞县的这种冲动似乎没有把士绅凝结成一个整体投入寺院的工程之中,因为作为一个整体的士绅已变得过于庞大,使得一个精英身份的定义无法充分地把他们分开。如果说上

277 流精英在明朝灭亡前那艰难的几十年中寻求着社会权力,那么他们并未为每个人寻求这种社会权力。在 17 世纪中叶数十年里,寺志中那题名诗赋的长长篇章和寺院建设的风潮,表明大士绅只是在为他们自身寻求这种社会权力。

---

① 斯波义信:《宁波及其腹地》,见施坚雅编《中华帝国晚期的城市》,第 422 页。

②《鄞县志》(1788),卷 2 第 4 页上。

③ 例如,该县学的修复,就像人们可能预料的那样,是提升士绅技能的一个机构,完全由士绅阶级捐资;《鄞县志》(1788),卷 5 第 6 页下。

第九章　捐赠与知县：湖北当阳县

　　本章个案研究的设计，并不只是重复前两章以寺院的捐赠为基础分析晚明一个县的社会结构所进行的做法；而是扩展这种分析，并考察地方官和士绅之间的关系以及他们对佛教捐赠问题的看法。

　　一个知县对寺院的捐赠并没有一种人们期待应该采取的态度。他本人是士绅的一员并认同他们的兴趣，至少在他的家乡环境中是这样的。另一方面，他的思想形态的训练和作为一个在职官员的责任，促使他小心谨慎地看待对理学议程的偏离。对于寺院的捐赠，地方官经历着一系列自相矛盾的压力；他选择怎样回应取决于许多因素，既有环境方面的因素，又有个人方面的因素。思想形态的推动或激励不必然占支配地位，当它们占支配地位时，也不一定有效。社会结构和地方权力的分配是决定性因素，这是笔者分析寺院捐赠的中心问题。

　　我们将通过当阳县来考察这些问题。当阳是湖北省西南部山区的一个内地小县（明代属湖广布政使司的北部地区）。扬子江在当阳县境南边仅几公里外滚滚而过，但明代的当阳很少能以地方资源吸引外来者，从而使其不发达的经济嫁接于国内的市场。沮漳河在明代以漳河而知名，像一片叶子的 *279* 叶脉一样在当阳县铺展开。它的短短的梗茎附属于仅仅在沙市大河港之上的扬子江。然而,在明清时期,当阳很大程度上依然处在长江沿线商业和政治交通之流的外面。当阳是一个死气沉沉的地方。

尽管当阳在经济方面不重要,但却有资格得到一种声名。这是传奇的战争英雄关羽在公元 217 年被背信弃义的对手抓获并将其斩首的地方。关羽之死不只是一个简单的历史事实,它也是明代小说《三国演义》中的一段重要情节。每一位读过这部小说的人都知道关羽在玉泉升的天,玉泉是当阳县城西部丘陵地带的一座小山。每位读者也都熟悉,关羽死后几个世纪有一段神话加入了关羽的传说中:关羽信奉了佛教。《三国演义》叙述了关羽神化的因素是一个佛教的隐士僧——通过年代错置的办法,这个佛教隐士僧那时正好也住在玉泉山上。这位僧人用佛教的基本真谛开示关羽的游魂。关羽豁然开悟,能超越失败的痛苦,恢复他被斩断的首级,升天做了战神。[①]

很自然,在当地,尤其当地佛教界并没有使当阳与民间传说中这个最伟大将军的不解之缘湮没无闻。因为早在公元 568 年,有一所佛教寺院就标榜是关羽的升天之地,成为当阳关羽崇拜的中心点。玉泉寺变成当阳最著名的佛教道场,就像明末清初其他县一样,吸引着该县士绅的关注和捐赠。在玉泉寺地盘上建立起一座由僧人维护的关羽庙,也受到来自此地区官员、尤其是军旅官员的捐助。几部寺志都附有国家赞助的关于这位战神的专志,这是玉泉受到地方和国家关注的证据;它们也使本项研究成为可能。

一、佛教捐赠与国家

玉泉山既是一个佛教圣地,又是关羽的崇拜中心,这双重的意义使

---

① 罗贯中:《三国演义》第 77 回,第 662—663 页。(参《传世藏书》小说卷 4 第 255 页“玉泉山关公显圣”一节说,关公死后魂魄不散,荡荡悠悠来到玉泉山。山上有一老僧,法名普净。经普净点化,关公恍然大悟,稽首皈依而去。后往往于玉泉山显圣护民,乡人感其德,就在玉泉山顶上建庙,四时致祭。——译注)

我们引入在其他个案研究中置诸一旁的一个成分：国家。对这位战神的崇拜是一种国家崇拜，是由礼部按有关杰出人物崇拜的规定掌管的；渐渐地，在明清两朝，玉泉山得到了朝廷的捐赠。玉泉是关羽崇拜的两个国家级的主要圣地之一，另一个圣地是在山西省他的出生地。因此，玉泉山寺院吸引了国家官员的关注和介入。地方士绅可能为这所山顶寺院所做的事情就不单单是地方上的事情了。 *280*

在其他情形下，国家对待士绅捐助佛教寺院的态度在很大程度上是不太在乎的。皇帝承认，正统的佛教机构为了兴旺发达必须得吸引地方望族的经济支持。富人怎样处置他们的私人资金仅仅是他们自己的事情，只要他们的财富不支助违法的或未经注册的机构，以及不道德或不忠义的行为。中央政府在寺院捐赠问题上的主要忧虑是地主可能企图隐匿财产，即假冒寺院之信托以逃避纳税。除此之外，国家认为没有必要干预寺院的捐赠，因此，在官方文献中干预这种现象大部分是不为识别的。

然而，无论在理论上还是实践上，国家对士绅捐赠佛教寺院的关系并非完全撒手不管。中国在帝制统治下，政府对行政和经济的基础结构提供的资金向来不足。当本县地方官不能以他的税收提留来满足地方基础设施的需要时，可以理解他与地方富人打交道以获得必要的资源，也可以理解他们应当责成他承担有关宗教公益事业的责任。这种晚期帝制时代的社会风气公认士绅有一种服务公益事业、进行公益事业投资的非官方责任，尽管由他们集体支配的财富是决定他们多大程度上可能克尽这种责任的一个重要因素。在明代，尤其在其后半叶，士绅承担着广泛范围的投资责任，建设和维护他们本地区的关键设施和机构：道路、桥梁、学校、谷仓、孤儿院、墓地、城墙，甚至县衙门。他们并非一贯地在做这些公益事业，这取决于他们对地方的自豪感和地方官的劝告的综合作用。在较贫穷的县，知县在保护这些投资方面比在像宁波这样的富裕地区起了更关键性的作用。 *281*

　　士绅的慈善捐赠并不是行使帝国领域行政的可靠基础,当士绅和地方官发现他们各自确立不同的优先权和要求捐助不同的工程时,尤其如此。当两者都认为某种投资将给当地士绅和给国家带来利益时,优先项目就可能巧合。这也许是当地士绅捐资修建新的桥梁或共同修葺县学时的情况。当士绅解决他们本地的交通困难或让他们的子孙接受更好的培养以求得将来一官半职之时,国家的经济和教育的基础设施同时获益。但是在士绅转而注意他们县里的礼仪或宗教基础设施时,优先权就可能发生分歧。礼仪的需要和手段在使他们得益方面比起交通工程来说较为模糊,国家和地方利益可能容易背道而驰。在理论上讲,这就是政府对寺院捐赠的关系成为问题的地方。

　　明朝政府最关心的事情是维持适当的礼仪,把国家之存在奉若神明。这些礼仪的核心是向大自然的力量和季节进行祭祀崇拜。皇帝站在这种崇拜的顶点,调节着人的世界观和天的自然运作之间的互相作用,以给人民带来利益。礼部就负责主持这种在北京每年举行的复杂而有序的礼仪,这种礼仪能使皇帝本人神圣化,并且监控自然世界的平衡;礼部也负责确保在所有地方政府所在地能同时遵守执行较小规模的礼仪。辅助这种敬天崇拜的是许多建功立业的人物,比如像关羽这样的值得称赞的英雄人物。之所以把这样的人物神圣化,是因为他们的生命被认为体现了重要的美德和理想。这些人就是儒家神学理论的圣徒。这样的个人崇拜是国家崇拜的一部分,于是这样的崇拜本身受到礼部的监管。

　　礼部(在明代可能是祠部)也负责监管佛教僧侣和机构,但它与佛教崇拜的关系是不同的。它差不多只是关心与佛教的财产和人员登记相关的赋税问题,而不是关心礼仪或信仰。佛教神祇不受国家代表举行的祭祀仪式的指令,另一方面他们的崇拜也不受禁止。只要佛教僧侣不介入祭天仪式(祭天是帝国崇拜专有的特权),只要他们不从事巫术实践(这种实践的结果使社会滑脱了国家的掌握),那么国家就不会干涉佛教的礼仪。① 作为一种宗教和礼仪的系统,佛教既不是国家所有的,也不是反对国家的。个别的寺院可能选择要求国家的赞成和支持,它们给寺院取一个取悦于国家的名称,诸如护国寺或崇国寺。个别皇帝也许非正式地认为佛教能有效地促进国家的福祉和保障国家的稳定。② 但两者都没有表示一种法定的关系。

　　任何一方所表示的合作姿态都没有改变佛教对国家事务的基本淡漠。国家的神圣性是一种对佛教教义来说无关紧要的关怀。佛教的首要兴趣是援助个人精神的健康和幸福。虔诚的信仰只适合这个目的。进一步说,佛教追求普度众生能为消解与国家的矛盾找到一定的根据;国家声称有权处理一切事务,但没有足够的资源单手实现这种权威。当虔诚采取寺院捐赠的形式时,它构成对地方礼仪基础结构的一种投资,这种基础结构潜在地和国家的目标相冲突。因为地方官,尤其是一个较贫穷的县的地方官,很可能惦记着其他的机构,他希望指导士绅的慈善捐赠投资这样的机构。在礼仪的世界内,地方官必得找到资金维持祭祀山神、河神、土地神、谷神、瘟神、蝗神和城隍的物质建筑和祭台牺牲,以及祭祀孔子的文庙和礼部认为地方应该进行祭祀的任何崇拜。③ 地方官受到法律委任,确保在这些地方的崇拜场所主持适当的礼仪。④ 在地方上看来,知县不能实施这些公共的宗教性礼仪就可能削弱他的权威。

　　另一方面,佛教礼仪的世界并不是地方官关心的分内之事。当非佛

---

① 《明律集解附例》,卷 11 第 9 页上、10 页下—11 页上。

② 例如,1458 年天顺皇帝下诏保护山西五台山寺院财产,是根据"僧徒居住清修,上祝国釐,下祈民福,已有年矣"。《清凉山志》(1661),卷 4 第 12 页上。但是由此读解这种宣告,表明佛教与国家之间有任何形式的一致,那是很危险的,因为尤其是政治方面的利益,通常恰恰都隐藏在表面之下。就刚才提到的这个例子,五台山是蒙古人崇敬的喇嘛圣地。在 1458 年天顺帝刚刚从他的皇弟那里重新夺得皇位,后者在蒙古人俘获天顺(然后是正统)的时候统治明王朝。佛教僧侣的视野振奋了这个国家的精神,用他们的祈祷掩饰了一种外交上的主动性。

③ 黄六鸿:《福惠全书》,第 508 页。

④ 《明律》规定对不能在指定日期进行礼仪的官员施予鞭笞百杖的刑罚。《明律集解附例》,卷11 第 6 页下。

教的场所或人员缺乏时,他可随便利用佛教的道场或僧侣来为国家礼仪服务,但是他没有义务维持佛教的机构或举行佛教的礼仪。他的职责没有延伸到这样的事务。他与佛教有关的唯一责任是对佛教的管理:为了赋税的目的,持续对寺院和僧侣进行精确的登记;限制佛教僧侣可能进行的过度的"公共礼仪",以免他们干扰生产;警惕发生能损害他的权威和威胁地方安全的"异端行为"。① 只要佛教的礼仪活动不转向可疑异端的泥潭,那么它们就不会进入地方官的视野,地方官通常也不会在其管辖的分内任务中要求帮助它们。

晚明知县对士绅捐助佛教寺院,如果他灵活处理的话,可能会采纳一种积极的态度。一部 1576 年的中国北方的县志编纂者记述道:法规并不禁止县官支持(佛教或道教)教义而祈求长生。② 换言之,我们不应当把地方官对国家礼仪的职责解释成必然排除对佛教机构及其支持者的同情取向。其他士绅则走得更远。按照 1612 年写的另一部中国北方文献记载,最好的一类地方官是在新官上任中第一年压制盗匪活动,第二年赈饥,第三年修城墙,第四年编一部佛教山志。③ 地方官的参与是受欢迎的,因为这等于给一项捐赠的工程盖了他权威的图章,向潜在的施主确保这项事业没有什么违法的地方。从地方官的观点来看,这样的参与也可能有助于在这项微妙的任务中建立与当地精英的合作关系。通过参与士绅的工程,他实际上给士绅提供了保护,从而也是给他们的寺院提供了保护。

然而,地方官也能对士绅的捐赠活动采取一种否定态度。他可能拘泥于法律的条文,决定将地方佛教机构限制在尽可能狭小的一个圈子,并且蔑视士绅参与儒教和国家崇拜之外的宗教或礼仪的系统。这样,

---

① 这三项责任是具体化的,收在吴尊的明地方官手册上,参《初士录》,第 9 页上、27 页下、29 页上。

②《丘县志》(1576),卷 3 第 14 页下。

③《嵩书》(1612),王里河后序,第 1 页下。

一个地方官也许以个人忠诚于正统为基础而行动，正如另一个地方官可能因为信仰佛教而给佛教提供保护。这种否定的态度在确保对地方精英的权威这项困难的任务中可能有利也可能不利，这取决于他与地方精英的关系。地方官无论采取什么姿态，这种决定性的因素很可能与佛教本身没有什么关系，而更可能与士绅和国家的地方代表之间的权力平衡有关。 *284*

二、当阳的环境和社会结构

当阳在 1380 年置县，那是在明代立国后第十三年。① 它位于荆门州，又受承天府的管辖。当阳与承天的关系使该县处在一个不同寻常的位置。承天府的货舱都向北开往汉江上游，而荆门及其当阳县在地势和流域上是南向通往长江的。② 由于紧靠长江，能在一个有限的程度上分享西边的重庆和东边的汉口之间的商业交通。但当阳离明清主要人口中心还是太遥远，以至于从国家的角度来看它的资源和安全，它与边缘地区的位置差不了多少。

从地形学上讲，当阳被分割成西北和东南两块，西北多石、长期受干旱之苦，东南则是相当肥沃的低地。低地在农业上是多产的，尽管每年漳河洪水泛滥会侵蚀土壤，冲走稻田之间的界限。这种冲毁意味着不仅耕种者得每年重修田地，而且县行政管理机构得费力地解决无数的法律诉讼，重新决定被冲毁的地产界线。堤坝保存完好的田里，在夏季几个月份，必须利用密集型的劳动进行全面大灌溉。

在 17 世纪，大多数肥沃的土地都是佃农耕种的，佃农耕作的大量土

---

① 下列关于当阳县的资料取自《天下郡国利病书》，卷 25 第 39 页下；《当阳县志》(1866)，卷 1 第 5 页上、下，卷 2 第 24 页上—29 页上，卷 4 第 3 页上—25 页上，卷 5 第 8 页上—9 页上，卷 9 第 3 页上、下，卷 10 第 13 页下—14 页下，卷 17 第 30 页上；《当阳县补续志》(1889 刊本，1935 重印)，卷 4 第 5 页上。

② 后来清代认识到荆门的不寻常，便把荆门提升为州。

地都属于士绅或非士绅地主以及信托者所有。① 在 17 世纪中叶，为新立国的清朝效命的军官强行夺走低地上一半以上可耕田的控制权。确切地说，官吏们这样做在一定程度上是通过武力，但也通过委托。许多农民所有者宁愿把他们的田地委托给官吏所有而不必面对征税者——征税者操纵着每年洪水引起的所有权混乱，相当不利于纳税人。1673 年（湖广）东部一县志叙述了相似的问题，引用农民的说法，"宁为佃作户，无宁有粮差"。②

286　　漳河平原的耕地经济产生了不多的剩余，这支撑着一些商业交换。地方贸易沟通了当阳县东南部几个城镇的市场。县治所在地位于该县的地理中心即漳河向西的一个短短的分叉上，但在漳河系统主渠道沿线商业网络的发展意味着到 17 世纪初，恰好坐落在沮漳两河分叉交会处上的河溶镇，使得作为当阳商业中心的县城黯然失色。陕西和江西商人都在河溶建立了会馆③，从那里商品货物流向漳河下游直接到达沙市港——该地区三个最大的粮食市场之一。当阳也处在重要的陆上交通路线上，这条线修建于 15 世纪 80 年代，连接长江北部的湖广和西部的四川。

　　导致明朝灭亡的长达十年之久的危机也使当阳县一片荒芜。财政统计表明，在 1586 年，当阳县大约三万人口，尽管这个数字未算进生活在该县的实际人数，因为许多人在前两个世纪中非法迁入这个地区，在此生活而没有登记。在 1636—1646 年之间，县城被地区盗匪、李自成和张献忠的分散起义军，以及在最后亡于满洲人之前的溃败的明军余部，

---

① 除了寺田之外，当阳义田的根据，仅从 18—19 世纪得来，例如《当阳县志》(1866)，卷 13 第 8 页、10 页下，卷 16 第 51 页下；《当阳县补续志》(1889)，卷 1 第 6 页下。
② 《天下郡国利病书》，第 25 册湖广下第 44 页下，引自孝感县志。关于承天地区地主状况，也参见《天下郡国利病书》，第 25 册第 37 页下、41 页上、47 页上。一条鞭法旨在解决当阳表面的不平等的失败，在《当阳县志》(1866)中有讨论，卷 17 第 39 页上、下。
③ 1866 年该县县志列出从湖南和武昌来的商人会馆在河溶和县所在地，也有福建商人会馆，但没有指出它们建于何时。

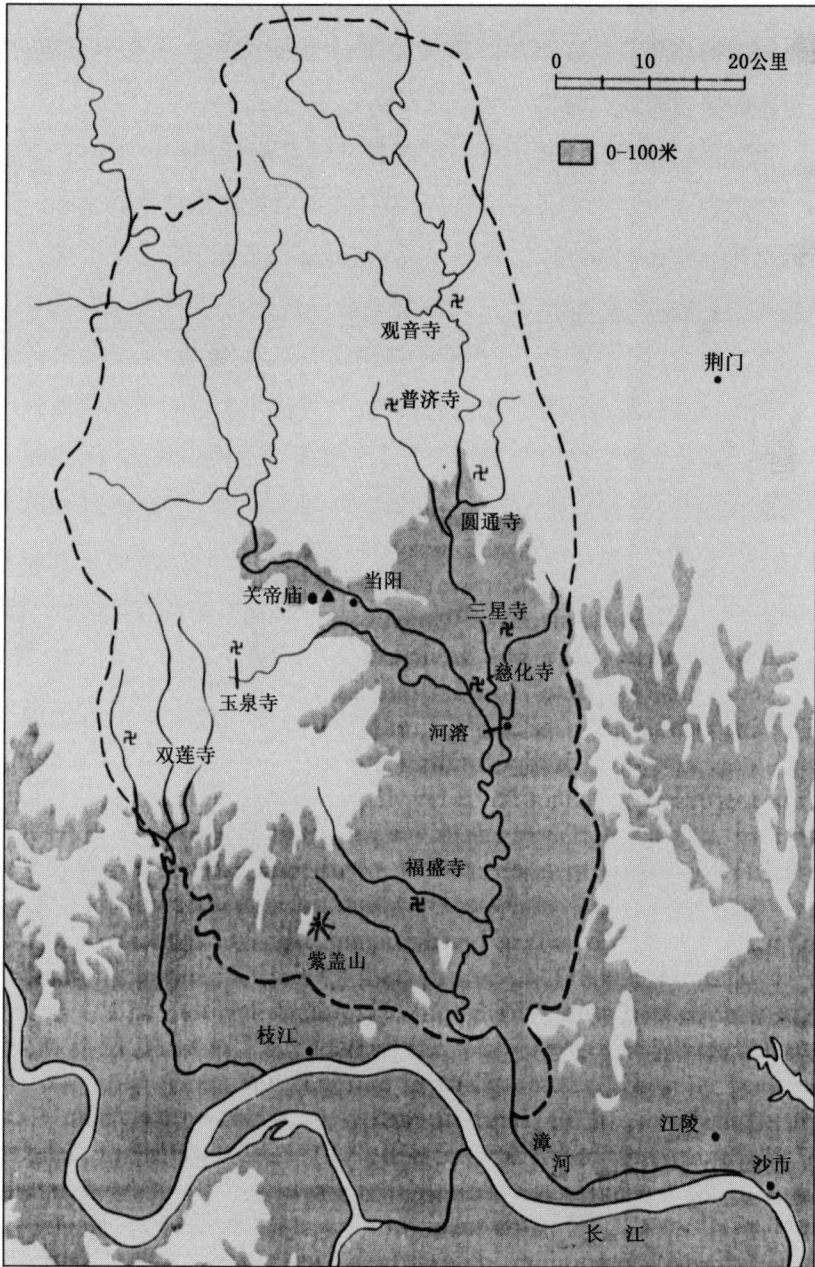

地图 3　当阳县

前后五次围困占领。到 1646 年,只有几千人留在当阳,其中一些幸存者以食人肉维持活命。后来人口数字直到 18 世纪末为止一直不可靠,其时当阳的繁荣使人口规模达至十五万以上。①

当阳人口和经济的较小规模反映在它的社会结构中。当阳县志认为士绅势力太小以致它无法排外,因为县志描绘他们常常和非士绅一道共同工作。叙述春节期间的观灯、1575 年城墙的修复、18 世纪给地方英雄修建的祠堂,以及 1796 年白莲教发动的一次袭击中的伤亡人员等等的诸多文献中,"士人庶民"是标准的惯用语。然而,据报道,某些其他的活动是士绅独自进行而具排他性的,诸如九月初九的重阳节在县城外一座小山上野炊,或在 1610 年捐助修复本县儒家的学校。1656 年,当该学

287　校再次修建时,县志记述"乡民"和"宰官士绅"一样作了捐赠。可以推想,作为"乡民"的富裕地主第二轮捐赠是希望改善机会,使其子女能金榜题名。② 这些参考依据表明士绅数量太少,以致不能使有功名的精英形成一个封闭性的社会世界。

按照鄞县那样较富裕县的标准,当阳的士绅社会阶层不仅仅微小而且形成较晚。直到 1549 年,当阳县士绅才开始真正形成;其时,一位当地人在 135 年里第一个中得举人功名。此后,当阳子孙在晚明取得举人功名人数以大约每 10 年 1 人的缓慢速率发展。在明朝的最后 20 年中,这种步伐短期内增加了 2 倍的速度,但在 17 世纪后半叶又下降到每 12 年 1 人。功名总数不引人注目。在 17 世纪,只有 3 个当地人获得梦寐以求的进士功名,9 个中举人。因此,捐买的功名和生员资格,在当阳士绅社会比其他较发达的县,甚至比诸城,承担着更为重大的意义。

---

① 该县(当阳县)人"丁"估算(成年纳税男性的单位)在一条鞭法之后,是 4 936 人;1646 年,仅仅多了 145 人;《当阳县志》(1866),卷 1 第 15 页下—16 页下,卷 4 第 1 页下—2 页上。珀杜(Perdue)在《耗尽土地:国家与湖南农民,1500—1800》第 67 页指出战后这个地区人丁数有调整,为了确保即将来临的赈灾工作顺利实施,因此夸大了人口的实际损失。

②《当阳县志》(1866),卷 2 第 22 页下—23 页上,卷 7 第 32 页下,卷 16 第 31 页下—46 页下。

当阳的资料没有记载可在诸城和鄞县的县志中发现的这类官方身份标志。笔者就改为根据当地作者的判断来决定士绅的身份等级，我划分出该县大士绅有 10 个家族，其成员在地方资料中称为"绅"（通常是担任官职的士人专用的一个词）。① 这样指定的大士绅可以说明一切有进士功名的人和在 17 世纪 10 个获得举人功名中的 3 个。这 10 个大士绅宗族也可说明 15 个 17 世纪诗人中的 10 个，他们的作品发表在县志上。在中等士绅中，我列出 7 个宗族，这里每个宗族都有 1 个举人功名，但在地方志中没有被称为"绅"；我又增加 4 个宗族到中等士绅中，他们属于收入地方志中的另外 5 个诗人。这些大、中士绅与选录的小士绅宗族都一起列在表 3 中。通过宗族来确定士绅，笔者遵循的是地方习惯而不纯粹是我本人的分析意愿，因为零散的方志资料证实，当阳士绅在晚明是从宗族的角度来思考和行动的。他们编了宗谱，作了家训，修了宗族祠堂和建立了私塾。尽管数量不多，但与当阳县有限的财富相称。②

288

三、当阳的宗教机构

当阳县宗教礼仪的领域，正如前文所指出的那样，是由玉泉山的寺院和庙宇支配的。尽管历史上的关羽根本不知道佛教——公元 3 世纪初，佛教在中国才开始找到立足点，但佛教僧侣不仅早在安排玉泉山上两所寺庙的崇拜方面取得成功，而且成功地使关羽崇拜附属于他们的玉泉寺。公元 820 年立在玉泉山的一块佛教石碑表述了一个不同于《三国演义》的故事，它宣称关羽不安的灵魂出现在 6 世纪末著名的僧侣智面前，接受佛教的开示。这块石碑表述他皈依佛教，一如勇猛顺从智慧，

---

① 《当阳县志》(1866)，卷 12 第 5 页下；《玉泉寺志》(1694)，卷 1 第 22 页上；《玉泉山志》(1885)，卷 2 第 49 页上。
② 《当阳县志》(1866)，卷 13 第 1 页下、4 页下、8 页下，卷 17 第 3 页上；《荆门州志》(1754)，卷 11 第 2 页上，引述 1602 版。

小德为大德所折服。① 后来把关羽塑造成佛教的守护神,象征性地完成了这种顺从,他的威猛的形象屹立在每一所明清佛教寺院的山门口。

从宋代到清初,在国家寻找顺从于公共权威的化身时,关羽忠义的美德使其容易被国家利用。宋代使关羽进入了国家崇拜的神殿;关羽的地位随之在称号上经历不断的升级,在 1615 年达到顶峰,称为关"帝"。在 1725 年,雍正皇帝安排关羽崇拜进入了国家级的武庙,与尊崇孔子的文庙崇拜具有同等的地位。② 因此,国家之利用关羽与佛教把关羽神化相类似,结果是关羽既成了佛教的守护神,又成了国家的保护神。此外,关羽作为一个英勇的武士的名声依然没有逊色,以至于他继续充当着士兵的守护神。这多重的联系对所有这三类赞助者都互为有利,因为每种崇拜都深深地与其他两种崇拜的境域发生共鸣。

关羽崇拜的这种操纵使玉泉山自然成为当阳宗教风景区最受崇敬的地方。作为关羽崇拜的两个地理中心之一(另一个是关羽在山西的出生地),玉泉的名声在明清时期随着每次新的荣誉堆积在这位勇士身上而增长,这种荣誉又反过来进一步提升他作为佛教的守护神的角色。玉泉寺不仅在当阳县,而且在湖北省成为最有名的佛教道场,就不足为奇了。正如 1683 年一个地方官员宣称的那样,从西部的四川到东部的苏州,大家都认为这个地方是一个值得注目的地方。③ 像李贽、袁宏道及其兄弟、焦竑、沈一贯和文征明这样的晚明杰出人士值得注意的访问,都证实整个晚明时期这个地方的知名度。当阳的精英人士无需额外的鼓励

① 杜赞奇(Duara)在《刻写的符号:中国战神关帝的神话》("Superscribing Symbols: The Myth of Guandi, Chinese God of War")中讨论了故事和碑文,载《亚洲研究杂志》1988 年 11 月第 4 期(总第 47 期),第 778—779 页。(关羽被佛教神化,可查的文献记载见《佛祖统纪》卷六智者传,智颛在当阳玉泉山建精舍,曾"见二人威仪如王,长者美髯而丰厚,少者冠帽而秀发",自通姓名,用关羽、关平父子,请于近山建寺。智颛从之,寺成,并为关羽授五戒,后世佛教根据这些神话,把关羽列为伽蓝神之一。——译注)
② 同上期刊,第 783—785 页。
③ 魏勒,《关圣陵庙纪略》,卷 3 第 46 页上。在 1878—1879 年间,李鸿章之外无人发起此庙的修复;《当阳县补续志》(1889),卷 4 第 3 页上。

去认识玉泉山的寺庙是一种主要的文化资源，并去论证对它的捐赠——事实上这是他们唯一的文化资源。

玉泉既是关羽庙所在地，又是一所佛教寺院的名称。然而，实际上它是唯独由佛教支配的一个道场。关羽庙就坐落在那较大的佛寺附近，由寺院的僧侣经营和整修。（当阳县其他寺院也在佛教环境里从事这种尊崇关羽的实践。在该县南部一座小山上有风景如画的紫盖寺，它的四个大殿中有一个殿就是供奉关羽的，其他三个分别是佛教的神祇，如观音、维摩诘和阿弥陀。）①关羽崇拜在当阳确有一个独立的场所，是在县城外数公里的一座坟墓，被认为是关羽的死所。1467 年在那里建造一庙，在 1556—1679 年之间，经历过三次重修。但值得注意的是，这种神祇崇拜没有正式的神职人员司其职是一种通常的现象；佛教僧侣则居住在那里作为看管人。②

尽管在当阳关羽的崇拜高度引人注目，但佛教支配了该县的宗教生活。事实上，人们可以从相反的方向论证这种崇拜的繁荣，关羽在当阳受到崇拜是因为他和佛教的联系。无论如何，佛教寺院远远超过供奉关羽的庙宇，尽管佛教寺院的确切数字难以断定。当阳县志在关于开放的佛教机构那一部分里仅仅列举了 21 所寺院和 2 座庵堂；其他的资料表明寺院总数很可能在 30 所以上。③

在明代之前，该地区的宗教历史之文献记载少得可怜。佛教在大众层次上的出现也许可从下列参考材料中认识到：15 世纪 30 年代荆门州一位烦恼的官员（当阳在他管辖范围之下）在呈递皇帝的一份奏折中提到"各处近有惰民，不顾父母之养，妄从异端，私自落发，贿赂僧司文凭，　*290*

---

① 《当阳县补续志》(1889)，卷 4 第 7 页下。
② 同上书，卷 4 第 6 页下，取自 1679 年栗引之的纪念文章。
③ 《当阳县志》(1866)，图，第 36 页上，卷 6 第 6 页下，卷 9 第 2 页下；《玉泉寺志》(1694)，卷 1 第 10 页上。康熙四年(1665)邑绅兼佛教施主杨州彦写道，当阳在明代有不下于几十所佛教寺庙，参《当阳县补续志》，卷 4 第 5 页下。

以游方化缘为名,遍历市井乡村,诱惑愚夫愚妇,靡所不为!"①这位递呈奏折的官员继续坚持僧侣应被安置在他们登记的地方,禁止到处游荡。这似乎表明地方官与其说在同佛教闹纠纷,倒不如说是他面临着登记和征收游移不定的地方人口税的一些困难。如果他的抱怨不纯粹是 15 世纪中叶责备佛教在国家行政管理上造成缺失的官员当中的共同观点的回响,那么它表明佛教在地方文化中是一个有重大影响的存在。究竟有多少佛教僧侣生活在当阳无法估计。唯一的参考可上溯到 1800 年的一则记载,说白莲教千禧年信徒有一次进攻一个村庄,50 人被杀害,其中 2 名是僧侣。②

四、佛教和当阳士绅

正如晚明其他地方一样,佛教寺院在士绅的文化世界中是享有盛誉的一个场所。当阳县八个传统的文化景观中的三个就是三所最大的山林寺院:玉泉寺、紫盖寺和龙泉寺(龙泉寺和佛教大师慧远有联系)。这些寺院用作诗人集会之所。虽然用意在文学,但这样的雅集有一种宗教的气氛。有一个诗人说到聚集在紫盖寺的当地文人小圈子,称之为宋代莲社的当世复兴。③ 有些当阳士绅在乡间寺院学习,准备参加科考。正如邻县(江陵)县志所说,寺院环境有利于学者隔绝干扰,并提供一种舒适宜人的学习环境。④ 在当地宗教机构学习过的最著名的学生是袁氏兄弟:袁宏道和袁中道。他们从邻府(公安)来到当阳,在采芝庵学习,此庵就在玉泉山附近不远。采芝庵使袁氏兄弟远离尘嚣,免遭干扰,充当了当时在他们身边聚集的学术圈子的中心。据载,当阳县士绅中只有一个人实际上成为僧侣,这是聂氏宗族的一个成员,他在 1643 年出家为僧,

① 余继登:《典故纪闻》,第 183 页。
②《当阳县志》(1866),卷 12 第 34 页下。
③ 同上书,卷 18 第 37 页下;卷 9 第 4 页上,八景。
④《江陵县志》(1794),卷 57 第 9 页下。

以避免出任造反者委任的地方官。①

就如在诸城县的情况一样，当阳很小，以致其佛教徒的宗教活动都由一个大寺院支配。也像诸城的光明寺一样，玉泉寺从晚明的社会和文化环境里受益匪浅。玉泉寺在公元 7 世纪之初首创，但 1357 年遭到破坏。大约过了一个多世纪，这个地方又被废弃。只在 1480 年，一位知县才承担了它的重建工作。他的关怀是通过维持这个场所的繁荣，以使关羽的精神受到人们的尊崇。又过了一个多世纪，玉泉寺在无迹正晦住持的手里进行了一次大规模的重修；无迹是来自本地区却饮誉全国的一位僧侣。② 这项重建工程始于 1602 年，恰巧同一年光明寺也兴建。也像光明寺一样，这项工程是在帝室的捐赠帮助之下发起的——慈圣皇太后捐赠给无迹正晦一万两银子进行这项工程。她也以万历皇帝的名义捐赠一套大内龙藏，就如她捐赠明开住持一样。当 1642 年进行另外的工程时，皇室捐赠之再兴并不是来自北京的朝廷，而是来自受封荆州的皇室王子的宫廷；荆州府在当阳的正南面。惠王捐赠了 300 两银子。③ 由于皇室的捐赠，玉泉寺更加被纳入官僚政治的领域。因而在 1602 年之后，当地地方官参与玉泉的事务大大增加。④

皇太后和惠王的捐赠似乎是受佛教信仰的促动，而不是由于玉泉寺庙与关羽崇拜的关联。⑤ 在明代灭亡后，当官员的捐赠再度变得引人注

---

① 《当阳县志》(1866)，卷 12 第 20 页上。

② 袁宏道在 1610 年回忆，真慧——他称之为"乡僧"——于 16 世纪 90 年代在北京碧云寺演讲，见《袁宏道集笺校》，第 1561 页。

③ 《玉泉寺志》(1694)，卷 1 第 5 页上；《当阳县志》(1866)，卷 13 第 35 页下。

④ 在 1885 年的《玉泉山志》列的施主名单中，在 1602 年之前只有 2 位知县，但其后 40 年中有 5 位，见《玉泉山志》，卷 2 第 40 页上、下。1615 年的一份材料显示寺院与府衙之间存在着某种联系，因为那时采芝庵的一根老柱开出花来，正是玉泉寺的僧人提交一份报告给知县的；《当阳县志》(1866)，卷 18 第 54 页下—55 页上。地方官在一定程度上负责玉泉寺的经济状况，例如，1622 年，寺产被不适当地征拨，正是地方官去调查住持的一些弟子非法准用财产权。有几位僧人被驱逐出寺；《玉泉山志》(1885)，卷 18 第 54 页下，卷 17 第 46 页上、下。

⑤ 杜赞奇在《刻写的符号：中国战神关帝的神话》(《亚洲研究杂志》1988 年 11 月第 4 期，第 783 页)中提出，朝廷庇护玉泉寺标示明朝国家对提升关羽崇拜感到兴趣，尽管笔者发现这没有任何特殊的证据。像笔者已经指出的那样，太后对诸城的光明寺作了同一类的捐助。

目时,关羽的联系作用就更显重要了。这一轮的捐赠是相当了不起的。在 1645—1700 年之间,三位地方官捐资,两位让地,一位挪用可得到的县资金来印刷《玉泉寺志》(1671),另五位帮助交涉减免寺院的税收负担。① 只在 1676 年之后,地方官的捐赠才成为例外而不是常规。

图 10 玉泉寺(20 世纪 30 年代的玉泉寺入口)

资料来源:常盘大定《支那佛教史迹踏查记》,1942 年。

这些为外族政权效劳的官员是希望选择这个最受官方支持的地方寺院来赢得他们实行统治的人民的支持吗？一旦政权得到巩固,他们就会转向其他问题上去吗？有可能。然而清初由于另一个官方捐助的来源即军队而使得地方官的支持黯然失色。军队的捐赠始于 1648 年,当时三个驻地军官安排免征宗教服务税,以此鼓励逃跑的僧侣重返寺院；其中两个军官也委任了新的住持。顺治年间第四位军官捐资修复寺院,并捐赠寺院一块新匾。② 1885 年在《玉泉山志》的施主名单上列出姓名

①《玉泉山志》(1885),首卷第 6 页下,卷 2 第 46 页下—47 页上。也见《玉泉寺志》(1694),卷 2 第 64 页上。

②《玉泉山志》(1885),卷 2 第 42 页上;《玉泉寺志》(1694),卷 1 第 34 页上。

的,单单在康熙年间就有五个以上驻地军官和四个当地军官。①

　　清初玉泉寺军官爆得的名望起初似乎是寺院捐赠的通常模式的一种反常现象。实际上,最好设想军官的慷慨与佛教的捐赠没有多大关系,而是与清朝兴起的军队忠诚的崇拜性有关——关羽即是这种崇拜的化身。军官热衷于利用玉泉寺礼仪的力量,作为显示他们忠于新建的政权的方式,同时也将军队等级的礼仪尊严提升到与文官享有的尊严相等的层次——文官通过崇拜孔子达到了这一点。因此,玉泉寺在清初几十年所享受的好运,在某种程度上是一种政治上的意外收获。从明万历年间的皇太后到清康熙年间的军官,这种权力上层对玉泉寺的兴趣令人印象深刻,但有误解我们所表述的捐赠模式的危险——这种模式一般是先劝化捐赠寺院,然后即使官方兴趣减淡,地方仍然维持它的存在。在历史上某些关键时刻来自权力上层的慷慨捐赠能使寺院进行重大的建设,但对大多数寺院机构的生命来说,所依靠的主要支持还是来自当地非官方的资源。

　　有关16世纪玉泉寺财富的轶事资料失之粗略,但它们表明玉泉寺的巨大地产完全来自本地的捐赠。它们也表明玉泉寺不依赖地方官干预来保护这些地产。有一则资料讲述了1570年前某时一个乡绅地主焚烧了地界标志,试图接管寺院前的一块地(按照寺志和县志的说法他被雷暴挫败)。另一则短短的资料讲述了一个觊觎玉泉寺地产的人,他从噩梦中惊醒,放弃了这种企图。② 在这些故事里玉泉寺依靠了神奇力量的干预,这表明它面临着要维护寺产以免被豪族地主侵占的困难,但也表明它没有(或可以不)向官方寻求保护。

　　在1602年,当无迹正晦住持开始重建玉泉寺时,他利用皇太后的捐赠作为建设费用,而在土地上则主要依靠本地士绅的大规模捐赠。一位

294

_____

① 《玉泉山志》(1885),卷2第42页上—48页下。
② 《玉泉寺志》(1694),卷1第33页上。《当阳县志》(1866),卷18第54页下,把这场雷暴的故事归因于附属玉泉寺的大通寺。

隐退林下的叫任乘舟的候选功名者捐让土地最多。任乘舟多年供养僧侣，但在 1602 年他捐让 450 亩土地，支持寺院大众禅堂的建设。任乘舟最终常住在玉泉寺——一当他满 40 岁时，他就结束了他那不结果实的儒家经典学习历程。① 第二个土地捐赠的主要阶段是在 17 世纪的 1650—1675 年期间。据记载，有 8 块独立的土地捐让，总数达 254 亩，再加上 2 块面积不明确的地产。② 第三波捐赠在 17 世纪 80 年代，主要的土地捐让大小将近 300 亩。③ 因此，17 世纪捐让寺院的土地总数很可能超过 1 000 亩。随后寺院土地获得的记录是不完全的，尽管当阳县志记述 1759 年又用捐资进一步购买了 250 亩地。④

　　明清易代是玉泉寺的经济困难时期。常住僧逃跑，佃农离开寺田，抛荒不种。在 1648 年，当新住持申请免征宗教服务税时，他声称该寺从地租中的收入已经降落到不足一石粮的境地。⑤ 然而，复兴很快来到。在清朝头几年内，玉泉寺不仅复苏了全部的运转功能，而且建造了一个新的禅堂安置来访的僧侣。（在王朝战争后失去寺院机构支持的僧侣，大都聚集到像玉泉寺这样能恢复正常工作的寺院。）有两位本地施主捐让田地支持新禅堂。其中一位名叫栗引之的施主安排让这块赠地上的税收永久性地挂在他的户头上，以使僧侣永不为这块赠地纳税。⑥

---

① 《玉泉寺志》(1694)，卷 1 第 20 页下，卷 2 第 51 页下；《玉泉山志》(1885)，卷 3 第 31 页上，卷 4 第 3 页上。

② 《玉泉寺志》(1694)，卷 1 第 21 页上、29 页上。

③ 同上书，卷 2 第 61 页下。据记载，这项田产相当于 210 两银子的市价。在这个地区由于缺乏可比的土地价格，我估计这种 300 亩的购买量，以 1637 年安徽北部的低价为参考，湖北的正东部，每亩价格在 1—1.8 两银子之间，低于优质土地价；《琅琊山志》(1925)，卷 4 第 22 页下。这个比率可能低估了购买的规模，然而 17 世纪 80 年代湖北的地价可能低于同世纪 30 年代安徽的地价。当然，这很大程度上取决于被购买土地的质量，这是不言而喻的。17 世纪 80 年代的其他捐赠包括 50 亩土地让与这寺院的观音殿；另一次顶峰捐赠，是 5 次让与土地给毗卢遮那大殿，总数达 212.5 亩。

④ 《玉泉寺志》(1694)，卷 2 第 58 页上、64 页下—65 页上；《当阳县志》(1866)，卷 5 第 8 页下。到 19 世纪玉泉只有 172 亩地，尽管这个数字可能反映了土地丧失不如土地所有权转让的那样多。

⑤ 《玉泉寺志》(1694)，卷 1 第 25 页上。

⑥ 同上书，卷 1 第 29 页上。

五、玉泉寺的捐赠

玉泉寺的经济繁荣主要依赖于当地士绅施主的慷慨捐赠,例如栗引之。栗在 1671 年又继续重编《玉泉寺志》(万历年间刊刻的玉泉寺志的大量字版焚于 1644—1645 年的战火)。[1] 根据 1694 年和 1885 年版的《玉泉寺志》上出现的施主名单,地方捐赠的情况相对来说容易重构(栗引之的 1671 年原版已不存)。1694 年版有三份名单对确认捐赠人有价值:17 世纪 60 年代捐助制造塑像的施主,1671 年支付出版首部寺志的施主和 1689 年资助土地购买的施主。1885 年版内含有一份 17 世纪和 18 世纪的官员和地方捐赠的合成名单[2];此外,最后四卷提供了关于玉泉寺的诗歌和散文集。从这四份名单和文学集,我能确定当阳 59 家参与玉泉事务的士绅宗族,他们或者作为经济捐赠人,或者作为文学捐赠人。这些发现的汇总在表 3 中给出。

在表 3 中编制的捐赠形式表达了不同层次的捐赠和支持。土地的捐赠(第 2 列)构成了对玉泉寺实质性的经济投资。捐资塑像的那些人(第 3 列)给的少得多,也许与帮助支付玉泉寺志出版费用的人大致相当(第 4 列)。右边两列表示不同类型的捐赠。安排寺院田地赋税减免的士绅——要么像栗引之那样把税款估价转到他们自己的户头上,要么像 1683 年 7 家宗族的 8 个士绅所做的那样向地方官申请免税[3]——是利用他们的影响而不单单是财富赞助寺院的人。文学的捐赠(第 6 列)向整个士绅推荐这个道场,认为值得他们关注,并表明对玉泉狭义上说是宗教的,但广义上说则是文化的一种认同;经济的捐赠也可涉及。

---

① 《玉泉山志》(1885),首卷第 12 页上。
② 同上书,卷 1 第 1 页下—3 页下、22 页上—23 页下,卷 2 第 61 页下—62 页下、第 40 页下—41 上、49 页上下。对于我增加的聂登东的这则资料,他的名字并未出现在这任何一张单子上,但他在 16 世纪 80 年代确实向玉泉捐赠。同书卷 3 第 26 页上。
③ 《玉泉寺志》(1694),卷 1 第 29 页上,卷 2 第 64 页上。

表3显示，尽管寺院的捐赠遍及士绅的各个层次，但捐赠的不同形式往往建立在地方精英结构的不同层次上。第一，帮助协商财税免除的人全部属于大士绅，熊氏宗族A的两个成员(属中等士绅)除外。这种分布符合政治影响上升到更高层次的趋向。大士绅在地方精英圈内是最富有势力的，他们有机会使他们的要求为地方官及其上司所知晓。第二，文学作品收进寺志中的，除去两个例外，都是来自大、中士绅阶层，其中前者占主导地位。这也容易明白——因为正如前几章所记述的那样——把诗文收进寺志与写诗的才华没有多少关系，而与作者在地方的社会地位有关。

表3　17世纪玉泉寺的士绅捐赠

宗　　族	捐地或银	捐塑像	资助寺志	协商财税免除	作玉泉寺的诗文
大士绅宗族(10)					
1. 陈A	3	0	2	1	1
2. 陈B	0	1	0	0	1
3. 梁	2	0	0	1	3
4. 刘A	1	0	0	0	0
5. 栗	3	0	1	1	3
6. 汪A	1	0	0	0	1
7. 汪B	2	1	2	1	2
8. 谢	0	0	1	0	1
9. 杨A	1	0	0	1	1
10. 尤A	1	0	0	1	0
中等士绅宗族(11)					
11. 郭A	0	0	0	0	1
12. 李A	1	0	0	0	0
13. 聂	2	0	0	0	1
14. 王A		0	0	0	0

宗　族	捐地或银	捐塑像	资助寺志	协商财税免除	作玉泉寺的诗文
15．王 B	0	0	0	0	1
16．汪 C	0	0	0	0	1
17．熊 A	3	0	1	2	1
18．杨 B	1	0	0	0	1
19．张 A	0	0	0	0	0
20．周 B	1	0	0	0	0
21．周 A	0	0	0	0	0
小士绅士宗族(选)					
22．白	1	0	0	0	0
23．陈 C	1	0	0	0	0
24．范	0	0	2	0	0
25．郭 B	0	0	1	0	0
26．何	0	0	1	0	0
27．胡 A	0	0	1	0	0
28．胡 B	0	0	1	0	0
29．胡 C	1	0	0	0	0
30．黄	0	0	1	0	0
31．贾	0	0	1	0	0
32．李 B	0	0	1	0	0
33．李 C	0	0	1	0	0
34．罗 A	1	0	0	0	0
35．罗 B	0	0	1	0	0
36．罗 C	0	0	1	0	0
37．欧阳	0	0	1	0	0
38．任	1	0	1	0	1
39．王 C	0	0	1	0	0

续　表

宗　族	捐地或银	捐塑像	资助寺志	协商财税免除	作玉泉寺的诗文
40. 汪 D	1	0	2	0	0
41. 汪 E	1	0	0	0	0
42. 魏	0	0	1	0	0
43. 熊 B	0	0	1	0	0
44. 熊 C	0	0	1	0	0
45. 许 A	2	0	1	0	1
46. 许 B	1	0	1	0	0
47. 杨 C	1	0	0	0	0
48. 杨 D	3	0	1	0	0
49. 阳	0	0	1	0	0
50. 叶	0	0	1	0	0
51. 尹	0	0	1	0	0
52. 张 B	0	0	1	0	0
53. 张 C	1	0	2	0	0
54. 张 D	1	0	0	0	0
55. 张 E	0	0	1	0	0
56. 张 F	0	0	1	0	0
57. 赵	0	0	1	0	0
58. 周 C	2	0	0	0	0
59. 佐	1	0	0	0	0
总　数：					
宗　族：	28	3	34	7	16
个　人：	41	3	39	8	21

298

　　捐赠的最直截了当的形式——捐资买地——是更为广泛普遍的。它包括 10 个大士绅宗族中的 8 个，11 个中等士绅宗族的 5 个，38 个不完全总数的小士绅宗族的 15 个。这种模式即使根本不令人惊奇，也是有启迪作用的。这种经济捐赠的影响增加高层次的人在士绅中的地位。小士绅(指拥有的资源有限,但热衷跻身于有文化精英阶梯的那些人)能建立他们的存在的地方,是支持1671年第一部《玉泉寺志》的出版。这样的支持不需要太大的花费,许多人判断花这笔钱值得,因为寺志出版后要送一本给捐助者,而尤其在17世纪中国的这个地区,书籍仍不是普通的商品。这样,这个宏大而全面的捐助模式再次表明大士绅是提供支持的核心,跟着是许多中等士绅和其他许多零散的社会等级较低的人。

要是考虑到前面几例个案研究中给出的证据,那就不会感到奇怪:表3中描述的这个捐赠人的圈子,尽管它表明了赞成容纳士绅作为一个整体的趋向,但也反映出社会关系集中在更高层次的社会地位上。由于大士绅内的所有宗族和中等士绅的大多数都参与了寺院的捐赠,故而在当阳作为一种社会活动的捐赠也就复制了社会关系的其他模式。以栗氏为例,栗引之是一个贡生,既编纂1669年当阳县志,又编修1671年玉泉寺志。这些活动使他处于当阳士绅工程的中心。后来出版的寺志中零散的资料表明,栗氏和其余大、中士绅之间有很多的联系:通婚、共同参加科举考试、私人友谊和参与本县工程。[①] 这样的联系不是寺院捐赠的简单复制,但也许有助于激发对寺院捐赠的兴趣,*299* 因为一旦几个领头的人参加,他们的关系就会吸引着其他人也来参加。至少可以说,这些共享的关系表明寺院的捐赠与当地士绅的社会结构相一致。

如果在表3中有某种异常,那么这种异常就在表示捐助制造寺院塑像的第2列。只有3位士绅捐赠者被提到,且全都在大士绅内。在寺志中列的塑像捐赠人的其他26位都未出现在表3里,因为他们不是当阳本县士绅的成员。14位是当阳本地人,来自9个非士绅家族,其他12位

①《当阳县志》(1866),首卷第23页上、下,卷13第11页下;《玉泉寺志》(1694),卷1第2页上。

317

来自县外宗族。鉴于寺志宣传当地人物的倾向,非士绅的姓名公布在施主名单上是令人惊奇的。这不仅表明士绅之外还有一些本县居民愿意捐助要制造的塑像,并要求公共名声,而且还表明他们的要求得到了许可。与诸城和鄞县的模式相反,当阳吸引了一个更广泛基础的捐赠。这也许表明社会等级的一种更有弹性的景象,或许更加适应一个发展迟缓的县。然而,这14个捐赠人,由于缺乏更精确的鉴定,要作出坚实的结论是不可能的。

塑像捐赠人的名单也有趣地表明了玉泉寺吸引外县的支持,这似乎是一种模式,因为12个人都来自与当阳有交通要道的直接联系的县。因而,这个名单还表示旅游模式对捐赠的影响。有可能是住持募集了这些捐赠,他只不过沿着该地区主要交通干线去寻找施主。更可能的是,住持在寺院向那些来玉泉寺旅游的人化缘,因为名单中有2个施主来自四川,这是由现成的交通联系所推动的捐赠。也很明显的是,这些非本地施主中没有一个是士绅。这可能表明捐赠是经过当阳做生意的商人游客,尽管没有直接的证据来表明这一点。这至少是否定性的证据,表明外县士绅没有受到激发来捐赠一个当阳的宗教机构,即使像玉泉这样地区性有名的机构。他们积攒捐赠给他们自己的家乡了。

六、士绅捐赠与知县

玉泉寺捐赠的记录显示出该寺在某些历史关头有零散的官员参与。在官僚尤其是知县与构成寺院捐赠圈子核心的士绅之间究竟形成了什么样的关系?当两者都参与捐赠时,他们的不同的兴趣似乎巧合。然而,更有启迪作用的是当他们的利益发生分歧的时候,因为正是这时我们才能开始探索国家和士绅在参与这样的事业上互相冲突的定位。

正如前文已经指出的那样,在17世纪70年代地方官对玉泉寺的支持开始下降。最后那位捐地给玉泉寺的知县在 1676 年离开当阳。① 接替他的是一个不同思想定位的人。新任知县李遥抵制参与寺院的捐赠。事实上他完全不知道当地士绅对玉泉寺的捐赠,他声称在他任期的第二年春去城外参观玉泉寺之前,他对这些根本不了解。半年之后,即在他解甲归田之前一个月,他第二次也是最后一次去城外参访玉泉。他留下一首诗纪念他这次对玉泉的访问,这值得密切关注:

丁丑八月(1677 年 9 月)

　　再往玉泉山有作

病废从人嬾,肩舆往玉山。

目极秋郊迥,数峰出云间。

哀蝉厉清响,春燕已知还。

高下路逶迤,溪流水潺湲。

青林茅舍出,空谷足人烟。

领略成佳趣,突兀已在前。

昔游何仓卒,形拘区内缘。

始信达生者,逍遥反自然。②

301

《再往玉泉山有作》尽管不是一首辉煌的诗,但按照流行的正常诗歌的规格来说做得还算过得去。李遥以严格的语法对称组织他的押韵的五字对句,把关键的动词成分放在第三个字的位置,而不是在第三和第五之间变化。它的风景特色是习俗性的,较少直接取材于自然,而大多是从风景画来的陈词滥调。他的自我描写也同样如此,显示一种通常的姿态,就如厌世的文人喜爱纯净无染的自然世界一样。感情的虚妄和拟

① 在《玉泉山志》(1885)卷 2 第 47 页上中,知县王金奎被列入名单。他向寺院捐赠土地,尽管这似乎指他在 17 世纪 80 年代离职之后承担的土地转让工程的发起人身份;《玉泉寺志》(1694),卷 2 第 64 页上。

②《当阳县志》(1866),卷 18 第 5 页下。

人的暗示在一幅画家式的背景和一个传统心灵之间铺架了桥梁。

李遥强调人和自然世界的对比，这是通过头六句中显示古典风景画诗的形象，置换成道家经典的语言，特别是在最后两句上引用了最著名的《庄子》和《道德经》的术语。道家的吸引力是因为它的超越的语言表现了逃离对个人束缚的社会秩序的欲望。李遥通过从儒家艺术的传统到道家自由的形象的一个序列构造这首诗，创造了向个人的突破进发的意义。从李遥本人生命的更大框架看来，这种自负的奇想帮助他为他之即将退出官宦生涯作艺术的和思想形式的辩护。

这首诗的好奇之处——也许在初读时没有浮现出的某些东西——是这个疲倦的旅行者避免提到他正前往的寺院，甚至避免提到它的宗教或礼仪的联系。这是一首访问佛教寺院的诗歌，但诗里却从未出现寺院的名称。在 1866 年《当阳县志》的诗词部分，这首诗在关于玉泉寺的诗作中特别醒目——其余的诗词都表示认识到这个地方的佛教身份。这首诗的后半部含有两个佛教术语，即第五句的"空"和佛教性空的概念的共鸣；还有第七句也是用佛教的"五蕴"概念来表达产生物质形式的感官（"内缘"）。五蕴指有五种物质感官所造的业的积聚。但是这两个术语没有一个受佛教定义的束缚，两者都是与道家思想的更广大的所指联系在一起的。在最后的顿悟句中，诗人声称最终领悟了道家把握人生和回归自然的概念，由此我们感到一种道家文学的框架被微妙地用来削弱他行程中的佛教机构的框架。

这位诗人对他的主题的处理表明了一种态度：即如果不是厌憎佛教，至少也是对佛教模棱两可的。正如我们即将看到的那样，这种印象符合这首乏味的诗所告诉我们的有关李遥的情况。李遥一心想在他管辖的范围内维持儒家正统的最高标准，他反对努力维持非儒家的宗教机构，其中就包括国家法律也没有要求官方司祭的玉泉寺。从这种观点来看，这首诗也许可看做李遥选择掩饰他短短的任期内所面临的最严重的意志考验的一份材料：保证给官方春、秋两季的祭祀大典提供安全的环境。

在 1676 年 5 月，李遥到当阳县上任。他在当阳的记录就如他从前任职的业绩一样，他是一个忠诚于儒家经世最高理想的人，并且兢兢业业、认真治理地方行政。① 他来自河南省不发达的东部地区，是他的宗族中第一个赢得进士功名并担任官职的人。按照《当阳县志》中他的传记来看，他正是借助他本人的成功提高了他家族的地位。② 他是一个新来的有自制力的人，怀抱着对国家和君主的忠诚。这样的人常常必须维护他得以成功的社会秩序。他诚心诚意地治理当阳，这与他的儒家信念相一致。他在税制中清除混乱并通过私人关系恳求他的上司，协商减免本县的军用煤税。（清初，庞大的军队驻扎在湖北也许有利于玉泉寺，但也对像当阳这样的穷困小县构成沉重的负担。）在有关地方安全问题上，他加紧保甲制度，但是他的工作也及时地延伸到教育和道德改善的问题上——他的传记说他修复县城兼作学校的文庙，并下令毁除一切"淫祠"。

李遥似乎和当地士绅关系不错。《当阳县志》中关于他的传记高度赞扬他的减免军用煤税之绩，这表明李遥这样的努力赢得了地方精英的支持；而这是关键性的——这些纳税的土地所有者肯定从这种减免中获益最巨。事实上，李遥紧密地和该县士绅一起作出了这种努力，因为该县县志 *303* 也提到杨州彦；杨是 1659 年及第的进士，是当地社会领导性的人物，他也参与了减免军用煤税的努力。③ 李遥说到杨州彦时是以朋友相称，也许他们在北京一起参加科考并同科登第时就已经建立了联系。④《当阳县志》也提到修建县学的资金是士绅和当地百姓捐赠的。⑤ 李遥从该县精英那里劝募成功，表明他享有士绅对他选择从事的工程的支持。

---

① 关于李遥，参见《睢州志》(1693)，卷 5 第 36 页上；《当阳县志》(1866)，卷 10 第 16 页上、下，卷 17 第 43 页下—45 页上。李在该志中再三强调他的儒家之道的特征，卷 16 第 40 页上。
②《当阳县志》(1866)，卷 10 第 16 页上。
③ 同上书，卷 12 第 5 页下。
④ 同上书，卷 16 第 41 页下。
⑤ 同上书，卷 16 第 44 页下。

然而,地方官和士绅之间的这种和谐并非完美无缺的。在李遥当阳任期的第二年,他们陷入一种平静的冲突,不是为税收或官司,甚至也不为教育或道德,而是为支持公共礼仪机构的问题。李遥对该县礼仪活动的忧虑是他 1677 年第一次访问玉泉寺时就蕴积在心的。李遥本想在他任期的早些时候访问玉泉,参拜关羽,但是工作的压力迫使他耽搁下来。在一篇纪念这次访问的文章中,李遥描述他在官轿里一路穿过山间长满树木的沟壑。① 在到达目的地之前,他能听到匠斫之声响彻山泉,到达后方知寺院正在重建。李遥询问一个木工这项修复工程的一些情况,木工告诉他"某官某将某士大夫"共同捐金资助这项工程。他们的慷慨捐赠使李遥大为懊恼。在李遥本人心里,他把这所寺院和 12 世纪初本地高官胡文定公之墓做了对比。胡公墓庙距县城不到十公里,是按照国家规定春、秋祭祀的场所。李遥在之前的三月参访过这一祠堂,发现它年久失修。他问道,本地的士绅和他们的夫人为何要把他们的财富倾洒进佛教的寺院,同时却听任国家认可的充当本县礼仪生活中心的庙堂滑入衰落之境呢?佛教救度的诱惑怎能比在国家崇拜中体现的保证维持宇宙和社会秩序更强烈地吸引士绅呢?(李的抱怨忽略掉了这么个事实:胡公庙位于龙泉寺的旁边,并且大概就如关羽庙在玉泉寺旁边一样,是由僧侣维持的。)

304 这个时期的地方志证实李遥不是清初官员中单独提出这个问题的人:即地方士绅偏爱捐赠佛教道场胜过那些国家祭祀的机构。正是在这个时候,在别的地方,其他儒者也利用几乎同样的辞令公开提出这个问题。1676 年出版的一个直隶县的县志编纂者询问:"独怪圣宫贤庑日就倾攲曾无有头,会刹赀以金碧辉煌如各寺庙者,岂吾儒反出二氏下焉?"② 十年之后担任直隶另一个县知县的著名学者官员陆陇其同样观察到:

---

① 《当阳县志》(1866),卷 16 第 39 页上—42 页下。
② 《广平县志》(1676),卷 1 第 28 页下。

"山崖水澨之间，二氏之祠丛出，庄严宏丽，日祀不辍。顾祀典所载，实沛灵德，以庇我邑人者，皆坏而不治，是何不相侔之甚耶？"①陆陇其呼吁"具卓识者"改变他们捐赠的选择。上述内容是地方官推进的一个大的运动的一部分。他们都试图提醒地方士绅有责任承担国家礼仪机构的公益事业，而不是捐赠佛教寺院。

李遥的文章是一篇公开的文字，写做目的就是让士绅注意到他在他们捐赠玉泉寺问题上的失望。有人认为他直接向士绅的领导性成员陈述了这一点。他们的资金曾经成功地修复了县学，现在则需要更多的资金来修复胡公庙。也许李遥在参访玉泉之前和一些士绅提出过这个问题，士绅表明他们没有财力承担这第二项工程。这可以解释他在玉泉寺发现士绅资助的建设工程时的惊讶和懊恼。李遥在《再往玉泉山有作》中，并未直接暗示这种冲突，尽管他拒绝给予佛教特权，暗示着他抵制士绅对玉泉寺的热情。然而，值得注意的是他第二次访问玉泉时的旅伴，除了杨州彦外没有别人，这位杨进士曾与他一起合作争取煤税减免。

尽管士绅不愿动用他们的资源同时支持胡公庙的重修，但李遥决定主持这项修复工程。他在完成这项工程之前离开当阳，并请杨州彦在他离去后监督这项工作圆满完成。杨接受了这个委任。李遥自然而然地选择他，因为他既富有，又是李的一个亲近朋友，而且在当地士绅中也是德高望重的人物。但从另一方面看，杨又是李遥的一个奇怪的选择，因为他不仅是支持玉泉寺而且还是赞助该县其他佛教机构其中包括紫盖寺和云陂寺的领导性人物。这就是他怎么会曾称他自己"可谓历书募疏杨家矣"②。这种奇怪的感觉也许是一个视角的问题：是我们自己的视

---

① 《灵寿县志》(1685)，卷 2 第 6 页下。（参康熙二十五年[1686]刻本，陆陇其修。——译注）
② 《当阳县补续志》(1889)，卷 4 第 5 页上。关于杨州彦对玉泉寺的捐赠可在以下著作中发现：《玉泉寺志》(1694)，卷 2 第 64 页上；《玉泉山志》(1885)，卷 2 第 49 页上；《当阳县补续志》(1889)，卷 4 第 4 页上。杨年轻时至少在玉泉度过一年时光，在这里学习和生活，准备科考；《当阳县志》(1866)，卷 16 第 37 页上。关于他与其他寺院的联系，杨在康熙年间曾当修复紫盖寺大雄宝殿的带头人，这是早一代的一个亲属修建的。他也在该县士绅中劝募，以重建明清易代之际毁坏的云陂寺。

角,这个视角往往在儒佛之间施加一条警戒线;但这也是李遥的视角,这种视角尊重正统儒家对非儒家宗教的不公平评估。显而易见,杨州彦在他的个人选择中是能够跨越佛教与儒教国家授权进行春、秋祭祀之间的鸿沟,且并不能体验到如此困扰他的知县的那种冲突感。事实上,早在十年前,当一个前地方官动员士绅的资源兴建在玉泉寺附近的儒家书院时,杨州彦很乐意捐赠,因为他认为这两种捐赠的形式是互补性的、平等的和同样适宜的。这个书院只不过为儒家学者提供了寺院为僧侣所提供的东西。①

与此相反,对李遥来说,佛教和儒教势不两立。在他看来,信奉佛教的方式是相信世代相因的功德。那是由于它定位在个人的直接需要,因而在社会上受到广泛的支持。而另一方面,儒家方式表示一种超越个体的更广大的宇宙秩序。佛教宣扬的仅仅是满足自私自利的需要,而儒教寻求的则是圣人无私忘我之心的传递。② 换言之,他接受流行的划分,认为儒家致力于广大的公共领域,而视佛教为仅仅满足私人的狭小的世界。李遥进一步主张寺院的捐赠必定会产生有害的社会影响。他论证说地方精英热情支持寺院,不仅依存于而且强化了农民和地主之间的经济对抗。他写道,精英生活在无所事事的悠闲奢华之中,而普通人必须在恶劣的环境下劳作。士绅夺走了后者生产的财富,用来建设铺张浪费的寺院,却声称他们自己这样做可获得佛教的功德,即使他们没有生产财富。在李遥看来,这种捐赠的社会成本是巨大的。他写道,"功德"越大,意味着无节制的支出就越多,老百姓的负担就越重。

306　　对儒佛之间的差别问题,习惯的"解决"办法是申明每一方都适应了不同的人的需要,它们互相补充,而不是互相竞争。一个地方官在李遥访问玉泉六年后,为纪念修复玉泉山关羽庙的一块石碑作了一段文字,

①《当阳县志》(1866),卷16第35页下。
② 同上书,卷16第40页上、下。

争辩说不仅儒教和佛教不需要冲突,而且两者都受益于它们在玉泉山的共同联合,玉泉寺和关羽庙各自都可为对方吸引更多游客来参观。[①] 李遥抵制这种逻辑,因为他的观点不是哲学的而是政治的。他认识到儒教在使社会和国家结盟的公共权威方面有独特的作用——他感到这是佛教所不能胜任的角色。他对当阳的问题所系心的就是如何确保儒家的理想——不只是宇宙观上坚持一贯的社会秩序,而且社会秩序还必须由国家统治。佛教承认国家,但并未在这种语境中汲取其意义;地方士绅也没有,一当他们获取了科举的功名,回到家乡,参与地方的事务,他们就关注地方的利益。对李遥来说,修复胡公的坍塌的墓地提供了挑战士绅游离于国家的社会秩序视野的相对独立性的机会;他感到他们表达的这种独立即是他们捐赠佛教寺院。他假定,如果成功,这种公共的可见的修墓工程将把当地社会轻微的误入歧途矫正而融进儒教的国家视野中来。

李遥可能采取另一种策略设法统治玉泉山,而不是树立一个捐赠的竞争者。为做到这一点,他本该必须重新定义玉泉和关羽之间的关系,尤其关羽是佛教守护神这一令人厌憎的、颇有进攻性的概念。正如杜赞奇(Prasenjit Duara)所主张,在明清两代,国家一直有兴趣把国家的价值"铭刻"在关羽崇拜上。[②] 到 1677 年,这位顽韧坚强、英勇不屈的勇士被进一步提升,转化成忠于国家的典范。为什么李遥没有试着认同关羽是儒家美德的守护神,由此把他对社会秩序的看法建立在分层崇拜之上,从而使玉泉山从属于他作为地方官代表的权威呢? 他之所以没有这样做,也许只是因为把关羽与大清国家认同为一体的进程在他为官的那个时代尚未进行。杜赞奇的研究显示出,直到 18 世纪为止,在中国北方乡村,把国家价值移植到关羽身上并没有"植入"流行的意识。把关羽庙和

① 魏勋:《关圣陵庙纪略》,卷 3 第 46 页上。
② 杜赞奇:《刻写的符号:中国战神关帝的神话》,载《亚洲研究杂志》1988 年 11 月第 4 期,第 778—795 页。

官方的军庙系统结合起来,是在确定这位战神同国家的关系上迈出的重
大一步,但是这直到 1725 年才发生。关羽被吸收进入清代国家的礼仪
组成中,一个较早的迹象是大量的官方汇编涉及玉泉和关羽神话的关
系,如《关帝圣迹图志》,但它直到 1693 年才出版。大约在 1677 年,赋予
关羽以忠诚于已经缔造的权威的美德这种策略尚不恰当。① 即使李遥有
儒家的坚定信念,他也不可能想到把这两种崇拜合并或者将之分开重新
解读。这种方式是异端的。

李遥对关羽庙和佛教之间密切联系的问题之回应并不是要再造一
个关羽——例如,用关羽保护国家的职责来刻写他对佛教的保护关
系——而是根据历史的事实,挑战佛教与关羽的关系,从而减缓玉泉山
的礼仪力量。1677 年,李遥在他写的另一篇文章即《玉泉辟异说》②中报
告说,他调查了关羽建立玉泉寺的流行说法,断定这完全是地方性的和
欺骗性的。他注意到这个时期的正史《三国志》(编于大约公元 3 世纪
末),并没有提到关羽皈依佛门;确认这种联系最早的文献是公元 820 年
的石碑。他作出结论,认为把关羽和玉泉寺联系起来根本没有历史基
础。李遥的判断,无论多么精确,对于神话来说都是毫无力量的,并没有
对当地士绅支持玉泉寺产生任何影响。事实上,在其后几十年,一当关
羽终于得到清代国家的神化,精确的历史就无法对抗赋予这个地方的民
间和官方价值的双重力量。

像后来半官方的汇编一样,1693 年的《关帝圣迹图志》包括了响应李
遥论点的文章:挑战佛教传说的关羽神话,在早期的文献中找不到任何
证据,指责僧侣操纵了民间对关羽的尊崇是为了支持他们自己的公共声
名。③ 然而当士绅和僧侣在次年(1694 年)合作编制出一部新版的《玉泉

---

① 在 1699 年,黄六鸿在他关于州县为官之道的礼仪之章中还未提到把维持关羽庙作为地方官
的一种责任。《福惠全书》,第 24 章。黄在 17 世纪 60 年代担任知县时,关羽崇拜尚未完全受
到国家倡导。
②《当阳县志》(1866),卷 17 第 43 页上—45 页上。
③ 卢湛:《关帝圣迹图志》,卷 4 第 44 页上—45 页上;张镇:《关帝志》,卷 2 第 10 页上—12 页上。

寺志》时,他们并不在意儒家的学究,只是重新肯定了关羽与佛教的联系。这也许开始是一种地方的要求,到这时就被当作普遍的东西来对待了。然而,无论国家怎样利用关羽崇拜,并没有采取措施来减弱其他利益阶层为其他目的而推动这种崇拜。国家的认可使得佛教寺院施主的勇气以崇拜关羽为名目更为自如地来崇饰他们的机构。由此,玉泉山作为一佛教圣地生存下来,繁荣起来:李遥是无能为力的。

杨州彦对他的这位父母官朋友努力减弱士绅迷恋玉泉山的努力有何看法?他没有在任何地方记载他的反应。他的一首关于他们登上玉泉山的应和诗只是表达了对李遥日益厌烦他自己的工作的真切关怀。他对礼仪地点争论的解决显示出他颇有三国谋略:同意你的对手的创造性而不放弃你本人的创造性。杨接受李委任他监督胡公墓的重修,但是他继续捐赠玉泉寺,并认为这是本县礼仪生活的主要中心。杨州彦对李遥的让步是士绅的一种胜利,而不是这位知县的胜利。

杨州彦有必要满足知县请求的小笔资金创造了对他权威顺从的表象,但是这种折中确保士绅更加自由地控制本地礼仪地点,扩展一点说,控制这个地方性区域本身。李知县由于当地士绅支持他所倡导的工程的协议,而委任玉泉寺领导性施主(除此没有别人)监管这项工程,他这样做并没有维护他的权威,相反是作了让步。因此,这场关于礼仪地点的争议应当解读成一个在国家和地方精英之间政治上的争议。地方官赢得了小小的战斗,但国家失利于更大的战争。

在士绅捐赠玉泉寺问题上,李遥所受的挫折隐含着比国家意识形态的权威更少抽象性的另外的一个问题,也即地方经济财富的控制。无论李遥是多么想使自己关心维持国家授权的礼仪机构,但他的传记表明他花了太多的时间处理财税问题。毕竟,他的官宦生涯取决于他上交其所治之县的税额给上级政府的能力如何,这反过来又取决于他对土地所有者征税而又不致威胁他们的经济活力的能力,或不激起民众对其统治产生敌对的能力。

李遥对玉泉抱怨的根由在经济问题上。地租是清朝国家从经济中

抽取税收的主要财富。在耕农的心里,地租隐然是一种沉重的负担,然而就 1677 年中国经济的总产值来说,税收收入只占较小的比例。抽取剩余产品的最重要机制是地租。自耕农当然不付地租,但是佃农要以高出税收许多倍的比率来支付地租。结果,在一个县,地主积累的收入大大超过了国家的收入。换句话说,在资源的竞争中,地主从耕种者身上比国家抽取了多得多的剩余产品。按照法律,国家通常不能介入收租的过程。相应地,地主运用经济资源的能力——例如,他们投资佛教寺院的力量——要比国家大得多。

这种不平衡意味着李遥除了抱怨士绅捐赠玉泉寺和恳求他们捐助胡公庙之外别无办法。他没有任何法律的手段来改变地方剩余财富远离士绅捐赠的既定目标,而转向支持符合国家的地方礼仪活动的目标。他可能悲叹士绅慷慨捐赠他们的财富给佛教寺院的这个事实,但他不可能干涉地租的收取,他也不能规定地主怎样使用他们的地租收入。无论李遥感到胡公庙对重建社会秩序来说是多么有必要,他也不能控制资源按照他自己的意愿修建它。办好任何主要工程的唯一办法,是和那些确实拥有资金的人进行政治上的妥协。李不得不去与士绅握手言和。要是李遥疏远杨州彦和他的同仁,横加干涉他们的佛教捐赠,那么他自己的工程就不可能成功。说到底,正是士绅的财富,确保他们与李遥负责表达的社会秩序的构想保持一定程度的独立。李在指导财富捐给那确保他对社会秩序构想的工程上的成功,受到他没有办法干涉财产的经济权利的认识的妨碍。士绅对玉泉寺的捐赠依然未受到触动。

晚明帝国脆弱的地税基础,加上在土地和劳动方面相对自由的市场,夺取了国家干涉地主事务的权力(非常形势下除外)。国家能为社会生活和行为确立基本的规则,并授权在县一级的国家代表对引起政府注意的违反这些规则的行为进行审断。此外,国家对指导地方一级社会秩序的重建,能做的事情很少。国家关于地方剩余财富的投资和礼仪的地

方操作的决策必须通过地方精英来调节——如果他们坚持的话。要把事情办好的知县发现自己得进行这样的给予和索取，以确保满足国家的财政和安全需要。他不得不承认这个事实：他无论创议什么，所得结果只有通过互为竞争的利益之间的协商。

李遥离任当阳时，放弃了他的官宦生涯。这是因为在经济权力和政治权威交锋并竞争的关节点上他厌倦他的职位了吗？在他本人心中唯一的解决方式是沉浸于抛开世俗事务的紧张后的遐想之中，漫游地回到道家圣哲的更淳朴的世界——笔者曾论证，对这种自治和自决的寻求附着于士绅对佛教的构想。即使李遥屈服于道家自治理想的美好，他还是依然忠诚于他的儒家训练，抵制他的同事屈从于佛教的诱惑。从长远来看，李遥提倡的利用一种排外性的理学关于社会干涉的议程将会胜过杨州彦的独立。18 世纪的国家终于主宰士绅对地方机构投资的决策，事实也的确如此，随着国家施行这样的方针，地方支持佛教寺院的热情逐渐消淡下去。下一批对寺院的大量捐赠直到太平军兴盛之后十年才来到，那时地方士绅再一次开始为从中央争取自治而努力——这一次的努力，势必取得成功。

结论　国家和社会的分离

晚明士绅对佛教寺院的捐赠出现在一个两极化的文化环境中。士绅受到有关信仰、权力、地方认同和公共领域这些互为矛盾的期待的困扰。从晚明文化背景的一方面看,理学理念期待士绅的诸项事情是:他们应当尊崇儒家的思想学说,接受帝国的政治权力组织,忠诚于国家的利益,并坚持国家取向的公共价值超越于道德上可疑的私人生活价值。这是国家所希望的士绅形象。从另一方面看,则展示着一套不同的取向:信奉佛教,追求经济的而非政治的权力,把地方利益置于国家利益之上,倾向于一个扩大的私人领域,阻止国家对公共权威的独裁。这里是由国家构想的一个镜像世界。在这个世界中,明朝开国皇帝确立的更简单(皇权更集中)的行政机构和道德理想的传统正被颠覆。

这种期待的两极化使晚明成为一个有争议的时代。大家都同意这个世界已经改变;他们所不同意的是确定到底什么变化了。保守人士轻蔑地观看他们主张自由思想的同代人所表现出的佛教的古怪行为,批评他们离弃在本朝初期即确立下来的社会秩序。另一方面,那些具有新的风格和信念的人却认为他们依据的是固有的正统思想。保守派坚持正是士绅通过蓄意选择废弃他们作为道德秩序的守护者的责任才发生变化的;新的思想家们则主张,正是生活环境已经改变,新的需要催生新的真理。

事实上,时代已经变化了,晚明精英生活的环境实质上不同于两个世纪前他们所生活的样子。

人口和经济的发展超出了明代中国曾经经历过的任何事情,明朝的国家不能灵敏及时地评估伴随这些变化的社会转型的深度。它只是隐晦地捕捉到社会某种程度上滑出了它的霸权统治之下。在 16 世纪,国家的忠诚卫道士主要从文化的角度来解读这些变化,针对某种文化和思想的发展——诸如士绅对佛教的欣赏——而采取补救的行动,希望恢复国家和社会的平衡,或者至少是国家和精英回复到原来状况。在 17 世纪,争论的界标改变了,一些士绅沿着来自公共权威的自治方向推进,其他人则通过驱逐佛教到士绅关怀的边缘来反对这种趋向。

这个简短的总结性的章节置身于一个从宋到清的更长的历史广角中,揭示晚明寺院捐赠的历史意义,思考国家与社会分离的主题。

一、晚明隐世的理想

早在 16 世纪 20 年代,在朝供职的官员都渐渐意识到士绅生活风习的某些逆转。许多人认为正德年间(1506—1521)是精英生活风习转变的时刻。这种观点到 16 世纪中叶为众所周知,直到明亡为止还被坚持着。廖纪是 1524 年的吏部尚书,他用下列这些词语来诅咒这种新的态势:

> 祖宗朝人材(才)未必如今日之盛,而当时士习淳朴,绝无伪巧,勉修职业,不务虚名,故事治民安,国家赖之。正德以来,士人多务虚誉而希美官,假恬退而为捷径,或因官非要地,或因职业不举,或因事权掣肘,或因地方多故,辄假托养病致仕,甚有出位妄言、弃官而去者,其意皆藉此以避祸掩过,为异日拔擢计,而往往卒遂其所

313

欲。以故人怠于脩职,乔于取名,相效成风,士习大坏。①

从 16 世纪 20 年代以降,这种标准的"士风"败坏主题被屡屡重复。对 1521 年从正德到嘉靖的转变,即使像廖纪这样干练的行政官员都通过挑出前朝官员推进的政策措施之毛病,来进行他们的政治活动。② 给正德年间贴上衰落的标签可以用来作为要求在新皇帝统治下变革框架的一种手段。然而廖纪对士绅队伍内部日益增长的疏离的观察是恰切的,这种疏离的部分原因可归于在正德皇帝统治下的朝廷生活,就如廖纪后来在同一份奏折中所认为的那样。但是这位吏部尚书在总结士绅风习大大衰坏时也感觉到某些比官僚的不满更宽广的事情。

在正德统治的后几年悲叹士绅风习的衰落已经十分流行。工部主事李中上抗疏警醒正德帝:"纪纲日弛,风俗日壤,小人日进,君子日退,士气日糜,言路日闭……"③李中因此论调而被降职。但正如他所关注的,这种世风日下直接从正德皇帝身上表现出来,他任用番僧住持,热情捐赠喇嘛寺,并在内廷建立道场。

1514 年的李中和十年后的廖尚书的抱怨表明,在精英的政治和教育的风气中有一种改变正在进行之中。正像李中悲叹有资格担任官职的人一天天隐退、士气越来越萎靡不振("君子日退,士气日糜")一样,廖纪也注意到士人致仕隐退的倾向("假恬退")。在精英身份的文化建构中的一种转变也正在进行着。

朝廷政治并没有为这种转变提供一种充分的解释。如果士绅不愿意从现有的教育课程里受业或者不愿将官僚政治服务视作最高的成就,那么这不仅仅是因为朝廷的政治困境使其难以找到出路,而且因为精英

---

① 余继登:《典故纪闻》,第 300 页。

② 按照《明史》中他的传记,第 5323—5324 页,廖纪试图折中,既坚持他自己的原则,又接纳年轻皇帝的观点。该传记也指出廖纪试图重新起用王阳明,受到皇帝的阻挠。

③《明史》,第 5362 页。1517—1518 年,王阳明在江西南部和广东北部发动军事战役,起用李中,镇压叛乱。

生活的社会环境正在发生变化。在文官职务中能得到立足之地的可能性越来越少,而为了升迁就相应地越来越需要依赖昂贵的和分化的保护者-受保护者的网络和宗党关系,这并不是根源于明中叶正德皇帝个人的失败,而是根源于商业化的人口统计和商业经济的影响。

　　朱元璋创建明朝时,他试图立法产生一个社会的模型,按这个模型所有者-耕种者在一种维持自给生活的经济范畴内工作,不会受到商品交换的触动;在此中,一个有限的地主阶级承担县级以下的基层行政任务。① 他假设他的行政结构——像以户为单位登记和依组纳税的里甲制度——将阻止那类他在江南夺取权力时曾竭力剥夺的大地主精英的出现。朱元璋没预料到的事情是在一种假定相对自由的土地市场的经济中商业增长的影响。这个世纪政治的重新稳定和他统治开始时的经济重建有利于商品生产的发展,而其作为结果又促进了不平等的土地分配。明初村庄维持生计的理想在一种商业地主式的乡村生活模型相比之下黯然失色。进入 16 世纪,地方的财税管理继续设定土地在户中是均衡分配的,而且估税是以户的大小而非以一户所拥有的土地量为基础。尽管有些改变,但税收不能完全适应这种变化;直到在万历年间完成的一条鞭法改革,税收负担才转换到土地上。

　　所以,在明中叶,地方精英发现他们有相对自由的手来积聚土地。那些能获免徭役特权的士人,由于拥有科举的功名,甚至能更好地积聚土地。通过委托计划,他们提供弱势的邻人以税的庇护,以正式名目接管他们的土地。从那时起,实际上吞并那块土地的步骤将是短暂 *315* 的一步。这些条件推进了地方士绅的成长,使他们积累了实质性的收入,同时使地方的耕种者处于一种依赖的关系。商业化加强了土地所有权的有利可图,并且供养了一个致力于赢得功名的越来越富裕的精

---

① 参见鹤见尚广(Tsurumi)《明代的乡村统治》,第 250—254 页;也见重田德(Shigeta)《士绅统治的起源和结构》,第 357—358 页。

英阶层。

这已经表明,在正德年间一个富裕的以土地为基础的士绅阶层的有形增长反映了这个统治时期实际的有效行政管理的衰落,这是国家缺乏能力在地方上干预和控制土地登记的操作与税收评估从而使地方精英从中获利的一种信号。[1] 当然,16世纪的作者倾向于这种分析。例如16世纪60年代的何良俊以他的养父作为一个征税人("粮长")的经历为基础观察到,非士绅的税收负担在正德年间开始增长,这在乡村关系上引起一个大有利于士绅的改变。"先府君每对人言:我家五十年当粮长……此时(指在正德年之前)百姓,十一在官,十九在家。亦家富人足,日勤农作,至夜帖帖而卧……今(指在最近四五十年)百姓十九在官,十一在家,身无完衣,腹无饱食,贫困日甚……此于民情之休戚,世道之惨舒,君子可以观变矣。"土地税日益增长,徭役税也变得越来越重,人民不堪承受,纷纷改变职业。在以前,士绅并没有过多的奴仆。现在,大量放弃农业的人成为士绅的奴仆,其人数十倍于从前。[2] 如何良俊那样把奴仆的增多与税收行为联系起来的做法忽略了我所概括的更大的经济变迁。相反,从正德年间以来士绅权力的增强,需要解读成与日益增长的商业化环境有关,在这种商业化环境里那些能统治地方农耕商品交换和地方上社会劳动的人,比他们一个世纪前的祖先更加能增加他们的财富和权力。如果明代国家正日益缺乏能力指导地方事务,那么这种弱化应被理解成与其说表明了中央的行政支配正在滑落,毋宁说是地方社会的结构正在变化。

这种社会结构变化构成了精英身份的文化建构变迁的基础,早在16世纪20年代廖尚书就在悲叹这种变迁,尽管廖氏不可能把日益成

---

[1] 例如,《明人传记辞典》,第314页,把正德统治的堕落和士绅地主主义的扩张联系起来。

[2] 何良俊:《四友斋丛说》,卷3第11—12页。转引自重田德《士绅统治的起源和结构》,稍微作了校订,第369页。(今参中华书局1959年版《四友斋丛说》卷13。——译注)关于他的养父经验对何的评估的影响,参见《明人传记辞典》,第517页。

长的士绅统治乡村和他们采取的"隐退"联系起来考察。廖之后的学
者同样悲叹士绅生活这种远离以国家为中心的理想的变迁,并倾向于
记载这种变迁在他们最能达到的领域即学术领域所形成的冲击和影
响。即使那些接受王阳明思想革新的人也易抓住正德年间以来对学术
实践上某些发展的责难,诸如公共讲学的普及,来表达他们对"士风"
如何衰坏的震惊。正如王世贞生动地描绘的那样:诸事皆腐化,无法
再凝聚。他认为这是正德以来泰州学派的公共讲学对真正学问的影
响。① 岛田虔次和其他人认为,泰州学派知识分子的这种极端的文化
姿态和他们受到的正统学者的责难都最好被联系到商业化和大众文化
正在晚明士绅社会起作用的这种转型。② 士绅的世界正在发生变革,
思想争端使得地方社会和经济生活的变化这一事实在文化层次上有目
共睹。然而,就士绅对佛教的口味而言,这些思想的争端不仅是一种
更基本的经济现实的反映,它们还划定在什么领域争论权力的关键
问题。

　　晚明对儒家精英的生活和思想中佛教所占位置的争论必须被确切
地视为争夺权力的一个领域。这些争论的强烈及其无所不在,表明并非
哲学的抽象的某些东西处在危险之中。正如笔者在本书通篇所论证的,
在 16—17 世纪,士绅信奉佛教是与"隐退"的理想联系在一起的。这种
隐退使 1524 年的廖纪深为忧虑。佛教绘制一个替代的世界——不仅是
信仰的世界,而且是行动的世界:一个联合事业的世界,通过这个世界,
精英的身份或地位可用不依赖于国家传达下来的定义的高度文化的术
语来塑造。佛教为精神的洞明和练达提供了机会——在社会的意义上
而不是在佛教的意义上的"功德"——胜过那书面考试的技能或那处在
濒临毁灭的官僚政治中的行为。社会正在向国家权力挑战,而佛教提供

---

① 引自狄百瑞:《自我与社会》,第 178 页。王世贞,尽管他抱怨泰州派讲学,但他本人乃学佛
　 之人,并在 1581 年因参与汪贞焘崇拜而遭受弹劾。参见第 2 章。
② 岛田虔次(Shimada):《中国近代思想的挫折》,第 242 页及随后两页。

了这种情况可能发生的境域。

二、佛教和晚明士绅

317 在佛教与晚明士绅关系的形成中要确定哪种吸引力或环境最有影响是不太可能的。众所周知，在较早朝代，禅与文人的文化有一定的历史联系；他们有去名胜风景观光的体验，这些名胜也是佛教寺院的所在地；在每个家庭的葬礼中佛教的出现也更加直接和不可避免。这种联系无论采取什么路线，佛教提供士绅一套全方位的姿态和主题，这与他们作为精英的文化爱好相一致。佛教与士绅文化融为一体。

从文化娱乐转到捐赠对象并不简单，也不应当是显而易见的。虽然一方的首先存在支持另一方，但假定它们之间有某种因果性的关系则是错误的。更好的办法不是在士绅对佛教事物的兴趣中寻找捐赠的根源，而可能是追溯明中叶有利于士绅之兴起的环境。资助士绅兴起的商业地主经济也提供财富使寺院的捐赠成为可能。如果没有掌握在个体手里的财富积累，兴建或修复寺院的捐赠就不可能作出。这在 16 世纪末期是众所周知的。在 1596 年，著名佛教施主陆光祖的传记作者观察到，寺院在陆氏生活的时代之所以兴隆(陆生在 1521 年，即正德统治的最后一年)，只是因为士绅正在赞助它们。"法运之隆虽系于时，"他总结道，"必藉有力大人维持之"。① 十年之后，在本书第六章引证的一段文字中，诗人兼佛教徒袁宏道同样意识到寺院要复兴物质上依赖于地主土地所有制度，其时他评论说，只要地方收成好，他家乡的"大姓"就可能募集足够的资金支持本地区一切佛教机构。② 地方经济状况和寺院捐赠之间这种一致性的历史证据在上述三例个案研究中已经考察过；捐赠在繁华富庶的江南鄞县要比它在山东

---

① 《清凉山志》(1661)，卷 5 第 30 页下。(今参北大图书馆善本藏书明万历二十四 [1596] 年刻本。——译注)

② 《袁宏道集笺校》，第 1207 页。

或湖北的边缘地区更早些和更强烈些。

晚明寺院的捐赠取决于16世纪的繁荣的地方经济,但是这并没有解释士绅为什么选择寺院作为他们的捐赠目标。这仅仅表明他们有手段这样做,和寺院在经济上是以能吸引捐赠这样一种方式建构起来的。在明代的机构中也可能做出其他选择,但他们并没有这样做。这不免使人回到对晚明士绅有如此吸引力的佛教信仰的内容,例如考察佛教作为业报的财富理论,解释士绅为什么向寺院捐赠。学者们最近论证17世纪的理学家捐赠佛寺的小小浪潮是为进入士绅社会的新财富建立一种道德意义所推动的。① 然而,佛教的施主并没有显示出如旧儒家那样对钱财的忧虑——即认为钱财是一种滑向一个非道德世界的润滑剂。佛教的态度是,财富是通过业力重新分配而分配的,富人只不过享受前世善业的果报。业力的学说确实赞成慈善捐赠,因为捐给僧伽的财富或出于对穷困的慈悲,都可理解为对施主(或他的受惠者)来说能产生个人的功德——只要他能以适当的精神布施。正如屠隆在他写的许多劝募文中的一篇中所指出的:"修万行首破悭贪,尊六度力勤布施。"②

然而,对捐赠的价值有不同的诠释。严格的观点把捐赠的数量视为不重要的。一个人应当给出他的财富的最大量,因此一个穷人施舍了他仅有的蔽衣会比一个有许多箱金子而只是施舍了一箱金子的富人能获得更大的功德。更加流行的观点承认所获得的功德是和付出的量成比例的,富人捐赠应当期望比穷人获得更大利益。两种观点常常融合在广泛的劝募文中,既针对富裕士绅(捐赠越大,所得功德越大),也针对财富不多的人(功德的获得不关乎捐赠的大小)。屠隆在上段引述的劝募文的下一句正是这样说的,他写道:"大则车金辇玉,总是善源;小则披草抽

337

毯,无非胜果。"

因此,佛教赋予捐赠一种理性和伦理,不管人们选择怎样诠释它们。这些很有说服力,以致改革派东林知识分子盗用业报的概念(穿了儒家术语的外衣)以建构他们自己关于行为和反应的理学形而上学。他们创造了包筠雅(Brokaw)所称的"士绅的社会意识形态"。这样的意识形态"给他们施加了一种责任以满足这个共同体的利益(常常和中央政府的利益对立),以实现反映在他们的财富和地位中的道德许诺"①。在这种重新描刻的精英身份的责任中,如果东林党人能够使士绅的捐赠转向非佛教的机构,那就更好。这里的悖论是,士绅之参与佛教捐赠——东林改革者往往对之激烈批评——其实是致力于与东林党人参与地方社会需要完全同样的目标,这就是赋予士绅法律上代表地方社会公共利益的权力。士绅捐赠佛教寺院只不过是以一种较间接的方式占用国家要求自身所应有的权力。

士绅有充分的理由通过间接的方式进行。东林活跃分子只需要回顾 16 世纪的 1550—1575 年中书院运动的经验,就可意识到在政治领域中积极的行动主义是受压制的。在东林运动的语境中,魏斐德(Frederic Wakeman)已经观察到,书院"初步地表达了自治的思想兴趣",但是他也指出他们与官僚体制的密切关系妨碍了获得"一种社会上和政治上分立的有组织的个体性"。他论证说,这是"士绅为避免创造可能使社会和政治结合在一起的制度之短视的利益",而这阻碍了鼓励改变晚期帝国政治的东林书院运动,因为任何这样的机构都易于被"中央政府同化"②。他们表达的无论是书院还是道德改革主义都践踏了国家对教育和意识形态的保留;从国家的观点来看,他们是地方对国家以及私人对公众的一种不受欢迎的要求。书院运动可能产生持续的对公共问题的批评讨

---

① 包筠雅:《功过格》,第 153 页。
② 魏斐德(Wakeman):《自治的代价》,第 55 页。

论,而且从一开始就带有偏见性。无论如何,东林党人和其他集团的有
改革思想的活跃分子都太快地被吸纳进了宗党政治的主流,以坚持精英
公众利益来对抗国家权威。他们首先从国家的视角看到权力,从未真正
地批评明朝政府的结构和目标。①

　　17 世纪 20 年代,许多东林党人当他们的朋党遭受阉党的压制之时
被迫从国家公职中隐退。他们称道其抵制绝对凌驾于官僚生活之上的 *320*
朝廷政治,而他们的隐退象征是"选佛"。这种从公共权威中隐退的间接
的政治行为——它已经扰乱了 1524 年的廖尚书——在一个世纪后贴上
佛教的标签,甚至在许多情况下坚决地反对佛教影响士绅生活的那些人
中亦然。那被"选"的"佛"当然不是释迦牟尼,而是自治——这种自治正
是书院活动所看准,而国家积极地压制的。

　　这种观察触及了问题的核心。在晚明,寺院的捐赠变得有重大意
义,那是因为它为士绅的自治组织提供了一个地方的论坛。它提供了一
个在其中士绅可将地位转变成权力的公共领域。在一定程度上,选择寺
院捐赠受到佛教慈悲和无执的概念所体现的慈善的思想形态和隐退(出
世)理想的指导。但是这种选择最终由以下认识所决定,即权力不能直
接地从帝制的国家获取,而只能在暗中操作。通过隐退到寺院的领域,
士绅宣布自己是一个统一的、高雅的精英阶级,其权力不从国家获得而
是从他们自己的行为中获取。他们的共同的慈善事业,即私人性个体的
工作定位在公共的境域中,在某种程度上使它们能替代国家的公共权
威。这种境域不可能是儒家的境域;佛教之高尚的隐退和无私的慈悲承
诺更适合于建造士绅自我组织的一个基础。

　　许多晚明史学家都指出了在迅速的经济变革和政治动荡的这个时

---

① 包筠雅:《功过格》,第 24 页,指出东林改革者主张的这种局限。在《明代中国书院》第 124—
　　125 页中,约翰·梅斯基尔正确地指出要谨慎地对待书院被视为对国家政治权力独裁的一种
　　威胁程度,因为私人主动创建一所书院几乎总是与官方的捐助和支持分不开。他作出结论,
　　认为压制这种书院与朝廷政治上党派之争,比与书院导致的公共权威的重新定义的任何概
　　念要有更大的关系。

期,士绅文章中充满了对社会变革和道德滑坡的忧虑。如果我们拘泥于这个观点,那么士绅捐赠寺院可能被理解成一种回应性的尝试,以支持正在衰落的机构、维护不稳定的社会秩序的活力,和复苏货币经济已经侵蚀的宗法制。它也可能被认为是地方士绅显示有效的地方领导者身份的一种方式,以与明后期的政治中心的失控和混乱无序相对照。这样的诠释缺乏评估他们的捐赠对象的非儒家特征及其向儒家秩序的隐含的挑战。晚明士绅的决断坚定像他们的忧虑焦躁一样,他们的虚弱也像他们的强壮一样。这种从底切割旧的社会模式的转换正好提供了使士绅在这个时期的统治的发展成为可能的经济和社会的机会。从这个视角看,士绅的捐赠也许被视为一种积极行动的事业,意在创造一种联合的矩阵,通过这种联合的矩阵,他们能既面对国家又面对精英圈外的人,协调共同的关怀和表达他们共同的身份。这种捐赠的共同承担把士绅凝聚在一个非正规的领导框架之中。

　　重新估价构成捐赠的公共名声基础的公与私是和晚明士绅社会的形成结合在一起的,是对社会变革的一种创造性回应。无论在 16 世纪末叶的地方士绅如何反对这样的利益是人心之基础的论点①,他们总不免同情这种情趣。他们发现上升到进入公共服务的顶峰的坡度之陡峭,断然放弃私人利益对他们来说是一种完全非理性的姿态,何况大多数人从未接近过公共服务。相反,他们在个人和家庭事务的私人领域与地方官公共权威之间的中间地带生活。正如李贽在他本人的生活中那样,这个中间地带形成于佛教寺院的境域中。在这里,士绅能聚会,并宣扬一种共同的身份,因此重新定义公共利益与地方精英的共同体相关,而不与国家相关。就此而言,"东林党人关于地方领导者的'私'能符合他们的共同体的'公'的需要"②,这必须被认知为李贽通过他信奉佛教来表达

① 参见耿定向与李贽辩"私"的争论,存于《耿天台先生文集》,卷 4 第 43 页上。
② 包筠雅：《功过格》,第 153 页。现代学术界往往对东林党觉悟寄予同情,对他们道德正义的主张的尊敬,超越他们对手对其宗派主义的指责。

的对晚明反对(国家)公共权威趋向的一种直接的继承——无论多么不情愿,这个结论似乎是东林党人的感受。

三、晚明与晚宋

16 世纪晚明士绅社会的形成展示了与 12 世纪从北宋转移到南宋社会的类似情形,罗伯特·哈特威尔(Robert Hartwell)和韩明信(Robert Hymes)对此作了考察。尽管宋代不在本书的考察范围之内,但它也许有助于考察其中一些类似情形,以便提示本研究如何适合一个更长的历史背景。

哈特威尔指出 11 世纪末和 12 世纪初是发生大变迁的一个时期:在中国精英的构成中,从一小群半世袭的官僚家族变迁到一个大得多的有 *322* 志于政府公职的群体。用他的话说,向南的迁徙"标志着由专志于政府公职的家族组成的、作为一个内聚性的身份群体的职业精英之消失,并涌现出一大批地方士族鼓励其子孙后代的劳动分工而不把政府公职作为唯一一种可能的职业选择"。[1]

这种从一个小小的文职精英到更大群体的士绅家族的转变受到宋代扩大的科举制的促进,这种科举制允许职业家族圈外的年轻人在科举制中竞争有限的名额。在哈特威尔看来,这些"新人"中的大多数都和故旧世家有姻亲关系;而在 11 世纪末日益强烈的党争时期,这些家族在官僚中寻求地位保护,而不是继续实行与其他职业家族通婚的老策略。然而,这些新家族不仅维持老家族定位于政府公职的方向,而且喜欢采取行动,"好像他们比其专职于行政方面更关心巩固他们在地方上的社会、经济和政治地位"[2]。他们理解从一大群有志者中成功地竞争一个公职的困难。因此,并不认为只有国家的官职才能充分保证家族的财富。只

---

① 哈特威尔(Hartwell):《人口、政治和社会的转型》,第 416 页。
② 同上书,第 421 页。

有当一个家族把官职和其他手段结合起来确保他们在地方社会的精英地位,方得以保全身份或地位。在这种转变时期涌现出来的新士绅仍然密切地和地方范围的关怀相联系。他们不得不这样做。

韩明信把哈特威尔的这样的分析用来考察他所研究的江西抚州府。在该府,有大量的新家族在南宋初期加入了地方精英。正如哈特威尔的模式预期的那样,抚州新精英比其北宋时的祖先与国家政治网络的联系少得多,其功名的成功遍及一个大得多的家族群落。这些新士绅家族显然希望利用这种地位利益获得科举功名,但是他们较少全然性地集中于功名的成功上。韩明信作出结论说,他们的涌现标志着"从以官职为中心的国家策略转换到基本上是地方的策略——寻求偶尔的官职作为地 323 位的一种成分,但不是超出其他一切而集中在官僚职位上"。这种重新定向与国家从"乡村的权力和活动"的退却同时发生,"这种乡村权力和活动至少在较早时期国家是坚持要求的。这种退却,无论是自愿的还是被迫的,都给地方精英人士留下了他们能够并且确实努力填充的空间"。①

从晚明的视角来看,这是一幅相当熟悉的图景:日益成长的士绅扩大它在地方领域的活动。因此,南宋地方精英似乎是在社会上和制度上与明清士绅一以贯之的。在明初时期有不连续的现象,那时许多家族在科举制竞争中衰落,而这在某种程度上是由于明朝开国皇帝朱元璋想抵制大地主家族学者阶层的规模。只有在明中叶,韩明信所认为的南宋地方精英的特征的模式才重现。

---

① 韩明信(Hymes):《政治家与绅士》第 119、175 页。哈丽特·鲁道夫(Harriet Zurndorfer)对抚州东北部邻近的徽州进行的研究证实了韩明信的观点,该地有不少获得功名的家族,在南宋时期双倍于北宋。(在两个主要的县,婺源和休宁,则近乎四倍。)另外,12 世纪是徽州在宗族组织上有显著增长的一个时期,地方主义的策略异常突出。然而,哈丽特·鲁道夫并未用她的材料作出这样的结论。她选择用累积获得功名以显示连续性发展,而不是从家族成功地制定转换的策略,来说明南宋和北宋的区别。参见她的《中国地方史沿革:徽州府的发展,800—1800》,第 35—38 页。

南宋和晚明之间的持续性在寺院的捐赠中也是可见的。回顾本书第五章叙述的艾伯哈德对寺院建筑的统计,我们发现,唐代之后建筑佛教寺院最为活跃的时期是 1550—1700 年之间的 150 年;但是第二个最高的阶段是 1100—1250 年之间。[①] 换言之,南宋在寺院捐赠的规模上接近于晚明。韩明信证实抚州精英确实大大参与了佛教寺院的捐赠,并在一个较小的程度上还参与了道观的捐赠。他也指出地方精英选择的不是使自己参与支持或复兴官方倡议的非佛教的祠祀工程:那是国家代表的事业。反过来说,官方也没有参与佛教(或道教)的捐赠工程(表面的方式除外)。在这种意义上说,南宋的宗教捐赠是精英和国家之间分离的一部分,韩明信认为这是这个时期的一种新兴的特征。[②]

那么,晚明的寺院捐赠和晚宋的寺院捐赠有什么区分呢? 就此而言,上述三例个案研究也许有帮助。从它们的发现中可以作出五种观察:其一,寺院的捐赠往往是士绅专有的,常常是士绅上层精英专有的,而且这种情形被认为应该如此。其二,公开宣扬的捐赠更常常是集体性的,而较少是个体性的事业。负担不起经济捐赠的穷士绅也许以其他方式参与寺院,他们采取文学的捐赠或其他社会存在形式。无论如何寺院是他们竭力与之交往的一个场所。第三个观察是县一级的行政单位限定了捐赠的区域。士绅几乎从不捐赠本县之外的工程,除了偶尔他们被委任在县外做官。只有当一个地方是全国知名的,那才有可能吸引都市精英的注意,使他们感到值得捐赠一个远离家乡的寺院;但是那时,他可能已经是那个地方享有一定知名度的精英成员了。第四个观察依赖于其他三个观察。这表明在所有三个县中理想的情形是尽管大士绅拥有地方的自豪感,但作为一个整体的全县士绅会捐赠那值得捐赠的佛教寺院。就此而言,寺院的捐赠显现为用来统一士绅精英的一种活动,它并

324

——————————

[①] 艾伯哈德:《中古和现代中国的建庙活动》,表 9,第 298 页。
[②] 韩明信:《政治家与绅士》,第 178—191 页。

且赋予这个统一体一种公共的形式。最后,士绅以一种私人力量进行他们的公共捐赠。他们可能与地方官打交道以期为他们的工程增加资金,或者赋予它一种法律的保护,但是他们并不依赖于国家代表的愿望而从事这个事业,正如在当阳的个案中指出的,他们甚至可能做与地方官愿望相反的事情。他们取得的知名度完全根据他们自己的条件,并不是国家权威的延伸。

然而,不可能说在什么程度上这些士绅捐赠的特征是晚明独有的。例如,韩明信并没有指明他研究的抚州府精英是延伸了个体的支持还是扩展了集体的支持;他也没有指明他们的支持停留在县界限内还是超出了府地域的范围。不过,韩明信的研究传达了一种地方化的士绅以明显不同于国家精英的能力而行动的印象,而这也是我们以此观察晚明士绅社会的一种印象。如果差别似乎只是国家和地方级别上的差异,那么在晚明和晚宋之间至少确实存在这种差异,尽管相隔了四个世纪,精英的认同和行动的境域有所不同。至于统治的问题,社会的境域几乎就是一切。

在最基本的意义上说,明代的国家机制似乎比南宋在塑造家族赢得精英地位的策略方面扮演了更重要的角色。至少,在明代更大程度的财富似乎向更多的人开放了科举考试的踏板,招引着几乎每个能负担得起支持子弟作为候选者的家族的有志者。这种发展扩大了大群有志者的士绅身份,但受到两种相反方向的影响。一是与宋代相比官僚职位显示出更大的不稳定性。由于引进更严厉的对官员的惩罚和限制监督的机制,明代国家使有原则的人(也许,还有怯懦的人)对于把他们全部的精力奉献给官僚生涯失去信心。地方精英仍需要国家控制的身份的正式标记,但是政治气氛鼓励许多人追寻能使他们积聚好的名声而不依赖为国家服务的地方事业。

对明代士绅的扩大另一个相反的影响是大士绅试图抵制外来者进入他们的圈子,尽管攀登上功名阶梯底端一环的新来者比在宋代曾获得的底端功名的人要多。由于更多的人根据国家的规定能负担得起追求士绅的地位,故而士绅不得不提出他们自身身份的文化标志,以确保维持他们和低层士绅的区别。生员的功名不足以获得进入晚明士绅的世界;单单的财富也买不来教养(这在 18 世纪出现了变化)。

晚明士绅社会的出现是回应逃避政治服务和以文化的形式重新决定精英地位的压力。这两个方面都有助于促进从国家体制内获得精英自治,这似乎截然不同于南宋的世界。这种国家和社会之间距离的差别也许能证明是程度而不是性质的问题;也许不能。这是未来的研究中要决定的问题。就目前来说,本研究的发现表明:在晚明,国家与社会的关系正在进行一次重大的转变,但比南宋变得越来越两极化。

四、晚明与晚清

如果说晚宋和晚明显现出联系的相似性,那么人们不免假想明朝和吞灭它的清朝甚至有更强的社会和制度的连续性。但是当追踪整个明清时期寺院的捐赠时,这种连续性就成了问题。晚明形成精英代表的某些文化规范的势力在明朝灭亡之后仍然持续发展着。例如,晚至 1724 年,遥远的甘肃省文县的士绅中一个主要成员还对南京大寺院的辉煌壮观留下深刻的印象,他说南京寺院的豪华是受江南的"缙绅富豪"支持的,他写信给家乡的朋友,激励他们改进他们以前规模不大的工程,修复当地最有影响的寺院。[1] 总之,尽管士绅捐赠的热忱持续强劲,但到 17 世纪 80 年代就终止了;正是在那时,像李遥和陆陇其这样热心的县地方官(见第九章)积极鼓励当地精英把他们的捐赠转到别的地方。此后,至少在个案研究中那几个县,寺院的捐赠开始衰退。我个人的感觉是寺院的捐赠大约在这个时候出现全国性的衰退。对佛教的支持并没有完全

———————————

[1]《文县志》(1876),卷 7 第 26 页上。

消失，地方士绅继续捐助他所选择的佛教寺院。但是寺院的捐赠作为一个大规模的社会性运动是结束了。

在 17 世纪 80 年代之后士绅所做的事情不属于本书讨论的范围。随着士绅的捐赠转到更加和理学经世理想相一致的机构如学校和运河时，在精英文化精神气质中还有一种转换。在哲学上，学者们开始拒绝王阳明修正理学观念和他的追随者容易受佛教观念影响的遗产，这种拒绝在 17 世纪伟大的思想家如黄宗羲去世之后才得以完成。在职业领域，明亡后，新一代出生和受教育的人的政治方向发生了变化，人们准备承认满清这个征服者的国家的公共权威，并在新条件下寻求成功。在日常生活的文化中，精英态度也有缓慢的变化，因为商人和商人文化被掺入到士绅中，尽管这种变化进展微妙，而且它的影响模糊。

在我看来，这些哲学的和文化的影响中似乎没有一种因素足以解释士绅捐赠寺院的衰落，从而支持那些更直接地承担社会和经济生活的机构。17 世纪 80 年代以降，在士绅生活的社会经济状况中似乎也没有一个显明的转换。有些学者对清代士绅公益事业活动方面的增长，归咎于对地方官所面对着的固定资源的更为庞大的需求而产生的基础设施投资中衰落的一种回应。按照这种观点，地方官提供商品和服务的正在萎缩的能力惊醒了士绅，他们于是承担了公共的工作以确保地方社会的稳定性。[1] 当这种假设有待证明时，其他学者已经提出了相反的观点——18 世纪的国家其实比过去的明代国家更加主动地进行着满足地方的基础设施的需要，至少在清初统治之后的阶段是这样的。这种观点的初步证据是有说服力的[2]，并和国家正从地方公共服务撤退的概念相抵触。

如果国家在地方公共事务中积极行动的诠释与本研究的发现相一致，那么这是因为寺院的捐赠似乎正在清代国家开始扩张其在地方上的

---

① 韩书瑞和伊芙琳：《18 世纪的中国社会》，第 178—191 页。

② 例如，魏丕信（Will）：《18 世纪中国的官僚制度和荒政》，证明了国家在华北干预救灾的有效性。

积极活动的这一刻衰落,因为 17 世纪 80 年代是康熙皇帝开始推进理学议程从而使地方精英从事服务公共机构的时期。① 康熙的继任者在 18 世纪继续这项议程。似乎很快,承担起理学议程的意识形态和政治的压力又重新导引士绅偏向国家关怀的行动主义和对基础设施目标的捐赠,诸如学校和孤儿院。

因而,在面对清朝国家要求推进公益事业时,募缘复兴佛教寺院仍然是防御性的。它们之间的竞争反映在清中叶的一本劝善书的段落中,作者防御性地评论说:有人说修建佛寺道观不是像修学校、建贫民院或孤儿院,或改善穷人的居家那样值得称赞。但他强调赞助寺院的正当性。他的论证差不多全是文化的理由,他阐述的论点是风景区能让人产生自豪感并激励对美的热爱。② 换句话说,这种劝化,一般性多于具体性,也即它没有涉及多支持寺院的具体理由,只是泛泛地谈论"造善业是为善",而这些善业中应当包括修复寺院。显然,作者正不得不抵制对寺院捐赠的反感,抵制优先支持教育或社会服务的基础设施的意愿。

从统治者的观点看,根据这个时期流行的学术来判断,18 世纪的这种士绅慈善捐赠的涵化是相当成功的。帝国在地方公共事务上的活跃刺激了士绅在基础设施方面的投资。公共的和国家的利益似乎巧合无间,因为额外的官僚资源的有效动员服务于人民,增加了地方士绅的公众信誉,又使国家获得了有效能和公正的名声。当然,这整个活动的形成背景是国家按其自身要求确保对地方控制的需要。正如玛丽·兰金指出的那样,在维护强大官僚的这个世纪,理论上讲地方士绅由于其地方管理工作而可能享有的不论什么样的自治,在实际上都受到国家细心谨慎的抑制。③ 国家唯恐失掉它的霸权。

328

---

① 王国斌(Wong)和魏丕信(Will):《养育人民:中国国民粮仓系统,1650—1850》,第 25—28 页。

② 黄正元:《阴骘文图说》(1801),亨部,第 82 页上。

③ 兰金:《中国公共领域的起源》,第 54 页。

这种统治霸权直到它后来被动摇时才得以减弱。尽管在 18 世纪末叶产生了较小的危机,但重大的转折点是国家对太平天国起义的镇压。由于不能聚集起充足的军事资源,清朝政府不得不委权地方官员施行镇压造反者的责任。地方精英的军事化打破了国家掌握地方行政的进程,首先是防御功能,然后是税收,都滑落到地方行政者手里。在 19 世纪末,这种国家权力和社会关系的重构找到了直接的表述——表述成推动自治的观念而进入精英的政治议程。[①] 有重大意义的是,晚清的思想家选择用 17 世纪的思想家如顾炎武和黄宗羲提出的论点来表达他们为地方自治的辩护。他们在这样做的时候,也正在表达一种受挫的地方政治责任的怀抱,这可溯及作为晚明时代未被给予自治权的地方精英之士绅的经验。晚明士绅社会的镜像世界于是在晚清的宪政运动中得到遥远的反映。

笔者相信,对晚明寺院捐赠的这种研究显示出,犹如晚清出现的国家和社会的分离,在晚明时代也有这种趋向,这也许能以有限的意义追溯到晚宋。从 12 世纪到 20 世纪的漫长时间的视点考察,有助于阐明在帝制晚期国家和社会的关系上所呈现出来的周期性特征。它们分离的阶段大致类似或者被反映在这三个王朝各自衰落的周期中。在这种意义上,程式化地表述国家-社会分离一再出现的周期性,并不意味着暗示在王朝上升时期没有国家和社会之间的紧张,或者社会总是承担着国家的印记;但是在王朝上升时期,一种能动的政治霸权往往限制对国家统治的抵制。而在王朝衰落的时期,如果地方社会要在政治的错置和经济的萧条——通常伴随着中央行政管理的衰落——中生存下来的话,对国家的抵制就不仅是可行的而且是必要的。

然而,晚清不应当被解读为晚明不可避免地趋向的结果。这个时期

---

① 尤参孔飞力《共和国下的自治政府》,第 269—275 页;兰金:《中国的精英活动与政治转型》,第 93—106 页;闵斗基:《国家政治和地方权力》,第 112 页及随后两页。

分隔太远,因果联系太弱。事实上,如果我们消除晚清立宪运动的终结,而把晚明士绅放在他们自己的境遇中来考虑,那么会发现他们抵制国家的试图似乎是悄悄进行的、暂时性的和部分的。这种不完全性在士绅抵制的整个文化工程上面投射了一个讽刺的阴影。也许我们通过回顾本书第一章的结束语,能最好地捕捉这种讽刺:张岱描述当开往普陀岛的船起锚时,虔诚的普通香客绊跌,滑落海中。香客们认为跌倒是菩萨所推,被救则是菩萨所拉,发生的一切都证明了观音菩萨的无所不在,这对他们自身来说并无任何讽刺。然而,对张岱来说,香客们用来解释他们自身遭遇的宗教语境是无法理解的。如果观音确实访问了这个岛,那么这是在很久以前,远远超出了他的讽刺的感受性所能达到的范围。甚至当他在普陀山上饮茶、他的思想被佛教的崇高真理吸引之际,他的注意力还转移到山下海面上海盗杀戮渔民的事件。

问题在于隐退。这决不是一种潜在形式的抵制,它总是与隐士有志于使自己与外在世界相隔绝的境遇相伴随的。声称隐退进入佛教实相的朝圣者也许不比声称从世俗的权力和金钱世界隐退而进入清净雅致的世界的士绅所做的更多。权力和金钱正是士绅不能不与之打交道的那些东西。夺走他们的财富,他们的快乐和捐赠就不可能。取消科举制度,赋予他们身份和权力的框架就消失了。国家总是站在士绅悄悄隐退的边缘;士绅社会依然是不可避免地和它抵制着的东西联系在一起。从国家的彻底分离会使士绅无所适从,正如他们所发现的那样。

历史最终对中国士绅是不仁慈的,无论他们也许多么熟练地利用地方的条件抵抗国家的风浪。只要帝国苟延残喘,他们进行地方社会从国家的部分分离的努力可能就从来没有完成过。他们为获得他们仍然依赖着的身份标志不得不周期性地回到政治制度的中心去。因此,他们的处境是两难的:如果没有他们所竭力反抗的国家的权威,他们就不可能坚持要求作为精英的合法性;然而只要他们依然依赖于国家,他们就不可能按他们自己的要求建立霸权。19 世纪末公共领域的扩张使他们置身于推翻旧国家的革命的前沿。然而，伴随着革命而来的帝国形态的腐蚀却削弱了他们自己权力的社会政治基础。

　　一旦国家和社会已经决定性地分离开来，那襁褓中的民族国家并没有为士绅精英留下空间——精英已经懂得以国家为代价扩大它的权力，而同时期望从政治领域中永久性地排除其他的社会角色。除了士绅自身的死亡，没有任何东西留下来供他们抵拒。与革命势力组织人民去竞争对国家的控制相比，旧秩序的精英们发现他们偷走的小小的权力是远远不够的。他们被推向一边，让位于新的社会。士绅社会的历史也就终结了。

参考文献

引用的著作

（按作者姓名英文首字母排列）

1. Ai Nanying（艾南英），《艾千子先生全稿》，台北：外文图书出版社，1977。（参北京出版社《四库禁毁书丛刊》经部第 7 册。——译注）

2. Araki Kengo(荒木见悟)，"Confucianism and Buddhism in the Late Ming"(《晚明的儒教与佛教》)，收在狄百瑞（Wm. Theodore de Bary）编的 *The Unfolding of Neo-Confucianism*(《理学的展开》)，纽约：哥伦比亚大学出版社，1975。

3. Atwell, William(阿特威尔)，"From Education to Politics：The Fu She"(《从教育到政治：复社》)，收在狄百瑞编的《理学的展开》，纽约：哥伦比亚大学出版社，1975。

4. 阿特威尔，"Notes on Silver, Foreign Trade, and the Late Ming Economy"(《关于白银、外贸和晚明经济的解释》)，见 *Ch'ing-shih wen-ti*（《清史问题》），卷 3 第 8 期第 1—33 页，1977。

5. 阿特威尔，"International Bullion Flows and the Chinese Economy circa 1530—1550"(《约 1530—1550 年的国际硬通货流动与中国经济》)，载于 *Past and Present*（《过去与现在》），卷 95 第 68—90 页，1982。

6. Baechler, Jean(巴彻勒)，*La solution indienne：Essai sur les origines du régime des castes*（《印度的解答：种姓制度起源论》），Paris：Press Universitaries de France(巴黎：法兰西大学出版社)，1988。

7. Balazs, Tienne(白乐日), *Chinese Civilization and Bureaucracy*(《中国文明与官僚政治》),纽黑文:耶鲁大学出版社,1964。

8. Berkowitzs, S. D.(伯科威茨), *An Introduction to Structural Analysis: The Network Approach to Social Research*(《结构分析导论:社会研究的网络取向》),多伦多:Butterworths,1982。

9. Berling, Judith(伯林), *The Syncretic Religion of Lin Chao-en*(《林兆恩的三一教》),纽约:哥伦比亚大学出版社,1980。

10. Blue, Gregory(兰阁瑞),"China in Western Social Thought"(《西方社会思想中的中国》),剑桥大学哲学博士论文,1986。

11. Bourdieu, Pierre(布尔迪厄), *An Outline of a Theory of Practice*(《实践论大纲》),剑桥:剑桥大学出版社,1977。

12. Brokaw, Cynthia(包筠雅), *The Ledgers of Merit and Demerit: Social Change and Moral Order in Late Imperial China*(《功过格:中华帝国晚期的社会变革和道德秩序》),普林斯顿:普林斯顿大学出版社,1991。

13. Brook, Timothy(卜正民),"The Merchant Network in Sixteenth-Century China"(《16世纪中国的商人网络》),载于 *Journal of the Economic and Social History of the Orient*(《东方经济和社会史杂志》),卷24第2期第165—214页,1981。

14. 卜正民, *Geographical Sources of Ming-Qing History*(《明清地理史籍汇考》),安阿伯(Ann Arbor):中国研究中心,密歇根大学出版社,1988。

15. 卜正民,"Funerary Ritual and the Building of Lineages in Late Imperial China"(《中华帝国晚期的葬礼与宗族的建设》),载于《哈佛亚洲研究杂志》(HJAS),卷49第2期第465—499页,1989。

16. 卜正民, *The Asiatic Mode of Production in China*(《亚细亚生产方式在中国》),纽约阿蒙克(Armonk):M. E. Sharpe,1989。

17. 卜正民,"Family Continuity and Cultural Hegemony, 1368—1911"(《家族传承与文化霸权:宁波的士绅,1368—1911》),收在周锡瑞和玛丽·兰金主编的 *Chinese Local Elites and Patterns of Dominance*(《中国地方精英和统治模式》),伯克利:加州大学出版社,1990。

18. 卜正民,"Rethinking Syncretism: The Unity of the Three Teachings and their Joint Worship in Late Imperial China"(《融合论再思考:中华帝国晚期的三教合一及其共同崇拜》),载于《中国宗教杂志》(*Journal of Chinese Religions*),第21号,1993。

19. 卜正民,"Capitalism and the Writing of Modern History in China"(《资本主义与中国现代史学》),收在卜正民和兰阁瑞(Gregory Blue)主编的 *China and Historical Capitalism*(《中国与历史上的资本主义》),剑桥:剑桥大学出版

社,1999。

20. Chaffee,John(贾志扬),*The Thorny Gates of Learning in Sung China：A Social History of Examinations*(《宋代中国学术的荆棘之门：考试的社会史》),韦灵巴勒(Wellingborough)：剑桥大学出版社,1985。

21. Chan,Wing-tsit(陈荣捷)编,*A Source Book in Chinese Philisophy*(《中国哲学资料》),纽约：哥伦比亚大学出版社,1963。

22. Chang, Chung-li（张仲礼）,*The Chinese Gentry：Studies of their Role in Nineteenth-Century Chinese Society*(《中国绅士：19世纪中国社会士绅角色之研究》),西雅图：华盛顿大学出版社,1955。

23. Chaves,Jonathan(乔纳森·夏夫),*Pilgrim of the Clouds*(《云端的香客》),东京：Weatherhill,1978。

24. Chen Hongmou(陈宏谋),《五种遗规》,乾隆八年(1743)刻本,1896年重印。

25. Ch'en,Kenneth(陈观胜),*Buddhism in China：A Historical Survey*(《中国佛教：一种历史的考察》),普林斯顿：普林斯顿大学出版社,1973。

26. Chen Yuan(陈垣),《明季滇黔佛教考》,1940；北京：中华书局,1962年重印。

27. Ch'ien, Edward,*Chiao Hung and the Restructuring of Confucian Orthodoxy*(《焦竑和儒家正统的重构》),纽约：哥伦比亚大学出版社,1986。

28. Chikusa Masaaki(竺沙雅章),《宋代坟寺考》,载于《东洋学报》(*Tōyō gakuhō*),卷61第1—2号第35—66页,1979。

29. Chu Hsi and Lü Tsu-ch'ien(朱熹和吕祖谦),*Reflections on Things at Hand：The Neo-Confucian Anthology*(《近思录》),陈荣捷编译,纽约：哥伦比亚大学,1967。

30. Chü Mi Wiens(居密),《16世纪到18世纪地主和农民的关系》,载于*Modern China*(《现代中国》)卷6第1期第3—39页,1980。

31. Ch'ü,T'ung-tsu（瞿同祖）,*Local Government in China under the Ch'ing*(《清代中国的地方政府》),剑桥,麻省：哈佛大学出版社,1962。

32. Clunas,Craig(克莱格·克鲁那斯),*Superfluous Things：Material Culture and Social Status in Early Modern China*(《奢侈品：近代中国早期的物质文化和社会地位》),剑桥：Polity Press,1991。

33. Davids,Richard(理查德·戴维斯),*Court and Family in Sung China（960—1279)：Bureaucratic Success and Kinship Fortunes for the Shih of Ming-chou*(《宋代中国的朝廷和家族(960—1279)：明州士绅的仕途成功和宗亲财富》),达勒姆(Durham)：北卡罗莱纳大学出版社,1986。

34. de Bary,Wm.(狄百瑞)等编,*Sources of Chinese Tradition*(《中国传统资料集》),两卷,纽约：哥伦比亚大学出版社,1960。

35. 狄百瑞编,*Self and Society in Ming Thought*(《明代思想中的自我和社会》),纽

约:哥伦比亚大学出版社,1970。

36. 狄百瑞,*Neo-Confucian Orthodox and the Learning of the Mind-and-Heart*(《理学正统和心学》),纽约:哥伦比亚大学出版社,1981。

37. de Groot, J. J. M.(德·格罗特),*The Religious System of China : Its Ancient Forms , Evolution , History and Recent Aspect*(《中国的宗教制度:它的古代形式、发展、历史和最近情况》),荷兰莱顿(Leiden):E.J. Brill,1892。

38. 邓之诚,《清史纪事初编》,两卷,1959;香港:中华书局 1976 年重印。

39. Dennerline, Jerry(杰里·登纳林),*The Chia-ting Loyalists*(《嘉定殉难》),纽黑文(New Haven):耶鲁大学出版社,1981。

40. 丁耀亢,《出劫纪略》,1656,载于《明史资料丛刊》,第 2 辑第 13—166 页,南京:江苏人民出版社,1982。

41. Dirks, Nicholas(尼古拉·德克斯),*The Hollow Crown : Ethnohistory of an Indian Kindom*(《空王:一个印度王国的民族史》),剑桥:剑桥大学出版社,1987。

42. 东初,《四明第一山——雪窦禅寺》,收在张曼涛编《中国佛教寺塔史志》,台北:大乘文化出版社,1978。

43. Duara, Prasenjit(杜赞奇),"Superscribing Symbols: The Myth of Guandi, Chinese God of War"(《刻写的符号:中国战神关帝的神话》),载于《亚洲研究杂志》(*JAS*),卷 47 第 4 期第 778—785 页,1988。

44. Eberhard, Wolfram(沃尔弗拉姆·艾伯哈德),*Social Mobility in Traditional China*(《传统中国的社会流动性》),莱顿:E.J. Brill,1962。

45. 艾伯哈德,"Temple-Building Activities in Medieval and Modern China"(《中古和现代中国的建庙活动》),*Monumenta Serica*(《中国丛刊》),卷 23 第 264—318 页,1964。

46. Ebrey, Patricia(伊霈霞)编,*Chinese Civilization and Society : A Sourcebook*(《中国的文明和社会:资料手册》),纽约:自由出版社,1981。

47. 伊霈霞,*Family and Property in Sung China : Yuan Ts'ai's "Precepts for Social Life"*(《宋代中国的家族和财产:袁氏"世范"》),普林斯顿:普林斯顿大学出版社,1981。

48. 伊霈霞,"The Early Stages in the Development of Descent Group Organization",收在伊霈霞和华生(James Watson)编 *Kinship Organization in Late Imperial China*,1000—1940(《中华帝国晚期的宗亲组织,1000—1940》),伯克利:加利福尼亚大学出版社,1987。

49. Elman, Benjamin(艾尔曼),*From Philosophy to Philology : Intellectual and Social Aspects of Change in Late Imperial China*(《从理学到朴学:中华帝国晚期社会和思想变革面面观》),剑桥,麻省:哈佛大学东亚研究会,1984。

50. 方以智，《浮山文集后编》，1666 年刊刻；参中国社会科学院历史研究所清史研究室编《清史资料》，第 6 辑，北京：中华书局，1985。

51. 费孝通，*China's Gentry：Essays in Rural-Urban Relations*（《中国乡绅：城乡关系论文集》），芝加哥：芝加哥大学出版社，1953。

52. 冯从吾，《关学编》，北京：中华书局，1987 年重印。

53. 冯梦龙，《醒世恒言》，香港：中华书局，1978 年重印。

54. 冯梦龙，《智囊补》，1634 年刊本。

55. 傅衣凌，《明清时代商人及商业资本》，北京：人民出版社，1956。

56. 夫马进（Fuma Susumu），《同善会小史——关于明末清初在中国社会福利史上的地位》，载于《史林》（*Shirin*），卷 65 第 4 期第 37—76 页，1982。

57. 夫马进，《善会善堂的发展》，载于小野和子编《明清时代的政治和社会》，京都：京都大学人文研究所，1983。

58. 福征，《憨山大师年谱疏注》，1651 年刊本；台北：真美善出版社，1976 年重印。

59. 高攀龙，《高子遗书》，1632 年刊本；见于《乾坤正气集》，1848。

60. 葛寅亮，参见《金陵梵刹志》。

61. 葛兆光，《禅宗与中国文化》，上海：上海人民出版社，1986。

62. 耿定向，《耿天台先生文集》，1598。

63. Gernet, Jacques（谢和耐），*Les aspects économiques du bouddhisme dans la société chinoise du Ve au Xe siècle*（《15 世纪中国的佛教经济》），[越]西贡：远东法语学校，1956。

64. 谢和耐（Gernet, Jacques），*China and the Christian Impact*（《中国和基督教的冲击》），剑桥：剑桥大学出版社，1985。

65. Glick，Thomas（托马斯·格理克），*Irrigation and Society in Medieval Valencia*（《中古巴伦西亚的灌溉和社会》），剑桥，麻省：哈佛大学出版社，1970。

66. 顾宪成，《四书讲义》，见于《小石山房丛书》，1874。（参台北新文丰出版公司影印《丛书集成续编》，第 33 册。——译注）

67. 顾炎武，《顾亭林诗文集》，北京：中华书局，1983。

68. 顾炎武，《日知录》，1670 年；见于《四部备要》，无出版日期。

69. 顾炎武，《日知录之余》，见于《四部备要》，无出版日期。

70. 顾炎武，《天下郡国利病书》，1662 年刊刻；京都：中文出版社，1975。（参齐鲁书社 1996 年版《四库全书存目丛书》史部第 171—172 册。——译注）

71. 顾炎武，《原抄本日知录》，徐文珊编，台北：明轮出版社，1970。

72. 归有光，《震川先生集》，1675；上海古籍出版社，1981 年重印。

73. Habermas Jürgen（哈贝马斯），*The Structural Transformation of the Public Sphere：An Inquiry into a Category of Bourgeois Society*（《公共领域的结构转型：中产阶级社会分类考察》），托马斯·伯格（Thomas Berger）译，剑桥，麻省：麻省

理工学院出版社,1988。

74. 海瑞,《海瑞集》,北京:中华书局,1962。

75. 海外散人(笔名),《榕城纪闻》(1662);参中国社会科学院历史研究所清史研究室编《清史资料》第 1 辑,北京:中华书局,1980。

76. Handlin, Joanna(乔安娜·韩德林), *Action in Late Ming Thought : The Reorientation of Lü K'un and Other Scholar Officials*(《晚明思想中的行动:吕坤和其他学者官僚的转向》),伯克利:加利福尼亚大学出版社,1983。

77. Hartwell, Robert(罗伯特·哈特威尔), "Demographic, Political, and Social Transformations of China"(《中国的人口统计、政治和社会变迁:750—1550年》),载于《哈佛亚洲研究杂志》(HJAS),卷 42 第 2 期第 365—442 页,1982。

78. 何良俊,《四友斋丛说》,1569 年刊刻,1579 年增补;北京:中华书局,1959 年重印。

79. Hegel, G. W. F.(黑格尔), *The Philosophy of History*(《历史哲学》),1899 年出版,纽约:多佛(Dover),1956 年重印。

80. Ho, Ping-ti(何炳棣), *The Ladder of Success in Traditional China : Aspects of Social Mobility*(《传统中国的进身之阶:社会流动性,1368—1911 年》),纽约:哥伦比亚大学出版社,1962。

81. 洪焕椿,《浙江地方志考录》,北京:科学出版社,1958。

82. 洪焕椿,《浙江方志考》,杭州:浙江人民出版社,1962。

83. 洪亮吉,见《豫文书院志》(1804)条。

84. 洪应明,《菜根谭》,万历年间刊本;上海:振兴出版社,1940。

85. Hsiao, Kung-ch'üan(萧公权), *Rural China : Imperial Control in the Nineteenth Century*(《乡土中国:19 世纪的帝国统治》),西雅图(Seattle):华盛顿大学出版社,1960。

86. Hsü Sung-pen(徐松鹏), *A Buddhist Leader in Ming China : The Life and Thought of Han-shan Te-ch'ing*(《明代中国的佛教领袖:憨山德清的生平与思想》),帕克(Park)大学:宾夕法尼亚大学出版社,1979。

87. Hsün Tzu(荀子), *The Basic Writings of Hsün Tzu*(《荀子集》),伯顿·华生(Burton Waston)译,纽约:哥伦比亚大学出版社,1963。

88. 黄桂兰,《张岱生平及其文学》,台北:文史哲出版社,1977。

89. Huang Liu-hung(黄六鸿), *A Complete Book Concerning Happiness and Benevolence*(《福惠全书》),Djang Chu 译,图森(Tucson):亚利桑那大学出版社,1984。(参北京:北京出版社出版《四库未收书目辑刊》三辑,第 19 册。——译注)

90. 黄敏枝,《宋代佛教社会经济史论集》,台北:学生书局,1989。

91. Huang, Tsung-hsi(黄宗羲), *The Records of Ming Scholars*(《明儒学案》),秦家懿

(Julia Ching)和房兆楹(Chao-ying Fang)译,火奴鲁鲁:夏威夷大学出版社,1987。

92. 黄正元纂辑,《阴骘文图说》,1737 年刊本,1801 年重印。

93. Huang Zongxi(黄宗羲),《明儒学案》,1667 年刊本;上海:商务印书馆,1939 年重印。

94. 黄宗羲,《南雷文定》,台北:世界书局,1964。

95. 黄宗羲,《南雷杂著稿真迹》,吴光编,杭州:浙江人民出版社,1984。

96. Huc,Evariste-Régis(古伯察,1813—1860,法国来华传教士),*A Journey Through the Chinese Empire*(《中华帝国之旅》),两卷,纽约:哈珀(Harper),1855。

97. Hymes, Robert(韩明信),*Statesmen and Gentlemen : The Elite of Fu-Chou, Chiang-Hsi, in Northen and Southern Sung*(《政治家与绅士:南北宋时代福州、江西的精英》),剑桥:剑桥大学出版社,1986。

98. I Song-gyu(李成珪),"Shinsho chihō tō chi no kakuritsu katei to kyō shin"(《清初地方统治的确立过程与乡绅》),两部分,分别载于《明代士之研究》(*Mingdai shi kenkyū*),卷 6 第 25—47 页(1978)和卷 7 第 59—78 页(1979),乔舒亚·福格尔(Joshua Fogel)译,分别载于《清史问题》,卷 4 第 4 期第 1—34 页(1980)和卷 4 第 5 期第 1—31 页(1981)。文献中所引是从日文翻译来的。

99. 计六奇,《明季北略》,1671 年刊本;台北:台湾银行 1969 年重印。(参《台湾文献丛刊》第 275 种。——译注)

100.《江苏省明清以来碑刻资料选集》,北京:三联书店,1987。

101. 见月读体,《一梦漫言》,莆田广化寺,1987 年重印。(参青岛湛山寺印本。——译注)

102. 焦竑,《支谈》,宝颜堂秘籍本,万历年间刊刻。(参台湾新文丰出版公司印行《丛书集成新编》第 21 册。——译注)

103. Kaltenmark,Max(马克斯·卡尔藤马克),*Lao Tzu and Taoism*(《老子和道教》),斯坦福:斯坦福大学出版社,1969。

104. Knowles,David(大卫·诺尔斯),*The Religious Orders of England*(《英国的宗教法令》),两卷,剑桥:剑桥大学出版社,1961。

105. Krieder,Alan(阿兰·克里德),*English Chantries : The Road to Dissolution*(《英国小教堂:大解散之路》),剑桥麻省:哈佛大学出版社,1979。

106. Kuhn,Philip(孔飞力),*Rebellion and Its Enemies in Late Imperial China : Militarization and Social Struction*,1796—1864(《中华帝国晚期的叛乱及其敌人:军事化和社会结构,1796—1864》),剑桥,麻省:哈佛大学出版社,1970。

107. 孔飞力,"Self-Government under the Republic"(《共和国下的自治政府》),收在魏斐德(Frederic Wakeman)和卡罗琳·格兰特(Carolyn Grant)编 *Conflict and Control in Late Imperial China*(《中华帝国晚期的冲突与控制》),伯克利:

加利福尼亚大学出版社,1975。

108. Kuribayashi Nobuo(栗林宣夫),《中国里甲制度研究》,东京:文立书院(Bunri shoin),1971。

109. 郎瑛,《七修类稿》,1566年后刊;北京:中华书局,1959年重印。

110.《李氏族谱》,1740。

111. 李邺嗣,《杲堂文钞》,见于《四明丛书》,1932。

112. 李邺嗣,《甬上高僧诗》,1678;见于《四明丛书》,1932。

113. 李渔,《资治新书》,1663。

114. 李渔,《资治新书二集》,1667。

115. 李乐,《见闻杂记》,1601,还有两卷附录,1612;上海古籍出版社,1986年重印。

116. 李贽,《初潭集》,1588;北京:中华书局,1974年重印。

117. 李贽,《焚书》,1590;与《续焚书》合刊,北京:中华书局,1975年重印。

118. 李贽,《藏书》,1599;四卷,北京:中华书局,1974年重印。

119. 李贽,《续焚书》,1618;与《焚书》合刊,北京:中华书局,1975年重印。

120. 梁启超, *Intellectual Trends in the Ch'ing Period*(《清代的思想趋向》),余伊曼 (Immanuel Hsü)译,剑桥,麻省:哈佛大学出版社,1959。

121. 梁其姿,《明末清初民间慈善活动的兴起》,载于《食货》月刊,卷15第7—8期第 52—79页,1986。

122. 林兆恩,《三教合一大旨》,收入《三教正宗统论》,1597。("统"字原作"通",今校 改,参北京出版社《四库禁毁书丛刊》子部第17—18册。——译注)

123. 林兆恩,《三教无遮大会》,收入《林子全书》,1666。(参北京出版社《四库禁毁书 丛刊》子部第17—18册。——译注)

124. 林兆恩,《真我昌言》,收入《林子全书》,1606。("昌"字原作"常",今校改,参北 京出版社《四库禁毁书丛刊》子部第17—18册。——译注)

125. Leif Littrup(雷夫立), *Subbureaucratic Government in Ming Times: A Study of Shandong Province in the Sixteenth Century*(《明代的地方官僚政府:16世纪山 东省研究》),Oslo: Universitetsforlaget,1981。

126. Luo Kuan-chung(罗贯中), *Three Kingdoms*(《三国》),摩斯·罗伯特(Moss Robert)译,纽约:巴蒂恩(Pantheon),1976。

127. 罗贯中,《三国演义》,北京:人民文学出版社,1973。

128. 陆陇其,参见《灵寿县志》,1685。

129. 陆树声,《陆文定公集》,1616。

130. 卢湛,《关帝圣迹图志》,1693年刊本,1801年重印。

131. 吕景琳,《李贽与明末三教合一思潮》,载于《中国文化集刊》,第1辑,上海:复 旦大学出版社,1984。

132. 吕坤,《养正遗规》,参《五种遗规》,1743。

133. Madan, G. (马旦), *Western Sociologists on Indian Society：Marx，Spencer，Weber，Durkheim，Pareto*(《研究印度社会的西方社会学家：马克思、斯宾塞、韦伯、杜克海姆、帕累托》),伦敦：Routledge and Kegan Paul,1979。

134. 牧里巽(Makino Tatsumi),《宗祠及其发展》,载于《东方学报》(*Tōhō gakuhō*),卷 9 第 173—250 页,1939。

135. Mann,Susan(苏姗·曼恩), *Local Merchants and the Chinese Bureaucracy*, 1750—1950(《地方商人与中国官僚政治,1750—1950》),斯坦福：斯坦福大学出版社,1987。

136. Marshall, P., and Glwndyr Williams(马歇尔和格鲁德·威廉), *The Great Map of Mankind：British Perceptions of the World in the Age of Enlightenment* (《人类大地图：启蒙时代英国看世界》),伦敦：吉姆登特(J. M. Dent),1982。

137. 马克思、恩格斯, *On Colonialism* (《论殖民主义》),纽约：国际出版公司 (International Publishers),1972。

138. McMorran,Ian(伊恩·美克慕兰), "Wang Fu-chih and the Neo-Confucian Tradition"(《王夫之与理学传统》),收在狄百瑞编《理学的展开》(*The Unfolding of Neo-Confucianism*),纽约：哥伦比亚大学出版社,1975。

139. Meskill,Joanna(乔安娜·梅斯基尔), *A Chinese Pioneer Family*(《中国的拓荒家族》),普林斯顿：普林斯顿大学出版社,1979。

140. Meskill, John (约翰·梅斯基尔), "Academies and Politics in the Ming Dynasty"(《明代的书院和政治》),收在贺凯(Charles Hucker)编《明代的中国政府》(*Chinese Government in Ming Dynasty*),纽约：哥伦比亚大学出版社,1969。

141. 约翰·梅斯基尔, *Academies in Ming China* (《中国明代的书院》),图森 (Tucson)：阿利桑那大学出版社,1982。

142. 密藏道开,《藏逸经书》,1600 年刊;收入《松邻丛书甲编》,1918。

143. Michibata Ryō shū(道端良秀),《中国佛教与社会福利事业》,京都：法藏馆(Hō s ō kan),1967。

144. Miller, Robert (罗伯特·米勒), *Monasteries and Culture Change in Inner Mongolia*(《内蒙古的寺院与文化变革》),Weisbaden：Otto Harrassowitz,1957。

145. Min Tu-ki(闵斗基), *National Polity and Local Power：The Transformation of Late Imperial China*(《国家政治与地方权力：中华帝国晚期的转型》),孔飞力和卜正民编,剑桥,麻省：哈佛大学东亚研究会,哈佛大学,1989。

146.《明史》,1736;北京：中华书局,1974 年重印。

147.《明代思想史》,台北：开明书局,1962。

148.《明律集解附例》,1908 年重印。

149. Naquin,Susan,and Evelyn Rawski(韩书瑞和伊芙琳), *Chinese Society in the Eighteenth Century*(《18 世纪的中国社会》),纽黑文：耶鲁大学出版社,1987。

150. Okuzaki Hiroshi(奥崎裕司),《中国乡绅地主研究》,东京:汲古书院(Kyū ko shoin),1978。

151. Overmyer, Daniel (欧 大 年), *Folk Buddhism: Dissenting Sects in Late Traditional China*(《民间佛教:传统中国晚期歧出的教派》),剑桥,麻省:哈佛大学出版社,1989。

152. 彭绍升,《居士传》,乾隆年间(1776)刻本。

153. Perdue, Peter (彼 得 · 珀 杜), *Exhausting the Earth: State and Peasant in Hunan*,1500—1800(《耗尽土地:国家与湖南农民,1500—1800》),剑桥,麻省:东亚研究会,哈佛大学,1987。

154. Peterson, Willard(韦拉德·彼得森),"The Life of Ku Yen-wu"(《顾炎武的一生》),两部分,分别载于《哈佛亚洲研究杂志》(HJAS),卷 28 第 114—156 页 (1968)、卷 29 第 201—241 页(1969)。

155. 韦拉德·彼得森,*The Bitter Gourd*(《苦果:方以智与思想变迁的动力》),纽黑文:耶鲁大学出版社,1979。

156. Prip-Møller,Johannes(普里普·摩勒),*Chinese Buddhist Monasteries*(《中国的佛教寺院》),哥本哈根:Gads Forlag,1937。

157. 钱启忠,《清溪遗稿》,1678;《四明丛书》重印,1940。

158. 全祖望,《鲒埼亭集》,1803;《四部丛刊》重印,上海:商务印书馆,1965。

159. Rankin,Mary(玛丽·兰金),*Elite Activism and Political Transformation in China*,1865—1911(《中国的精英活动与政治转型:浙江省,1865—1911》),斯坦福:斯坦福大学出版社,1986。

160. 玛丽·兰金,"The Origins of the Chinese Public Sphere: Local Elites and Community Affairs in the Late Imperial Period"(《中国公共领域的起源:帝制晚期的地方精英与公共事务》),载于《中国研究》(*études chinoises*),卷 9 第 2 期第 13—60 页,1990。

161. Ricci,Matteo(利玛窦),*Fonti Ricciane*(《利玛窦文集》)。

162. Rowe,William(威廉·罗伊),*Hankow: Conflict and Community in a Chinese City*,1796—1895(《汉口:一个中国城市的冲突与社群,1796—1895》),斯坦福:斯坦福大学出版社,1989 年。

163. 威廉·罗伊,"The Public Sphere in Modern China"(《现代中国的公共领域》),载于《现代中国》(*Modern China*),卷 16 第 3 期第 309—329 页,1990。

164. Sakai Tadao(酒井忠夫),《中国善书之研究》,东京:弘文堂(Kō bundō),1960。

165. 酒井忠夫,"Confucianism and Popular Educational Works"(《儒学与大众教育工作》),收入狄百瑞编《明代思想中的自我与社会》(*Self and Society in Ming Thought*),纽约:哥伦比亚大学出版社,1970。

166. Sargent,Galen(加伦·萨尔让),*Tchou Hi contre le bouddhisme*(《朱熹的排

佛》)巴黎:Imprimerie nationale,1955。

167. Satō Akira(佐藤明),《前近代中国地方社会构图——以南宋江南东西路为中心》,载于《中国历史研究》(*Studies in Chinese History*),第 1 期第 173—190 页,1991。

168. Sawada Mizuho(泽田瑞穗),《宝卷の研究》,1963,东京:国书刊行会,(Kokusho kankō kai)1975 年修订本。

169. Schipper,Kristofer(施舟人),"Neighborhood Cult Associations in Traditional Tainan"(《旧台南的街坊祀神社》),收在施坚雅(G. William Skinner)编 *The City in Late Imperial China*(《中华帝国晚期的城市》),斯坦福:斯坦福大学出版社,1977。

170. Schoppa,Keith(萧邦齐),*Chinese Elites and Political Change*(《中国精英和政治变革:20 世纪初浙江省》),剑桥,麻省:哈佛大学出版社,1982。

171. Scott,Joan Wallach(乔恩·沃勒克·斯考特),*Gender and Politics of History*(《性别与历史上的政治》),纽约:哥伦比亚大学出版社,1988。

172. 《僧尼孽海》,万历年间刊。

173. 山东师范大学编,《清实录山东史料选》,济南:齐鲁书社,1984。

174. 上海博物馆编,《上海碑刻资料选集》,上海:上海人民出版社,1980。

175. 沈榜,《宛署杂记》,1593 年刊;北京:北京古籍出版社 1980 年重印(参北京古籍出版社,1983 年 12 月版。——译注)。

176. 《神宗实录》,南京:梁鸿志,1940。(参台北:中央研究院语言研究所影印本《明实录》第 51—59 册。——译注)

177. Shiba Yoshinobu(斯波义信),*Commerce and Society in Sung China*(《中国宋代的商业和社会》),马克·埃尔文(Mark Elvin)译,安阿伯(Ann Arbor):密歇根大学,中国研究中心,1970。

178. 斯波义信,"Ningbo and its Hinterland"(《宁波及其腹地》),收入施坚雅编《中华帝国晚期的城市》,斯坦福:斯坦福大学出版社,1977。

179. 斯波义信和山根幸夫(Yamane Yukio),*Markets in China During the Sung, Ming, and Ch'ing Periods*(《宋明清时期的中国市场》),藤刚沃克(Wake Fujioka)和松田贡(Mitsugu Matsuda)译,火奴鲁鲁:东西方哲学中心,1967。

180. Shigeta,Atsushi(重田德),"The Origins and Structure of Gentry Rule"(《士绅统治的起源和结构》),收在琳达·格罗夫(Linda Grove)和克里斯汀·丹尼尔(Christian Daniels)编 *State and Society in China : Japanese Perspectives on Ming-Qing Social and Economic History*(《中国的国家和社会:日本人研究明清社会经济史》),东京:东京大学出版社,1984。

181. Shimada Kenji(岛田虔次),《中国近代思想的挫折》,东京:筑摩书房,1970。

182. Shryock,John(约翰·施赖奥克),*The Temples of Anking and their Cults*(《安

庆的寺庙及其祭祀》)，巴黎：Paul Geuthner，1931。

183. 《四库全书总目》，1772，台北影印。

184. Smith, Joanna Handlin(乔安娜·汉德琳·史密斯)，"Benevolent Societies：The Reshaping of Charity During the Late Ming and early Qing"(《慈善团体：明末清初慈善事业的重塑》)，载于《亚洲研究杂志》(JAS)，卷 46 第 2 期第 309—337 页，1987。

185. Spence, Jonathan(史景迁)，*The Death of Woman Wang*(《妇人王氏之死》)，哈蒙兹沃斯(Harmondsworth)，彭古因(Penguin)，1978。

186. 史景迁，*The Memory Palace of Matteo Ricci*(《利玛窦的记忆之宫》)，哈蒙兹沃斯，彭古因，1984。

187. Strand, David(戴维·施特兰德)，"Protest in Beijing：Civil Society and Public Sphere in China"(《北京的抗议：中国市民社会和公共领域》)，载于《共产主义问题》(*Problems of Communism*)，卷 39 第 3 期第 1—19 页，1970。

188. Struve, Lynn(林恩·施特鲁韦)，"The Early Ch'ing Legacy of Huang Tsung-hsi"(《清初黄宗羲的思想遗产》)，载于《亚洲专刊》(Asia Major)，第 3 辑，卷 1 第 1 期第 83—122 页，1988。

189. 苏伯衡，《苏平仲文集》，1442 年刊本；《四部丛刊》，1929 年重印。

190. 汤显祖，《汤显祖集》，四卷，上海：上海人民出版社，1973。

191. 《法华经》，Bunno Kato 等译，东京：Weatherhill，1975。

192. 东亚同文会，《山东及胶州湾》，东京：博文馆(Hakubunkan)，1914。

193. 常盘大定，《支那佛教史迹踏查记》，1942；东京：1972 年重印。

194. Tsur, Nyok-ching，"Forms of Business in the City of Ningpo in China"(《中国宁波城商业的形式》)，Peter Schran 译，1909 年在德国初版；英译版收在《中国社会和人类学》(*Chinese Society and Anthropology*)，卷 15 第 4 期，1983。

195. Tsurumi, Naohiro(鹤见尚广)，"Rural Control in the Ming Dynasty"(《明代的乡村统治》)，卜正民和詹姆斯·科尔(James Cole)译，收入琳达·格罗夫和克里斯汀·丹尼尔编《中国的国家与社会：日本人研究明清社会经济史》，东京：东京大学出版社，1984。

196. 屠隆，《白榆集》，1600；台北：外文图书出版社，1977 年重印。

197. 屠隆，《娑罗馆清言》，1600；《丛书集成》，1936 年版。

198. Twitchett, Denis(崔瑞德)，"The Fan Clan's Charitable Estate, 1050—1760"(《范氏家族的义庄，1050—1760》，收在倪维森(David Nivison)和芮沃寿(Arthur Wright)编，《行动中的儒学》)，斯坦福：斯坦福大学出版社，1959。

199. Wakeman, Frederic, Jr(魏斐德)，"The Price of Autonomy：Intellectuals in Ming and Ch'ing Politics"(《自治的代价：明清政治思想》)，载于《代达罗斯》(*Daedalus*)，卷 101 第 2 期第 35—70 页，1972。

200. 魏斐德，"Romantics, Stoics, and Martys in Seventeenth-Century China"，载于《亚洲研究杂志》(JAS)，卷 43 第 4 期第 631—666 页，1984。

201. 魏斐德，*The Great Enterprise: The Manchu Reconstruction of Order in Seventeenth-Century China*(《洪业：17 世纪满洲人重建帝国秩序》)，两卷，伯克利：加利福尼亚大学出版社，1985。

202. Waltner, Ann(安·瓦特纳)，"T'an-yang-tzu and Wang Shih-chen: Visionary and Bureaucrat in Late Ming"(《昙阳子和王世贞：晚明的空想家和官僚》)，载于《晚期帝制中国》(*Late Imperial China*)，卷 8 第 1 期第 105—133 页，1987。

203. Walton, Linda(琳达·瓦尔顿)，"Kinship, Marriage, and Status in Song China: A Study of the Lou Lineage of Ningbo"(《宋代中国的宗亲关系、婚姻和地位：宁波楼氏家族考，1050—1250》)，载于《亚洲历史杂志》(*Journal of Asian History*)，卷 18 第 1 期第 35—77 页，1984。

204. 万言，《管邨文钞》，四明丛书，1940。(参台湾新文丰出版公司印行《丛书集成续编》，第 190 册。——译注)

205. 王弘撰，《山志》，1788；京都：朋友书店，1975 年重印。(参北京：中华书局 1999 年 9 月版。——译注)

206. 王畿，《王龙溪先生全集》，1822；台北：华文书局，1970 年重印。

207. 王守仁，参见王阳明注。

208. 王嗣奭，《读易增校》，香港：译文印书馆，1972。

209. 王嗣奭，《管天笔记外编》，四明丛书，1932。(参台湾新文丰出版公司印行《丛书集成续编》，第 17 册，约园刊本。——译注)

210. 王维德，《林屋民风》，1713。(参济南：齐鲁书社 1996 年版《四库全书存目丛书》，史部第 239 册。——译注)

211. 王阳明，《传习录》，陈荣捷译，纽约：哥伦比亚大学出版社，1963。

212. 王阳明，《王阳明全集》，东京：明德出版社，1982。(参上海古籍出版社 1992 年 12 月版《王阳明全集》。——译注)

213. 王之春，《船山公年谱》，1893 年刊刻；衡阳：衡阳市博物馆，1975 年重印。

214. Weber, Max(马克斯·韦伯)，*Economy and Society: An Outline of Interpretive Sociology*(《经济与社会：解释社会学大纲》)，冈瑟·罗思(Guenther Roth)和克劳斯·维蒂希(Claus Wittich)编，伯克利：加利福尼亚大学出版社，1978。

215. 马克斯·韦伯，*The Religion of China*(《中国的宗教》)，纽约：麦克米兰(Macmillan)，1964。

216. 马克斯·韦伯，*The Sociology of Religion*(《宗教的社会学》)，波士顿：Beacon，1964。

217. 魏勷，《关圣陵庙纪略》，1704。

218. Welch, Holmes(霍姆斯·韦尔慈)，*The Practice of Chinese Buddhism*(《中国佛

教的实践》)，剑桥，麻省：哈佛大学出版社，1967。

219. 闻均天，《中国保甲制度》，上海：商务印书馆，1936。

220. 翁方纲，《王雅宜年谱》，《吴中文献小丛书》，1939。

221. Will, Pierre-tienne(魏丕信)，*Bureaucractie et famine en China au 18 me siècle*(《18 世纪中国的官僚制度和荒政》)，巴黎：Mouton，1980。

222. 魏丕信和王国斌（R. Bin Wong），*Nourish the People: the State Civilian Granary System in China*, 1650—1850(《养育人民：中国国民粮仓系统，1650—1850》)，安阿伯：密歇根大学，中国研究中心，1992。

223. Wittfogel, Karl(魏特夫)，*Oriental Despotism: A Comparative Study of Total Power*(《东方专制主义：对极权的一种比较研究》)，纽黑文：耶鲁大学出版社，1957。

224. Wu Pei-yi(吴培仪)，"An Ambivalent Pilgrim to T'ai Shan in the Seventeenth Century"(《17 世纪去泰山的茫然的香客》)，收入韩书瑞和于君芳(Chün-fang Yü)编 *Pilgrims and Sacred Sites in China*(《中国的香客和圣地》)，伯克利：加利福尼亚大学出版社，1992。

225. 吴因明，《晚明江南佛学风气与文人画》，收入张曼涛编《明清佛教史篇》，台北：大乘文化出版社，1977。

226. 吴智和，《明代僧家文人对茶推广之贡献》，台北：1980。(原载《明史研究专刊》，1980 年 9 月第 3 期。——译注)

227. 吴尊，《初士录》，明刊本。

228. 显承如海，《参学知津》，1827 年刊本，1876 年重印。

229. 谢国桢，《晚明史籍》，北京：国立北平图书馆，1933。

230. 谢国桢，《明清之际党社运动考》，北京：中华书局，1982。

231. 许道龄，《北平庙宇通检》，北京：国立北平研究院总办事处，1936。

232. 徐弘祖，《徐霞客游记》，1642；上海古籍出版社，1980 年重印，三册。

233. 徐学聚纂辑，《国朝典汇》，1624。

234. 徐一夔，《始丰稿》，1390 年代；《武林往哲遗著》刊本，1984。

235. 颜元，《存人编》，1705；《畿辅丛书》刊本，1879。

236. Yang, C. K.(杨庆堃)，*Religion in Chinese Society*(《中国社会中的宗教》)，伯克利：加利福尼亚大学出版社，1967。

237. Yang Hsüan-chih(杨衒之)，*A Record of Buddhist Monasteries in Loyang*(《洛阳伽蓝记》)，王易通(Yi-t'ung Wang)译，普林斯顿：普林斯顿大学出版社，1983。

238. 杨世沅编，《句容金石集》，1908。

239. 叶春及，《惠安政书》，1573；《石洞文集》，万历年间刊。

240. 叶梦珠，《阅世编》，《上海丛书》，1935 年刊本；上海：上海古籍出版社，1981 年重印。

241. 叶舟甫编,《歙县金石志》,1936。

242. Yü,Chün-fang(于君芳),"Chu-hung and Lay Buddhism in the Late Ming"(《云栖袾宏和晚明居士佛教》),收入狄百瑞编《新儒家思想的展开》,纽约：哥伦比亚大学出版社,1975。

243. 于君芳,*The Renewal of Buddhism in China：Chu-hung and the Late Ming Synthesis*(《中国佛教的复兴：云栖袾宏和晚明融合思潮》),纽约：哥伦比亚大学出版社,1981。

244. 于君芳,"P'u-t'o Shan：Pilgrimage and the Creation of the Chinese Potalaka"(《普陀山：朝圣和中国观音道场的创立》),收入韩书瑞和于君芳编《中国的香客和圣地》,伯克利：加利福尼亚大学出版社,1992。

245. 虞淳熙,《胜莲社约》,万历年间,《武林掌故丛编》刊本,1886 年重印。

246. 余继登,《典故纪闻》,1601;北京：中华书局 1981 年重印。

247. 于慎行,《谷山笔尘》,1613;北京：中华书局 1984 年重印。

248. 喻松青,《明清时代民间的宗教信仰和秘密结社》,载于《清史研究集》,第一辑,北京：中国人民大学出版社,1980。

249. 余象斗,《万用正宗》,1599。

250. 袁长极、郑洪文、邱艾生,《清代山东水旱自然灾害》,收入《山东史志资料》,第二辑,济南：山东人民出版社,1982。

251. 袁宏道,《袁宏道集笺校》,上海古籍出版社,1981。

252.《元史》,1370;北京：中华书局 1976 年重印。

253. 云栖袾宏,《云栖法汇》,1897。

254. 云栖袾宏,《云栖纪事》。

255. 曾羽王,《乙酉笔记》(1645),收在《清代日记汇抄》中;上海：上海人民出版社,1982 年重印。

256. 张潮,《虞初新志》,1683;上海：商务印书馆重印,无日期。(参北京：文学古籍刊行社,1954 年版。——译注)

257. 张岱,《琅嬛文集》,1877 年初版;台北：淡江书局,1956 年重印。

258. 张岱,《西湖梦寻》,1671 年;杭州,重印。

259. 张岱,《三不朽图赞》,1680 年;1918 年重印。

260. 张岱,《陶庵梦忆》,康熙年间刊本;上海：上海杂志公司,1936 年重印。

261. 张岱,《石匮书后集》,上海：中华书局,1959。

262. 张岱,《夜航船》,杭州：浙江人民出版社,1987。

263. 张海鹏和王廷元编,《明清徽商资料选编》,合肥：黄山书社,1985。

264. 张瀚,《松窗梦语》,1593;《武林掌故丛编》刊本,1897 年重印。

265. 张景春,《吴中人物志》,1570。

266. 张农,《家训》,收在张瑛编《感应篇家训良方合刊》,上海,1915。

267. 张显清，《明代缙绅地主简论》，载于《中国史研究》，1984 年第 2 期。

268. 张镇，《关帝志》，1756；台北：文星书店 1965 年重印。

269. 赵吉士，《寄园寄所寄》，1695。（参济南：齐鲁书社 1996 年版《四库全书存目丛书》子部第 155 册。——译注）

270. 周容，《春酒堂遗书》，《四明丛书》刊本，1932。

271. 周天度，《通俗编》，1751。

272. 朱廷立，《家礼节要》，1536。

273. 朱彝尊，《日下旧闻》，1688。

274. Zurndorfer, Harriet（哈丽特·鲁道夫），*Change and Continuity in Chinese Local History: The Development of Hui-chou Prefecture, 800 to 1800*（《中国地方史沿革：徽州府的发展，800—1800》），莱顿：E.J. Brill，1989。

引用的地方志

（包括山志和寺志，按志名拼音排序，采用中国习惯的古籍纪年。）

1.《安丘县志》，万历十七年(1589)刊本。

2.《安溪县志》，嘉靖三十一年(1552)刊本。

3.《阿育王山志》，万历四十七年(1619)刊本。

4.《宝应县图经》，道光二十八年(1848)刊本。

5.《辩利院志》，乾隆三十年(1765)刊本。道光十年(1830)重印。

6.《钵池山志》，民国九年(1920)刊本。

7.《波罗外纪》，嘉庆十年(1805)刻本。

8.《沧浪小志》，康熙三十五年(1696)刻本。

9.《曹溪通志》，又名《南华寺志》，康熙十一年(1672)刻本。

10.《长庆寺志》，嘉庆五年(1800)刻本。

11.《大昭庆律寺志》，光绪八年(1882)刻本。

12.《大别山志》，同治十三年(1874)刻本。

13.《大名府志》，正德元年(1506)刻本。

14.《当阳县补续志》，光绪十五年(1889)刻本。

15.《当阳县志》，同治五年(1866)刻本。

16.《邓尉圣恩寺志》，顺治元年(1644)刻本。

17.《鼎湖山志》，康熙五十年(1711)刊本。康熙五十六年(1717)重印。

18.《鼎湖外纪》，康熙二十九年(1690)刻本。

19.《东流县志》，嘉庆二十三年(1818)刻本。

20.《东山志》，万历四年(1576)刻本。

21.《方广岩志》，万历四十年(1612)刻本。

22. 《方广岩志》,光绪十一年(1885)刻本。

23. 《福清县志》,乾隆十二年(1747)刻本。

24. 《浮山志》,康熙十九年(1680)刻本。同治十二(1873)年重印。

25. 《高城县志》,康熙三十七年(1698)刻本。

26. 《高要县志》,道光六年(1826)刻本。

27. 《广雁荡山志》,乾隆五十五年(1790)刻本。

28. 《广平县志》,康熙十五年(1676)刻本。

29. 《光孝寺志》,民国二十四年(1935)刊本。

30. 《贵池县志》,光绪九年(1883)刻本。

31. 《鼓山志》,万历三十六年(1608)刻本。

32. 《海盐县图经》,天启四年(1624)刻本。

33. 《寒山寺志》,民国元年(1911)印行。

34. 《鹤林寺志》,万历二十八年(1600)刻本。

35. 《弘慈广济寺新志》,康熙四十三年(1704)刻本。

36. 《华峰山寺》,光绪二十六年(1900)刻本。

37. 《怀柔县志》,万历三十二年(1604)刻本。

38. 《黄山志定本》,康熙十八年(1679)刻本。

39. 《黄堂隆道宫志》,道光二十年(1840)刻本。

40. 《华银山志》,同治四年(1865)刊本。

41. 《华阴县志》,万历四十二年(1614)刻本。

42. 《华阴县志》,乾隆五十三年(1788)刻本。民国十七年(1928)重印。

43. 《华阴县志》,同治四年(1865)刻本。

44. 《惠安县志》,嘉靖九年(1530)刻本。

45. 《惠安县志》,嘉庆八年(1803)刻本。

46. 《慧力寺志》,光绪二十一年(1895)刻本。

47. 《慧因寺志》,天启七年(1627)刻本。光绪七年(1881)重印。

48. 《霍山志》,崇祯十七年(1644)刻本。道光四年(1824)重印。

49. 《虎丘山志》,乾隆三十二年(1767)刻本。

50. 《建安县志》,乾隆五十二年(1713)刻本。

51. 《建德县志》,道光五年(1825)刻本。

52. 《江陵县志》,乾隆五十九年(1794)刻本。

53. 《江南通志》,乾隆二年(1737)刻本。

54. 《江浦县志》,康熙二十三年(1684)刻本。(《重修江浦县新志》,康熙二十四年 [1685]。)

55. 《江心寺志》,康熙四十六年(1707)刻本。

56. 《建宁府志》,嘉靖二十年(1541)刻本。

57.《嘉善县志》,康熙十六年(1677)刻本。

58.《嘉兴府志》,道光二十年(1840)刻本。

59.《即墨县志》,乾隆二十九年(1764)刻本。

60.《即墨县志》,同治十一年(1872)刻本。

61.《净慈寺志》,光绪十四年(1888)刻本。

62.《京口三山志》,正德七年(1512)刻本。

63.《京口三山志》,万历四十年(1612)刻本。

64.《荆门州志》,乾隆十九年(1754)刻本。

65.《晋江县志》,乾隆三十年(1765)刻本。

66.《金陵大报恩寺塔志》,民国二十六年(1937)刊印。

67.《金陵梵刹志》,万历三十五年(1607)刻本。民国二十五年(1936)重印。

68.《金山寺志》,乾隆二十年(1762)刻本。

69.《金山志略》,康熙二十年(1681)刻本。

70.《九华山志》,光绪二十六年(1900)刊印。

71.《开州志》,康熙十三年(1674)刻本。

72.《莱州府志》,民国二十八年(1939)刊印。

73.《琅琊山志》,民国十四年(1925)刊本。

74.《老山志》,顺治年间(1644—1661)刻本。

75.《理安寺志》,乾隆二十七年(1762)刻本。光绪四年(1878)重印。

76.《溧水县志》,万历七年(1579)刻本。

77.《灵寿县志》,康熙二十四年(1685)刻本。

78.《灵岩志》,康熙三十五年(1696)刻本。

79.《灵隐寺志》,康熙十二年(1672)刻本。

80.《临江府志》,同治十年(1871)刊印。

81.《临朐县志》,嘉靖三十一年(1552)刻本。

82.《龙溪县志》,乾隆二十七年(1762)刻本。

83.《龙兴祥福戒坛寺志》,光绪二十年(1894)重印。

84.《娄县志》,乾隆五十三年(1788)刻本。

85.《滦州志》,嘉庆十五年(1810)刻本。

86.《罗川志》,嘉靖二十四年(1545)刻本。

87.《罗浮山志会编》,康熙五十六年(1717)刻本。

88.《罗浮野乘》,崇祯十七年(1644)之后刊刻。

89.《庐山志》,康熙五十八年(1719)刻本。民国四年(1915)重印。

90.《南通州五山全志》,乾隆十六年(1751)刻本。

91.《南宫县志》,嘉靖三十八年(1559)刻本。

92.《南屏净慈寺志》,万历四十三年(1615)刻本。

93.《内乡县志》,成化二十一年(1485)刻本。

94.《宁波府志》,雍正十一年(1733)刻本。道光二十六年(1846)重印。

95.《宁德县志》,万历十九年(1591)刻本。

96.《宁海县志》,崇祯五年(1632)刻本。

97.《宁化县志》,康熙二十三年(1684)刻本。

98.《宁津县志》,康熙十八年(1679)刻本。

99.《牛首山志》,万历七年(1579)刻本。

100.《盘山志》,康熙三十五年(1696)刻本。

101.《番禺县志》,同治十年(1871)刻本。

102.《平山揽胜志》,乾隆七年(1742)刻本。

103.《平山堂图志》,乾隆十三年(1748)刻本。

104.《平原县志》,乾隆十三年(1748)刻本。

105.《破山兴福志》,崇祯十五年(1642)刻本。

106.《莆田县志》,乾隆二十二年(1757)刻本。民国十五(1926)年重印。

107.《普陀山志》,康熙四十三年(1704)刻本。

108.《黔灵山志》,康熙四十四年(1705)刻本。

109.《齐河县志》,乾隆二年(1737)刻本。

110.《清凉山志》,万历二十四年(1596)刻本。顺治十八年(1661)、康熙四十年(1775)重印。

111.《青阳县志》,光绪十七年(1891)刻本。

112.《清远县志》,康熙十六年(1677)刻本。

113.《青原志略》,康熙八年(1669)刻本。

114.《青州府志》,嘉靖四十四年(1565)刻本。

115.《七塔寺志》,民国二十六年(1937)刊行。

116.《丘县志》,万历三年(1575)刻本。

117.《栖霞山志》,1962年刊印。

118.《栖霞寺志》,康熙四十三年(1704)刻本。

119.《栖霞小志》,光绪十年(1884)刻本。

120.《曲江县志》,光绪二年(1876)刻本。

121.《瑞安县志》,嘉庆十四年(1809)刻本。

122.《上天竺讲寺志》,光绪二十三年(1897)重印。

123.《山西通志》,康熙二十一年(1682)刻本。

124.《摄山志》,乾隆五十五年(1790)刻本。

125.《石城山志》,民国七年(1918)刊印。

126.《寿宁待志》,崇祯十年(1637)刻本。福州:福建人民出版社,1983年重印。

127.《寿宁县志》,康熙二十五年(1686)刻本。

128. 《四明山志》，民国二十五年(1936)刊印。

129. 《嵩书》，万历四十年(1612)刻本。

130. 《松江府志》，正德七年(1512)刻本。

131. 《睢州志》，康熙三十二年(1693)刻本。

132. 《太姥山志》，光绪十五年(1889)刻本。

133. 《潭柘山岫云寺志》，光绪九年(1883)刻本。

134. 《天宁寺图》，乾隆四十八年(1783)刻本。

135. 《天台山游览志》，民国二十六年(1937)刊印。

136. 《天童寺志》，崇祯六年(1633)刻本。

137. 《天童寺志》，嘉庆十六年(1811)刻本。

138. 《天童寺续志》，民国十九年(1920)刻本，

139. 《铜陵县志》，民国二十九年(1930)刊行。

140. 《完县志》，雍正十年(1732)刻本。

141. 《文县志》，光绪二年(1876)刻本。

142. 《五莲山志》，康熙二十年(1681)刻本。

143. 《武林梵志》，乾隆四十五年(1780)刻本。

144. 《吴山城隍庙志》，光绪四年(1878)刻本。

145. 《乌石山志》，道光二十三年(1843)刻本。

146. 《西天目祖山志》，光绪二年(1876)刻本。

147. 《香山县志》，乾隆十四年(1750)刻本。

148. 《湘山志》，康熙四十七年(1708)刻本。咸丰三年(1853)重印。

149. 《香岩略纪》，乾隆十一年(1746)刻本。

150. 《先觉寺志略》，康熙四十四年(1705)刻本。

151. 《仙霞志略》，康熙三十四年(1695)刻本。

152. 《西湖山志》，民国十三年(1924)印行。

153. 《兴国州志》，嘉靖三十三年(1554)刻本。

154. 《新河县志》，康熙十八年(1679)刻本。

155. 《新会县志》，道光二十年(1840)刻本。

156. 《秀山志》，乾隆三十七年(1772)刻本。

157. 《西溪梵隐志》，顺治八年(1651)刻本。

158. 《阳江县志》，道光二年(1822)刻本。

159. 《仰山乘》，万历三十九年(1611)刻本。

160. 《雁荡山志》，嘉靖五年(1526)刻本。万历二十九年(1601)重印。

161. 《兖州府志》，万历二十四年(1596)刻本。

162. 《尧峰山志》，崇祯十一年(1638)刻本。

163. 《冶父山志》，民国二十五年(1936)刊印。

164.《英德县续志》,民国二十年(1931)刊印。

165.《鄞县通志》,民国二十六年(1937)刊印。

166.《鄞县志》,乾隆五十三年(1788)刻本。

167.《永福县志》,乾隆十三年(1749)刻本。

168.《甬上水利志》,道光二十八年(1848)刻本。

169.《岳林寺志》,康熙二十六年(1687)刻本。

170.《云居圣水寺志》,光绪十八年(1892)刻本。

171.《云林寺志》,乾隆九年(1744)刻本。道光九年(1829)重印。

172.《云南通志》,隆庆六年(1572)刻本。

173.《云栖纪事》,天启四年(1624)刻本。《云栖法汇》,光绪二十三年(1897)刊本。

174.《玉泉寺志》,康熙三十三年(1694)刻本。

175.《玉泉山志》,光绪十一年(1885)刻本。

176.《豫文书院志》,嘉庆九年(1804)刻本。

177.《招宝山志》,道光二十七年(1847)刻本。

178.《昭觉寺志》,光绪二十二年(1896)刻本。

179.《肇庆寺志》,道光十三年(1833)刻本。光绪二年(1876)重印。

180.《招隐山志》,民国十四年(1925)刊印。

181.《乍浦九山补志》,乾隆二十二年(1757)刻本。民国十五(1916)年重印。

182.《诸城县乡土志》,光绪三十二年(1906)刻本。

183.《诸城县志》,乾隆三十四年(1764)刻本。

184.《竹堂寺志》,民国六年(1917)刊印。

索 引

注 47
租庸,与地租有关的税收,relative to rent,308—309

高攀龙(1562—1626),Gao Panlong, 87,106,208
葛寅亮(fl.1607),Ge Yinliang, 199
耿继茂(d.1671),Geng Jimao, 144—145
耿义兰(fl.1594),Geng Yilan, 206
公,Public, 21—23,33—34,58,119,311,319—321,328
公共机构,Public institutions, 28,29,118,126
公共讲学,Public lecturing, 101—102,117—119,143, 147—149,316, 347 注 44
公共领域,Public sphere, 23—29,338 注 53—54
公共名声,Publicity;士绅身份的宣扬,of gentry identity, 28,215,217,222—223
公共舆论,Public opinion, 29,100
公益事业,Liturgical services(rendered for benefit of community),13—15,19,23,
　　28,34,221,276, 280,326—327,337 注 33,359 注 99
功德院,Merit cloisters, 30,192—193
　　也见坟寺,Tomb monasteries;诵经堂,Chantries
古伯察(法国来华传教士,1813—60),Huc,Evariste-Régis, 52—53
古董和文化制品,古玩,Antiques and cultural artifacts, 39—40,111
顾宪成(1550—1612),Gu Xiancheng,80
顾炎武(1613—1682),Gu Yanwu, 20,22,43,80,85,99,207,328
关羽(关帝),Guan Yu(God of War), 279
　　关羽崇拜,cult of, 76,279—280,288—293,306—308
观音,Guanyin, 46,49,53,189,250,359 注 101
　　观世音经,Sutra of Guanyin, 42
　　观音粉,"Guanyin's flour", 253
　　观音画,paintings of, 112
　　观音素,Guanyin vegetarianism, 189
　　观音堂,Guanyin halls, 219,289
　　观音像,statues of, 178,267
官僚政治,Bureaucracy, 20
　　关于官僚政治的史学,historiography of, 6—9,12
　　与社会权力的关系,relationship to social power,9,11—12
灌溉,Irrigation, 167
广东省,Guangdong province, 108,121,137—158,191,197,221
广西省,Guangxi province, 180,199

译后记

16—17世纪的中国,儒家士人与佛教信众一样,向地方佛教寺院作了大量捐赠。由于士绅增长的速度比帝国官僚机构的需求要快,许多人都被拒之于传统儒家的仕途之外;但是,看得见的慈善捐赠可以宣扬士绅在国家掌控领域之外的精英身份。在募化善款的住持的积极活动下,这样的捐赠有力地影响着佛教的公共机构。

本书作者卜正民(Timothy Brook)充分利用大量地方志和山寺志,以丰富翔实的一手材料和生动有趣的笔触,描绘了这个时代(他宽泛地称之为"晚明")佛教和士绅社会形成的关系。他首先探索了佛教与明代理学的关系(很大的篇幅集中于阳明心学一系),旅游发展和佛教圣地的关系,以及慈善性捐赠的机制和动机;然后,对三个在地域上和经济上都十分不同的县分别进行了个案研究,从而揭示出捐赠寺院的模式及其社会后果。

本译作的问世首先要归功于我在北京大学的博士生导师楼宇烈先生的指导,正是在他对中国佛教研究的睿见卓识指引下,我在北大图书馆茫茫的书海中发现了卜正民的这本书。这本书的重大价值就在于弥补了西方及中国学术界对唐宋后佛教研究的薄弱环节,拓宽了佛教研究的领域,尤其对晚明佛教的复兴及士绅社会的形成作了令人信服的精彩细致的社会学说明。通过阅读本书,我们不只是对唐宋后佛教演进大势了然于胸,而且对近世佛教生存和发展的奥秘几乎能洞察入微,对佛教与思想文化、与社会,乃至与国家和地方之间的互动关系,也会有更加深入的了解。

在翻译过程中,我有幸得到北京大学的王守常和刘东教授,以及香港城市教育大学的方骏等几位先生的鼎力支持和帮助,特此深表谢忱。尤其要感谢本书作者卜正民教授及其高足孙竞昊先生在审阅并校正译稿过程中所花的不少心血。诸位师友激励我勇攀学术高峰的不只是他们的高义薄云天,更令人感佩的是对学问的真诚无欺、孜孜求索和精益求精的精神。另外还应该特别感谢的是我的妻子许晨女士,她不但为我录入了几乎全部的文稿,而且能使我在北大安心地学习和工作。

本书的翻译伴随了我在北大匆匆度过的几年光阴。我差不多翻遍了原作参考文献中所提到的所有原始资料,有时甚至作了拓展性阅读,因为版本的不同或者原著所引卷次页码的一些印刷错误,我往往要通篇整本地查阅核对,极为辛苦,既费时又费力。尽管如此,我还是有一些原文未能查到,故而翻译时把直接引语变成了间接引语,敬请读者见谅。由于水平有限,译文肯定还有不少错误,祈望方家不吝指正。

张　华

"海外中国研究丛书"书目